Hermann Kirchhoff

Seemacht in der Ostsee

Ihre Einwirkung auf die Geschichte der Ostseeländer im 19. Jahrhundert

Hermann Kirchhoff

Seemacht in der Ostsee

Ihre Einwirkung auf die Geschichte der Ostseeländer im 19. Jahrhundert

ISBN/EAN: 9783954271351
Erscheinungsjahr: 2012
Erscheinungsort: Bremen, Deutschland

© *maritimepress in Europäischer Hochschulverlag GmbH & Co. KG, Fahrenheitstr. 1, 28359 Bremen. Alle Rechte beim Verlag und bei den jeweiligen Lizenzgebern.*

www.maritimepress.de | office@maritimepress.de

Bei diesem Titel handelt es sich um den Nachdruck eines historischen, lange vergriffenen Buches. Da elektronische Druckvorlagen für diese Titel nicht existieren, musste auf alte Vorlagen zurückgegriffen werden. Hieraus zwangsläufig resultierende Qualitätsverluste bitten wir zu entschuldigen.

Seemacht in der Ostsee.

Ihre Einwirkung
auf die Geschichte der Ostseeländer
im 19. Jahrhundert.

Nebst einem Anhang über die Vorgeschichte der Ostsee.

Von

Kirchhoff,
Vize-Admiral z. D.

Mit 6 Karten und 10 Plänen.

Kiel
Verlag von Robert Cordes.
1908.

Die Ost-See
mit ihren Küstenländern.

66°

65°

64°

63°

62°

61°

60°

59°

Norwegen

Schweden

Westerbotten

BOTTNISCHER MEERBU

Ost

Piteå

Skelleftleå

Ratan

Umeå

Qvarken

(Wasa /
Nikolaista.

Björ

Nystad

Hernösand

Sundsvall

Hudiksvall

Falun

Gefle

Ålands Insn

FIN

Upsala

Stockholm

Söderlelge

Dalarö

Nyköping

Golska Sandön

Os

0 10 20 30   40   s.m

Christiania

Moss

Horten

Fredrikslad

Fredrikshald

Dynekil

Strömstad

Karlstadt

Uddevalla

Wenersberg

Skagerrak

Marstrand

uslehnn

Skagen

Frederiks
havn

Kirkeholmen

Gothenburg

Læsö

Norborg

Anholt

Halland

Westervik

Oscarshamm

Faro

Wisby

Karlse

Borgholm

Öland

Gotland

Winde

Kur

Libau

Sa

Limfjord

Jütland

Kattegat

Grenaa

Dänemark

Aarhus

Hjelm

Holmstad

Schonen

Kalmar

Eröburka

Bleikingen

Karlskrona

Christianopel

Helsingör

Helsingborg

Landskrona

Malmö
stad

Köbenhaven
Kopenhagen

Seeland

Korsör

Trelleborg

Christiansö

Bornholm

Memel

Tils.

Fünen

Möen

Arkona

Rügen

Zingst

Barth

Flensburg
Eckern-
Förde

Kiel

Neustadt

Stralsund

Rostock

Warnemünde

Lübeck

Rixhöft

Hela

Pillau

Königsberg

Insc.

Pommern

Preusse

54°

53°

52°

Vorwort zum II. Band.

Dieser zweite Band ist im Wesentlichen die Fortsetzung meiner gleich betitelten Arbeit vom Herbst 1906.

Mannigfache Schwierigkeiten beim Verlage des Gesamtwerkes haben es mit sich geführt, daß die frühere Geschichte der Ostsee, ihre „Vorgeschichte", d. i. die Zeit vor dem 17. Jahrhundert, erst in diesem zweiten Band als „Anhang" erscheint; ähnlich verhält es sich mit dem I. Abschnitt des vorliegenden Bandes, der über „Die Ostsee als Kriegstheater" handelt. Diese beiden Kapitel hätten eigentlich dem I. Abschnitt des I. Bandes vorausgehen müssen und dürfte es sich für die Zukunft empfehlen, sie zuerst zu lesen. Der erste Band bleibt aber immerhin ein für sich abgeschlossenes Ganzes.

Der vorliegende II. Band bringt, außer dem wiederholt kraftvollen englischen Auftreten, als Besonderes das letzte Wirken der Ruder-Kriegsschiffe; ferner das Eintreten Preußen-Deutschlands in die Reihe der Seemächte und mit dem Erscheinen großer Flotten der Westmächte gleichzeitig die erste größere Verwendung von Dampf-Kriegsschiffen; sein Inhalt ist somit, wenn auch nicht aktuell, doch zeitgemäßer als der des ersten Teils.

Die gute Aufnahme, welche der I. Band alsbald nach seinem Erscheinen im In- und Ausland gefunden, hat mich ermutigt, diesen II. Band so bald folgen zu lassen; möge er eine ähnlich günstige Beurteilung finden, da der Gegenstand meistenteils auch allgemeiner bekannt sein dürfte.

Mein Bestreben war wiederum, besonders den Einfluß der Seemacht auf die Geschichte der Ostseeländer zu beleuchten, was allerdings nach Lage der allgemeinen politischen Verhältnisse diesmal etwas schwieriger war.

Im übrigen möchte ich auf das Vorwort zum I. Band verweisen; das mehrfach gewünschte Register für beide Bände ist diesem II. Bande angeschlossen.

Kiel, September 1907.

Kirchhoff.

Quellen.

Auswahl der Quellen.

Für eine allgemeine Darstellung der Ostsee-Kriegsgeschichte ist eine recht ausgiebige Anzahl von Quellen vorhanden. Diese Quellen sind schon in der Hauptsache in größeren Literatur-Werken gut verarbeitet worden und ist es für einen Darsteller der Seekriegs-Geschichte der Ostsee daher nicht durchaus erforderlich, auf die Urquellen, welche in ungezählten Dokumenten in Archiven und Bibliotheken lagern, zurückzugehen.

Die deutschen und nordischen neueren Werke über Allgemeine sowie Landes-Geschichte sind schon so gründlich auf der Kenntnis von archivalischen Urkunden und Urquellen aufgebaut, daß es bei dieser Arbeit genügte, sie im Großen und Ganzen als zuverlässig zu nehmen und bei der Zusammenstellung zu diesem Gesamtwerk — Band I und II von „Seemacht in der Ostsee", — entsprechend zu sichten. Bei der großen Menge der einzelnen Quellen ist selten eine solche an Ort und Stelle besonders angeführt worden.

Im Allgemeinen ist dasselbe mit einzelnen rein seekriegsgeschichtlichen Werken der nordischen Nationen der Fall, so daß auch hier nur eine Sichtung und Auswahl des geschichtlich beurkundeten und sachlich überall bereits gut bearbeiteten Stoffes erforderlich war.

Es hat daher bei diesem ersten Versuch einer Gesamt-Darstellung der Seekriegsgeschichte der Ostsee sowie derjenigen des Einflusses der Seemacht auf die Geschichte der Ostseeländer, eines nochmaligen Selbststudiums und Bearbeitens von Urquellen im Allgemeinen tatsächlich nicht bedurft; nur in besonderen vereinzelten Fällen hat ein solches stattgefunden.

Es ist stets angestrebt worden, zwischen den vielfachen und öfter sich nicht unerheblich widersprechenden Quellen und Darlegungen, besonders bei den betreffenden feindlichen Parteien, den richtigen Mittelweg zu finden und die Hauptzüge mit möglichster Genauigkeit sowie darnach das Urteil festzulegen.

Naturgemäß sind auch Werke ganz allgemeiner Art, die sich mit dem Kriegswesen beschäftigen, hier benutzt worden, so z. B. die Schriften von v. Clausewitz, General Frhr. v. d. Goltz u. a. m., welche aber in der folgenden Aufzählung nicht mit angeführt werden; ähnlich verhält es sich mit einzelnen solchen Angaben, die besonderen maritim-technischen Büchern u. dgl. entnommen sind und die zumeist an Ort und Stelle dann noch besonders erwähnt werden.

Die Heranziehung der Quellen ist wesentlich von dem Gesichtspunkt aus erfolgt, die allgemeine Bedeutung der Seemacht zur eingehenden Dar-

stellung zu bringen und alsbann die Erörterung der strategischen und
taktischen Vorgänge vom mehr rein militär-maritimen Standpunkt aus vor-
zunehmen.

 Wie im Vorwort zum I. Band bereits erwähnt, mögen die in den
folgenden Blättern enthaltenen Darlegungen berufeneren Historikern Fingerzeige geben bei einer etwaigen neuen Behandlung der betreffenden Geschichts-
Abschnitte, bei welcher alsdann der Einfluß der Seemacht auf die Geschichte
eingehender zu beachten sein dürfte, als dies meistens bisher geschehen ist.

Angabe der Quellen.

a) Deutsche:

Barthold, „Geschichte der deutschen Seemacht“.

Batsch, „Prinz Adalbert“.

Beer, „Allgemeine Geschichte des Welthandels“.

Daenell, „Die Blütezeit der deutschen Hanse“.

Droysen, „Historischer Hand-Atlas mit Text“.

Friedrichson, „Geschichte der Schiffahrt“.

Frobenius, „Weltgeschichte des Krieges“, III. Band: „Der Seekrieg“ von Kohlhauer.

Großer Generalstab, „Der deutsch-dänische Krieg 1864“.

Helmolt, „Weltgeschichte“, VI. Band: „Mittel- und Nord-Europa“.

Hünemörder, „Deutsche Marine- und Kolonial-Geschichte . . . .“.

Jansen, „Der Tag und die Männer von Eckernförde“.

Jessen (Willers), „Der Ehrentag von Eckernförde“.

Jordan, „Die brandenburgisch-preußische Kriegsmarine“.

Lindner, „Die deutsche Hanse“.

Marine-Rundschau, Aufsätze von: Batsch, Frhr. v. Maltzahn,
   Seiferling u. a.

Frhr. v. Maltzahn, „Der Seekrieg“.

Meyer-Teja, „Maritime Rückblicke 1820—1838“.

v. Moltke, „Geschichte der Kriege 1848/51 und 1864“.

v. Moltke, „Militärische Korrespondenz 1864“.

Speck, „Seehandel und Seemacht“.

Ratzel, „Politische Geographie“.

Rittmeyer, „Seekriege und Seekriegswesen“.

Rodenberg, „Seemacht in der Geschichte“.

Stenzel, „Seekriegsgeschichte in ihren wichtigsten Abschnitten . . .“

Weber, „Lehrbuch der Weltgeschichte“.

v Widdern, „Küstenschutz und Unternehmungen gegen denselben
   1864“.

Wislicenus, „Deutschlands Seemacht sonst und jetzt“.

b) Amerikanische:

Mahan, „The influence of seapower upon history“.

Mahan, „The life of Nelson“.

c) Dänische:

Bundesen, „Slaget paa Rheden".

Bricka, „Dansk-biografisk Lexikon".

„Die dänische Ostsee-Escadre 1864", von einem Seeoffizier; (Deutsche Übersetzung nebst Vorwort von v. Moltke).

Garde, „Den dansk-norske Sömagts Historie".

Holm, „Danmark-Norges udenrigske historie, 1791 til 1807".

Lütken, „Die Nordsee-Escadre und das Seegefecht bei Helgoland". (Deutsche Übersetzung).

Oldenburg, „Grundlag for Underviisningen i Sökrigshistorie".

Tuxen, „Den danske og norske Sömagt".

Vaupell, „Kampene for Sönder-Jylland".

d) Englische:

Butler-Earp, „History of the baltic campaign 1854."

Calwell, „Effect of maritime command on land campaigns since Waterloo".

Laird Clowes, „Royal navy".

Nicolas, „Nelson's dispatches and letters".

Nolan, „The history of the war against Russia 1854/55".

Ross, „Memoires of Lord Saumarez".

e) Französische:

Bazalncourt, „L'expédition de Crimée".

Julien, „L'amiral Bouët-Willaumez dans la Baltique".

Pont-Jest, „La campagne dans la Baltique".

Rambaud, „Geschichte Rußlands", deutsch von Steineck.

Siège de Bomarsund.

f) Österreichische:

Attlmayr, „Über maritime Kriegführung".

g) Russische:

Wesselago, „Kurze Nachrichten über die russischen Seegefechte in zwei Jahrhunderten, von 1656—1856", (russisch).

h) Schwedische:

Bäckström, „Svenska Flottans Historia".

v. Gyllengranat, „Sveriges Sjökrigs Historia".

Kreuger, „Kurze Darstellung der Taten der schwedischen Schärenflotte; (Manuskript, deutsch von Seebold).

Manckel, „Antäckningar rörande Finnlands Krigshistorie"

Schybergson, „Geschichte Finnlands", (deutsch von Arnheim).

Swederus, „Schwedens Politik und Kriege 1808—14", (deutsch von Frisch).

An manchen Stellen des Werkes befinden sich noch Angaben anderer Quellen, die dann jedesmal besonders bezeichnet sind.

Verzeichnis der Karten und Pläne.

Jnhalts-Verzeichnis.

Seemacht in der Ostsee.

II. Band.

I.

Die Ostsee als Kriegstheater.

Physische Geographie; Nautische Verhältnisse.

Allgemeine Benennung und Lage. Vor Eintritt in die Darstellung der Geschichte eines Erdteils ist es erwünscht, eine Übersicht über seine geographischen Verhältnisse zu geben und hier also die Ostsee sowie ihre Küsten mit den angrenzenden Ländern von diesem Gesichtspunkt aus einer eingehenderen Betrachtung zu unterziehen. Besonders für die Beurteilung der Kriegs- und Operationspläne der einzelnen Seefeldzüge ist eine Aufzählung mancher Tatsachen, mögen diese auch vielfach allgemeiner bekannt sein, nochmals erforderlich. —

Der Name der Ostsee rührt von demjenigen Teil der Wikinger her, der von seinem Hauptsitz im nördlichen Dänemark und südlichen Norwegen nach Osten ausfuhr, somit den „Austur-Weg", d. i. den Ostweg einschlug.

Die Ostsee, auch das baltische Meer genannt, ist oft als das Mittelmeer des Nordens bezeichnet worden und nicht mit Unrecht; sie trennt größere Ländermassen wie jenes, wenn auch nicht Kontinente, wirkt vermittelnd, verbindet ebenso die umliegenden Völker und ist deren Hauptverkehrsstraße; wirkt aber, wie Treitschke darlegt, noch heute minder tief als andere Binnenmeere in das Land hinein und hat bei Weitem nicht die weltgeschichtliche Bedeutung wie das Mittelmeer; die Ostsee wäre in dieser Beziehung — also nicht in Bezug auf das Verkehrsleben — eher mit dem Schwarzen Meer zu vergleichen.

Schon Plinius spricht von einer Insel Balthia, Adam von Bremen vom baltischen Meer, von dem slavischen Worte balo, dem altpreußischen balta, zu Deutsch: weiß.

Der Geograph Merian schreibt 1652: „Das obere Meer gegen Danßig insgemein Ostsee genannt, das untere aber näher· Lübeck hat man Sinus Codanus oder Goth-Danum geheißen; sonsten aber nennt man diese beiden Meere zusammen Mare Balticum von Belth.“

Vor dem Eingehen in eine genauere militär = geographische Betrachtung der Ostsee sollen nun erst noch die wesentlichsten physikalischen und nautischen Verhältnisse näher betrachtet werden.

Größe der Ostsee. Die Flächen=Größe der Ostsee mit ihren Hauptbuchten beträgt rund 400 000 □=km, — das Deutsche Reich hat fast 550 000 □ = km. — Selbst ⌊die größere 350 sm (4 sm = 1 deutsche, geographische Meile) lange Strecke des einzigen freieren Meeresteils von den Aalands=Inseln bis Bornholm, wird noch durch Gothland mit den umliegenden Inseln unterbrochen und eingeengt, so daß an dieser Stelle die Ostsee nur 90 sm breit ist; letztere Entfernung ist auch die allgemeine Breite des westlichen Teils bis Rügen (s. Karte: A.).

Vom südlichen Eingang des Kleinen Belt bis Kronstadt beträgt die Entfernung nur 750 sm, während die größte Breite, etwa zwischen Memel und Oeland, nicht viel mehr als 150 sm ausmacht. Der Eingang zum finnischen Meerbusen ist nur 25 sm breit, bei einer Länge des ⌊letzteren von rund 225 sm. Die· Länge sämtlicher Küsten der Ostsee beträgt etwa 4 400 sm, rund 8 000 km.

Tiefen=Verhältnisse. Die Tiefen der Ostsee sind sehr gering zu nennen; im Westen erreichen sie im Allgemeinen nur 20 m, in der Mitte etwa 50 m, im Osten 100 m und nur im Norden sind Tiefen über 200 m vorhanden; die westlichen Zugänge durch Belte und Sund weisen mehrfach Stellen über 50 m auf, eine Folge der dort herrschenden Strömungen. Die vielen überall vorhandenen Untiefen tragen meistens Namen der aufgelaufenen ersten Schiffe oder von deren Offizieren.

Eis=Verhältnisse. Der Charakter eines Binnen = Meeres prägt sich auch durch den geringen Salzgehalt aus, der im Allgemeinen nicht 2 % ausmacht und im Westen noch unter diese Ziffer herabgeht; in der Kieler Bucht 1,6 %, bei Rügen 0,9 %, bei Hela 3/4 % an der Oberfläche. Demgemäß friert die Ostsee auch im südlichen Teile gelegentlich ganz zu, zuletzt in den Jahren 1349, 1423, 1545 und 1670, so daß auf dem Eise für die Personenfahrten Herbergen errichtet wurden.

Die Eis-Verhältnisse sind naturgemäß an den einzelnen Küsten sehr verschieden. Während die Häfen des finnischen Meerbusens — von dem nördlichen bottnischen Meerbusen, der regelmäßig im Winter ganz zufriert, wird gänzlich abgesehen — wegen des Eises alljährlich zeitweise unzugänglich sind, ist dies im Westen und Süden der Ostsee durchaus nicht immer der Fall.

Die Anzahl der Tage, an denen die einzelnen Häfen zufrieren, ist auch sehr verschieden und wechselt alljährlich außerordentlich; der Kieler Hafen war z. B. zu Anfang der 90er Jahre für die Schiffahrt einmal 2 Monate völlig gesperrt, ist aber sonst meistens mehr oder minder eisfrei. Ähnlich liegt es mit den 3 Zugängen zur Ostsee, welche gelegentlich, wenn auch sehr selten, zufrieren, so z. B. in den Jahren 1658, 1716 und 1740. Im Jahre 1888 war der Große Belt wegen starken Eisganges erst Mitte April für starke Dampfer fahrbar.

Dies sind Umstände, welche bei einem Winterkrieg der Zukunft immerhin sehr der Beachtung bedürfen; sie traten früher nicht besonders in die Erscheinung, da die Kriegführung sowohl zur See als auch am Lande zur Winterzeit überhaupt ruhte.

Während ferner im Süden die Flußmündungen fast alljährlich einige Zeit, wenn auch sehr unregelmäßig zufrieren, ist für die russisch-finnischen und die nord-schwedischen Häfen und Flüsse ein förmliches Gesetz vorhanden. Die Mündung der Newa friert beispielsweise Mitte November zu und bleibt bis Ende April zugefroren; während das letzte Schiff dort zwischen dem 12. 11. und 12. 12. fahren kann, — es ist dies der früheste und späteste Zeitpunkt — stellen sich für das Frühjahr die Zeiten auf den 20. 4. oder 20. 5. In einem Fall ist die Schiffahrt hier sogar erst am 5. Juni eröffnet worden.

In den einzelnen Häfen, besonders in Petersburg, haben in den letzten Zeiten große Eisbrecher, u. A. der nach dem System des Admirals Makaroff erbaute Eisbrecher „Jermak" Wandel zu schaffen vermocht.

Der Hafen von Helsingfors ist im Mittel am 2. 5. offen, die Aalands-Inseln werden schon am 23. 4. eisfrei, frieren auch erst am 10. 1. ganz ein; in Stockholm beginnt die Schiffahrt im Mittel am 10. 4. Im Durchschnitt sind durch Eis geschlossen: Baltischport 1 Monat, Reval 2 Monate, von Narwa ab der östliche finnische Meerbusen von Mitte November bis Anfang Mai; starke Dampfer sind natürlich immer mehrere Tage länger befähigt, die betreffenden Häfen zu besuchen. Der Meerbusen von Riga friert gelegentlich auch ganz zu; dies geschah z. B. 1849-50.

1*

Winde und Witterung. Die Wind-Verhältnisse sind nach dem „Segelhandbuch" für die Ostsee" im Allgemeinen als rauhe zu bezeichnen, südliche und westliche Winde sind vorherrschend und bleiben im Großen und Ganzen die Wind-Verhältnisse für das ganze Gebiet dieselben, d. h. mit andern Worten: die Winde treten in den meisten Fällen nicht nur lokal auf. Im Sommer nehmen die westlichen Winde entschieden zu, während im Frühjahr die Winde auf der Seite der Windrose von NW über N nach O häufiger werden; der Herbst bringt dann wiederum viele südliche und südöstliche Winde.

Als stürmische Jahreszeit stellt sich die Periode von Oktober bis März dar, während der Juni im Allgemeinen die wenigsten Stürme aufweist. Die am häufigsten auftretenden Winde sind auch die stürmischsten; im Sommer und Herbst überwiegen westliche Stürme, erlangen dann also eine größere strategische Bedeutung. Regen ist besonders in der westlichen Ostsee sehr häufig.

Hochfluten und Strömungen. Da ein Wechsel der Gezeiten in dem ganzen Gebiet der Ostsee kaum merkbar wird, bei Kiel gelegentlich bis 70 mm, bei Swinemünde nur 11 mm, so ist der häufige Wechsel der Wasserstände, welcher oft über 3 m ausmacht, lediglich Folge anhaltender und stark wehender Winde; folgt auf starke westliche Winde in der Nordsee, welche das Wasser durch das Kattegatt u. s. w. in die Ostsee hineintreiben, in letzterer dann mit dem durch Norden herumgehenden Wind ein Nordoststurm, so entstehen an ihren westlichen Küsten starke Sturm- und Hoch-Fluten, z. B. in den Jahren 1694, 1784 und zuletzt am 12.—13. 11. 1872. Solche Hochwasser können gelegentlich auch sehr plötzlich auftreten.

Für die Schiffahrt und insbesondere natürlich die Segel-Schiffahrt ist bezüglich der Stürme wesentlich, daß alsdann starke Strömungen in den Zugängen zur Ostsee entstehen, die an einzelnen Punkten, z. B. bei Kronborg, nicht selten eine Schnelligkeit von 4 sm erreichen, während im Kattegatt nie mehr als 1,5 sm Geschwindigkeit vorkommt. Meistens herrscht im Westen sowie in den Zugängen der Ostsee ein Oberflächen- strom, der dauernd schwach nach Westen und Norden setzt, während um- gekehrt das salzhaltigere Wasser der Nordsee unten zuströmt; besonders stark ist der Oberstrom im März und April wegen der allgemeinen Schneeschmelze sowie der dann gleichzeitig herrschenden Windstillen und dauert dieser Oberstrom oft bis in den August hinein.

Die Winde beeinflussen die Strömungen in den Flußmündungen und Häfen ebenfalls ganz außerordentlich; dies tritt vor Allem bei Swinemünde in die Erscheinung, wo gelegentlich bis zu 2 sm starker einlaufender Strom vorkommt. Das Große und Kleine Haff spielen hierbei eine Hauptrolle.

Eine Witterungsscheide findet sich öfter bei der Insel Bornholm, eine Regenscheide nahe westlich von Neufahrwasser; hierdurch wird, wie durch die Strömungen, die Segel-Schiffahrt oft erheblich beeinflußt.

Schiffahrts-Hindernisse: Nebel und krabbe See. Der Schiff= fahrt sind im Frühjahr und Herbst ferner vielfach starke Nebel sehr störend, welche zumeist an den Küsten recht plötzlich auftreten und öfter längere Zeit andauern, falls sie sich nicht in länger anhaltenden Regen auflösen.

Der Ostsee ist außerdem eine eigentümlich kurze und krabbe See eigen, da sich größere Wellen bei den Stürmen nicht entwickeln können; die kleineren Schiffe arbeiten und stampfen in dieser kurzen See ganz außer= ordentlich stark und alle Segler erleiden auf ihren Kursen recht beträcht= liche Abtrift, wodurch ein Aufkreuzen sehr erschwert und verzögert wird; die plumperen und breiter sowie kürzer gebauten Handels= und Kriegs= Schiffe der früheren Jahrhunderte litten darunter ganz besonders. Es sind dies alles Umstände, welche in den früheren Jahrhunderten wesent= liche strategische Bedeutung hatten.

Besondere magnetische Erscheinungen. Ein durch lokale magnetische Einflüsse mit Beziehung auf den Gebrauch des Kompasses zur Vorsicht mahnendes Gebiet befindet sich quer vor dem Eingang zum finnischen Meerbusen und erstreckt sich in erheblicher Intensität von Dagö bis nach Jussarö an der Südspitze von Finnland.

Eine zweite eigentümliche und besonders starke lokale Ablenkung zeigt die Magnetnadel oft an der Nordost= und West=Küste von Born= holm und zwar bis zu einem halben Kompaßstrich — 6 ° — welcher Umstand eine Ursache für mehrfach bei Nebel vorkommende Stran= dungen ist.

Verschiedenheit der Küsten. Die Küsten der Ostsee weisen ganz wesentliche Unterschiede auf: im Westen niedrige Inseln mit flachen Ufern, vielen Untiefen und Zugängen überall, sowie nur an 3 Stellen größere Boden=Erhebungen — Möen, Rügen, Bornholm —; an den südlichen Küsten begleitet die Ostsee von Rügen ab nach Osten ein Dünen=Gestade mit geringen Einbuchtungen, wohingegen das gegenüber liegende nördliche Ufer felsiges Gepräge zeigt.

Dieser Charakter des Südufers setzt sich mit einzelnen Ausnahmen — Brüsterort — nach Norden fort; die kurische Nehrung hat die groß= artigsten Dünen Europas, mit Höhen über 60 m. Dann kommen sandige und sumpfige Küstenstrecken mit felsigen vorliegenden Inseln im nördlichen Teil des Festlandes, die erst am Südufer des finnischen Meerbusens in ein 50 m hohes steiles Küstenplateau übergehen, mit vielen tiefen Einbuchtungen und davor liegenden einzelnen Inseln. Im äußersten Osten ist wieder Flachland mit Sümpfen vorhanden. Von hier an nach Westen und Norden, sowie im höchsten Norden wiederum nach Süden umbiegend, umgibt das gesamte nördliche Ufer des finnischen Meerbusens, sowie beide Küsten des bottnischen Busens und die ganze schwedische Ostküste, ein außerordentlich ausgeprägtes Gewirre von Inseln, Klippen und Untiefen, die Scheeren oder Schären genannt; dieser Schärenhof erstreckt sich an manchen Stellen von der Küste des Festlandes über 10 sm weit seewärts.

Militär-Geographie; Betrachtung der einzelnen Länder und Küsten.

Einleitung. Im Folgenden soll durchaus nicht etwa neuere Militär-Geographie behandelt werden; derartiges würde in ein Werk über Strategie und Taktik der Neuzeit hineingehören oder in ein Admiralstabs-Werk über die militärische Küsten-Beschreibung der betreffenden Länder. Aber eine allgemeinere Betrachtung der einzelnen Kriegstheater und verschiedenen Küstenländer der Ostsee wird immerhin, unter steter Anlehnung an die Verhältnisse der letzten Jahrhunderte, das Verständnis für die folgenden Abschnitte der Seekriegsgeschichte nicht unerheblich zu unterstützen imstande sein.

Seeoffiziere befinden sich dabei in einer besonders guten Lage, da ihnen durch die vielen Reisen und Fahrten im Frieden die besonderen Verhältnisse der früheren und künftigen mutmaßlichen Seekriegstheater mehr oder minder durch eigene Anschauung bekannt sind.

Militär- und maritim-geographisch betrachtet zeigen die Ostseeküsten bei den verschiedenen Länderstrecken die allergrößten Unterschiede.

Dänemark. Zur Hälfte ein Inselstaat, der aus seiner sicheren Lage heraus früh die Ostseeherrschaft erstrebte, besitzt das Königreich Dänemark außer auf Möen und Bornholm nur flache Küsten mit reichem Hinterland; eine Menge von Engen und Kanälen mit stärkeren Strömungen, von Buchten mit Untiefen, bietet selbst für Fahrzeuge mittleren Tiefgangs Gefahren für die Beschiffung. Kleinere Häfen und sichere Ankerplätze sind vielfach vorhanden.

Landungs-Operationen sind fast überall möglich und unschwer durchzuführen, selten aber erlauben die Eis-Verhältnisse eine Überführung von Truppen mit Kriegsmaterial.

Für die Groß-Seemächte ist insbesondere die see-strategische Lage von Bedeutung, da das Land — nicht der Staat Dänemark als solcher — die Zugänge zur Ostsee beherrscht und zwar sowohl für Handels- als auch Kriegszwecke. Lange Jahrhunderte hindurch war der Sundzoll, durch den die Herrschaft Dänemarks über den Sund anerkannt wurde, die wichtigste Einnahmequelle sogar bis in die Mitte des vorigen Jahrhunderts hinein. Gegen Ende des 15. Jahrhunderts wurde Kopenhagen mit seiner Rhede schon ganz allgemein als Schlüssel zur Ostsee angesehen.

Ein Bündnis mit Dänemark oder dessen neutrales Verhalten war und ist stets von Bedeutung und konnte vor Allem zu Beginn eines Seekrieges auf dessen Gang von erheblichem Einfluß sein.

Schon das Zerstören oder Wegnehmen all und jeder Seefahrt-Zeichen, der Leuchttürme, Baaken, Tonnen und Bojen war für das Passieren des Sundes und der Belte von außerordentlichem Einfluß auf die Bewegung und Schnelligkeit nicht nur großer Flotten, sondern auch schon von Fahrzeugen mittleren Tiefgangs. In der ferneren Vergangenheit gewann dieser Umstand erst nach und nach in dem Maße mehr an Bedeutung, als Schiffahrts-Zeichen entstanden, und war erst dann wesentlich, als die West-Seemächte sich auch in der Ostsee größeren Wirkungskreis suchten. Die mangelhafte Aufmessung der Fahrwasser machte das Fehlen von Seezeichen noch fühlbarer. Durch Lübeck wurde 1225 (wie bei Travemünde), bei Falsterbo der erste Leuchtturm errichtet; erst ein Jahrhundert später erbaute Stralsund auf Zingst einen Feuerturm.

Der Inselstaat ist zwar für eine abschnittsweise Verteidigung wie geschaffen. Das Gesetz der Konzentration der Kraft verlangt aber die Sammlung aller Streitmittel sobald als möglich an der wichtigsten Stelle, d. i. in Kopenhagen.

Dänemarks hauptsächlichste Schwäche ist stets sein festländischer Besitz auf der cimbrischen Halbinsel gewesen: Jütland.

Aber stets hat die Hauptschiffahrtsstraße der Ostsee für alle Nationen unmittelbar an Dänemarks Hauptfestung Kronborg und seinem Haupt-Flotten-Stützpunkt Kopenhagen nahe vorbeigeführt und ist durch dänisches Gebiet hindurchgegangen, zwischen den Inseln Amager und Saltholm, daher die große Bedeutung der Lage von Kopenhagen.

Die weit nach Osten vorgeschobene Lage der Insel Bornholm ist nie von besonderer Bedeutung gewesen, da die Häfen dieser Insel selbst für kleinere Kriegsschiffe keinen eigentlichen Schutz boten, geschweige denn für Flotten; ähnlich verhält es sich mit dem nahen Christansö.

Norwegen. Dies Land gehört zwar in keiner Weise zur Ostsee, aber seine Union mit Dänemark vom Jahre 1360 bis 1814 — seit 1536 als Provinz — und alsdann die Union mit Schweden sowie die hiermit zusammenhängende größere Verbindung beider Staaten mit dem Weltmeer, ist besonders für Dänemark von größter Bedeutung gewesen.

Schweden war mit seinen Welt-Verbindungen stets von Dänemark-Norwegen unfrei und wurde hierbei durch letztere Staaten flankiert, wenn auch die nächsten südlichen Küsten Norwegens immer noch 50 sm von der Hauptfahrstraße im Skagerrak ablagen.

Die Seemacht-Mittel Norwegens boten Dänemark bedeutende Unter-stützung und haben diesem späterhin sehr gefehlt. Für die Kriegführung in der Ostsee war die zurückgezogene Lage dieses eng mit Dänemark verbundenen Landes mit seinen großen maritimen Reserven jeglicher Art von hoher Bedeutung; hier hatte der dänische Staat immer einen letzten, schwer einnehmbaren Stützpunkt. Die natürlichen Bezugsquellen für die Unterhaltung seiner Seemacht, sowohl was das Personal als was das Material für Kriegs- und Handels-Flotte anbelangt, konnten ihm somit nie ganz entzogen werden. Da Schweden während seiner Union mit Norwegen keinen Krieg geführt hat, ist dies später nicht in die Erscheinung getreten.

Neuerdings, seitdem Norwegen sich selbständig erklärt hat, wird dessen Bedeutung für den Seekrieg in der Ostsee fast ganz zurücktreten, wenn nicht etwa mit der Zeit ein Bündnis der 3 nordischen Mächte entstehen sollte.

Schweden. Fast überall sind diesem Lande mehr oder minder weit sich in See erstreckende Gruppen von Inseln, Klippen und Riffen, die sogenannten Schären vorgelagert, mit einem wahren Labyrinth von Kanälen, die von unzähligen und für die Schiffahrt gefährlichen Untiefen förmlich besät sind. Aber die Haupt-Verbindungswege des Landes stellten trotzdem früher immer die Fahrstraßen durch den Schärenhof dar; mit der Schaffung von Landstraßen schwand natürlich ihre Bedeutung etwas. Nur im südlichsten Teil, wo derartige Schären zum Schutz gegen An-griffe vom nahen Festland sowie vom nächsten fremden Inselstaat von besonderer Bedeutung wären, fehlen dieselben vollständig.

Für einen Invasionskrieg sind trotzdem auch hier die Verhältnisse ungünstig, die vielen Binnenseen und Flüsse sowie Kanäle bilden stets neue Defileen und Engpässe; zwar sind in Schonen größere und auch verhältnismäßig freie Länderstrecken vorhanden. Schonen ist aber durch

Sümpfe und Seen immerhin ganz besonders von Norden isoliert. Nördlich von Stockholm bildet im Winter das Eis des bottnischen Meerbusens von Finnland herüber eine feste Brücke für ein von dorther kommendes Angriffsheer, aber immerhin nur für diesen Gegner. Für Landungen ist daher die Sundküste immer die Haupt-Achillesverse gewesen, da hier auch die fremden Küsten am nächsten liegen.

Diese große Ausdehnung der Küsten Schwedens ist angesichts der besonders in früheren Jahrhunderten außerordentlich kleinen Zahl an Bewohnern des Landes eine Quelle bedenklicher Lagen in verschiedenen Kriegen gewesen; es fehlte oft an den erforderlichen Reserven.

Die zentrale Lage Schwedens in der Ostsee ist stets für einen Angriffskrieg von schwedischer Seite aus besonders geeignet und vorteilhaft gewesen, da es immer die inneren Linien beherrschte und günstig zu seinen zeitweise sehr ausgedehnten Festlands-Besitzungen lag; mit Wegnahme letzterer versiegte der größte Teil seiner reichen Handels- und Schiffahrts-Einkünfte und verlor es alsbald seine Großmachtstellung sowie seine Bedeutung als Vormacht in der Ostsee.

Durch die Lage am Kattegatt ist Schweden alsdann mit dem Weltmeer nahe verbunden, ohne die Eingänge zur Ostsee benutzen zu müssen; daher das stete Drängen nach dem Besitz von Bohuslehn und die frühe Ausgestaltung des Kanalweges Stockholm—Gothenburg durch die Hauptseen hindurch.

Einzelne Inseln, wie z. B. Gothland, dienen gewissermaßen als Außenwerke bei Angriff und Verteidigung, wenn sie auch nicht oft dazu benutzt wurden. Die Hauptschiffahrtsstraßen der Ostsee haben stets auf einer Strecke von 200—300 sm an Schwedens Küsten nahe vorbei geführt.

Von großer Bedeutung war wegen der Lage zum Gegner, der größeren Eisfreiheit sowie der vorherrschenden Winde halber stets die geographische Lage des Hauptstützpunktes der Flotte; der Wechsel des letzteren wurde durch die besonderen militär-politischen Lagen bedingt und steht ja neuerdings wieder in Aussicht, — Stockholm scheint hierfür bestimmt zu sein, — da der neue russische Kriegshafen Libau in Verbindung mit der Lage von Kronstadt—Sveaborg einesteils zu einer Konzentration zwingt, andererseits für ein Operieren zur See gegen den dauernden Hauptgegner Schwedens die Verbindungen mit der bisherigen Hauptbasis leicht zu stören sind.

Finnland. Die Küsten des vielumstrittenen Finnlands, das erst seit dem Jahre 1809 zu Rußland gehört, sind sowohl im Westen wie im Süden denen des östlichen Schwedens sehr ähnlich. Nur ist der Charakter des finnischen Schärenhofes noch ausgeprägt wilder und dehnt er sich an einzelnen Stellen bis über 10 sm weit in die See hinaus, für die Schiffahrt überall voller Gefahren. Die im Südwesten Finnlands diesem vorgelagerten Aalands-Inseln zeigen durchweg einen ähnlichen Charakter. In den verschiedenen Schärenhöfen waren nur einzelne Durchgänge und Schiffahrtsstraßen genau vermessen und sicher für die Befahrung durch größere Schiffe. Diese eigentümlichen Küsten bilden also einen wesentlichen Schutz gegen einen angreifenden Gegner und erleichtern zugleich ein defensives Verhalten wegen der Möglichkeit eines unbemerkten plötzlichen Hervorbrechens von vielen Punkten aus.

Das Festland von Finnland selbst ist eine Art Fortsetzung des Schärenhofes im Trocknen und weist ganz eigenartige Verhältnisse auf; etwa ³/₄ so groß an Gesamt-Oberfläche wie das neue Deutsche Reich), mit jetzt nur 2³/₄ und vor 2 Jahrhunderten kaum ³/₄ Millionen Einwohnern, entfallen von Finnlands Festlandsfläche: ⁴/₈ auf Wälder, ³/₈ auf Sümpfe, ¹/₈ auf Seen und Flüsse, so daß etwa nur ¹/₈ als festes gangbares Land übrig bleibt und demgemäß das ganze Land außerhalb der wenigen es durchziehenden Straßen für größere Truppenmassen und Transporte fast ganz ungangbar ist. Eine Unmenge von Engen und Defileen zwischen diesen Seen und Sümpfen erleichtert mithin eine Verteidigung sehr.

Daher boten in den letzten Jahrhunderten die Schären fast die einzigen Verkehrsgelegenheiten des Landes; die Hauptverkehrswege mit den Nachbarstaaten sowie diejenigen zwischen den einzelnen Orten führten während langer Zeit fast allein durch die Schären hindurch. Diese Schären-Fahrstraßen an freier liegenden Punkten zu besetzen und dadurch die Hauptverbindungen des Landes zu stören, war das stete Ziel des betreffenden Gegners.

Rußland. Die Ostecke des finnischen Meerbusens hat hauptsächlich niedriges Sumpf- und Delta-Land mit vorliegenden großen Untiefen, während sein Südufer aus einem etwa 50 m hohen und steilen Kaltplateau, dem Klint, mit tiefen Buchten und einzelnen vorgelagerten Inseln besteht.

Der gesamte finnische Meerbusen ist ferner überall mit Untiefen und Klippen förmlich besät und bei seinem rauhen Klima für die Schiffahrt, zumal vor einigen Jahrhunderten, als äußerst gefahrvoll zu bezeichnen; früher umsomehr, wo Seezeichen fast ganz fehlten. Am Südwesteingang des Golfes von Finnland liegen mehrere größere Inseln mit schwierigen Passagen in der Nähe; bis zur deutschen Grenze ist dann wieder niedriger Sandstrand und dahinter Sumpfland vorherrschend, unmittelbar an der Küste stellenweise von unzerbrochenen Dünen begleitet.

Mithin sind Landungs=Operationen größeren Stiles nur in einzelnen
Buchten Esthlands gut durchführbar. Zu erwähnen bleibt noch, daß im
Sommer die Navigierung durch die kurzen Nächte, — etwa nur 1—2 Stunden
Dämmerung —, sehr erleichtert wird, im Herbst und Frühjahr dagegen
nur 6—8 Stunden Tag ist.

War für Rußland durch die Erwerbungen in Ostasien sowie durch
die maritime Entwicklung am nördlichen Eismeer die Bedeutung der Ost=
see zeitweise etwas zurückgetreten, so blieb aber immer noch, besonders
nach Schaffung des neuen eisfreien Hafens an seiner südwestlichsten
Küstenstrecke, d. i. nach der Gründung des Kriegshafens von Libau, hier
seine Hauptflottenbasis. Hierbei ist vor Allem der Punkt von höchster
Bedeutung, daß seitdem der frühere lange Winterschlaf der russischen
Flotte vorüber ist, Rußlands Schiffe und Geschwader jetzt das ganze
Jahr über dauernd üben und fahren können. Peter der Große
suchte Aehnliches durch einen Hafenbau bei Baltisch=Port zu erreichen,
besaß aber weder die Mittel dazu, noch war die damalige Technik für
die Lösung einer solchen Aufgabe bereit. Das Projekt eines Ostsee—
Schwarze Meer—Kanals sei hier nur der Vollständigkeit halber erwähnt.

Von wesentlicher Bedeutung ist die Gründung eines fast eisfreien
Hafens an der Murman=Küste, Katharinen=Hafen im Nordwesten der
Halbinsel Kola, um Peters des Großen Werft und Kriegshafen in
Archangel zu ersetzen, dessen Bedeutung in den Seekriegen der Ostsee
sich öfter schon bemerkbar machte.

Bei der nördlichen Lage von Rußland mit seinem außerordentlich
großen Binnen=Festlandskörper ist noch jetzt jede Meile Küste von größter
Bedeutung und war dies in der Vergangenheit bei der Unwegsamkeit
der Landstraßen noch weit mehr der Fall; daher das stete Drängen
Rußlands nach den Meeresküsten hin. Die besonderen Eis=Verhältnisse
sind bereits eingehend angeführt worden.

Bei den im äußersten Nordosten an der Ostsee liegenden Küsten
Rußlands tritt schließlich die Bedeutung der für Rußland unter allen
Ostseestaaten längsten Zufahrtswege, vorbei an den Küsten der sämtlichen
fremden Länder, ganz besonders in die Erscheinung; die verbündete oder
neutrale Haltung der Ostseemächte war für Rußland äußerst wesentlich.

Eine Handelsblokade ist sowohl beim Sund und dann in zweiter
Linie bei dem nur 25 sm breiten Eingang des finnischen Meerbusens
sowie bei der auch nur schmalen Einfahrt des Meerbusens von Riga
unschwer ausführbar gewesen; erst neuerdings schafft der neue Kriegs=
hafen von Libau hier Wandel.

Aber Rußland war das einzige Land der Ostseemächte, das vom Weltenmeer ganz durch andere abgeschlossen und flankiert war; sein stetes Drängen, an die See und an den Ozean heranzukommen, ward für den Staat Naturgebot, da die Angrenzungen an das nördliche Eismeer sowie an das Schwarze Meer nicht genügten. Sein Vorgehen im fernen Osten ist die natürlich gebotene Folge der von Peter dem Großen sachlich eingeleiteten maritimen Politik gewesen; zur Zeit dort eingeschränkt, wird Rußland dort wie in Persien in absehbarer Zeit wiederum weiter vorzudringen versuchen.

Deutschland. Die flachen und niedrigen Küsten sind in der östlichen Hälfte von hohen Dünen — den höchsten, über 60 m hohen Dünen in Europa — begleitet und mit flachen breiten sowie langen und schmalen Nehrungen versehen, welche die hinter diesen liegenden Haffs von der See trennen; nur im Nordosten der Insel Rügen werden sie von einem höheren Kreidefelsplateau unterbrochen. Dagegen sind fast überall im Westen, besonders in den langen und tiefen Buchten, die Küsten für Landungen günstig und erschweren hier nur wenige Untiefen die Schiffahrt.

Für größere Flotten hat daher auch nur die westliche kleinere Hälfte bis zur Swine sichere Ankerplätze und Häfen aufzuweisen; aber hierbei bildet die Westseite der Insel Rügen eine besondere Ausnahme mit den sich dort weiter vom Lande ab erstreckenden Untiefen. Tatsächlich haben an dieser Seite auch niemals Landungen und Ansammlungen von Flotten stattgefunden.

Von Bedeutung ist Deutschlands unmittelbare Lage vor den Eingängen zur Ostsee; Rügen mit seinen umliegenden Gewässern bot stets für Flotten gute Stützpunkte, aber wie soeben dargelegt, nur in seinem Osten, wo auch die einzelnen Halbinseln bessere Verteidigungsabschnitte bilden. Der Besitz des westlichen Pommerns sowie des unfern gelegenen Wismar war auch deshalb für Schweden von hoher Bedeutung.

Schon zur Hansezeit, wo die Kriege oft plötzlich und ohne besondere Kriegserklärung eintraten und ein Nachrichtenwesen noch garnicht vorhanden war, trat der Umstand dieser besonderen Lage günstig hervor, da schon zu den damaligen Zeiten der Sund die Hauptfahrstraße für die Ostseefahrer aller Nationen und Länder war. Bei der Gründung des neuesten deutschen Kriegshafens von Kiel hat man lange geschwankt, ob nicht Rügen mit seinen Bodden vorzuziehen sei.

Die Belte wurden von dem Großschiffahrtsweg noch in keiner Weise berührt, da deren Navigierung gar zu schwierig und gefährlich war. An Seezeichen fehlte es dort gänzlich, wohingegen schon 1201 das erste derartige bei Falsterbo errichtet wurde und 1225 einem Feuer Platz machte.

Die bei den häufigen, an der deutschen Küste auftretenden Weststürmen auftommende trabbe See und die durch erstere start beeinflußten Strömungen sind bereits erwähnt worden; die Binnenfahrwasser im Süden von Rügen erlangten deshalb eine größere Bedeutung, desgleichen der Fehmarn-Sund.

Das ganze zur Nordsee gehörende wichtigste Küsten- und Seehandels-Gebiet Deutschlands mit seinen reichen maritimen Hilfsmitteln, tann erst neuerdings nach Schaffung des großen Nordostsee-Ranals sowie Gründung der neuen deutschen Flotte, auf die Verhältnisse in der Ostsee und die Kriegführung daselbst Einfluß ausüben, der in den früheren Jahrhunderten fast Null war. Der kleine Schleswig-Holsteinische Eider-Ranal — 1774—1784 erbaut — war nur von ganz geringer maritim-militärischer Bedeutung.

Von Deutschland, das nur Küsteninseln und keine Außen-Inseln besitzt, — abgesehen von Helgoland in der Nordsee, — ist der Seekrieg daher stets in engster Verbindung mit der Armee als Küstenkrieg geführt worden, wozu auch schon die geringen Seestreitkräfte Veranlassung gaben. Die Hansezeit ist hierbei außer Acht gelassen.

Entfernungs-Tabellen für die Ostsee. Es sollen hier im allgemeinen nur die Entfernungen von den Hauptkriegshäfen der Ostsee nach den anderen wichtigeren Häfen aufgeführt werden.

Es beträgt die Entfernung:

Ropenhagen—Stralsund	125	sm
„ —Wismar	130	„
„ —Danzig	255	„
„ —Stockholm	405	„
„ —Gothenburg	130	„
„ —Slagen	145	„
„ —Christiania	270	„
Rarlskrona—Ropenhagen	145	sm
„ —Danzig	160	„
„ —Stralsund	160	„
„ —Wismar	205	„
„ —Gothenburg	285	„
„ —Stockholm	270	„
„ —Helsingfors	405	„

Danzig—Libau . . . . 140 sm
  „ —Stockholm . . . . . . 300 „
Kronstadt—Helsingfors . . . . . 155 sm
  „ —Reval . . . . 175 „
  „ —Libau . . . . 425 „
  „ —Danzig . . . . 565 „
  „ —Stralsund . . . . . . 696 „
  „ —Kopenhagen . . . . . 715 „
  „ —Karlskrona . . . . . 560 „
  „ —Stockholm . . . . . . 375 „
Kiel—Stralsund . . . . 185 sm
  „ —Danzig . . . . 335 „
  „ —Libau . . . . 400 „
  „ —Reval . . . . 590 „
  „ —Helsingfors . . . . 635 „
  „ —Kronstadt . . . . 775 „
  „ —Stockholm . . . . 490 „
  „ —Karlskrona . . . . 235 „
  „ —Kopenhagen . . . . 160 „
  „ —Gothenburg . . . . 240 „
  „ —Skagen . . . . 320 „
  „ —Christiania . . . . 360 „

Es betrug mithin die Entfernung der Flotten-Hauptstützpunkte der nordischen Mächte nicht mehr als 130—400 sm von einander und Rußland mitgerechnet auch nur 400—700 sm; die größte Entfernung zwischen den beiden neuesten Kriegshäfen Kiel—Libau ist nur 400 sm und die Hauptkriegshäfen der an die Ostsee grenzenden beiden Groß-mächte Deutschland-Rußland sind auch kaum 800 sm von einander ent-fernt, welche Zahl überhaupt die größte Entfernung in der Ostsee dar-stellt, den bottnischen Meerbusen nicht mitgerechnet.

Handels-Geographie, Schiffahrts- und Handels-Verbindungen der Ostsee.

Deutschland. Die Zeit der im Westen Handel und Schiffahrt treibenden rührigen Slavenvölker, der Wenden, soll nur der Vollständigkeit halber erwähnt werden. Die Dänen folgten ihnen und diesen alsdann die deutschen Hansen. Die Orte Roric bei Wismar, Oldenburg in Ost-holstein sowie Schleswig waren frühzeitig Einfallsthore für den aus

Rußland kommenden Pelzhandel und für die durch letzteren aus dem Orient nach Norden gelangenden Slaven.

Das deutsch-baltische Geschäft wurde bis Goslar und Soest betrieben; in letzterem gab es bis in das 18. Jahrhundert hinein eine „Schleswiger Kompagnie".

Von den frühesten Zeiten an hat sich der wirtschaftlich-politische Charakter der Ostsee als der eines Durchgangskanals gezeigt, dessen Hauptabflußgebiet der gesamte Nordosten war.

Mit dem allmählich fortschreitenden Verfall der Hansen finden wir überall Zersplitterung der Kräfte, es gibt fast nur Territorial-Handel und Schiffahrt; überall in dem ganzen Gebiet der Ostsee treten nach und nach die rührigen Holländer das Erbe der Hanse an.

Lübecks kaufmännische Geschäfte bestanden zuletzt fast nur noch in Spedittionen zwischen der Ostsee und Hamburg und hatte letzteres zusammen mit Bremen bald den Gesamthandel Deutschlands mit West- und Süd-Europa in Händen.

Der hansische Handel selber beschäftigte sich stets besonders stark mit Rohstoffen und war ausgesprochener Zwischenhandel; die Schiffahrt diente weniger zum Frachtverkehr allein. Der hansische Kaufherr kaufte anfangs immer selber ein, geleitete seine Waren auch selbst und verkaufte sie dann an Ort und Stelle. So kam der deutsche Kaufmann überall herum in der Welt und gewann selbst Einsicht sowie Überblick über alle wichtigen Handels- und Schiffahrts-Verhältnisse. Aber — es fehlte trotz allem an einer politischen Gesamtmacht, einer Zentralgewalt, zu deren. Schöpfung selbst der Einblick in das Weltgetriebe nicht genügte, da die Interessen des Einzelnen immer noch ganz überwogen.

Der 30jährige Krieg vernichtete dann fast den ganzen deutschen Handel, welcher nur sehr langsam wieder emporkam; auch der vielfältige Wechsel der politischen Gestaltung der Küstenländer war von großem Schaden für die Entwickelung von Handel und Wandel.

Das Eintreten der veränderten Handels-Richtungen nach dem Ozean und dem Westen Europas hatte außerdem alle günstigen Bedingungen schon seit Mitte des 16. Jahrhunderts untergraben; der nahe Westen Europas übernahm nunmehr die Führung nicht nur auf dem Gebiet des Welthandels, sondern auch in dem jetzt mehr abseits gelegenen Becken der Ostsee.

Das baltische Meer war aber mit seinen viel verzweigten Handels-beziehungen ringsum für das stets in Seekriegen befindliche England von hoher kommerzieller Wichtigkeit, da es seine hauptsächlichsten Hülfsmittel von dorther in großen Mengen bezog, besonders Schiffsbauholz, Hanf und Teer. Der Handel Hollands in der Ostsee beruhte dagegen meist auf Pelzwerk und Getreide sowie den Erzeugnissen der Fischerei. Die deutsche Ostseeküste konnte sich aus ihrer tiefen Versunkenheit nur schwer erholen, es war kaum noch von eigenem deutschen Handel und eigener Schiffahrt die Rede.

Wegen der allgemeinen Unsicherheit zur See kam die Convoi-Schiffahrt sehr auf, da der Handel ebenfalls wegen der sich stark steigernden Seeversicherungs-Prämien sehr litt; dies trug ferner dazu bei, Schiffahrt und Handel fast ganz in die seestarken Hände der Niederlande und Großbritanniens zu bringen. So wurde z. B. die gesamte Salzzufuhr aus dem Südwesten von Frankreich gänzlich den Deutschen entzogen, bei denen sie früher als die sogenannte Bay'en-Schiffahrt sehr in Blüte gestanden hatte.

Im 17. Jahrhundert war fast ohne jedes deutsche Mittun der ganze trans-ozeanische Verkehr von Gesamt-Europa nicht annähernd so groß, als derjenige der Ost- und Nordsee zusammen; beide Meere waren für England und Holland die wahren Goldfelder und in Amsterdam hieß die Ostsee die „Mutter aller Kommerzien"; um die Mitte des 16. Jahrhunderts war etwa ³/₄ des Kapitals von Amsterdam am Ostseehandel beteiligt. Deutschland galt nach den erläuternden Erklärungen zur Navigations-Akte auch noch im Jahre 1650 nur als das Hinterland von Holland, so sehr waren deutsche Schiffahrt und deutscher Handel zurückgetreten. Die blühende Kolonialperiode unter dem Großen Kurfürsten dauerte nur kurz.

Bis zu welcher außerordentlichen Höhe der deutsche Ostseehandel im Lauf der Jahrhunderte anzuwachsen vermochte, ergeben einige Ziffern statistischer Angaben vom Jahre 1903; hiernach betrug er nahezu den Wert von einer Milliarde Mark, von der auf die Ein- und Ausfuhr nach und von Rußland-Finnland allein rund 450 Mill., mit Schweden 220 und mit Dänemark 200 Millionen kommen. Ferner trafen in demselben Jahre in deutschen Ostseehäfen über 12 000 Segelschiffe und mehr als 22 000 Dampfschiffe ein, mit rund 5¹/₄ Millionen Register-Tonnen Raumgehalt und verhielt sich die Schiffsbewegung des Ostseegebiets zu der des Nordseegebiets nach der Zahl der Schiffe etwa wie 3 : 4, nach dem Raumgehalt wie 1 : 2.

Dänemark. Die dänischen Lande haben Jahrhunderte lang ganz unter dem Einfluß der Hanse gestanden; späterhin traten dann neben den Deutschen die Holländer auf und noch weit später kamen erst nach und nach die Bewohner des Landes selbst, sei es durch Erlangung von Monopolen oder Gründung besonderer Kompagnien mannigfacher Art.

Ein- und Ausfuhrverbote wurden zur Begünstigung des eigenen Landes-handels mehrfach erlassen, mit denen gleichzeitig eine ungerechte Behand-lung der Hanseaten verbunden war. In der Hauptsache handelte es sich bei dem dänischen Handel um landwirtschaftliche Erzeugnisse sowie um diejenigen der Fischerei.

Auf das Weltmeer sind die Dänen erst spät hinausgezogen. König Christian IV. gründete von 1588—1648 die isländische, grönländische und ostindische Gesellschaft; er führte den Elbzoll bei Glückstadt ein, welcher später von Hannover noch bis 1861 als Stader Elbzoll erhoben wurde. Aber nach wie vor brachten die Fremden die meisten Waren in's Land und zwar auch auf fremden Schiffen. Christian V. gründete dann um 1690 die westindischen Kolonien, deren blühender Handelsverkehr im Jahre 1782 fast 250 dänische Schiffe aufwies; später wurde das erst 1845 veräußerte Tranquebar und die Inselgruppe der Nicobaren im Meerbusen von Bengalen in Besitz genommen sowie an der Guinea-Küste Handels-Niederlassungen gegründet und dort Forts errichtet.

Norwegen. Noch weit später und viele Jahrhunderte nach den Wikinger Zeiten tritt Norwegen in die Schiffahrts- und Handelsbestrebungen ein; die politische Zugehörigkeit schuf hierin nur nach und nach Wandel.

Das Land war, ohne Kapital und Industrie, ohne Ackerbau und Viehzucht, bei dem Mangel fast jeglicher inneren Verbindung sowie bei seinen vielverzweigten Zugängen von der See her, fast gänzlich in den Händen der rührigeren Hanseaten und ohne jedes selbständige Handels-leben. Auch die Schiffahrt entwickelte sich aus diesem Grunde erst wieder sehr spät und zwar ganz unter Anlehnung an die dänische.

Der außerordentliche Aufschwung nach 1806 ist bekannt; Norwegen hat noch um 1880 die zweite Stelle unter den Schiffahrt treibenden Nationen eingenommen, trotz seiner nur 2 Millionen Einwohner.

Schweden. Erst nach Aufhebung der vielen monopolistischen Privilegien der Hansezeit wurde der eigene schwedische Landeshandel nach und nach aktiv.

Gustav Wasa, der mehrfach Häfen und Kanäle erbaute, schadete aber dem eigenen Handel oft sehr durch Einrichtung einzelner Monopole, da die eigene nationale Schiffahrt noch nicht entwickelt genug war, um diese Monopole entsprechend auszunützen; um seinen Landsleuten ein anregendes Beispiel zu geben, beteiligte er sich öfter persönlich an Handels-Unternehmungen. Hierdurch wurde es doch erreicht, daß 1560 immerhin schon 62 Schiffe im schwedischen Aktivhandel beschäftigt waren; auch hier stand alles im strengen Banne der merkantilistischen Wirtschafts-

Anschauungen. Es war noch keinerlei Kaufkraft im Lande, da vor allem der Ackerbau wegen der vielen Kriege schwer unter dem großen Mangel an Arbeitskräften in dem so wie so menschenarmen Lande litt, auch nicht einmal das zum Lebensunterhalt der eigenen Bewohner erforderliche Getreide zu liefern imstande war.

Auch späterhin, noch im Jahre 1702, wurde der frühere Fehler wiederholt und den schwedischen Schiffen ein Monopol betreffs der Ausfuhr von Schiffbaumaterialien wie Holz, Teer, Pech und Hanf, den Haupt-Ausfuhrprodukten des Landes nach England gegeben; die Zahl der eigenen Landesschiffe genügte nicht für die Verfrachtungen der gelieferten Mengen.

Die amerikanische Kolonie Neu-Schweden ging bald in den NeuEngland-Staaten auf und die Guinea-Besitzungen nahmen die Niederlande fort, nur das kleine westindische Eiland, St. Barthélemy, hielt sich als schwedische Kolonie bis in die allerneueste Zeit hinein und wurde dann von Frankreich zurückerworben. Schweden verwandte seine Gesamtkräfte, welche sich kolonial-politisch betätigten, statt überall im Ausland, nur an den Gestaden der Ostsee.

Langsam kam der eigene Handel empor, noch vielfach von Deutschen und Holländern eingeschränkt und wiederholt verdrängt. Gustav Adolf tat viel durch Hebung des Bergbaus und Schaffung von HandelsKompagnien.

Man sah schwedische Schiffe zu Ende des 17. Jahrhunderts zwar öfter als bisher fremde Häfen aufsuchen, sogar bis in das Mittelmeer hinein; aber der große nordische Krieg zu Anfang des 18. Jahrhunderts vernichtete fast alle diese Bestrebungen und Errungenschaften. Schiffahrt und Handel blieben daher in der Hauptsache Jahrhunderte lang in den Händen der Fremden, wenn auch vielfach unter schwedischem Namen.

Die Zusätze Karl's II. von England zur Cromwell'schen Navigationsakte von 1651, im Anfang der sechsziger Jahre des 16. Jahrhunderts, welche nur englischen Schiffen den Handel mit England und dessen Kolonien gestatteten, schadeten der schwedischen und auch dänischen Schiffahrt ebenfalls ganz außerordentlich; die Akte selbst mit ihren Zusätzen und Ergänzungen ist erst im Jahre 1848 gänzlich aufgehoben worden.

Rußland. Schon unter Jwan IV. schifften die Russen im Jahre 1547 in der Ostsee wieder bis nach Wisby und Vineta, später auch bis Schleswig, von wo sie seit 1300 ganz verschwunden waren.

Als Rußland 1617 zum zweiten Mal wiederum ganz von der Ostsee abgedrängt war, erlitt der russische Binnenhandel ebenfalls die allerschwersten Schädigungen und hielt sich der eigene Handel nur noch über Archangel und das kaspische Meer aufrecht. Die Zaren trieben zu Anfang selbst noch Groß- und Kleinhandel, Andere durften erst nach ihnen ihre Waren verkaufen und der Seidenhandel wurde überhaupt erst 1675 frei gegeben; viele Ausländer wanderten als Handwerker und Kaufleute in Rußland ein.

Die Hansen und späterhin ebenso die Holländer waren an den Küsten lange Zeiten hindurch fast allmächtig; erst unter Peter dem Großen wurde der Wandel langsam vorbereitet, wenn auch der Erfolg einstweilen noch so gut wie ganz ausblieb, trotz aller bestimmten Erwartungen und vielfachen Bemühungen.

Die eigentliche Schiffahrt verblieb aber fast gänzlich in den Händen der Fremden und zwar bis in das letzte Viertel des 19. Jahrhunderts hinein, nur die Küstenschiffahrt wurde allmählich mehr von den Russen selbst betrieben, wenn auch oft noch mit fremder Beihülfe an Material oder Personal. Die Russen sind durchaus nicht für die See und die Betätigung auf dieser beanlagt gewesen. Die ungünstigen klimatologischen Verhältnisse spielten hierbei natürlich eine besonders große Rolle, wenn man bedenkt, daß Segelschiffahrt nur während der kleineren Hälfte des Jahres unter schwierigen nautischen Verhältnissen ausgeübt werden konnte. Ferner kam der Umstand hinzu, daß die Küsten von Ingermannland und Esthland wenig zugänglich waren sowie nur wenige brauchbare Häfen aufwiesen.

Der Sundzoll. Nichts vermag einen besseren Einblick in die Auslands-Schiffahrts- und Handelsverhältnisse der Ostsee zu gewähren wie die von Professor Dietrich Schäfer durchforschten Sundzollisten, besonders nachdem die Holländer im 17. Jahrhundert statt des seit 1430 willkürlich erhobenen Zolles einen festen Sundzoll erzwungen hatten.

Die Zahl der passierenden Schiffe des ersten Jahrzehnt, rund 800, stieg nach einem Jahrhundert über 1400 Schiffe und war im letzten Jahrzehnt von 1600 auf nahezu 5500 angewachsen. 1783 passierten 10 000, rund 3200 englische, 2200 schwedische, 1700 dänische, 1400 preußische, 1400 holländische Schiffe; 1846: 20 000; 1865, d. i. etwa ein Jahrzehnt nach Aufhebung des Zolls, 30 000 Schiffe den Sund. Die dann bis auf 50 000 anwachsende Schiffszahl ging nach der Eröffnung des Kaiser Wilhelm-Kanals wieder auf etwa 35 000 zurück.

Während die Holländer den größten Prozentsatz aufzuweisen hatten, rund 60 %, — im nordischen Kriege sogar 86 %, — waren Ostfriesland und Rostock, dann Lübeck, Stralsund, Danzig die nächsten in der Reihe. Bei der Aufhebung des Sundzolls im Jahre 1657 zahlte England mehr

als alle an der Ostsee liegenden Staaten, nämlich über 10 Millionen
Reichsbanktaler, Rußland nicht ganz 10, Preußen 4¹/₂ und Schweden
rund 1¹/₂ Millionen. — In dem internationalen Vertrage vom 14.
März 1857 verpflichtete Dänemark sich, einen freien Zugang zur Ostsee
bestehen zu lassen.

Schluß-Betrachtungen. Ist der Ostseehandel zwar immer noch
von großer Ausdehnung und hoher Bedeutung, wie dies die neuen
statistischen Angaben bei der Betrachtung der deutschen Handels=Ver-
hältnisse klar zeigten, so ist doch der Schwerpunkt allen europäischen
Handels nach der Nordsee und dem Westen gerückt. Wunderbarer Weise
ist dieser Wechsel erst sehr spät eingetreten, lange Jahre, ja Jahrhunderte
nach der Entdeckung der Seewege nach dem fernen Osten sowie nach
der Entdeckung Amerikas.

Die Schiffahrt auf der Ostsee hat besonders nach Einführung der
Dampfschiffe bezüglich der Zahl der Schiffe und Fahrzeuge sehr nach=
gelassen, die Ostsee ist nur zu einzelnen Jahreszeiten noch etwas belebt
zu nennen. Es gab ein Jahrzehnt gegen Ende des vorigen Jahrhunderts,
wo die vielen größeren und kleineren Häfen der Ostsee, selbst im Sommer,
voll lagen von den alten breiten hochbordigen und langsamen Seglern
der Ostsee, vom Winter garnicht zu reden. Selbst nach dem wirtschaft=
lichen Aufschwung, welcher der Gründung des Deutschen Reiches folgte,
trat nicht der erhoffte und erwartete große Umschwung ein; den rund
210 deutschen Häfen an der Nordsee stehen an der Ostsee nur ¹/₄ dieser
Anzahl gegenüber.

Neue Formen hat der Verkehr auf der Ostsee angenommen, von
denen die neueste wohl die Küstenschiffahrt mit Schleppprähmen ist,
welche von kleinen Dampfern auch über bewegte See sicher geschleppt
werden können; hierzu hat der Nord=Ostsee=Kanal den Anlaß gegeben.

In der Zeit des Weltverkehrs, in welcher die Welt unter dem
Zeichen des Verkehrs steht, nimmt es Wunder, daß der tiefgehende
Einfluß des Seehandels auf den Reichtum und die Stärke der Länder, der
bereits zu früheren Zeiten erkannt worden ist, nicht eher zur sicheren
Erkenntnis derjenigen Ursachen führte, welche ihre Größe und ihr Ge=
deihen zumeist bedingten.

Die englische Expedition nach der Ostsee, 1801.

Vorgeschichte der Expedition.

Neutralitäts-Vertrag zwischen Dänemark und Schweden. Zu Anfang der 90er Jahre des XVIII. Jahrhunderts hatte die Unsicherheit der neutralen Schiffahrt sowie die von England an Dänemark gestellte Forderung, seinen Handel mit Frankreich ganz einzustellen, die vom Kriege sonst ganz unberührten Staaten Dänemark, Norwegen und Schweden veranlaßt, am 27. März 1794 eine neue Konvention: „zur gegenseitigen Verteidigung sowie Handhabung der vollkommsten Neutralität", abzuschließen. Beide Staaten wollten von einer Convoyierung ihrer Handelsschiffe ganz absehen, dahingegen jedesmal zu Repressalien greifen, wenn ihre Handelsschiffe von den kriegführenden Mächten unrechtmäßig aufgebracht und dementsprechend von den fremden Prisen-Gerichten abgeurteilt würden; man wollte sich gegebenen Falls alsdann durch Wegnahme einer gleich großen Anzahl fremder Handelsschiffe der betreffenden Macht vollkommen schadlos halten.

In den vier folgenden Jahren wurden von beiden nordischen Ländern im Sund stärkere Geschwader vereinigt, deren Oberbefehl alle 3 Monate unter ihnen wechselte; in der Nordsee und an den Küsten des Skagerrats sowie des Kattegatts kreuzten dauernd kleinere Abteilungen dieses Geschwaders.

Infolge dieses tatkräftigen Auftretens war es der nordischen Diplomatie stets gelungen, mit ihren gelegentlich gestellten Forderungen durchzubringen, so daß zur Erhebung von Repressalien keine Veranlassung gegeben wurde; der nordische Handel blieb ungestört und erblühte zusehends.

Wieder-Aufnahme des Convoi-Systems durch Dänemark. Nach dem Tode des dänischen Staatsministers Graf Bernstorff griff man Mitte des Jahres 1798 jedoch wieder von Neuem zu dem unpolitischen und unpraktischen System des Convois von Kauffahrteischiffen, nach den Grundsätzen der bewaffneten Neutralität des Jahres 1780; hierzu wurden dänische Kriegsschiffe sogar nach Westindien und dem Mittelmeer entsandt sowie einzelne auch nach Ostindien detachiert und selbst Linienschiffe für diesen Zweck verwendet.

Zusammenstöße mit englischen Kreuzern. Mannigfacher Mißbrauch der dänischen Flagge durch fremde Schiffer und Rheder sowie die verschiedene Auffassung der Regierungen von England und Dänemark über den Begriff der „Kriegskonterbande", führten öfter zu Streitigkeiten und ernsten Konflikten zwischen den Führern der Convois und den Kommandanten der visitierenden englischen Kreuzer. Nachdem infolge des Sieges bei St. Vincent — Jervis-Nelson 1797 — die kriegerische Stimmung in England allgemein Oberhand gewonnen hatte, wurden die Untersuchungen noch öfter und schärfer vorgenommen, besonders auch deshalb, weil die englischen Offiziere oft Beweise in Händen zu haben glaubten, daß von dem Convoi-Recht vielfach mit Unrecht Gebrauch gemacht würde.

Infolgedessen bestimmte eine englische Parlamentsakte, daß alle neutralen Schiffe zu durchsuchen seien, gleichviel ob diese von Kriegsschiffen fremder Mächte convoyiert würden oder nicht.

Außer kleinen blutigen Zusammenstößen im Mittelmeer und Westindien, fand im Sommer 1800 vor dem Kanal ein ernsteres Gefecht einer englischen Abteilung von 3 Fregatten und 3 Fahrzeugen gegen die dänische 40 Kanonen-Fregatte „Freya" statt, welch letztere schließlich die Flagge streichen mußte.

Englisch-dänische Konvention. Infolge aller dieser Zwischenfälle wurde Mitte des Jahres 1800 ein besonderer englischer Gesandter nach Kopenhagen geschickt und dessen Mission Mitte August durch die Entsendung eines britischen Geschwaders von 19 Schiffen, worunter 9 Linienschiffe, besonders unterstützt; dieser Expedition und Demonstration vermochte Dänemark nur 6 Linienschiffe, außer 8 schleunigst auf der Außenrhede von Kopenhagen verankerten Defensionsschiffen, gegenüber zu stellen.

Eine sofort zwischen beiden Staaten abgeschlossene Konvention bestimmte alsdann, daß über die Frage der Visitation neutraler Convois das Weitere eingehend in London verhandelt werden solle und einstweilen Dänemark seine Kauffahrer nicht convoyieren lassen werde. Die Fregatte „Freya" wurde nach ihrer Ausbesserung an Dänemark zurückgegeben.

England kam es vor Allem darauf an, die Bestrebungen Frankreichs und Bonapartes „die See vermittelst des Landes zu erobern" sowie ganz Europa gegen Großbritannien zu vereinigen, zu nichte zu

machen und immer wieder von Neuem darauf zu sinnen, der französischen
Marine jede Möglichkeit zu nehmen, ihre Flotten und Schiffe genügend
herstellen und ausrüsten zu können. Letzterer mußten jegliche Hülfs=
quellen zur Heranschaffung von Materialien und Ausrüstungsgegenständen
versperrt werden und die Hauptquelle waren unbedingt mit die aus der
Ostsee herankommenden Erzeugnisse der baltischen Küstenländer. Bona=
partes Siege über die Oesterreicher in Italien zwangen nach der
Schlacht von Marengo England dazu, in seinem Interesse noch schärfer
an die Frage der Convoyierung neutraler Kauffahrer heranzugehen; die
Gedanken und Pläne Einzelner gingen schon bedeutend weiter.

Erneuerung des nordischen Neutralitäts=Bundes. Auf die
Nachricht von diesem Vorgehen Englands ließ Kaiser Paul I. von
Rußland alle in Rußland befindlichen englischen Güter und Schiffe mit
Sequester belegen, um bei etwaigen weiteren Schritten Englands ein
Unterpfand zu haben; die zeitweilige Aufhebung dieses Sequesters wurde
wieder erneuert, als der Zar im Herbst die Kunde von der Wegnahme
Malta's erhielt, welches ihm von Bonaparte überwiesen worden war.

Dem Drängen des letzteren, der sein ganzes Bestreben in den letzten
Jahren auch darauf hinausgehen ließ, Englands Handel ferner vom
Norden auszuschließen und der danach trachtete, die Flotten der Ostsee=
Mächte gegen die englische Flotte zu vereinigen, gelang es dann,
Paul I., der nach dem Mißgeschick Suwaroffs mißgestimmt war,
zu einem ferneren Schritt zu bewegen; Rußland ging noch im Dezember
1800 mit Schweden einen neuen Neutralitäts=Vertrag auf der Grundlage
desjenigen von 1780 ein, welchem bald auch Preußen und Dänemark
beitraten.

Während der letzten 5 Jahre hatte Preußen in dem großen eng=
lisch=französisch=spanischen Seekriege eine strenge Neutralität bewahrt; die
Folge dieses Verfahrens war gewesen, daß der größte Teil des Fest=
landshandels seinen Weg über Preußen, ja ganz Norddeutschland ge=
nommen hatte. Hamburg und Bremen, die Elbe= und Weser= sowie
die Ems=Häfen waren nebst denen der Ostsee die Haupt=Verkehrshäfen
Europas geworden; allein der Handel Englands dorthin hatte in den
letzten 8 Jahren von rund 120000 Tons auf rund 390000 Tons,
also weit über das Dreifache zugenommen, woran Preußen den Haupt=
anteil hatte. Infolgedessen trafen Preußen auch alle Maßnahmen Eng=
lands gegen die neutrale Schiffahrt ganz außerordentlich, es mußte sich
aber, wie die kleinen Seemächte Schweden und Dänemark=Norwegen,
stets dem Druck des großen seemächtigen Englands fügen und dies um
so mehr, da ein großer Teil des Handels durch englische Schiffe be=

trieben wurde. Hatte doch selbst Rußland, das wegen der Ausfuhr seiner Waaren sehr bei all Diesem interessiert war, bisher ruhig den übermütigen Forderungen Großbritanniens sich gefügt und lieber den Druck auf die neutrale Schiffahrt hingenommen, als dem Abbruch seines eigenen großen Handelsbetriebes Vorschub zu leisten.

Bei den schlechten Landverbindungen vor 100 Jahren spielte dieser Seeverkehr für die Festlandsstaaten die Hauptrolle, ja diese waren fast ganz von dessen Blühen und Gedeihen abhängig; ohne Preußens Beitritt war aber England nicht sonderlich zu schädigen.

So wurde es Bonaparte im Bunde mit Paul I. nicht schwer, auch das aufstrebende Preußen ganz auf seine Seite hinüberzuziehen, da man allerseits glaubte, im gemeinsamen großen Bunde die drückenden Forderungen Englands endgültig zurückweisen zu können. Frankreichs ganzes Bestreben war von nun an darauf gerichtet, England jetzt auch dort zu schädigen, wo es bisher noch garnicht angefaßt und doch am verwundbarsten war, nämlich in der Ostsee; auch hoffte man im Bunde mit den drei großen baltischen Flotten England endgültig niederzwingen zu können.

Dänemark machte Bonaparte dadurch seinen Absichten geneigt, daß er eine Anzahl in Frankreich beschlagnahmter dänischer Schiffe, welche sich von britischen Kreuzern hatten visitieren lassen und die deshalb zur Strafe beschlagnahmt worden waren, wieder freigab; trotz der gehegten Befürchtungen, zuerst einem Angriff Englands ausgesetzt zu sein, trat auch Dänemark schließlich dem Bunde bei, ein preußisch-englischer Zwischenfall führte endlich den Anschluß herbei. Noch zu Anfang Februar des nächsten Jahres versicherte Bonaparte persönlich dem dänischen Gesandten, Dänemark auf das Kräftigste unterstützen zu wollen, nötigenfalls durch Besetzung Hannovers; auch sprach er hierbei schon seine Gedanken über Englands Aussperrung vom Festlande aus, 6 Jahre vor dem Berliner Dekret.

In den abgeschlossenen Verträgen wurde ausdrücklich niedergelegt: daß eine Visitation solcher Schiffe, welche sich unter Convoi befänden, nicht geduldet werden solle; neutrale Schiffe sollten berechtigt sein, Küsten- und Kolonial-Handel für kriegführende Staaten zu betreiben; feindliches Gut unter neutraler Flagge dürfe nicht mit Beschlag belegt werden; Blockaden wären nur dann zu respektieren, wenn der Versuch zum Einlaufen wegen der Stärke der blockierenden Streitkräfte gefährlich sei; Schiffsausrüstungs-Materialien seien von dem Begriff der Kriegskonterbande auszuschließen; der Kapitän sowie die Hälfte der Mannschaft müßten derjenigen Nation angehören, deren Flagge das Schiff führe; die Schiffspapiere müßten sich stets in vollständiger Ordnung befinden. In einem hinzugefügten geheimen Paragraphen wurde die Anzahl der durch jede dem Vertrage beigetretenen Mächte auszurüstenden Schiffe bestimmt, z. B. für Dänemark 8 Linienschiffe, 2 Fregatten und für Rußland etwa die doppelte Zahl; ferner wurde bestimmt ausgesprochen, daß die Ostsee als „abgeschlossenes Fahrwasser", also als ein mare clausum anzusehen sei.

Schärfer konnten die Ansprüche Englands, auf die es nicht nur ein Recht zu haben vermeinte, sondern die auch unbedingt seine Seeherrschaft allein sicher stellen konnten, nicht zurückgewiesen werden, als es in diesem, in einigen Punkten sehr weit gehenden Vertrag geschah. Im Mittel- meer und Atlantik überall und nun auch noch in der Ostsee hart bedrängt, glaubte man Englands Untergang schon nahe vorauszusehen.

Der alsbaldige Beitritt Dänemarks zu diesem Vertrag erfolgte, — trotz der erst kürzlich mit England abgeschlossenen Konvention, — in Folge des heftigen Drängens Kaiser Pauls I., der mit Dänemark sogar zeitweise die diplomatischen Beziehungen abgebrochen hatte. So zwischen zwei Feuern befindlich und von beiden Seiten ernstlich bedroht, schloß sich Dänemark seinem früheren Verbündeten im Interesse seiner Handels- schiffahrt an sowie aus allgemeiner Achtung vor dem internationalen Recht, indem es seinen früher erklärten Grundsätzen hierbei folgte. Dieses Drängen des Zaren war um so weniger angebracht, da er nach seiner eigenen Äußerung mit seiner Flotte im Frühjahr seinen Verbündeten kaum zeitig genug zur Hülfe herbeieilen könne. Es ist ein Beweis, wie wenig man in Rußland die endgültige sehr hohe Bedeutung der See- macht erkannt hatte, wie wenig man sich klar war, welches Vorgehen für England sofort geboten war. Man zwang England förmlich dazu, unmittelbar energisch vorzugehen.

Englischer Embargo. In Voraussicht des Kommenden hatte William Pitt schon am 14. Januar 1801, noch kurz vor der Rati- fizierung dieses letzten Vertrages seitens Dänemarks, die Neutralitäts- Erklärung dadurch beantwortet, daß auf alle dänischen, schwedischen und russischen Schiffe das Embargo gelegt wurde; 150 dänische Schiffe wurden hierdurch sofort festgelegt. Preußen wurde einstweilen noch geschont, da man wegen einer etwaigen Besetzung Hannovers durch dieses Befürch- tungen hegte.

Es galt jetzt für England, die seiner Suprematie zur See gefährliche Koalition, welche alle Grundsätze umstieß, die seine Stärke und Größe ausmachten, mit Macht und Kraft so schleunig als möglich zu vernichten, um die Beherrschung der See für sich zu behalten. Man war hierüber in England keinen Augenblick im Unklaren oder gar unschlüssig; England, nach Kant der „gewaltsamste, herrschsüchtigste, kriegserregendste Staat", wußte genau was es zu tun hatte.

Ohne Kriegserklärung begannen die Feindseligkeiten, zuerst in West-indien, wo Ende März nach einem kleineren Seegefecht die dänischen Inseln, welche die Krone Dänemark 1755 der dänisch-westindischen Kom-pagnie abgekauft hatte, von englischen Streitkräften besetzt wurden; die ostindischen Besitzungen Dänemarks fielen Anfang Mai in Englands Hände.

Dänische Maßnahmen bis Anfang April.

Die ersten dänischen Rüstungen. Ließen die Verhandlungen des Monats Februar schon ziemlich klar voraussehen, daß ein Krieg nahe vor der Tür sei, so wurde diese Annahme fast zur Gewißheit, als die dänische Regierung am 6. März Kunde erhielt, daß in Yarmouth eine englische Flotte in der Ausrüstung begriffen sei, vermutlich mit der Bestimmung nach der Ostsee.

Den ersten hervortretenden dänischen Maßnahmen, der Aufforderung von Schiffern und Steuerleuten zum Eintritt als Monats-Leutnants, — welcher 66 Folge leisteten, — sowie dem Erlaß eines General-Pardons an die ohne Paß Ausgewanderten, welche beiden Maßnahmen schon im Februar getroffen waren, folgte nun sofort das eilige Auslegen einer Anzahl von Blockschiffen im Königstief. Auch hatte man schon seit Ende Dezember vorsichtigerweise eifrig auf der Werft an den Schiffen gearbeitet und seit Mitte Januar Verordnungen für die Errichtung einer allgemeinen Landwehr erlassen.

Obwohl die aus Norwegen bereits Anfang Februar einberufenen Seeleute sofort von dort ihren Marsch nach dem Süden angetreten hatten, trafen diese doch erst Anfang März in täglichen Trupps von 60—100 Mann in Kopenhagen ein. Man sah sich daher wegen der ungünstigen Jahreszeit, welche die meisten Seeleute in größerer oder geringer Ferne festhielt, gezwungen, einen Aufruf zum Eintritt Freiwilliger zu erlassen; außer Fischern strömten auch viele Handwerker und sogar Landbewohner zur Verteidigung herbei. Es wurde ferner sofort mit der Ausrüstung von 10 Linienschiffen begonnen, von denen aber Anfang April noch keines seefertig war. Kronborg erhielt reichlichen Munitionsvorrat, an der Sundküste wurden mehrere Batterien errichtet und in Kopenhagen zwei Freiwilligen-Korps aufgestellt.

Schwedische Maßnahmen. Am 5. März hatte in Helsingborg zwischen Gustav IV. von Schweden und dem dänischen Kronprinz Friedrich eine Besprechung, aber ohne sonderliches Ergebnis, stattgehabt. Zum Schutze der Sundeinfahrt auch noch schwedische Batterien anlegen zu lassen, wurde von dänischer Seite nicht für gut befunden, da man unter anderem für die Zukunft eine Anteilnahme Schwedens am Sundzoll befürchtete. Es war dies entschieden fehlerhaft vom Kronprinzen, der überhaupt Schweden nicht recht traute.

Gustav IV. erteilte aber wiederholt Befehle, sich mit der Fertig= stellung der abzusendenden Hülfsflotte in Karlskrona mehr zu beeilen. Admiral Graf Wachtmeister konnte infolgedessen dem König am 31. März melden, daß die bestimmten 7 Linienschiffe und 3 Fregatten bereit lägen und bei dem ersten günstigen Wind absegeln würden; Gegenwinde verhinderten aber die zeitige Abfahrt dieses Geschwaders. Wachtmeister wurde später durch ein Kriegsgericht wegen seines späten Bereitwerdens verurteilt und abgesetzt; sein zeitiges Eintreffen würde vielleicht die Lage bei Kopenhagen wesentlich anders gestaltet haben.

Der Sund und die Rhede von Kopenhagen. Etwa 18 See= meilen südlich von der engen Sundeinfahrt bei Kronborg beginnen die sich weit um die äußerst flache, in der Mitte des Sundes liegende Insel Saltholm herum erstreckenden Untiefen; zwischen deren Nordende und der Untiefe Revshalen, welche sich nordwärts von der vor Kopenhagen liegenden Insel Amager erstreckt, liegt eine fernere Untiefe, der 3 sm lange Mittelgrund, von Saltholm durch das Holländer Tief, von Amager durch das Königstief getrennt. Beide Tiefs sind gute Fahrwasser, welche von den tiefstgehenden Schiffen benutzt werden können und die sich im Svälget südlich des Mittelgrundes vereinigen. Weitere 4 Seemeilen von dort nach Süden beginnt, zwischen der Südspitze von Saltholm und der Ostspitze von Amager, das nur 6—7 m tiefe Fahrwasser der Drogden, das sich nach weiteren 3—4 Seemeilen mit der östlich von Saltholm an der schwedischen Küste entlang führenden Flintrinne wieder zum Sund vereinigt; auch die Flintrinne weist auf einer Strecke von 2 Seemeilen nur Tiefen von 6—7 m auf, (s. Karte B.)

Nördlich von der Untiefe Revshalen erstreckt sich, von der Küste Seelands aus, die Untiefe Stubben, zwischen der und Revshalen sich der Kronelöb befindet, der Einlauf zur 8—9 m tiefen Innen=Rhede sowie zum Hafen von Kopenhagen; der vor dem Kronelöb liegende und sich etwa noch 2 Seemeilen nach Süden hinziehende Teil des Königstiefs wird die Außenrhede genannt. Mitten zwischen diesen 3 Untiefen Stubben, Revshalen und Mittelgrund liegt fast genau in der Mitte des Königstiefs, also am Nordende der Außenrhede, noch eine vierte kleine Untiefe von 6 m, Middel-Pult genannt; westlich von letzterer sind Tiefen von 11 bis 12 m, östlich solche von 14—15 m, (s. Pläne: a, b.)

Die Richtung des nördlichen Königstiefs ist NNO—SSW, die des südlichen NNW—SSO; etwas südlich der Biegung und des Middelpults lag auf der Nordspitze von Reushalen das Fort Trekroner; etwa 1½ sm in Südsüdosten von diesem, am Abfall der von Amager östlich liegenden Untiefen, befanden sich die Reste der früheren Batterie Prövesteen. Bei einer allgemeinen Fahrbreite beider Tiefs von 3—6 Kabellängen — eine Kabellänge beträgt 185 m — mußte Trekroner im Königstief auf eine Entfernung von 2—8 Kabellängen passiert werden, also auf etwa 350—1400 m. Der Enceinte der Stadtbefestigung auf Amager konnten sich tiefgehende Schiffe kaum unter einer Seemeile, also auf rund 1800 m nähern, während die Ostseite des Fahrwassers im Königstief von diesen Batterien nicht ganz 1½ sm, etwa rund 2700 m abliegt. Die freiliegende Batterie Stricker auf Amager lag dem Fahrwasser etwas näher als letztere Batterie.

Die frühere Seeverteidigung von Kopenhagen. Die im Jahre 1744 durch den Grafen Danneskjold-Samsö wieder von neuem entworfenen Pläne für die Anlage fester Batterien zur Verteidigung des Hafens sowie der Innen- und Außenrhede, waren nicht zur Ausführung gekommen, nur die kleine Schanze Lynetten und die Batterie Quintus wurden 1766 danach erbaut, deren Wirkungskreis aber nur ein äußerst geringer war, (s. Plan: a.)

In Folge der Beschlüsse einer besonders ernannten VerteidigungsKommission, welche endlich mit dem Grundsatz gänzlich brach, daß eine schwimmende Defensive zu ihrer eigenen Sicherung keiner festen Werke bedürfe, wurde 1786 die Anlage von 3 Batterien vorgeschlagen: auf der Untiefe Stubben im Norden der Hafeneinfahrt, auf Trekroner und Prövesteen ähnlich wie früher, da deren Befestigungsanlagen inzwischen kriegsunbrauchbar geworden waren.

Im Jahr darauf begann der Bau des neuen Forts von Trekroner, als des Hauptbefestigungswerkes, jedoch wurde dies erst nach langen Jahren endgültig fertiggestellt und war 1801 noch nicht vollständig verteidigungsbereit. Andere vorgeschlagene Batteriebauten bei anderen Häfen des Landes kamen ebenfalls aus Geldmangel nicht zur Ausführung.

Im Jahre 1789 hatte man zur Verteidigung von Kopenhagen auf der Seeseite, außer der Indienststellung einer größeren Flotte gegen Schweden, ferner als Sicherung gegen einen etwaigen schwedischen Ueberfall, auch noch eine besondere „See-Defension" geschaffen; es waren hierzu: 4 Blockschiffe (alte, meist rasierte Linienschiffe und Fregatten), 11 andere Defensionsschiffe (Kauffahrer) sowie 10 Schärenboote auf der Außenrhede verankert worden, eine Art unbewußter Vorübung für den 1801 erfolgenden plötzlichen englischen Angriff, ebenso wie das Auslegen der 8 Blockschiffe im August 1800.

Man bezeichnete mit den seit einigen Jahren zu Ende des Jahrhunderts wieder eingeführten „Defensionsschiffen" jetzt nicht mehr besondere, auch für Kriegszwecke brauchbare oder besonders konstruierte Kauffahrteischiffe, sondern ältere nicht mehr seetüchtige Linienschiffe und Fregatten sowie Geschützschiffe und einige ähnliche Fahrzeuge, welche nur noch zu einer fest zu verankernden schwimmenden Verteidigung brauchbar waren und hierzu nach einem festgelegten Plan besonders verwendet werden sollten.

Dänische Verteidigungs-Werke am Lande. Außer der im Norden Kopenhagens, am Eingang zum Innen-Hafen gelegenen Citadelle Frederikshavn auf Seeland selbst, waren die für eine Verteidigung nach See zu in Betracht kommenden, zu innerst liegenden Werke, die beiden Bastions-Batterieen Christianus Quintus und Christianus Sextus; diese lagen am Nordende der Enceinte auf Amager, nördlich davon auf Revshalen das Werk Lynetten und das Fort Trekroner, südlich davon auf Amager die Batterie Stricker (s. Pläne: a. b.)

Die Citadelle konnte nur zur Verteidigung des Innenlaufs und der Innenrhede westlich von Revshalen dienen, da deren ältere und kleinere Geschütze nicht bis zum Königstief und zur Außenrhede reichten. Ebenso waren von Sixtus aus von dessen 44 Geschützen 19 für die Verteidigung der Innenrhede verwendbar.

Das Fort Trekroner zeigte mit der linken nördlichen Flanke nach der Außenrhede sowie dem Eingang des Kronelöb, während die kurze Face und die rechte südöstliche Flanke mit ihren Geschützen nach dem Königstief hinschlugen. Der ursprünglich nur 20 Geschütze betragenden Armierung waren im August 1800 aus Flotten-Beständen 46 fernere Geschütze hinzugefügt, sodaß dort jetzt 66 24-Pfünder in Stellung waren. Die für eine anzubringende Steinbekleidung vorbereitete Brustwehr hatte erstere noch nicht erhalten, jedoch war die etwa 10 Fuß dicke Holz-Brustwehr immer noch stärker als die Bordwand vieler Linienschiffe. Die Besatzung von 930 Mann war unter ihrem Chef, dem Major von Meyer, der 9 Infanterie-, 3 Artillerie- und 1 See-Offizier unter sich hatte, dem Kommandeur Fischer ausdrücklich unterstellt.

Während Lynetten keine Geschütze hatte, schlugen von Sixtus nach dem Königstief außer 2 Mörsern 25 fast nur 18-pfündige Kanonen; diese Geschütze wurden unter einem See-Offizier, dem Werft-Equipage-

Meister, von den Zimmerleuten der Werft bedient. Batterie Quintus hatte 26 Kanonen, außer 9 Mörsern und Haubitzen; die Besatzung bestand aus Bürger=Artillerie unter Kommando eines Majors. Die Striker=Batterie war mit 8 36=pfündigen Kanonen sowie 2 Mörsern armiert; ihr Kommandeur war Leutnant Striker vom Regiment Nordenfjeld.

Schwimmende Verteidigung von Kopenhagen. Um ein Bombardement der Hauptstadt und des Kriegshafens von Osten, d. i. von der Wasserseite her abzuhalten, war es also durchaus erforderlich, im Königstief auf der Außenrhede parallel zu den Bänken von Revshalen eine längere schwimmende Verteidigungs=Linie zu schaffen, die sogenannte „Defensions=Linie." Wie schon erwähnt, hatte man 1789 sowie im Vorjahr in ähnlicher Weise vorgehen müssen und dabei manche Erfahrungen gesammelt, welche nunmehr benutzt wurden.

Ursprünglich wurde beabsichtigt, auf der Stelle der durch Versenken mehrerer Schiffe während des nordischen Krieges hergestellten Batterie Prövesteen, querab von Strikers Batterie, am Rande der Bänke jetzt ebenfalls drei Schiffe von neuem zu versenken und somit dort eine neue feste Batterie zu schaffen; zwischen dieser und Fort Trekroner sollte dann die schwimmende Defensionslinie ausgelegt werden. Am 20. Februar sah man aber davon ab, wohl aus Mangel an Zeit und an Schiffen; die 3 für diese feste Batterie bestimmten Schiffe wurden alsdann als die südlichsten in die Defensionslinie selbst hineingezogen.

Zur Herstellung dieser Linie erhielt der Kommandeur Johan Olfert Fischer Anfang März Befehl, unter Ernennung zum Oberbefehlshaber; Fischer war 1747 geboren, er starb 1829 als Vize-Admiral. Von den ihm überwiesenen Streit=Mitteln wurden Anfangs nur die größeren Blockschiffe sowie 2 Linienschiffe in der Linie verankert; mit dem zunehmenden Ernst der Lage, der ein nur demonstratives Auftreten Englands wie im Vorjahr diesmal auszuschließen schien, kam der Kommandeur Fischer dann zu der Überzeugung, daß die Linie nicht genügend geschlossen sei, um Durchbrüche zu verhindern sowie daß ferner sämtliche Maßregeln gegen einen energischen Angriff überhaupt nicht erschöpfend genug betrieben seien. Es wurden daher mehrere kleinere Fahrzeuge und Prähme teils in die Linie hinein, teils nahe an diese herangelegt und dabei ganz von dem ursprünglichen Gedanken abgesehen, daß alle diese Fahrzeuge eine unmittelbar bereite Reserve abgeben sollten.

Auslegen der Defensionslinie. Bei dem sehr stürmischen Wetter ging das Verankern der Schiffe und Fahrzeuge in der zweiten Hälfte des März nur sehr langsam von statten und gerieten sie wiederholt mit ihren Ankern in's Treiben. Während die in der Linie selbst liegenden Blockschiffe und Prähme sämtlich mit 4 Ankern vertäut wurden, geschah dies nicht mit den ebenfalls in dieser liegenden beiden Linienschiffen sowie dem einen Kavallerieprahm, welche ebenso wie die vier hinter der Linie ankernden Schiffe nur mit 2 Ankern festgelegt wurden, also je nach Wind und Strom herumschwingen konnten. Es geschah dies aus rein seemännischen Gründen, da diese Schiffe und Fahrzeuge teils wegen ihrer hohen Takelage, teils wegen ihrer geringen Bordhöhe, bei Strom und Seegang sowie steifer Brise die See nicht hätten aushalten können oder leicht in's Treiben gekommen wären.

Einzelne Schiffe waren in ziemlich zerfallenem Zustand; dem ledspringenden Blockschiff „Pröve st een" mußte durch Pumpen des Flaggschiffs geholfen werden und auf der „Wagrien" war das Deck an einzelnen Stellen so verrottet, daß die Kanonen beim Exerzieren durchbrachen.

Am 1. April Abends war die Defensionslinie fertiggestellt; sie bestand aus:

> 2 Linienschiffen,
> 7 Blockschiffen,
> 3 Stück=Prähmen,
> 3 Kavallerie=Prähmen,
> 1 schwimmenden Batterie,
> 1 Defensions=Fregatte sowie
> 1 Fregatte,

insgesamt aus 18 Schiffen und Fahrzeugen.

Zustand der Defensionslinie. Das letzte der ausgelegten Fahrzeuge war der Stückprahm „Hayen", der erst am 30. März fertig wurde, seine Besatzung dann an Bord nahm, diese einexerzierte und am Abend des 1. April sich nach der Linie verwarpte und dort vertäute, eine höchst anerkennenswerte Leistung. Obwohl die meisten Schiffe bereits vor Mitte März ausgelegt worden waren, hatten die vielen bei dem stürmischen Wetter nötigen Anker= und Warp=Manöver für Geschütz=Exerzieren und Klar=Schiff=Manöver jedoch nicht sehr viel Zeit übrig gelassen.

Da aber nur ein Viertel der Besatzung aus nicht geübten Leuten, meist Nicht=Seeleuten bestand, — unter rund 5230 Mann waren 1350 Freiwillige und Gepreßte, — so war es bei der Einfachheit des artilleristischen Exerzitiums doch immerhin möglich gewesen, die Geschütz=Mannschaften leidlich gut auszubilden. Die Geschütz=Kommandeure und Lader waren fast alle nur vollkommen ausgebildete Leute. Wie die Erfahrung

es gezeigt hat, war auch die Disziplin der zusammengewürfelten Be=
satzungen vor und in der Schlacht eine sehr gute.

Die gesamte Defensionslinie war immerhin am Tage der Schlacht
in leidlich guter Verfassung, wenn auch hier und da auf einzelnen
Schiffen mehr oder minder größere Mängel augenscheinlich waren.
Fischer's Bericht vom 23. März ist jedenfalls nicht mehr für den
2. April als maßgebend anzusehen; in diesem heißt es noch: „Die meisten
der Defensionsschiffe haben nur 2 See=Offiziere, die Mannschaft ist nur
mäßig einexerziert, — auf den zuletzt ausgelegten Schiffen fast garnicht, —
ich wünsche nur gutes Wetter, um diese vertäuen zu können sowie die
Schiffe bemannt und einexerziert zu bekommen."

Lage und Stärke der Defensionslinie. (s. Pläne b. c.) Fast
genau in der Mitte der 1½ Seemeilen langen Linie lag Fischer's
Flaggschiff, das Blockschiff „Dannebroge" von 60 Kanonen und
357 Mann Besatzung, auf dem sein Befehls=Stander wehte; in zweiter
Linie daneben, auf den Lücken der Defensionslinie, lag südlich die als
Wiederholer dienende Fregatte „Elven", (10 Kanonen und 88 Mann),
nördlich der Kavallerie=Prahm „Aggershuus", (20 Kan. 241 Mann).
Nördlich vom Flaggschiff folgten dann in der Linie:

Flaade=Batterieet Nr. 1,	. .	20 Kanonen,	129	Mann;
Linienschiff „Sälland"	. . .	74	„	533	„
Blockschiff „Charlotte Amalia",	26	„	241	„
Stückprahm „Söehesten",	. .	18	„	178	„
Linienschiff „Holsteen",	. . .	60	„	400	„
Blockschiff „Indfödsretten",	.	64	„	394	„
Defensionsfregatte „Hjälperen",	16	.	„	269	„

Dies letzte Schiff wurde wegen eines besonderen Systems von
wasserleeren Zellen für sinkfrei gehalten.

Die meisten dieser Schiffe waren ziemlich gerade in nordnordwest=
licher Richtung verankert, nur das letztere lag etwas nach innen, in
NW vom Nebenmann und in NO von Trekroner.

Südlich von „Dannebroge" waren die ersten 4 Schiffe in der=
selben Richtung wie der Nordflügel verankert, also südsüdöstlich, die letzten
3 hierzu in einem Winkel in Richtung Nord=Süd; dies waren:

Stückprahm „Hayen",	. . . .	18 Kanonen,	175	Mann,
Blockschiff „Cronborg",	. . .	22	„	223	„
Stückprahm „Svärdfisken",	. .	18	„	176	„
Blockschiff „Jylland",	. . . .	54	„	425	„
Kavallerieprahm „Rendsborg",	.	20	„	211	„
Blockschiff „Wagrien",	. . . .	52	„	300	„
Blockschiff „Prövesteenen",	.	58	„	529	„

Zwischen „Jylland" und „Rendsborg" lag auf der Lücke in der zweiten Linie der

Kavallerieprahm „Nyeborg", 20 Kanonen, 221 Mann.

Von allen Schiffen hatte nur „Prövesteenen" 36-Pfünder an Bord, die übrigen meist 24-Pfünder; dies Schiff war der im letzten Augenblick umgetaufte Dreidecker „Christian der Siebente", der aber nur noch 2 Batterien hatte. Die drei Kavallerieprähme waren Dreimast-schoner, 1786 mit der Bestimmung erbaut, im Kriegsfall Kavallerie nach Schonen überzusetzen; „Elven" war eine kleine Elbfregatte, „Hayen" ein Prahm zum Geschütztransport, dem man für die Batterie ein glattes Deck gegeben hatte. Die schwimmende Floßbatterie Nr. 1 war ein auf Masthölzern im Jahre 1784 erbautes Floß von 140' Länge, 41' Breite und etwas über 3' Tiefgang. Außer „Dannebroge" waren die Blockschiffe frühere Zweidecker, welche außer dem Kommandanten noch je 2—3 Seeoffiziere, 3—5 Monatsleutnants und 2 Landoffiziere an Bord hatten, wohingegen die kleineren Fahrzeuge außer dem Kommandanten nur 1—2 Monatsleutnants im Stabe hatten. „Cronborg" war eine geschleifte Fregatte, „Charlotte Amalia" ein alter Chinafahrer.

Die südlich des Flaggschiffs verankerten Schiffe lagen mit dem Bug nach Süden, „Dannebroge" und der nördliche Flügel umgekehrt. Die ausgelegten 18 Schiffe führten insgesamt 630 Kanonen mit einer Be-satzung von 5063 Mann, zu denen während der Schlacht noch 171 Mann von Land hinzukamen.

Dänische Reserve-Streitkräfte. Als eine Art Reserve der schwimmenden Defensionslinie, welche auch teilweise während der Schlacht zur Tätigkeit kam, waren noch einige fernere Schiffe und Fahrzeuge gefechtsbereit. Hierzu gehörten erstlich 11 kleine Kanonenboote, eine Art größerer Ruderschärenboote, von einem Premier- oder Sekonde-Leutnant des Seeoffizierkorps kommandiert, mit je 2 18-Pfündern und 2 12-pfündigen Haubitzen sowie einer Besatzung von 66—69 Mann; Kapitän Waltersdorff hatte den Befehl über diese Kanonenboote.

Am Nordeingang zur Innenrhede waren in NW von Trekroner 2 fernere Blockschiffe in nordöstlicher Richtung zu einander mit 4 Ankern fest vertäut:

„Elephanten", 70 Kanonen, 419 Mann,
„Mars", ... 64 „ 364 „

letzteres nach innen, beide Schiffe alte Zweidecker.

Südlich von diesen lagen in Richtung Nord-Süd ferner noch als Spezial-Reserve: 2 Briggs, 2 Linienschiffe und 1 Fregatte, letztere un-mittelbar neben der Nordspitze der Citadelle. Diese 5 Schiffe gehörten zu einem Geschwader, das bereits im Januar in Dienst gestellt und nach der Innenrhede verholt hatte, um eine größere mit Korn beladene Kauffahrteiflotte aus dem Mittelmeer nach Norwegen zu convoyieren, dann aber wegen der sich kriegerisch zuspitzenden politischen Verhältnisse zurückgehalten war. Ebenso wie die 11 Waltersdorffschen Kanonenboote, waren diese 5 Schiffe dem Kommandeur-Kapitän Steen Anderſen Bille unterstellt, der seinen Stander auf dem Flaggschiff „Dannemark" geheißt hatte; es waren dies:

Linienschiff „Dannemark", 74 Kanonen, 660 Mann,

      „   „Ire Kroner", 74   „   567   „ –

Fregatte „Iris", . . . 40   „   336   „

Brigg „Sarpen" . . . 18   „   85   „

      „   „Nidelven" . . 18   „   85   „

Wegen der Enge des Fahrwassers ebenfalls mit 2 Ankern vertäut, waren diese 5 Schiffe jedoch segelfertig und bereit zu jedem Stellungswechsel. Die 10 an der Werft in der Ausrüstung befindlichen Linienschiffe waren am 2. April noch nicht zur Indienststellung fertig.

Kritik der dänischen Verteidigungs-Anstalten. Um das schwere Versäumnis, das man in den langen Jahren des Friedens begangen hatte, d. i. zur notwendigen Verteidigung der Hauptstadt nach der Seeseite nicht genügend starke Verteidigungs-Anlagen errichtet zu haben, wieder für den Augenblick möglichst gut zu machen, war das Auslegen schwimmender Verteidigungsbatterien geboten.

Wiederholt hatten Sonder-Kommissionen auf die schwache Lage gegen Osten aufmerksam gemacht und die Anlage vorgeschobener Werke auf Revshalen vorgeschlagen, um ein Bombardement des Kriegshafens und der Stadt Kopenhagen von See her abwehren zu können, da die Enceinte im Osten nicht weit genug vorgeschoben war. Diesen Anregungen war man aber nicht gefolgt und hatte man sich auch nicht einmal zu einer Wiederinstandsetzung des früheren Forts Pröveſteen entschließen können.

Die vorhandenen und nicht einmal fertig hergestellten Werke genügten mithin zu einer gründlichen Abwehr in keiner Weise, sie hätten kaum die Einfahrt zur Innenrhede genügend zu verteidigen vermocht, (s. Plan: b und c.)

Bei dem entschlossenen Betreiben des Auslegens der Defensionslinie begingen die Dänen aber trotz der guten Vorübung des Vorjahres mehrere grobe Fehler, welche besonders bei der Lage dieser Linie hervortraten, die verschiedentlich schwere Mängel aufwies. Ihre etwas über 1¼ Seemeilen lange Linie hätte unbedingt so ausgelegt werden müssen, daß es feindlichen Schiffen nicht möglich gewesen wäre, sich zwischen die fest verankerten Schiffe und die Gründe der Untiefe Revshalen hineinzubrängen. Alsdann wäre darauf besonders Bedacht zu nehmen gewesen, die beiden Enden der Linien vor einem etwaigen umfassenden Enfilieren gut zu sichern; hierzu mußte sich die nördliche Spitze an Fort Trekroner anlehnen und die südliche hart an das flache Wasser heranverlegt werden. Schließlich wäre es erwünscht oder sogar geboten gewesen, das stärkste Landwerk, als welches Trekroner unbedingt zu gelten hatte, welches nebenbei am weitesten nach See zu vorgeschoben lag, gut auszunützen und hierzu vor allem seiner Face sowie rechten Flanke freies Schußfeld zu verschaffen.

Sieht man sich die Lage der Defensionslinie auf diese Anforderungen näher an, so ist sofort klar zu ersehen, daß diese Bedingungen durchaus nicht erfüllt worden sind. Fast die ganze Linie lag, besonders in ihrem nördlichen Teil, zu weit vom Rand der Untiefe Revshalen ab; beide Enden, vor allem aber das nördliche, waren gegen Enfilier = Feuer nicht genügend gesichert; Schußfreiheit war für die Geschütze von Trekroner nur in geringem Maße vorhanden, da dessen Feuer fast ganz durch die vorliegenden Schiffe maskiert wurde.

Ferner war die etwa 2500 m lange Linie nicht genügend weit nach Süden zu ausgelegt worden, da es hier für ein halbes Dutzend englischer Linienschiffe nebst Bombarden möglich gewesen wäre, sich nach Niederkämpfen der Batterie Stricker dem Lande soweit zu nähern, um fast ohne Behelligung durch die südlichsten Schiffe die Stadt Kopenhagen und vor allem die Werft auf Nyholm auf etwa 2000 m Entfernung vorteilhaft beschießen zu können.

Es hätte demnach die gesamte Defensionslinie um etwa 500 bis 700 m weiter nach Süden und mit der nördlichen Hälfte außerdem noch um 300 m mehr nach Westen gelegt werden müssen; die südlichsten Schiffe hätte man bis zur Stelle der früheren Batterie Prövesteen auslegen, die nördlichsten an Trekroner in Südost anlehnen müssen. Da den Dänen die Tiefen = Verhältnisse ganz genau bekannt waren, konnte bei dem verhältnismäßig geringen Tiefgang selbst der größeren Blockschiffe sowie bei den flachen Prähmen keine Schwierigkeit obwalten.

Es scheint, als ob man auf dänischer Seite mit einem von Süden erfolgenden Angriff kaum bestimmt gerechnet hat; aber auch gegen einen solchen von Norden her war die Stellung nicht besonders sachlich ausgesucht und gewinnt man fast den Eindruck, als ob die Defensionslinie auch das Fort Trekroner mit in seinen Schutzbereich hineinnehmen sollte, um letzteres etwa als letzte Reserve zu behalten. Daß ein näheres

Heranlegen der Linie an die Werft und Stadt letztere beiden etwa mehr gefährdet haben würde, kommt wohl rücksichtlich der größeren Sicherung und Stärke der Gesamt-Linie kaum in Betracht, da es sich hierbei nur um einige Hundert Meter gehandelt haben würde.

Die Spezialpläne in den Werken L a i r d C l o w e s sowie bei anderen Engländern und besonders M a h a n zeigen mehr eine Lage der Defensionslinie an, wie sie hätte sein sollen, als wie sie in der Tat ausgelegt worden ist; die letzte Spezialkarte in M a h a n ' s „Leben Nelson's" Nr. 2, ist ebenfalls unrichtig (s. Plan a).

Auch über die Lage der Schiffe auf der Innenrhede lassen sich mehrfache Aussetzungen machen; den zu Anfang richtigen Gedanken, in dem Geschwader von B i l l e eine für Ausfälle und weitere Maßnahmen segelbereite Reserve sich zu erhalten, diesen Plan mußte man doch aufgeben, sowie die genaueren Nachrichten über die Größe der englischen Expedition bekannt wurden. Es war etwa 10—14 Tage vor der Schlacht noch genügend Zeit vorhanden, um die Defensionslinie durch die beiden Blockschiffe aus dem Kronelöb zu verstärken und zur Verteidigung des letzteren B i l l e ' s beide Linienschiffe zu verwenden, welche dadurch auch für Ausfälle immerhin noch bereiter gewesen wären als auf ihrem bis dahin eingenommenen Liegeplatz. Die Innenrhede würde durch dies segelbereite Geschwader von 5 Schiffen zur Genüge verteidigt worden sein, da die Enge des Fahrwassers ein Vorgehen größerer feindlicher Kräfte hier so gut wie ganz ausschloß, auch Trekroner bei seiner Nähe mit seiner linken Flanke hier genügend Schutz bot. So legte man ohne Zwang stärkere Kräfte lahm, welche in der vorderen Linie sehr hätten von Nutzen sein können. Die beiden Blockschiffe lagen zu einer wirksamen Verteidigung der Außenrhede außerdem viel zu weit zurück und hätten, ohne Trekroner zu maskieren, etwa 300—400 m weiter nach Nordosten vorgezogen werden müssen.

Ein technisch-militärischer Fehler war es dann noch, den in die Linie hineingezogenen beiden Linienschiffen ihre Takelage, wenn auch ohne Segel zu .belassen, deren abgeschossene Teile die Besatzung schwer schädigen mußten; dann wäre auch der Grund fortgefallen, diese beiden Schiffe, die so wie so unbeweglich waren, nur mit 2 Ankern zu vertäuen. Es konnten bei östlichen oder westlichen Winden Lagen eintreten, in denen diese beiden Schiffe der Defensionslinie ihre Breitseiten nur sehr unvollkommen hätten ausnützen können.

Mangelhafte Befehls-Verhältnisse. An dieser ungenügenden Ausnutzung aller zur Verfügung bereiten Streitmittel und Reserven ist wohl vor allem Schuld gewesen, daß die Befehls-Verhältnisse nicht ge-

nügend klar gelegt waren und es für die gesamten Verteidigungs-Anstalten entschieden an einer festen und bestimmten einheitlichen Oberleitung
gefehlt hat. Kommandeur Fischer war der Oberbefehl nur über die
verankerte Defensionslinie und das Fort Trekroner zur Verteidigung der
Außenrhede gegeben worden; die Verteidigung der Innenrhede sowie der
Befehl über das Reserve-Geschwader war ihm nicht besonders übertragen,
im Gegenteil, Bille waren auch die 11 Kanonenboote unterstellt worden.

Da ferner der dänische Kronprinz Friedrich, welcher schon
seit dem Jahre 1784 für seinen erkrankten Vater, den geistesschwachen
König Christian VII. die Regierung tatsächlich, wenn auch ohne den
Titel eines Regenten leitete, vor und während der Schlacht wiederholt
Anweisungen gab und Befehle erteilte, ohne dabei bestimmt als Oberbefehlshaber der Gesamt-Verteidigung zu gelten, so gab es neben dem
Kommandanten der Stadt und Festung außerdem gewissermaßen noch
drei getrennte Kommandostellen, deren jede selbständig vorging. Es ist
daher die Annahme nicht von der Hand zu weisen, daß bei einer be-
stimmten allgemeinen Oberleitung von einer einzigen Stelle aus, die
Defensionslinie voraussichtlich noch mehr verstärkt worden wäre.

Ob man schließlich nicht besser getan hätte, von den in der Ausrüstung in der Werft befindlichen 10 Linienschiffen einzelne als Blockschiffe auch in die Linie hinaus zu nehmen, soll nur der Vollständigkeit halber hier in Kürze erwähnt werden; Zeit war dazu noch
vorhanden und waren noch Mannschaften hierzu zur Verfügung. Auch
hier zeigt sich der Mangel eines Ober-Befehlshabers.

Während man bei Hofe sowie teilweise in der Regierung den
kommenden Ereignissen mit wenig Zutrauen entgegen sah und sich ziemlich mutlos zeigte, war hingegen die Stimmung der Bewohner Kopenhagens eine patriotisch gehobene und zuversichtliche. Kein Opfer erschien
zu groß, um den Verteidigungskampf bis zu einem günstigen Ende
durchzuführen und waren die Massen der breiten Bevölkerung zumteil
sogar geradezu begeistert.

Englands Vorgehen bis Anfang April.

Englands diplomatisches Vorgehen. Ende Februar wurde ein
besonderer Versuch unternommen, Dänemark zum Nachgeben zu bewegen,
indem ein Parlaments-Mitglied, Sir Nicolas Vansittart, auf der
Fregatte „Blanche" als außerordentlicher Gesandter Englands nach
Kopenhagen fuhr, wo er am 16. März eintraf. Seine gemeinsam mit
dem englischen Gesandten Drummond gestellten Forderungen des Rück-

tritts vom Neutralitäts-Bund wurden von der dänischen Regierung unter dem Vorwand zurückgewiesen, daß an Unterhandlungen nicht zu denken sei, so lange das Embargo bestehe, auch könne Dänemark nicht allein und ohne seine Bundesgenossen die Unterhandlungen beginnen.

Erst am 20. März teilte Drummond der dänischen Regierung mit, daß die Ankunft eines englischen Geschwaders im Kattegatt bevorstehe und erbat für den Fall, daß man auf die englischen Vorschläge nicht einginge, seine Pässe. Die englische Flotte befand sich zu diesem Zeitpunkt bereits im Kattegatt und begaben sich die beiden Gesandten sofort auf der „Blanche" zum Befehlshaber der Flotte dorthin.

Dänemark nahm trotzdem erst am 29. März alle in seinen Gewässern befindlichen englischen Schiffe in Beschlag und erließ Befehle an alle Lootsen, daß unter Androhung der Todesstrafe kein englisches Schiff gelootst werden dürfe.

Englischer Kriegsplan. Zu gleicher Zeit mit den ersten Verhandlungen, welche in Kopenhagen schon im Januar begonnen hatten, war eine größere Flotte allmählich, zu etwaigem späteren Vorgehen in die Ostsee, gesammelt worden; man hoffte zwar noch immer in England, sich mit Dänemark friedlich einigen zu können, um alsdann mit der gesamten Flottenmacht zeitig genug gegen Rußland, als Haupt des Seebundes der Neutralen, weiter vorgehen zu können.

Man glaubte in England ferner noch, daß eine bewaffnete Demonstration ähnlich derjenigen vom Vorjahre, die Auflösung des nordischen Bundes sofort mit sich führen werde.

Da der Winter 1800/01 ein besonders milder war, so war schnelles Handeln doppelt geboten, um einer frühzeitigen Vereinigung aller oder wenigstens von zwei Ostsee-Flotten zuvor zu kommen. Überraschung konnte auch hier nur die besten Früchte mit sich im Gefolge haben.

Man war in England besonders bemüht, alle Maßnahmen der Art zu treffen, daß man das stärkere Rußland erst nach der stattgefundenen Bewältigung oder Lahmlegung der beiden kleineren nordischen Seemächte sich allein gegenüber haben würde.

Dänemark sollte nach dem Eintreffen der großen englischen Flotte bei Kopenhagen eine 48stündige Bedenkzeit gegeben werden, um von dem Neutralitätsbund zurückzutreten und die britischen Bedingungen anzunehmen. Nachdem diese Aufgabe nötigenfalls mit den Waffen durchgeführt wäre, sollte sofort die russische Flotte bei Reval angegriffen werden, bevor eine Vereinigung dieser mit der Flottenabteilung von Kronstadt eingetreten sei. Schließlich sollte dann gegen Schweden vorgegangen werden.

Die dem Führer der Expedition bald gestellte Aufgabe war klar
und durchsichtig; zu ihrer Durchführung bedurfte es aber eines ebenso
klaren und energischen unabläßlichen Vorwärtsstrebens durch den Leiter.
Die Kommando-Verhältnisse der Expedition. Mitte Juli des
Jahres 1800 war der Mann langsam vom Süden her auf dem Wege
in seine meerumflossene Heimat, der dieser ganzen Expedition Seele und
tatkräftiger Arm werden sollte, Nelson. Vizeadmiral Lord Nelson
reiste vom Mittelmeer über Wien und Hamburg nach England, wo er
am 6. November eintraf. Durch diese langsame Landreise gekräftigt,
erbat er von den Lords der Admiralität sofort wieder ein Kommando
und erhielt ein solches auch sogleich, nämlich eine Division der Kanalflotte
unter dem Oberbefehl des Admirals Earl St. Vincent, seines früheren
Chefs, des Lord Jervis.

Als Nelson sich am 16. Januar 1801 bei seinem Flottenchef
meldete, erhielt er einen Brief des für das Oberkommando der Ostsee-
Expedition bestimmten Admirals Sir Hyde Parker, daß er als Zweiter
im Kommando für dieses Unternehmen ausersehen sei.

Hierbei hatte die öffentliche Stimmung in England ganz wesentlich
mitgewirkt. Wegen der gemutmaßten Zähigkeit und nicht zu unter-
schätzenden Tüchtigkeit der Gegner, dann auch wegen der noch immer
recht bedeutenden Stärke ihrer Streitmittel, ferner wegen der rauhen
Jahreszeit und der Unkunde über die schwierigen Fahrwasser, war das
ganze Unternehmen ein immerhin selbst für die geübte englische Flotte
recht gewagtes und gefahrvolles, so daß in England die allgemeine
Stimme auf Nelson als den mutigen und richtigen Führer hingewiesen hatte.

Der erste Lord der Admiralität, Earl Spencer, hatte vermutlich
zu der politischen Diskretion des noch jungen Flaggoffiziers, besonders
nach den Erfahrungen des letzten Jahres im Mittelmeer, nicht das nötige
Zutrauen; auf ein solches politisch-taktvolles Verhalten schien es in dem
vorliegenden Fall aber ganz besonders anzukommen, weniger auf Tatkraft und Verwegenheit. Er hatte sich daher vorher mit Nelson ver-
ständigt, daß letzterer für ein solches Oberkommando noch nicht das erforderliche Dienstalter habe und der Oberbefehl an Admiral Parker
gegeben werden müsse.

Nelson hißte aber noch am 17. Januar seine blaue Vizeadmirals-
Flagge auf dem Dreidecker „San Josef" in Plymouth, den er persönlich
bei St. Vincent genommen hatte; das Heißen der Flagge wurde von
der ganzen Flotte mit Hochrufen und Hurrahs begrüßt. Im selben
Monat erhielt er noch die königliche Erlaubnis zur Annahme des ihm

vom König beider Sizilien verliehenen Titels eines Herzogs von Bronte und unterschrieb er sich von nun ab meistens mit dem Namen „Nelson and Bronte", statt wie zuletzt „Nelson of the Nile" oder auch „Bronte Nelson".

Ansammlung und Abfahrt der englischen Expeditions-Flotte. Nach den allgemeinen Annahmen bestand die dänische Flotte aus 10, die schwedische aus 11 und die russische Flotte aus 20 kriegsbrauchbaren Linienschiffen, so daß man allen englischen Flotten-Abteilungen in der Heimat so viele Schiffe als irgend angängig entnahm, um die Stärke der Expeditionsflotte auf die erforderliche Höhe zu bringen, wozu man mindestens 20 Linienschiffe, also die Hälfte, für nötig hielt.

Ende Februar und Anfang März sammelte sich diese Flotte auf der ungeschützten Rhede von Yarmouth nördlich der Themse allmählich an; diese bestand aus über 50 Schiffen und Fahrzeugen. Oberbefehls-haber war Admiral Sir Hyde Parker, an Bord des Dreideckers „London" von 98 Kanonen.

Nelson hatte im Kanal einen vom 17. Februar datierten Brief erhalten, sich auf dem Dreidecker „St. George", einzuschiffen, von Ports-mouth 7 Linienschiffe abzuholen und mit diesen 8 Schiffen nach der Sammelstelle zu segeln; hier war er am 7. März mit dem Befehl ein-getroffen, sich Sir Hyde Parker zu unterstellen. Als dritter Flagg-offizier gehörte Kontre-Admiral Graves auf dem Linienschiff „Defiance" zur Flotte, als vierter Kontre-Admiral Totty auf dem Zweideker „In-vincible"; Parker's Stabschef war Kapitän Domett.

Der Expedition waren ferner Landungstruppen mitgegeben, deren Stärke, unter Oberst Stewart, aber nur eine sehr geringe war: 1 Infanterie-Regiment, 2 Jäger-Kompagnien und 1 Artillerie-Detachement. Die überall auf den englischen Schiffen dienenden dänischen Matrosen wurden vor der Abfahrt auf ihren Wunsch ausgeschifft.

Am 12. März verließ Parker mit 53 Schiffen die Rhede; nach kurzer Zeit ging das nachfolgende Flaggschiff des Admirals Totty auf einer der nächsten Bänke verloren, wobei 400 Mann der Besatzung umkamen. Gegenwind in der Nordsee sowie heftiger Sturm mit Schnee-böen im Kattegatt brachten die Flotte nur langsam vorwärts und zuletzt wurden noch manche der Fahrzeuge vom Gros getrennt. Erst am 21. März, also nach 9tägiger Fahrt, traf Parker mit seiner Flotte vor dem Sund ein, wo er einstweilen vor Anker liegen blieb.

Admiral Parker's erste Maßnahmen. In einem alsbald an Bord der „London" abgehaltenen Kriegsrat kamen verschiedene Auffassungen der Gesamtlage zum Ausdruck. Parker selbst neigte sehr

einem Angriff auf Kopenhagen von Süden zu und wollte deshalb sofort durch den Großen Belt gehen. In dieser Absicht wurde er durch
die Schilderung der beiden aus Kopenhagen am 23. März eintreffenden
Gesandten bestärkt, welche über die dänischen Rüstungen und Verteidi-
gungsmaßnahmen eingehend berichteten. Ihm erschien außerdem ein
Passieren des starken Kronborg und der voraussichtlich bei Helsingborg
errichteten schwedischen Befestigungen nicht ratsam, so daß er am 25.
mit der ganzen Flotte Anker lichtete und nach dem Großen Belt ab-
segelte. Aber schon am selben Abend ankerte Parker wieder auf seinem
ersten Ankerplatz, da es dem Kommandanten seines Flaggschiffs, dem
Kapitän Otway, welcher mit der Navigierung in den dänischen Gewässern gut vertraut war und der nicht an dem Kriegsrat teilgenommen
hatte, bald gelungen war, den Admiral von seinem Vorhaben abzubringen, als er davon Mitteilung bekam. Mit den tiefgehenden Schiffen
das schwierige Belt-Fahrwasser schnell und sicher zu passieren, erschien
Otway ausgeschlossen.

Nelson hatte bei Eintreffen des Befehls, daß die Flotte die Fahrt
durch den Großen Belt antreten solle, sofort geäußert: „go by the Sound
or by the Belt, or anyhow, only lose not an hour."

Verkehr Parkers mit dem Kommandanten von Kronborg.
In seinem Bestreben, bei Kronborg ungehindert vorbei zu kommen,
sandte Admiral Parker am 28. März morgens, also nach 2 vollen
fernerhin tatenlos verbrachten Tagen, an den Kommandanten der Festung,
Oberst Stricker, einen Parlamentär mit der schriftlichen Anfrage, ob
der Kommandant von Kronborg Befehl habe, auf die in den Sund
einlaufende englische Flotte zu feuern, in welchem Falle er dies als eine
Kriegserklärung Dänemarks ansehen müsse.

Oberst Stricker antwortete, daß er sofort einen Kurier zum Einholen von Befehlen nach Kopenhagen gesandt habe und bis jetzt noch
keinen Befehl erhalten hätte, auf die englische Flotte zu feuern. Am
selben Abend sandte er noch ein zweites Schreiben an Parker, in welchem
er diesem mitteilte, daß der englische Gesandte nicht von Kopenhagen
fortgeschickt sei, sondern auf seinen eigenen Wunsch hin seinen Paß erhalten
hätte; es sei ihm, dem Kommandanten, aber nicht gestattet, eine Flotte,
deren Absichten Niemand kenne, sich den Kanonen seiner Festung nähern
zu lassen und bäte er für den Fall, daß Vorschläge an seinen König
abgehen würden, ihn davon zu unterrichten, bevor sich die Flotte der
Festung nähere.

Um die Verantwortlichkeit für den Beginn der Feindseligkeiten auch
jetzt noch von sich abzuwälzen, sandte Parker am folgenden Tage, dem

29. März, wieder ein Schreiben an Stricker, daß er die Intentionen des dänischen Hofes als gegen Großbrittanien gerichtete feindliche ansehen müsse und die Antwort als eine Kriegserklärung betrachte, daß er in Folge dessen nicht weiter mit der Ausübung von Feindseligkeiten warten könne.

Die englische Flotte war in der Zwischenzeit näher an Kronborg herangegangen, konnte aber wegen Gegenwindes nicht in den Sund einlaufen, da ein Aufkreuzen unter den Kanonen der Festung denn doch gar zu gefährlich gewesen sein würde.

Einlaufen Parker's in den Sund (s. Karte B). Am nächsten Tage sprang der Wind um 5½ Uhr morgens plötzlich auf Nordwesten und lichtete die englische Flotte augenblicklich die Anker. Zu Anfang hielt sich die Flotte mehr in der Mitte des Fahrwassers, da man nicht sicher wußte, ob Helsingborg kürzlich stärker befestigt worden sei; bald aber zeigte sich, daß diese Befürchtung nicht zutraf und hielten die Schiffe sich infolgedessen mehr nach der östlichen schwedischen Uferseite hin.

Um 7½ Uhr am 30. März eröffnete Kronborg das Feuer, das aber wegen der weiten Entfernung keinerlei Wirkung hatte. Als Führer der Avant-Garde hatte Nelson sich schon am Tage vorher auf dem Zweidecker „Elephant", Kapitän Foley, eingeschifft; die schwerfälligen Dreidecker waren ihm stets zuwider gewesen. Parker folgte mit dem Corps de bataille, während ein Teil der Bombardier-Fahrzeuge mit dem Linienschiff „Edgar" sich näher an die Festung heran legte, um durch deren Beschießung die Aufmerksamkeit von der Flotte etwas abzulenken.

Nachdem die Festung 1½ Stunden lang ihr Feuer abgegeben hatte, das nur zu Anfang von den vordersten Schiffen der Avantgarde schwach erwidert worden war, entstand eine halbstündige Pause und wurde das Feuer erst beim Passieren der Arrièregarde wieder fortgesetzt, aber ebenfalls ohne Erfolg. Die dänischen Kugeln schlugen fast sämtlich vorher ins Wasser, da der Abstand des Gegners zu groß war, so daß die englische Flotte ihre Durchfahrt ohne jeglichen Verlust ausführte; nur das Springen eines eigenen Geschützes brachte Verluste. Aber ebensowenig vermochten die englischen Geschütze den Dänen nennenswerte Schäden zuzufügen, obwohl die Bombarden unablässig die ganze Zeit durch ihr Feuer unterhalten hatten.

Mittags ankerte Parker in langer Linie außerhalb Taarbaek; der in Kopenhagen sofort erwartete Angriff erfolgte aber noch nicht.

Nelson und Parker. Hatte Parker sich bisher immer noch nicht seinen Operationsplan und Aktionsplan bestimmt klar gelegt, so war das Gegenteil seit langem bei Nelson der Fall. Der besseren

Übersichtlichkeit und des Zusammenhangs wegen sind Nelson's Absichten und Bemühungen, seinen Chef zu einem energischen Vorgehen zu veranlassen, noch nicht erwähnt und dargestellt worden, was jetzt nachgeholt werden soll.

Die Sammlung von Nelson's Briefen — Nicolas, Lord Nelson's dispatches and letters, — gewährt einen vollkommen klaren Einblick, wie er sich die Verwendung der Expeditions-Flotte gegen die Ostseemächte sowohl im Großen und Ganzen als auch im Einzelnen zurecht gelegt hatte. Einige seiner Aussprüche ergänzen die Kenntnis dieser Pläne.

Als Nelson von Yarmouth mit der Flotte fortsegelte, hatte er — so unglaublich dies klingt — trotz seines fünftägigen Aufenthalts dort, seinen am Land gesellig beanspruchten Chef noch nicht gesprochen und überhaupt noch keine dienstliche Mitteilung über das geplante Unternehmen erhalten. In einem in der Nordsee geschriebenen Briefe verwirft er die ihm zu Ohren gekommenen Pläne gänzlich; vor Allem die Absicht des Oberbefehlshabers, erst vor Kronborg zu ankern, statt sich mit der ganzen Flotte sofort vor Kopenhagen hinzulegen, welch letzteres Vorgehen jeder Unterhandlung weit mehr Nachdruck geben würde. Er meint in diesem Briefe, daß ein dänischer Minister sich sehr besinnen würde mit England Krieg zu beginnen, wenn er voraussichtlich im nächsten Augenblick die Flotte seines Herrschers in Flammen und die Hauptstadt in Ruinen sehen würde. „Die Dänen müssen unsere Flagge jeden Augenblick wehen sehen, wenn sie nur aufblicken", schreibt er.

Mit Recht beklagte sich Nelson in einem späteren Brief, daß Parker ihn so lange ganz bei Seite ließ und schreibt über diesen Punkt: „es herrschte aber zwischen uns nicht der Grad an Offenheit, wie ich solche meinem Nächst-Kommandierenden gezeigt haben würde". Hätte Nelson seinen Wunsch und seine Pläne in die Wirklichkeit umsetzen können, so wäre das Gros der Flotte schon am 8. März unverzüglich bis Kopenhagen gegangen und dort vermutlich bereits Mitte des Monats eingetroffen.

Voller Bedeutung und maßgebend für die Darlegung seiner Absichten ist dann sein Brief vom 24. März an Parker, nachdem letzterer bei der Abhaltung des Kriegsrats eingehend mit Nelson gesprochen und diesem die soeben eingetroffenen, vom 15. März datierten geheimen Instruktionen der Admiralität dem Hauptinhalt nach mitgeteilt hatte.

Instruktionen der Admiralität. Diese Instruktionen lauteten im Wesentlichen dahin, daß nach Abschluß der Verhandlungen mit Dänemark, die erforderlichen Falls durch feindliches Vorgehen durchzusetzen wären, die Flotte nach Reval gehen und sofort die dort stationierten russischen Schiffe angreifen solle, wenn dies nur irgend ausführbar erschiene und kein allzu großes Risiko bedeute; diese Schiffe seien zu nehmen und das Arsenal zu zerstören. Dann sollte gegen Kronstadt vorgegangen werden, hauptsächlich wären überall die russischen Schiffe wegzunehmen. Darauf sollte gegen Schweden operiert und letzteres erforderlichen Falls gegen Rußland unterstützt werden. Wünschenswert sei es, mit Schweden gleich zu einem freundschaftlichen Ausgleich zu gelangen, wie dies auch Dänemark gegenüber sehr erhofft würde; die Verhandlungen mit letzterem Staat seien aber nicht über 48 Stunden auszudehnen. Nach Abschluß des Vertrages mit Dänemark habe sich die Flotte ohne den geringsten Zeitverlust in die Ostsee zu begeben.

Es ist aus diesen Instruktionen deutlich zu ersehen, daß an einen ernsten Widerstand durch Dänemark in England nicht gedacht wurde sowie ferner, daß es der britischen Regierung vor Allem auf die Zerstörung der russischen Flotte und des Arsenals bei Reval ankam; Rußland sollte auf all und jede denkbare Art geschädigt werden. Wie wir gleich sehen werden, bewegten sich Nelson's Hauptgedanken auf derselben Grundlage.

Nelson's Operationsplan. In seinem Schreiben ging Nelson nun in längerer, eingehender und vertraulicher, aber auch ganz dienstergebener Weise auf die Gesamtsachlage ein, wobei er seinen Worten das mit Parker geführte Gespräch zu Grunde legte.

Er schrieb unter Anderm: „je mehr ich darüber nachdenke, um so mehr bin ich der Ansicht, daß kein Augenblick mit dem Angriff des Feindes verloren werden darf; die Gegner werden täglich stärker, wir werden nie wieder in einer so guten Lage sein wie in diesem Augenblick."

Indem er dann auf die Berichte des Gesandten Bansittart über die Befestigungen Kopenhagens und die ausgelegten Seestreitkräfte einging, erwähnte er die 12—14 russischen Schiffe von Reval sowie die 5 schwedischen Linienschiffe, welche sämtlich in Kürze vor Kopenhagen erwartet würden.

Auf die Instruktionen für Parker eingehend, äußerte er sich dahin, die Admiralität scheine sich in ihrer Ansicht gewaltig getäuscht zu haben, daß bei Kopenhagen keinerlei Schwierigkeiten entstehen würden und ein sofort auszuführender Angriff die dänische Flotte alsbald zerstören und Dänemark wieder schnell zur Vernunft kommen würde. Dies schiene nach den neuesten Berichten durchaus nicht der Fall zu sein, die dänischen Verteidigungs-Maßnahmen gingen diesen zufolge im Gegenteil weit über das Erwartete hinaus.

Mit den Worten: „Von Jhren Entscheidungen hängt es nun ab, ob unser Vaterland in den Augen Europas herabgesetzt wird oder sein Haupt höher denn je erheben soll; ich kann nur wiederholen, daß unseres Vaterlandes Wohl nie mehr von den Erfolgen einer Flotte abhing als diesmal", schließt Nelson seine längere Einleitung, um seinen Vorgesetzten zuerst darauf hinzuweisen, daß so schnell als irgend möglich vorgegangen werden müsse. Nun erst geht er zur Ausführung der Art des Angriffs selbst über.

Über die im Kriegsrat geäußerte Ansicht, daß die dänische Flotte, falls dieser der Sund freigelassen würde, sich mit den Holländern oder Franzosen vereinigen könnte, bemerkt er, daß er dies für ausgeschlossen halte, da man in Dänemark, so lange ein Angriff auf Kopenhagen drohe, die Flotte auf keinen Fall von dort fortschicken werde.

Von Norden aus anzugreifen, was nur mit nördlichem Wind ausführbar sei, würde unzweifelhaft den Verlust einzelner hierbei wohl stark zerschossener Schiffe mit sich führen, da diese sich dann nicht flüchten könnten; das hieße außerdem: „den Stier an den Hörnern packen." Hierzu schreibt er ferner: „ein solches Vorgehen wird die Schiffe von Reval oder die Schweden ferner nicht zu verhindern vermögen, sich mit den Dänen zu vereinigen und gerade dies zu vereiteln, ist nach meiner unmaßgeblichen Ansicht ein unbedingtes Erfordernis. Zwei Wege gibt es nach meiner Meinung: Kronborg zu passieren, mit etwaigen Verlusten, durch den tiefsten und sichersten Kanal außerhalb des Mittelgrundes zu gehen und dann in dem Königstief nordwärts segelnd die schwimmenden Batterien den Umständen entsprechend anzugreifen. Ein derartiges Vorgehen wird eine Bereinigung zwischen den Russen, Schweden und Dänen verhindern sowie uns eine Gelegenheit geben, Kopenhagen zu bombardieren. Falls diese Art des Angriffs nicht annehmbar erscheint, so wäre die Passage durch den Belt unbedingt in 4—5 Tagen durchzuführen und könnte dann der Angriff durch die Drogden erfolgen, die Verbindung mit den Russen würde dadurch gleichfalls verhindert, der mutmaßliche Erfolg gegen die dänischen schwimmenden Batterien bliebe der gleiche".

Und nun schließt Nelson seine Darlegungen über einen Angriffsplan in diesem berühmten Denkschreiben mit folgenden großartigen, von einem weiten Standpunkt aus blickenden, ganz neuen Vorschlägen:

„Nachdem wir die Belt-Durchfahrt beendet, sollte es dann nicht mit gutem westlichen Wind möglich sein, entweder mit der ganzen Flotte weiter zu gehen, oder 10 Dreidecker und Zweidecker mit einer Bombarde und 2 Brandern nach Reval zu detachieren, um das dortige Geschwader zu vernichten? Ich meinerseits kann ein großes Risiko in einer solchen Entsendung und gleichzeitigem Vorgehen mit dem Rest gegen Kopenhagen nicht einsehen. Ein solches Verfahren mag für gewagt und kühn gehalten werden, ich halte aber dafür, daß die kühnsten Maßnahmen gerade die sichersten sind; und unser Vaterland verlangt ein kraftvolles Einsetzen seiner Streitkraft, das verständig und planmäßig geleitet werde."

Erörterung der Pläne Nelson's. Beide Führer, Parker wie Nelson, sahen ebenso wie die Admiralität in Rußland den Hauptgegner, den zu schädigen es vor Allem ankäme. Während Nelson nun aber keine Gefahr darin sah, die dänische Flotte mit Kopenhagen ungeschwächt im Rücken zu lassen, erschien Parker deren Vernichtung oder ein Bündnis mit Dänemark vorher unbedingt geboten.

Einem Nelson würde, selbst mit der von ihm angegebenen kleineren Flotten-Abteilung, bei Reval wohl auch der Erfolg geworden sein, die politische Lage wäre mit einemmal eine andere geworden und ein Vorgehen gegen Dänemark kaum noch erforderlich gewesen. Nelson dachte zweifellos richtig, daß er mit der ungeschwächten Flotte den Hauptgegner angreifen wollte. Die inzwischen bereit gewordenen dänisch-schwedischen Flotten hätten alsdann Parker's gesamte Flotte kaum je besiegen können, sie waren dazu auch nicht genügend durchgebildet und hätten die Schwächen einer coalierten Streitmacht vollauf besessen.

Klar und kühn wie der taktische Angriffsplan, war auch Nelson's allgemeiner strategischer Operationsplan gegen die drei Ostseemächte; der eine wie der andere durchweht von einem kräftigen Zug kühnen Wagemuts sowie einem rastlosen Trieb zum Vorwärtskommen und Draufgehen, welcher den wesentlichsten Erfolg in der schnellen Aufeinanderfolge der vorzunehmenden Maßregeln ersah.

Nelson würde auch beide Pläne, Kopenhagen anzugreifen und die Dänen dort zu besiegen sowie dann noch zeitig vor Reval zu sein, um die russische Flotte zu vernichten, zusammen haben ausführen können, wenn er statt des bedächtigen Parker von Anfang an den Oberbefehl geführt hätte. Der Einfluß der Seemacht auf die Geschichte würde durch seine Handlungsweise alsdann in besonders klarer Weise zum Ausdruck gelangt sein. In die baldige kritische Klemme bei Kopenhagen hat ihn lediglich Parker's Zögern gebracht. Die Instruktionen des Lord St. Vincent waren fast identisch mit den Anschauungen des großen Admirals.

Vorbereitungen zum Angriff; Nelson's Angriffsplan. Gleich nach dem Ankern der englischen Flotte südlich von Hveen gingen die 3 englischen Admirale mit ihren Stäben auf einem Schooner weiter nach Süden, um das Fahrwasser sowie die dänischen Verteidigungs-Anstalten

auszukundschaften. Nelson war sich bald darüber einig, daß ein Angriff von Norden aus „den Stier an den Hörnern anpacken" bedeuten
würde, wie er dies bereits bei den früheren Kriegsräten geäußert hatte.

Am Abend des 30. März fand ein fernerer Kriegsrat auf der
„London" statt, bei welchem die Stärke der Flotten der 3 Ostseemächte
wiederholt zur Sprache gebracht und besonders die Größe und Stärke
der russischen Flotte als furchtbar geschildert wurde.

Nelson, der voller Unruhe während des Verlaufs des Kriegsrats
in der Kajüte auf und ab ging und ganz aufgebracht wurde, sowie sich
nur die geringste Unentschlossenheit zeigte, erwiderte einem der Offiziere,
als auch über die Stärke Schwedens Äußerungen fielen: „je zahlreicher,
desto besser". Bezüglich der Russen äußerte er öfter: „um so besser, ich
wollte es wären ihrer zweimal so viele, um so leichter der Sieg, verlassen Sie sich darauf". Er wollte mit diesen Worten, wie er sich nachher privatim äußerte, auf den gänzlichen Mangel an Taktik bei den
nordischen Flotten anspielen. Die Verbündeten waren von Einigen sogar
bis zu 88 Linienschiffen stark geschätzt worden; während Andere aber
nur die kleinere Hälfte davon als brauchbar hielten — von denen aber
auch kaum mehr als ²/₃ hätten zusammen gebracht werden können, also
etwa 25 Schiffe — wären, wie James sich ausdrückt, gegen diese etwa
2 Dutzend Linienschiffe von 3 Nationen 15 gute englische Schiffe vollauf
ausreichend gewesen. Nelson ersah auch schon im Voraus die große
Schwäche von vereinigten Flotten in einem Koalitions-Kriege.

Im Lauf der Beratung erbot sich nunmehr Nelson, die ganze
erforderliche Arbeit in einer Stunde mit 10 Linienschiffen und den zugehörigen kleineren Fahrzeugen durchzuführen; er beabsichtige, mit diesen
Schiffen durch das Holländer-Tief zu gehen und die dänische Linie bei
der ersten sich bietenden günstigen Gelegenheit von Süden her anzugreifen. Parker nahm bald seinen Vorschlag an, gab aber Nelson
zu dessen Ausführung 2 kleine Linienschiffe mehr, als dieser sich dafür
auserbeten hatte.

Nelson's erste Maßnahmen. Noch in derselben Nacht machte
sich Nelson persönlich daran, das Holländer-Tief auszuloten und die
Untiefen des Mittelgrunds bezeichnen zu lassen, wozu auch einzelne Fahrzeuge verwandt wurden. Diese Vermessungs-Arbeiten wurden noch am
31. März sowie in der zweiten Nacht fortgesetzt und fast zu Ende geführt. Am Vormittag des 1. April ging dann die gesamte englische
Flotte Anker auf und ankerte nördlich vom Mittelgrund bei leichtem
NNW Wind.

Nachdem Nelson auf der Fregatte „Amazon" noch eine letzte Erkundung vorgenommen hatte, lichtete er mit den ihm unterstellten Schiffen und Fahrzeugen bei schwachem nördlichen Wind nachmittags um 3½ Uhr Anker und ging, nachdem das Signal zum Ankerlichten mit donnernden Hurrahs begrüßt worden war, geführt von der stets die Lothungen signalisierenden „Amazon", mit seiner ganzen Streitkraft gegen Abend um 8 Uhr südlich vom Mittelgrund im Svälget wieder zu Anker.

Alsbald wurden diese Schiffe von der Strickers-Batterie auf 3500 bis 4000 m Entfernung mit Bomben beworfen, aber ohne Erfolg, obwohl einzelne der Geschosse inmitten der englischen Schiffe niederfielen. Dies wurde auch von dem etwas südlich zur Schußlinie liegenden Blockschiff „Prövesteenen" auf etwa 3000 m genau beobachtet, jedoch erfolgte keine Mitteilung darüber an den Batterie-Kommandanten, welcher nun sein anscheinend zweckloses Feuer bald wieder einstellte. Abgesehen von den Beschädigungen durch einzelne Treffer, wäre eine Fortsetzung dieser Beschießung während der Dunkelheit schon wegen der Beunruhigung der Engländer in der Nacht und am frühen Morgen von Bedeutung gewesen. Gleichen Nutzen würde es ergeben haben, wenn die 11 Ruder-Kanonenboote in der stillen Nacht eine Diversion gemacht und durch einen Angriff die englischen Schiffe alarmiert hätten, was sich leicht hätte durchführen lassen. Aber nichts geschah, die Engländer blieben gänzlich unbehelligt.

Nelson's Streitkräfte. Das Angriffs-Geschwader bestand aus:

7 Linienschiffen zu je 74 Kanonen und 650 Mann,
3 " " " 64 " " 500 "
2 " " " 52 " " 410 "
5 Fregatten " 26—38 " " 180—280 Mann,

sowie ferner aus 2 Korvetten, 2 Briggs, 2 Brandern, 7 Bombardier-Fahrzeugen und 6 kleineren Kanonen-Briggs, zusammen aus 36 Schiffen und Fahrzeugen mit rund 1280 Geschützen und 9400 Mann. Jede der Bombarden führte 2 Mörser; die Linienschiffe hatten außerdem jedes etwa noch ein halbes Dutzend Karronaden (leichtere Geschütze an Deck für das Nahgefecht) an Bord.

Admiral Graves war auf der „Defiance" geblieben und Nelson hatte den Kommandanten seines eigentlichen Flaggschiffs, den Kapitän Thomas Mastermann Hardy, (seinen späteren Flaggkapitän bei Trafalgar), als seinen Stabschef mit sich genommen.

Bei Parker verblieben als Reserven:

2 Dreidecker zu je 98 Kanonen und 750 Mann,
4 Zweidecker „ „ 74 „ „ 650 „
2 „ „ „ 64 „ „ 600 „

sowie 9 kleinere Fahrzeuge, insgesamt 17 Schiffe und Fahrzeuge mit 700 Kanonen und 5460 Mann.

Noch spät am Abend sandte Parker eine größere Anzahl Mannschaften seiner 8 Schiffe, besonders der Dreidecker, mit einigen schweren armierten Beibooten und Fahrzeugen an Nelson, welche zu einem Angriff auf das Fort Trekroner bestimmt waren.

Kritik der englischen Maßnahmen. Bei der eingehenden Darstellung der Nelson'schen Pläne, besonders in seinem letzten Dienstschreiben, ist wiederholentlich seine mehr oder minder offene Kritik der Parker'schen Absichten und der wenigen Maßnahmen des letzteren angeführt worden, welcher kaum etwas hinzuzufügen sein dürfte.

Der Plan Beider, von Süden her anzugreifen, war politisch und strategisch richtig, um ein Eingreifen der Verbündeten Dänemarks abwehren zu können und gleichzeitig auf diese einen Druck auszuüben; da die Südspitze die schwächere war, wenn auch nicht in dem Maße, wie dies auf englischer Seite und besonders von Nelson selbst angenommen wurde, der ein derartiges Maskiert-Sein der Geschütze von Trekroner nicht annehmen konnte. Da ferner ein Angriff von Süden nur bei südlichen Winden ausführbar war, so konnten havarierte Schiffe sich nach Norden sicher aus dem Feuer ziehen, während die übrigen den Kampf fortsetzten. Schließlich waren von Süden aus Werft, Hafen und Stadt am leichtesten auf 1600—2400 m Entfernung zu bombardieren.

Nelson's Drängen, zur Tat zu schreiten, war durchaus geboten; ein von ihm selber etwa 8—10 oder wenigstens 4—5 Tage früher angesetzter Angriff würde mit weit geringeren Verlusten und Havarien verknüpft gewesen sein.

Parker hätte richtiger getan, Nelson wegen der Länge und Stärke der Defensionslinie mindestens 14—15 Linienschiffe für den Angriff zu überweisen, da eine besondere Reserve im Norden keinen großen Nutzen gewähren konnte, jedenfalls aber nicht so groß zu sein brauchte.

Nelson's Ausspruch und Versprechen, die ganze Arbeit mit zehn Schiffen in einer Stunde leisten zu wollen, ist kaum anders zu bezeichnen als „den Mund ein bischen voll nehmen" und ist von ihm wohl nur geschehen, um den schwächlichen Äußerungen Einzelner im Kriegsrat scharf entgegenzutreten.

Daß sich schließlich ein Bombardement der Stadt gar ohne einen eigentlichen Angriff der Defensionslinie von Süden aus hätte ausführen lassen, ist schon angeführt; ein derartiges Vorgehen war aber nicht im Sinne eines Nelson. Ob es zum Erfolg und Nachgeben der dänischen Regierung ausgereicht haben würde, entzieht sich des Urteils; da es aber nach der ursprünglichen Gesamtlage und den Instruktionen gemäß sehr darauf ankam, Dänemark ohne größere Verluste zu einem neuen Vertrag zu zwingen, so hätte es von Parker wohl frühzeitig versucht werden müssen und können.

Die Schlacht auf der Rhede von Kopenhagen, am 2. April 1801. (S. Pläne: a, b, c.)

Nelson's Verhalten in der Nacht auf den 2. April. Südlich vom Holländer- und Königs-Tief, im sogenannten Svälget, war mithin am Abend des 1. April die gesamte englische Angriffs-Streitmacht versammelt, abgesehen von einigen im Holländer-Tief verbliebenen Markierungs-Fahrzeugen.

Nelson's Dreidecker-Flaggkapitän Masterman Hardy lothete von 8 Uhr abends an das Königstief nach Norden zu aus und bediente sich dabei eines Peilstockes, um nicht durch das Geräusch vom Werfen des Senkloths im Boot entdeckt zu werden. Ihm gelang es sogar, fast ganz an der Außenseite des Blockschiffes „Prövesteenen" herum die Tiefen genau festzustellen, obwohl dies Schiff, wie alle übrigen, öfter Patrouillen-Boote in die nächste Umgebung aussandte und in dieser Nacht ein besonderes Rondeboot den südlichen Flügel umfuhr. Hardy kehrte trotzdem ungestört um 11 Uhr mit der Meldung zurück, daß das Fahrwasser bis zur dänischen Linie gänzlich frei sei und letztere an der Ostseite der Untiefe Revshalen entlang vertäut läge sowie daß die größeren Tiefen sich auf der Außenseite der dänischen Schiffe befänden.

Nelson, der von 9 Uhr ab an der Ausarbeitung seines Angriffsplans mit Kpt. Folen und Kpt. Riou arbeitete, nachdem er vorher alle Kommandanten bei sich gehabt hatte, diktierte sogleich seine Befehle, auf der Koje liegend, ohne nachher noch Schlaf zu finden. Bis 6 Uhr morgens arbeiteten dann die Schreiber an der Vervielfältigung der Befehle. Im Laufe der Nacht ging der Wind auf Südosten und ließ

Nelson jeden Augenblick nach Wind und Wetter fragen; bereits um 6 Uhr war er wieder an Deck. Im Übrigen herrschte auf allen Schiffen vollkommenste Ruhe, da das Beschießen durch die Batterie Stricker sehr bald aufhörte.

Nelson's Angriffsbefehl (s. Plan: b c). „Da Vize-Admiral Lord Nelson nicht mit Genauigkeit die Lage der verschiedenartig geschilderten feindlichen schwimmenden Batterien und kleineren Fahrzeuge angeben kann, welche zwischen den Zweideckern und Hulks liegen, so werden diejenigen Schiffe, welche sich diesen schwimmenden Batterien usw. gegenüber hinlegen sollen, ihre Stellungen finden, indem sie auf die Stationen der anderen Schiffe achten, welche sich diesen Zweideckern und Hulks gegenüber hinzulegen haben."

„Edgar", „Ardent", „Glatton", „Isis", „Agamemnon" haben in dieser Reihenfolge zu führen und das Feuer zu eröffnen, während sie sich in Stellung begeben.

„Edgar" ankert gegenüber Nr. 5, (ein 64 Kanonenschiff, Hulk);

„Ardent" passiert „Edgar", ankert gegenüber Nr. 6 und 7;

„Glatton" passiert „Edgar", „ „ „ 9

(ein 64 Kanonenschiff, Hulk);

„Isis" ankert gegenüber Nr. 2 „ „ „ „

„Agamemnon" ankert gegenüber Nr. 1.

„Bellona", „Elephant", „Ganges", „Monarch", „Defiance", „Russel", „Polyphemus" haben ihre Stellungen einzunehmen und zu ankern wie folgt:

„Memorandum Nr. 1", beginnt mit dem südlichsten feindlichen Schiff.

(Von Nelfon nicht angegebene Schiffsnamen)	Nummer	Klaſſe	Mutmaßl. Anzahl der Geſchütze einer Seite	Station der Linie, wo die Schiffe zu ankern und zu kämpfen haben.
(„Prövesteenen")	1	74	26 (58)	„Agamemnon"; „Desirée" folgt und hat Nr. 2 längsſchiff zu beſchießen.
(„Wagrien")	2	64	26 (52)	„Iſis".
(„Nyeborg")	3	niedrige ſchwim-	10 (20)	Es wird erhofft, daß „Desirée" nicht nur Nr. 2, ſondern auch dieſe beiden Batte- rieen enfiliren kann; Kapitän Roſe hat die 6 Kanon.-Briggs ſo hinzulegen, daß ſie ebenfalls dieſe Batterien enfiliren.
(„Rendsborg")	4	mende Batterien, vollgetakelt, nicht ganz in d. Linie liegend	10 (20)	
(„Jylland")	5	64	27 (54)	„Edgar."
(„Svärdſisken")	6	Ponton	10 (18)	„Ardent."
(„Cronborg")	7	Fregatten-Hulk	12 (22)	
(„Hayen")	8	klein, keine Ge- ſchütze erkennbar	(18)	„Glatton."
(„Dannebroge")	9	64	20 (60)	
(„Elven")	10	vollgetakeltes Kanonenboot v. 22 Geſchützen	11 (10)	„Bellona" hat ſich zu bemühen, d. „Glat- ton" zu unterſtützen.
(„Aggershuus")	11	Pontons oder	12 (20)	
(„Flaade-Batterie I.)	12	ſchw. Batterieen	12 (20)	
(„Sälland")	13	74	36 (74)	„Elephant."
(„Charlotte Amalia")	14	Pontons oder	12 (26)	„Ganges."
(„Söeheſten")	15	ſchw. Batterieen	12 (18)	
(„Holſteen")	16	64	30 (60)	„Monarch."
(„Indföbsretten")	17	64	30 (64)	„Defiance."
(„Mars")	18	64	30 (64)	„Ruſſel."
(„Elephanten")	19	64	30 (70)	„Polyphemus."
(„Hjälperen")	20	kleineres Schiff, vermutlich Bom- barde.	11 (16)	

Die Namen und die ganze Anzahl der Geſchütze däniſcher Schiffe ſind hier des Vergleichs halber in Klammern ( ) nebengefügt; weſentliche Fehler ſind mithin nur bei Nr. 9, 10, 19 vorgefallen.

„Kapitän Rofe hat die „Jamaica" sowie die 6 Kanonenboote
so zu verlegen, daß sie Nr. 1 der Länge nach beschießen können. Mutmaßlich können die Kanonenboote soweit achtern von Nr. 1 gelangen,
daß sie Nr. 3 und 4 enfilieren. Kapitän Rofe hat mit seinem Schiff
und diesen Fahrzeugen unter seinem Befehl weiter nordwärts vorzurücken sowie er bemerkt, daß das dänische Feuer auf seinem ersten Posten
nachläßt."

„Nachdem Nr. 1, 2, 3 und 4 zum Schweigen gebracht sind, was
hoffentlich recht bald eintritt, haben „Jsis" und „Agamemnon" ihre
Kabel zu kappen, sofort die Segel zu setzen und eine neue Position
vorlich des „Polyphemus" einzunehmen, zu dem Zweck, diesen Teil
der Linie zu verstärken."

„Jedes der Linienschiffe hält ein armiertes und bemanntes Flach-
boot in Feuerlee bereit; die verbleibenden Flachboote haben mit den
für das Entern bestimmten Booten, welche Admiral Sir Hyde Parker
unter dem Kommando des Ersten Offiziers der „London" noch schicken
wird, sich so nahe als möglich beim „Elephant" zu halten, aber außerhalb der Schußweite, bereit Befehle von Lord Nelson zu empfangen."

„Die 4 Barkassen mit Ankern und Ankertauen, welche ebenfalls
noch von Admiral Sir Hyde Parker geschickt werden, haben sich
gleichfalls unter dem Kommando eines Offiziers der „London" so nahe
als möglich beim „Elephant", aber außerhalb des Feuers klar zu
halten, Befehle von Vize-Admiral Lord Nelson zu empfangen."

„Die „Alcmène", „Blanche", „Arrow", „Dart", „Zephyr"
und „Otter", beide letzteren Feuerschiffe, gehen unter Befehl von
Kapitän Riou von der „Amazon" vor, um gemäß der von Lord
Nelson diesem gegebenen Anordnungen zu verfahren." Dies war der
schriftlich ausgegebene Angriffs-Befehl, der wie kein anderer Nelson's,
bis in Einzelheiten hinein jedem Schiffe seine Rolle genau vorschrieb;
mündliche Bestimmungen Nelson's ordneten ferner noch an, daß die
folgenden Schiffe ihre Vordermänner an Steuerbord-Seite zu passieren
hätten. Unter Nr. 18 und 19 sind die Blockschiffe im Kronelöb
gemeint gewesen.

Erörterungen über Nelson's Angriffsplan. Allen Bemer-
kungen und jeder Kritik hat die Äußerung voran zu gehen, daß dieser
Plan des großen Nelson es denn doch unbedingt an einem wichtigen
Gebot hat fehlen lassen, dem der „Konzentration der Kraft"; es ist dies
Versäumnis um so mehr auffallend, als Nelson seinen Angriffsplan bei
Abukir auf seinen ebenfalls verankerten Gegner gerade nach diesem ersten
taktischen Grundsatz ganz besonders angelegt hatte. Hier bemerken wir

faſt nichts davon, abgeſehen von den kleineren Einzelheiten betreffend das Enfilieren einzelner Hulks durch die beiden Fregatten und 6 Kanonen-Briggs im Süden, um dort mit dem Gegner zuerſt aufzuräumen.

Nachdem Nelſon während ſeines wiederholten Befahrens des Holländer-Tiefs die Stellung des Gegners möglichſt genau ausgemacht und die Stärke im Allgemeinen richtig erkannt hatte, wie dies ja aus dem Memorandum zur Genüge hervorgeht, iſt es nicht leicht verſtändlich, daß er mit ſeiner immerhin doch nur beſchränkteren Zahl von Schiffen die geſamte Defenſionslinie mit dem nahe dahinter liegenden Fort Trekroner ſowie den Schiffen im Kronelöb gleichzeitig auf einmal engagieren wollte.

In keiner Weiſe iſt von Nelſon vorgeſehen und es ſcheint dies auch zu keiner Zeit von ihm erörtert oder beabſichtigt worden zu ſein, mit ſeinen geſamten Streitkräften etwa nur ¹/₃, ſelbſt ¹/₄ der feindlichen Linie zuerſt anzugreifen, während der übrige Teil des Gegners feſtgehalten würde und dann weiter vorzurücken. Er ſieht nur dann eine Unterſtützung des von ihm etwas ſchwächer beſetzten nördlichſten Teils ſeiner Angriffs-linie durch die beiden ſüdlichſten Schiffe vor, ſobald dieſe hier ihre Aufgabe beendet hätten. Ähnliches empfiehlt er mit einem weiteren Vorgehen der 6 Kanonenboote. Ein eigentliches ſtarkes Konzentrieren ſeiner Kräfte von Beginn an tritt aber nirgends hervor; bei dem bewegungsunfähigen Gegner war ein Feſthalten anderer Teile auch nicht erforderlich, denn ſelbſt Steen Bille's Schiffe konnten gegen den Süden nicht vorgehen.

Bei einem Manne vom Schlage und der Bedeutung Nelſon's ſteht man hier faſt wie vor einem Rätſel; es ſcheint bei allem Nachdenken über dieſen Punkt als einzige Antwort übrig zu bleiben, daß bei ihm doch noch eine gewiſſe Mißachtung und auch Verkennung der tatſächlichen Stärke ſeines Gegners vorgelegen hat, die auch in ſeiner Äußerung, daß eine Stunde zur Vernichtung des Feindes genügen würde, zum Ausdruck gekommen iſt.

Die gänzliche Bewegungs-Unfähigkeit faſt der geſamten gegneriſchen Streitmacht, die Lage Trekroners im Norden, die naheliegende Möglich-keit, nach Vernichtung ſchon des Südflügels allein, Kopenhagen gleich von hier aus am beſten mit Erfolg beſchießen zu können, hätte ein kon-zentriertes Vorgehen im Süden ganz beſonders nahe legen müſſen.

War ein Durchbrechen und Sich-Längſeit-Legen zu beiden Seiten der feindlichen Linie auch erſt zwiſchen dem 4. und 5. Schiff möglich, zwiſchen „Aggeborg" und „Jylland" — wegen der dort befindlichen Lücke, — ſowie ein genaues Erkennen dieſer Lage von der Ferne aus nicht er-ſichtlich und am Ende gar der unbekannten Tiefen halber gar zu gewagt, so war aber eine Konzentration auf der Außenseite im Süden doch möglich, Raum war vorhanden und bei dem schwachen Wind ein dementsprechendes Ankermanöver gut durchführbar, da dann die englischen Schiffe auf 150—180 m Entfernung von einander noch sicher hätten ankern können.

Statt dessen geht Nelson's Angriffsplan sogar auf den gleichzeitigen Angriff der in Ost und Nordost von Trekroner verankerten Schiffe aus, ja sogar der äußersten im Kronelöb verankerten dänischen Schiffe „Elephanten" und „Mars" und selbst der Sturm von Trekroner ist mit bedacht worden.

In dem beiliegenden Plan (s. Plan: c) ist die von Nelson befohlene Angriffsstellung für seine Schiffe je durch deren 3 ersten Anfangs-Buchstaben bezeichnet worden.

Die beiden Schiffe, welche hier im Norden fast isoliert operieren sollten, wären für ihre Aufgabe keineswegs stark genug gewesen, da sie noch dazu nur 700—900 m von Trekroner entfernt gelegen hätten. Diese beiden Schiffe wenigstens hätten unbedingt der eigentlichen Defensionslinie gegenüber verwendet werden müssen, wo Nelson überhaupt nicht stark genug sein konnte; hier oben waren sie so gut wie zwecklos und auch gefährlich, da sie leicht auf die Untiefe Stubben hätten auftreiben können.

Es ist noch anzuführen, daß ein ferneres seemännisch-nautisches Versäumnis begangen zu sein scheint, nämlich die vordersten Schiffe an ihrer Steuerbordseite durch Fahrzeuge und große Boote begleiten zu lassen, um die Tiefen auszulothen und die Untiefen durch Abzeichen oder das Verankern dieser Fahrzeuge selbst zu bezeichnen. Auch während der Schlacht ausgeführt, wäre dies noch von Nutzen gewesen. In keiner Darstellung der Schlacht ist dessen Erwähnung geschehen und im Befehl auch nicht; es scheint auch tatsächlich nicht ausgeführt worden zu sein.

Schließlich ist nicht recht ersichtlich, weshalb die 3 ersten Schiffe den südlichen feindlichen Flügel erst noch in Kolonne passieren sollten, bevor sie ankerten, wobei sie dauernd im feindlichen Feuer waren, statt von Süden aus mit dem Ankern der Schiffe von vornherein zu beginnen. Daß hierdurch der dänische Südflügel besonders erschüttert werden könnte, scheint wohl von Nelson angenommen worden zu sein, dem jedoch nicht beigepflichtet werden kann, wenn auch das südlichste Schiff dadurch mehr Schüsse als sonst erhielt. Erst vom 4. englischen Schiff ab wurde gleichmäßig in der Reihenfolge vom Süden her zum Ankern aufmarschiert; vielleicht, daß die Lage ihrer nächtlichen Ankerplätze hierbei mit maßgebend gewesen ist.

Daß die besonderen Umstände dazu führten, den Angriffsplan sachlicher als befohlen war durchzuführen, wie dies in der Tat geschah, zählt hier nicht mit. Wäre Nelson unterlegen — es hat mehrere Mal nur an Haaresbreite hieran gefehlt — so wäre die mangelnde Konzentration seiner Streitkräfte die Hauptveranlassung dazu gewesen und ihm alsdann nicht mit Unrecht vorgeworfen worden.

Letzte Befehle Nelson's. Am Morgen des 2. April wurden die englischen Besatzungen erst um 7 Uhr aufgepurrt, um mit besonders frischen Kräften in den Kampf einzutreten. Eine Stunde später erhielten alle Kommandanten persönlich von Nelson an Bord des Flaggschiffes die letzten Instruktionen; Kapitän Riou wurde befohlen, zuerst gegen das Nordende der dänischen Linie und gegen die in der Hafeneinfahrt liegenden Schiffe zu operieren, alsdann den Umständen gemäß zu handeln. Die 7 Bombarden wurden angewiesen, außerhalb der brittischen Linie Stellung zu nehmen und ihre Bomben über diese hinweg zu feuern. Die Landungstruppen sowie die von Parker gesandten Mannschaften (etwa 500 Matrosen), sollten Trekroner stürmen sobald dessen Feuer eingestellt würde. Alle Linienschiffe sollten ihren bestimmten Gegnern gegenüber mit dem Heckanker ankern.

Als eine halbe Stunde nach den Kommandanten die Lootsen an Bord kamen, stellte sich gleich heraus, daß diese, meistens Schotten und Nord-Engländer, ihr bischen Kunde nur auf kleineren Handelsschiffen erlangt hatten und nicht imstande waren, die tiefgehenden Kriegsschiffe nach Fortnahme aller dänischen Seezeichen sicher durch das Königstief zu lootsen. Nun war guter Rat teuer, Nelson auch einen Augenblick fast verzweifelt, da er den günstigen Wind sofort benutzen wollte und trotz seines Zutrauens zu Hardy sich doch nicht auf dessen Lothungen allein verlassen zu dürfen glaubte, bis sich der Master der „Bellona" erbot, die Flotte führen zu können.

Diese augenblickliche Verzweiflung Nelson's hat wohl an seiner nervösen Aufregung infolge der schlaflosen Nacht gelegen; denn da die Defensionslinie unbedingt nicht nahe der Westseite des Mittelgrundes liegen konnte, um dem Feind nicht zu gestatten, sich zwischen sie und die Stadt zu legen, so wäre ein ganz nahes Heransegeln an diese, wie er beabsichtigt, immer als sicher zu betrachten gewesen, wie dies ja ebenfalls von Hardy festgestellt worden war. Um 9½ Uhr wurde das Signal zum Ankerlichten geheißt.

Bereitsein der dänischen Defensionslinie. Schon um 5 Uhr Morgens waren sämtliche dänischen Schiffe gefechtsbereit; die Klar-Schiff-Vorrichtungen sowie das Geschütz-Exerzieren wurden noch einmal durchgeübt und dann ward der Gegner in Ruhe erwartet. Die Parole hieß „Unverzagt", das Feldgeschrei „Bestimmt".

Kommandeur Fischer gab um 10¼ Uhr den Signalbefehl, das Feuer zu eröffnen, sobald die Geschosse den Gegner erreichen könnten und fiel der erste Schuß etwa eine viertel Stunde darauf von „Pröve= steenen" gegen „Edgar".

Als einzige Instruktion hatte Fischer ausgegeben, daß Jeder sich bis auf das Äußerste auf seinem Posten halten solle. Trotz des hohen lutherischen Feiertages — Gründonnerstag — fiel der Gottesdienst aus und fand eine besondere ermunternde Anrede durch den Oberbefehlshaber auch nicht statt.

Ansegeln der englischen Schiffe. „Edgar" ging wie befohlen zuerst unter Segel und setzte sich an die Spitze der englischen Angriffs= kolonne; wegen des von Süden wehenden Windes und des nach Norden setzenden Stromes sowie der großen Ankernähe aller Schiffe zu einander, gelang es den drei alsdann zum Folgen bestimmten Schiffen nicht, ihre Position sogleich hinter „Edgar" einzunehmen, dem nun zuerst „Aga= memnon" zu folgen begann. Dieser versuchte aber vergeblich von der Südspitze des Mittelgrundes frei zu manövrieren und mußte wieder ankern, um nicht fest zu kommen. Alle Versuche, sich von der Untiefe frei zu warpen, hatten keinen Erfolg, so daß „Agamemnon" liegen bleiben mußte und an der Schlacht nicht Teil nahm. Es ist dies ein Beweis dafür, daß die Nacht=Ankerstellung nicht genügend sorgfältig und geschickt ausgesucht worden war. Es folgten dem „Edgar" alsdann die „Isis", „Bellona" und „Russel"; alle Linienschiffe fierten die Mars= segel beim Ansegeln auf die Kappe herunter, sobald sie ihren Gefechts= kurs aufgenommen hatten, näherten sich langsam ihren Gegnern und ankerten nach und nach mit ihren schweren Heck=Ankern. Letzteres be= wirkte, daß das Feuer ihrer Breitseiten bei dem sonst eingetretenen Auf= drehen während des Ankerns nicht gestört und somit gleichzeitig jedes Enfilieren ausgeschlossen wurde.

Beginn der Schlacht (s. Plan: c.) „Edgar" beantwortete bald das Feuer des „Prövesteenen" und ankerte nach dem Passieren der 3 ersten dänischen Schiffe quer ab von seinem bestimmten Gegner „Jylland", aber fast auf der doppelten Entfernung wie angeordnet, auf etwa 550 m; längere Zeit war „Edgar" sich allein überlassen, „Polyphemus", der ganz im Norden ankern sollte, nahm nun auf Signalbefehl die Stellung des „Agamemnon" ein, ankerte aber etwas zu südlich und ebenfalls fast auf der doppelten Entfernung vom Feinde; das gleiche war mit der „Isis" der Fall. „Bellona" und „Russel", welche jetzt folgten, hielten sich an Steuerbord ihrer Vorderleute so weit nach Osten, daß beide auf der Westkante des Mittelgrundes aufliefen und trotz aller Anstrengungen nicht wieder loskommen konnten; sie waren aber wenigstens im Stande, mit einem Teil ihrer Geschütze durch die Lücken ihrer Linie hindurch sich an der Schlacht beteiligen zu können, wenn auch auf eine weit größere Entfernung, auf etwa 800—900 m.

Das nächste Schiff, welches ankerte, war „Ardent", der seinen angegebenen Platz einnahm, d. h. wie überhaupt alle Schiffe, fast auf die doppelte Entfernung vom Gegner als bestimmt war, da alle Lootsen mehr nach Osten hindrängten, weil dort nach ihrer Meinung die größeren Tiefen vorhanden seien.

Jetzt kam der „Elephant" an die Reihe und wollte dessen Kommandant auf Anweisung des Lootsen sowie den gegebenen Befehlen gemäß, östlich von „Russel" und „Bellona" an deren Steuerbordseite passieren; Nelson trat dieser Anordnung aber persönlich entgegen, indem er den Angaben von Kapitän Hardy mehr traute und vermutete, daß diese beiden Schiffe auf der äußersten westlichen Kante des Mittelgrundes festgekommen seien. Die gänzliche Unbrauchbarkeit der Lootsen ist durch dies Ereignis besonders klar gekennzeichnet. Da die „Bellona" ausgefallen war, ankerte „Elephant" nunmehr etwas südlicher als auf dem angegebenen Platze, auf etwas über 14 m Tiefe, ungefähr dem Flaggschiff Fischers dem „Dannebroge" gegenüber.

Dann nahm „Glatton" mit seinen 68pfündigen Karronaden den richtigen Platz ein, ebenso später „Ganges" und „Monarch", beide letztere nur etwas südlicher. Das zuletzt ansegelnde Schiff, die „Defiance", kam in der Nähe von „Prövesteenen" auf Grund, konnte sich aber während des nur eine Viertelstunde dauernden Festsitzens an dem Feuergefecht gegen letzteres Schiff noch beteiligen. „Defiance" ankerte nach dem Loskommen zeitweise auf dem noch leeren Platz gegenüber „Sälland" und erst, als der hierfür bestimmte „Ganges" herankam, etwa um die Mittagsstunde gegenüber „Holsteen", da der ursprünglich bestimmte Ankerplatz gegenüber „Infödsretten" das Linienschiff gar zu sehr von seinen Genossen getrennt haben würde.

Die beiden nördlichsten Schiffe der Defensionslinie, „Infödsretten" und „Hjälperen", wurden nun allein von der Division des Kapitän Riou (3 Fregatten, 2 Korvetten, 2 Brander) angegriffen, welche hier aber erst um 1 Uhr ihr Feuer eröffneten; geführt wurden sie von der „Amazon". Kapitän Rose legte sich mit der „Jamaica" und 2 Briggs in die Lücke zwischen „Edgar" und „Isis", gegenüber von „Rendsborg" und „Nyeborg"; die Fregatte „Desirée" und eine kleine Kanonen-Brigg nahmen südlich von „Prövesteenen" eine gute Enfilierstellung ein.

Einzelne der kleinsten Fahrzeuge versuchten westlich von den verankerten Linienschiffen ihre Stellungen einzunehmen, jedoch gelang es nur 2 Bombarden sich dort einzufinden und 5 der Kanonen-Briggs waren überhaupt nicht gegen den Wind und Strom aus dem Holländer-Tief herausgekommen; alle diese Fahrzeuge waren also so gut wie von gar keinem Nutzen.

Die Entfernung der beiden Linien betrug 400—550 m, war also immerhin eine recht nahe; um 11¼ Uhr war das Feuer fast auf der ganzen Linie im Gange, da dank der Geschicklichkeit der englischen Kommandanten und der Tüchtigkeit ihrer Besatzungen bei den Anker-Manövern keinerlei Unregelmäßigkeiten vorkamen. Die hohe seemännisch-militärische Ausbildung der Engländer zeigte sich hier im vollsten Maße.

Stärke beider Gegner in der Schlacht. Außer „Agamemnon" nahmen somit alle englischen Linienschiffe an der Schlacht teil, von den Fahrzeugen fehlten dagegen 5 Bombarden und 5 Kanonen-Briggs. Läßt man die schließlich gegen Ende der Schlacht im Norden noch mitfeuernden 3 Linienschiffe Parker's außer Acht, so hatten die Engländer auf der Gefechtsseite im Feuer: rund 600 Kanonen, 60 Karronaden und 4 Mörser, mit rund 9000 Mann.

Diesen befanden sich auf dänischer Seite gegenüber:

an Bord: 6000 Mann mit 370 Kanonen und
an Land: 1500 „ „ 66 „

wobei die beiden Blockschiffe sowie Steen Bille's Geschwader nicht mitgezählt sind, wohl aber die 11 Kanonenboote.

Mithin standen 9000 Engländern mit rund 600 Kanonen und über 60 kleineren Geschützen, nur 7500 Dänen mit 440 Geschützen gegenüber, eine recht erhebliche Übermacht auf englischer Seite; mit Zuzählung der beiderseitigen Reserven wird das Verhältnis für die Dänen noch ungünstiger.

Nelson selber berechnete später, Mitte April, seine Stärke zu 692 Kanonen, die dänische dagegen zu 800 Geschützen, wobei er aber nur die eine· Breitseite seiner eigenen Schiffe aufgezählt haben kann und bei dem Gegner beide, da nach dem Memorandum die berechnete Zahl der zum Feuern gelangenden feindlichen Geschütze nur etwa die Hälfte ausmacht. Mag man die Berechnung anstellen wie man will, in jedem Fall ergibt sie ein erhebliches Mehr auf englischer Seite.

Fortsetzung der Schlacht; die beiderseitigen Verluste im Süden. Schon bei der zweiten Lage erhielt „Rendsborg" einen

Grundschuß und wurde das Backbord-Ankertau zerschossen; das nun mit dem Heck auf „Edgar" zudrehende Schiff erhielt sofort eine Lage von hinten, so daß der Kommandant sein Steuerbord-Ankertau kappte, um dem Gegner wieder die Breitseite zuzuwenden. Mit Hülfe von Klüver und Besahn gelang es dann, das Schiff unter Benutzung des Stroms 600 m weiter in Feuerlee so glücklich auf Grund zu setzen, daß die Geschütze weiter gebraucht werden konnten.

Die somit in der Defensionslinie entstandene Lücke wurde nun von „Jamaica" mit ihren beiden Briggs so geschickt benutzt, daß diese „Wagrien" und „Nyeborg" längsschiffs beschießen konnten. Letzteres hielt sich bis 1½ Uhr, mußte dann aber, da nur noch ein einziges Geschütz brauchbar war, nach großen Verlusten kappen; es segelte innerhalb Trekroner, sank aber trotz Unterstützung in der Nähe des Hafen-Eingangs.

Eigentümlicher Weise berichtet Nelson, daß nur eine Fregatte, die „Desirée", südlich von Trekroner im Gefecht gewesen sei. „Rendsborg" hielt sich noch bis 2½ Uhr, hatte über 25% Verlust sowie 20 Schüsse in und unter der Wasserlinie, die Flagge wurde weggeschossen. Es gelang, die Hälfte der Mannschaft an Land zu retten, der Rest mußte sich später ergeben.

Ungefähr zur selben Zeit wurden „Wagrien", „Jylland", „Svärdfisken" und „Cronborg" zum Streichen der Flaggen gezwungen; ersteres hatte nur noch 2 brauchbare Geschütze, Flagge und Wimpel waren fortgeschossen, über ⅕ der Besatzung war tot oder verwundet. Dem Kommandanten gelang es dann, sich mit 140 Mann an Land zu retten, der Rest mußte sich ergeben; auf „Cronborg" war auch der Kommandant, Premierleutnant Hauch gefallen. Auf „Jylland" waren sämtliche Geschütze demoliert, nur 73 Mann konnten sich noch zeitig an Land flüchten, bei „Svärdfisken" nur 31 und bei „Cronborg" sogar nur 5 Mann.

„Prövesteenen", Kommandant Kapitän Lassen, hielt sich etwa eine Viertelstunde länger, trotzdem es von allen passierenden englischen Schiffen beschossen worden war; dreimal war es gelungen, entstehende Brände zu löschen; der weggeschossene Wimpel wurde wieder gehißt; die beiden allein noch brauchbaren Geschütze wurden alsdann vernagelt und das letzte Pulver über Bord geworfen; von der 529 Mann starken Besatzung waren 75 tot oder verwundet und in dem vollständig zerschossenen Schiffskörper saßen über 100 Kugeln; mit 131 Mann gelang es dem Kommandanten, an Land zu kommen, nach kräftiger, über vier Stunden andauernder Gegenwehr gegen seine vielen

Gegner. Da dies Blockschiff zu luward von der Linie lag und somit vom Pulverrauch fast ganz frei war, so wurde Kapitän Lassen's Kampf von der Kopenhagener Bevölkerung dauernd beobachtet und er selbst später ganz besonders als einer der Nationalhelden gefeiert.

Gegen 3 Uhr war somit der ganze südliche dänische Flügel vernichtet, aber der Gegner war auch übel zugerichtet worden; auf „Glatton" waren 9 Geschütze demoliert sowie eine Stänge zerschossen; auf „Ardent" war die Hälfte der Geschütze demoliert, das Schiff selbst hatte 14 Grundschüsse und 60 fernere Kugeln im Rumpf, das Bugspriet war zerschossen, ebenso die Wanten, so daß die Masten ohne Stütze waren; auf „Jsis" und „Bellona" waren mehrere Geschütze gesprungen und der Rumpf des ersteren stark zerschossen, man fand später über 300 dänische Kugeln darin stecken. Alle Takelagen waren stark zerschossen und die Verluste der Besatzungen recht erheblich: „Glatton" 53 Mann, „Ardent" 94 Mann, „Jsis" 121 Mann, „Bellona" 83 Mann, „Edgar" 142 Mann, „Polyphemus" 31 Mann, wobei die Leichtverwundeten nicht mitgezählt sind.

Fortgang der Schlacht im Zentrum, dänische Verluste dort. Hier kämpfte Olfert Fischer's Flaggschiff „Dannebroge" mit seinen 4 Sekundanten; schon um 11½ Uhr brach ein heftiges Feuer aus, dessen man bei dem heftigen Beschießen von „Glatton" und „Elephant" nicht Herr werden konnte; Kommandeur Fischer, der durch einen Holzsplitter am Kopf verwundet war, fuhr zur „Holsteen" hinüber, auf welcher alsdann sofort sein Stander gehißt wurde. Das frühere Flaggschiff setzte den Kampf aber unentwegt weiter fort und erst um 1 Uhr, nachdem auch der Kommandant verwundet worden und nur noch drei Geschütze brauchbar waren, strich „Dannebroge" als vollständiges Wrack seine Flagge. Ein Drittel der Besatzung war kampfunfähig, 148 Mann gelang es, an Land zu flüchten, die Übrigen wurden als Gefangene an Bord der englischen Schiffe geholt. Da die Sieger ebenfalls das Feuer nicht löschen konnten, mußten sie bald ihre Beute verlassen; „Dannebroge" trieb dann, als auch die Ankertaue verbrannt waren, nach Norden.

Eine halbe Stunde später kappte „Elven" die Ankertaue, nach Verlust von ⅕ der Besatzung; trotz einzelner Grundschüsse konnte sie noch nach der Innenrhede segeln. Zur selben Zeit kappte auch „Aggershuus" und trieb nordwärts, über ⅕ der Besatzung war tot oder verwundet; das Schiff und seine Takelage waren so zerschossen, daß es gänzlich manövrierunfähig geworden war und dem Gegner sicher in die Hände gefallen wäre, wenn nicht die zur selben Zeit passierende

„Nyeborg" es in Schlepp genommen hätte. Beiden Schiffen gelang es
noch auf die Innenrhede zu kommen, wo aber „Aggershuus" außerhalb
der Kalkbrennerei sank.

Der niedrige „Hayen" setzte den Kampf etwa bis 3 Uhr, also
4 Stunden lang fort, verschoß fast seine ganze Munition, verlor aber
nur 7 Prozent seiner Leute, obwohl er dem starken „Glatton" gegen=
über lag; ein Versuch, auf einem Floß zu entkommen, mißlang und
mußte sich die ganze Besatzung gefangen geben. Nelson belobte deren
Chef, Leutnant Möller, bald persönlich an Bord seines Flaggschiffs.

Die „Floßbatterie Nr. 1" kappte bald nach 2 Uhr; dem engli=
schen Führer und Oberbefehlshaber befand sich hier der noch nicht ganz
18 Jahre alte und erst vor einem halben Jahr Offizier gewordene
dänische Sekond=Leutnant der Marine Peter Willemoes gegenüber;
fast 40 Prozent seiner Besatzung hatte er verloren, 5 Laffeten waren
vollständig zerschossen und die meisten übrigen mehr oder minder be=
schädigt. Willemoes hatte sich zuletzt so nahe an den „Elephant"
herangeholt, daß von dessen Hütte mit Gewehren auf seine Mannschaft
geschossen wurde; er feuerte aber unablässig weiter und fügte dem Flagg=
schiff viele Verluste zu. Nelson erwähnte später dem Kronprinzen
gegenüber diesen tapfern jungen Gegner ganz besonders. Unglücklicher=
weise trieb nach dem Kappen der Ankertaue die „Floßbatterie Nr. 1"
vor den Bug der „Sälland", so daß diese sich bald ebenfalls zum
Kappen ihrer Ankertaue genötigt sah. Die nun frei kommende und
weiter nach Norden treibende Batterie wurde nach kurzer Zeit von einigen
der Parker'schen Schiffe beschossen, welche sich gegen Wind und Strom
langsam aufgearbeitet hatten; es gelang Willemoes aber noch, sicher
nach der Innenrhede zu kommen.

„Sälland" kam nach dem Kappen der Ankertaue quer und
fielen bei dem nun folgenden feindlichen Enfilir=Feuer viele ihrer Leute.
Durch das schlechte Beispiel, welches nun der Erste Offizier und ein
Infanterie=Stabskapitän gaben, die sich in den längseit liegenden Booten
an Land flüchten wollten, entstand unter der Besatzung zeitweise eine
große Verwirrung. Das Linienschiff ankerte aber wieder außerhalb
Trekroner und setzte das Gefecht mit den noch brauchbaren Geschützen
weiter fort; erst nachdem fast alle Geschütze demoliert waren und
„Sälland" 27 Grundschüsse erhalten hatte sowie $1/3$ der Besatzung
kampfunfähig geworden war, strich es als letztes aller Schiffe die Flagge.

**Fortgang der Schlacht im Norden; die dortigen dänischen
Verluste.** Während dessen war auch der nördliche Flügel fast gänzlich
vernichtet; hier hatten ferner noch die einzelnen von Süden und Norden

zum Schluß herangekommenen englischen Schiffe mit in den Kampf eingegriffen. Nach starken Verlusten hatten „Charlotte Amalia" und
„Söehesten" die Flagge gestrichen, nach vorheriger Bergung von
167 oder 21 Mann; zuletzt hatten noch einige entfernter liegende
Gegner diese beiden Schiffe längsschiffs beschossen.

„Holsteen" strich um 2¼ Uhr die Flagge, nachdem Fischer
sich von hier ebenfalls ausgeschifft und nach Trekroner begeben hatte,
wobei in seinem Boot das Korrespondenz-Journal über Bord geschossen
worden war; über 14% der Besatzung betrug der Verlust, 127 Mann
hatten sich noch zu flüchten vermocht.

Auf „Infödsretten" fiel der Chef, Kapitän Thura, um 1¼ Uhr
und der Nächst-Kommandierende eine halbe Stunde später; als der auf
der Batterie Sixtus befindliche Kronprinz Friedrich hiervon Meldung erhielt, erbot sich sofort einer seiner General-Adjutanten, Kapitän
Christian Schröderfee, der vor mehreren Jahren aus Gesundheits-
rücksichten verabschiedet worden war, zur Übernahme des Kommandos.
Kaum an Bord angelangt, traf ihn noch auf dem Fallreep die tödliche
Kugel. Das Linienschiff mußte um 3 Uhr die Flagge streichen, 113
Mann retteten sich noch an Land.

„Hjälperen", die nun allein übrig geblieben war, kappte die
Ankertaue und gelangte mit geringem Verlust auf die Innenrhede.

**Das englische Zentrum und der nördliche englische Flügel
während der Schlacht.** Die englischen Linienschiffe hatten bei der
Fortsetzung der Schlacht ganz außerordentlich gelitten, erwiderten aber
das Feuer ihrer Gegner mit unverminderter Heftigkeit. „Monarch"
hatte nach und nach 20 Grundschüsse erhalten, „Ganges" trieb auf
diesen zu und nun trieben diese beiden Schiffe zusammen sowie ferner
noch die „Defiance" auf Trekroner zu und kamen diesem Werk gegenüber fest, dessen jetzt nicht mehr durch die eigenen Schiffe maskiertes
Feuer nun zur vollen Wirksamkeit gelangte. Besonders im Norden war
somit die Lage der Engländer eine äußerst mißliche geworden, da Trekroner von jetzt an einige ihrer Schiffe längsschiff beschießen konnte.

Im Zentrum hatte noch kein dänisches Schiff die Flagge ge-
strichen oder den Ankerplatz verlassen und dasselbe war im Süden der
Fall, wo noch heftig gekämpft wurde; nur ein Schiff war etwas nach
Lee abgetrieben.

**Parker's Signal zum Abbrechen der Schlacht; Nelson's
Verhalten.** Alle diese Vorgänge hatte man auf der „London" genau
beobachtet, besonders das Festkommen mehrerer Schiffe; es schien als ob

die Schlacht zu einem Stillstand käme, wie dies ja auch der Fall war. Parker war das Einsetzen mehrerer seiner Linienschiffe selbst für den Fall eines Sieges sehr ungelegen, da auch noch Rußland und Schweden mit diesen Streitkräften bezwungen werden sollten.

Der Oberbefehlshaber wollte daher das Signal zum Abbrechen der Schlacht geben, wartete aber damit noch auf das Ersuchen seines Flagg-kapitäns hin, der dagegen war und sich erbot, persönlich bei Nelson Erkundigungen einzuholen. Bevor dieser aber den „Elephant" erreicht hatte, wurde das Signal auf das Drängen des Stabschefs Kapitän Domett's hin, doch geheißt, etwa um 1 Uhr. Nelson's „eine Stunde", aus der inzwischen fast drei geworden, war Parker denn doch gar zu „verteufelt lang" erschienen.

Nach Laird Clowes Darstellung war dieser Befehl zum Ab-brechen der Schlacht von Parker nicht als eine bestimmte Order an-gesehen, die unbedingt zu befolgen sei. Alle hierüber sonst ausgegebenen Erklärungen, so z. B. von seinem Edelmut, Nelson die Verantwortung dadurch abzunehmen, sind in das Reich der Fabel zu verweisen.

Als Nelson gemeldet wurde, daß das Signal Nr. 39 zum Ab-brechen der Schlacht auf der „London" wehe, wurde er sehr erregt und erhitzt; er soll dann, nachdem er noch einige Male, wie sonst während der ganzen Schlacht, unruhig auf Deck auf und ab gegangen war, zu Kapitän Foley geäußert haben, daß er zeitweilig Recht habe, blind zu sein und indem er alsdann das Fernglas vor sein rechtes Auge setzte, hinzugefügt haben: „Ich kann wirklich kein Signal sehen." Dies ist wohl eine zwar sehr bezeichnende, aber immerhin erdichtete Äußerung, da Nelson ferner nicht blind auf einem Auge war, sondern dieses nach dem Gefecht bei Calvi nicht mehr die volle Sehkraft besaß.

In diesem Augenblick der Schlacht hatte das Feuer der dänischen Schiffe bereits erheblich abgenommen; es war Nelson aber klar, daß es weitaus gefährlicher wäre, sich jetzt zurückzuziehen als den Kampf fortzusetzen. Er befahl daher, nur das Signal „Verstanden" zu heißen, das Signal Parker's selbst aber nicht zu wiederholen, wie dies bereits von Admiral Graves und Kapitän Riou geschehen war. Graves ließ auf der „Defiance" aber gleichzeitig das Signal für das Nah-gefecht weiter wehen, das der „Elephant" noch immer geheißt hatte und das Nelson weiter oben ließ, voll bewußt, welche Schuld und Ver-antwortung er durch die Nicht-Befolgung des Parker'schen Signal-Befehls auf sich nähme. „Defiance" blieb infolgedessen auch liegen und alle englischen Linienschiffe setzten den Kampf ohne Pause weiter fort.

Nur die Fregatten-Division folgte dem Befehl, da Riou auch auf der „Defiance" das Signal wehen sah; als die „Amazon" nach dem Kappen der Ankertaue beim Abdrehen von Trekroner enfiliert wurde, fiel ihr tapferer Führer als einer der Ersten. Sämtliche Fregatten und Fahrzeuge segelten nach Norden ab.

Nelson's kritische Lage. Inzwischen waren „Defiance", „Monarch" und „Elephant" auf dem Mittelgrund festgeraten, ferner „Ganges" und im Süden die „Desirée", so daß nunmehr in der eigentlichen englischen Angriffslinie nur noch 5 kampfbereite Linien-schiffe lagen und unter diesen die beiden kleinsten. Der Kommandant des „Monarch", Kapitän Mosse, war gefallen.

Die 11 dänischen Kanonenboote, welche bald nach Beginn der Schlacht, nachdem sie hinter dem Zentrum in einer langen Linie eine halbe Stunde am Gefecht teilgenommen, sich dann auf Fischer's Be-fehl zurückgezogen hatten und in der Nähe waren, konnten jeden Augen-blick erneut in das Gefecht eingreifen und den festgekommenen, schon stark zerschossenen englischen Schiffen erheblichen Schaden zufügen sowie die bereits teilweise besetzten Prisen wieder zurückerobern. Es war aber Nelson ganz besonders daran gelegen, Prisen zum Schluß aufweisen zu können, ohne welche ein Sieg daheim wenig Geltung haben würde.

Von Parker's Schiffen waren nur drei in die Nähe gekommen, wohingegen die segelbereiten Schiffe auf der Innenrhede auch noch als Gegner hätten auftreten können. Starke Havarien und große Ver-luste waren auf fast allen Schiffen eingetreten. „Elephant" verlor 23 Mann, „Defiance" 75, „Monarch" 220, „Amazon" 37 Mann, d. h. ohne die Leichtverwundeten.

Nelson's berühmter Brief; seine Beweggründe. Nelson's Lage war somit nichts weniger als glänzend und der endgültige Sieg durchaus noch nicht sicher gestellt. Er hatte in Voraussicht dieser bald eintretenden mißlichen Lage, in dem Augenblick, als die 3 nördlich von ihm liegenden Schiffe in's Treiben geraten waren, einen Brief mit einem Parlamentär an Land geschickt.

Dieser Brief war adressiert: „An die Brüder der Engländer, die Dänen" und lautete:

„Lord Nelson ist angewiesen, Dänemark zu schonen, wenn es keinen Widerstand mehr leistet; wird aber das Feuer von Seiten Däne-marks fortgesetzt, so wird Lord Nelson sich genötigt sehen, alle die schwimmenden Batterien, welche er genommen hat, in Brand zu stecken, ohne das Leben der braven Dänen, die sich so tapfer verteidigt haben, retten zu können."

Als äußere Ursache zur Absendung des Briefes diente Nelson der Umstand, daß die dänischen schwimmenden Batterieen und Hulks und auch einige der Werke am Lande auf die englischen Boote schossen, welche Besitz von denjenigen Schiffen nehmen wollten, die ihre Flagge gestrichen hatten.

Vermutlich, ja wohl bestimmt, werden nur solche Schiffe auf diese Boote geschossen haben, welche ihre Flagge nicht gestrichen hatten, sondern denen diese weggeschossen waren, ohne daß sie im Stande waren, selbige sofort wieder zu setzen. Daß ferner die noch kämpfenden Schiffe sowie die Werke auf diese vorgehenden Boote geschossen haben, war denn doch selbstverständlich. Das Streichen der Flagge zwingt doch nur den diese Streichenden allein, mit dem Feuer aufzuhören, ist aber für keinen der übrigen Mitkämpfer irgendwie bindend. Hier scheinen von dänischer Seite aus keinerlei Entschuldigungen erforderlich zu sein. „Dannebroge" wird ganz besonders von englischer Seite beschuldigt, so gehandelt zu haben, d. h. es hätte nach dem Streichen der Flagge auf die sich nähernden Boote geschossen. Diese unrechtliche und unmilitärische Handlungsweise soll an anderen Stellen eine Folge davon gewesen sein, daß von Land immer neue Mannschaften an Bord kamen und dieses Umstandes nicht achtend, ihn auch nicht kennend, das Feuer wieder aufgenommen hätten. Diese englische Annahme erscheint ganz unrichtig und äußerst geschraubt, da ja die Offiziere immer die Befehle auszugeben hatten, auch die Zahl aller dieser Mannschaften insgesamt nur 170 groß war.

Wenn Nelson bei Entsendung des Parlamentärs von einem Hintergedanken geleitet wurde, so hat er dies doch niemals vorher oder nachher, weder gegenüber einem Freund oder Feind eingestanden. Er hat später nur zugestanden: daß es für mehrere seiner Schiffe dringend nötig war, sich aus dem Feuergefecht zurückzuziehen, daß der Vorteil eines Waffenstillstandes im Augenblick mehr auf Seiten der Engländer vorhanden sowie daß „diese Schlacht die ernsteste und zweifelhafteste war, die er je durchzukämpfen hatte." Er hat aber bestimmt geleugnet, eine Kriegslist angewandt oder „sich unerlaubten Vorteil durch einen Waffenstillstand verschafft zu haben" und hat stets hervorgehoben, daß es nur Menschenliebe gewesen sei, welche ihn zum Absenden des Briefes veranlaßt habe.

Glaubt man an Nelson's Wahrhaftigkeit bei seinen wiederholten Versicherungen nicht zweifeln zu dürfen, so bleibt sowohl das Zusammentreffen der Absendung des Briefes in einem Augenblick, in welchem die englischen Schiffe sich in äußerst mißlicher Lage befanden, auffällig, als auch die Anbrohung wunderbar, die Prijen mit den Verwundeten an Bord anzünden laſſen zu wollen, wozu denn doch durchaus kein militäriſch-ſachlicher Grund vorlag. Ein ſolcher unerhörter Akt der Unmenſchlichkeit würde wohl auch beſtimmt nicht von Nelſon angeordnet worden ſein.

Wie ſehr ernſt und kritiſch ihm die Sachlage erſchien, dürfte aus ſeinen Worten beim Verſiegeln des Briefes hervorgehen, als ihm eine Oblate dazu gereicht wurde, um nicht mit der Verwendung von Siegel-lack noch einige Zeit mehr gebrauchen zu müſſen: „jetzt iſt nicht der Augenblick, eilig und weniger förmlich zu erſcheinen.” Eine noch naß geweſene Oblate würde etwa beim Überreichen des Briefes ein Beweis von Eile und damit von Bedrängnis geweſen ſein, ſo urteilte er.

Jedenfalls konnte Nelſon erwarten und hoffen, bei einer etwa eintretenden Waffenruhe 4—6 ſeiner Schiffe zu retten.

Empfang des Briefes. Nelſon überſandte ſeinen Brief durch den als Freiwilligen bei ihm an Bord beſchäftigten Kapitän Sir Frederic Theſiger, der während ſeiner Dienſtleiſtung in der ruſſi-ſchen Marine Däniſch gelernt hatte; dieſer Offizier erhielt den Befehl, den Brief an den Kronprinzen zu überbringen und fuhr daher mit dem Parlamentär-Boot nicht nach Fort Trekroner, ſondern nach der Innen-rhede, wo er zuerſt bei dem „Elephanten” eintraf.

Der Kommandant dieſes Schiffes, welches als Wachtſchiff der Admiralität unmittelbar unterſtellt war, aber gleichzeitig zur Defenſions-linie gehörte, wußte in dem Augenblick nicht, wo der Oberbefehlshaber ſich befand, ;da deſſen Stander auf der „Holſteen” geſtrichen und noch nicht auf dem Fort Trekroner von Neuem geſetzt war; es war un-gefähr 2 Uhr. Da Theſiger außerdem beſtimmt verlangte, zum Kron-prinzen geführt zu werden, ſo betrachtete ſich der Kommandant des Wachtſchiffes in erſter Linie als in dieſer Stellung befindlich und ließ den Parlamentär weiter an Land zu dem ſich gerade beim Eingang zur Langelinie befindlichen Kronprinzen geleiten, alſo nahe der Citadelle.

Jetzt zeigte ſich wieder ganz klar der bereits erwähnte begangene ſchwere Fehler, daß keine beſtimmte Oberleitung für die geſamten Ver-teidigungs-Anſtalten eingeſetzt war. Der Kronprinz betrachtete ſich zwar als den Höchſtkommandierenden, indem er unmittelbar ſofort mit Nelſon in Verbindung trat, beging aber den großen Fehler, ſich nicht vorher noch mit den Befehlshabern der im Gefecht befindlichen Streitkräfte zu Waſſer und zu Lande, vor Allem mit dem Kommandeur Fiſcher in Verbindung zu ſetzen. Von ſeiner etwa 2200—3700 m rückwärts befindlichen Stellung aus konnte er, beſonders bei dem vorhandenen

starken Pulverrauch keinen genügenden Überblick über die Gesamt=
lage haben.

Nach Durchlesen des Briefes beseelte den mitleidigen Kron=
prinzen Friedrich kein anderer Gedanke, als die gefährliche Lage
der an Bord der eroberten und auch der anderen Schiffe befindlichen
eigenen Landsleute zu mildern und entsandte er sofort den in seiner
Umgebung befindlichen früheren General=Adjutanten, Kapitän Lind=
holm, um genauere Aufklärungen über den Brief und die Lage von
Nelson selbst einholen zu lassen. Eine genauere Erklärung schien dem
Kronprinzen mithin doch noch erforderlich.

Nelson's ferneres Verhalten; sein zweites Schreiben.
Als Lindholm bei Nelson auf dem „Elephant" eintraf, war
dies Schiff nebst seinem Nachbar, wie bereits angeführt, ebenfalls auf
Grund geraten; fast alle übrigen Schiffe waren stark zerschossen und
hatten große Verluste erlitten. 6 Linienschiffe und 1 Fregatte saßen
also fest, während die Batterieen noch feuerten, wie dies der Kommandant
des „Ganges" besonders berichtet hat.

Nelson benutzte nun geschickt diese Gelegenheit des Eintreffens
des dänischen Parlamentärs, um am Großmast seines Schiffes die
Parlamentär=Flagge zu heißen; Kommandeur Fischer erhielt bald
darauf den Befehl zum Einstellen des Feuers durch einen Offizier der
vor der Citadelle liegenden dänischen Fregatte „Iris." Weder Nelson
noch Oberst Stewart erwähnen diese beiden Umstände in ihren Be=
richten; letzterer sagt nur, daß Lindholm bei seiner Rückkehr das
Feuer von Trekroner habe einstellen lassen und daß vom „Elephant"
der Signal=Befehl hierfür an alle noch feuernden Schiffe gleichfalls ge=
geben worden sei. Dahingegen führen Journale dänischer Schiffe das
Heißen der Parlamentär=Flagge ausdrücklich an. Dies ist ein wichtiger
Umstand, denn erst nun beginnt Nelson's Brief seine Wirkung zu zeigen.

Der wahrscheinlich sicherste Zeitpunkt für diesen Abschnitt scheint
kurz vor 4 Uhr Nachmittags gewesen zu sein, wo zwar die schwimmende
Defensionslinie inzwischen gänzlich außer Gefecht gesetzt worden, die
Feuertätigkeit der vielen Geschütze von Trekroner aber noch in keiner
Weise geschwächt war, während dessen Besatzung durch die vielen von
den nächsten Schiffen dorthin geflüchteten Mannschaften sich erheblich
verstärkt hatte. Fischer berichtet, daß um 4 Uhr der Befehl des Kron=
prinzen zum Aufhören der Schlacht bei ihm eingetroffen sei.

Lindholm meldete Nelson, daß er gesandt sei, zu erfragen,
welchen Zweck er mit dem Absenden seines Briefes gehabt habe und sich
hierüber eine schriftliche Erklärung auszubitten. Infolgedessen setzte

Nelson ein zweites Schreiben auf, das dann von Lindholm dem Kronprinz Friedrich überbracht wurde, obwohl Nelson hiermit zuerst Sir Frederic Thesiger betrauen und Lindholm behufs endgültiger Abmachungen an den fast 4 sm entfernten Parker als den leitenden Oberbefehlshaber senden wollte, um durch die lange Hin= und Rückfahrt Zeit zu gewinnen, seine festgekommenen Schiffe inzwischen abzubringen.

Das zweite Schreiben lautete großmütig und stolz:

„Lord Nelson's Absicht bei der Absendung einer Parlamentärs= flagge an Land ist Menschlichkeit und willigt er darin ein, daß die Feindseligkeiten so lange aufhören, bis Lord Nelson seine Gefangenen von den Prisen fortgenommen hat, ferner darin, daß die verwundeten Dänen gelandet und seine Prisen verbrannt oder entfernt werden. Mit Ehrerbietung gegen Seine Königliche Hoheit bittet Lord Nelson, sich ferner dahin äußern zu dürfen, daß er es stets als den größten von ihm gewonnenen Sieg betrachten würde, wenn diese Waffenstillstandsflagge der glückliche Vorbote einer dauernden und glücklichen Vereinigung zwischen seinem erhabenen Herrscher und dem König von Dänemark sein würde".

Man beachte den großen Unterschied beider Schreiben: in seinem ersten Brief fordert er die Einstellung des Feuers, im zweiten gesteht er dasselbe seinerseits zu. Nelson unterschrieb sich wie das erste Mal: Nelson and Bronte.

Konnte Nelson bei Eingehen des Gegners auf dieses Schreiben seine Prisen mit den Gefangenen entfernen, so war ihm dieselbe Möglich= keit für seine eigenen Schiffe gegeben.

Die Folgen beider Schreiben; Abholen der englischen Schiffe.
Zeigten sich die Folgen des ersten Briefes bei dem Aufsetzen des zweiten sofort, indem mit dem Heißen der nun gesetzten Parlamentär-Flagge das Feuer aufhörte, so benutzte Nelson den jetzt beginnenden Waffenstillstand mit allen Kräften, um seine festgekommenen und stark beschädigten Schiffe vom Grund ab zu bringen. Der Kommandant des „Ganges" schrieb hierüber später „glücklicherweise waren wir in der Lage, daß unsere Waffenstillstands-Flagge oben wehte . . ."

Es gelang dies mit dem „Elephant" aber erst beim Dunkelwerden um 8 Uhr Abends, mit der „Defiance" um 10 Uhr und mit dem „Monarch" sogar erst am andern Tage früh Morgens; die „Desirée" blieb noch nahe dem „Bellona"-Platz fest auf Grund.

Bei einem weiter von Trekroner aus andauernden Feuergefecht wäre ein solches Vorgehen aber unmöglich gewesen und hätten die in der Nähe des Forts festsitzenden englischen Schiffe wohl unbedingt ihre

Flagge streichen müssen; während des Rückzugs der übrigen Linienschiffe nach dem Norden kamen noch drei fernere für einige Stunden ebenfalls unmittelbar vor Trekroner fest, wären also wohl gleichem Schicksal verfallen gewesen.

Der zu Beginn der Schlacht aus Südosten wehende Wind hatte schon begonnen, langsam nach Süden zu drehen; abends wehte der Wind dann ganz aus Westen.

Während die dänischen Schiffe in der Schlacht oft ganz in Pulverrauch verschwanden, waren die englischen Linienschiffe mit ihren hohen Takelagen ihrem Gegner stets sichtbar gewesen.

Verhandlungen über die Waffenruhe. Bald nach der Absendung seines zweiten Schreibens war Nelson an Bord der „London" gefahren, wohin Kronprinz Friedrich, nachdem er dies zweite Schreiben gelesen hatte, jetzt den Kapitän Lindholm sandte, um über den Waffenstillstand zu verhandeln sowie die Erklärung abzugeben, daß Dänemark durchaus keine feindlichen Absichten gegenüber England hege und sich nur gegen den unerwarteten Angriff verteidigt habe.

Parker's Antwort lautete, daß er einen Waffenstillstand nur auf der einzigen Grundlage eingehen könne: Dänemark habe aus dem Bund der bewaffneten Neutralität auszutreten und sich mit England zu verbinden. Lindholm, zum Eingehen auf derartige Bedingungen in keiner Weise ermächtigt, begab sich sofort wieder an Land, nachdem er einstweilen eine Waffenruhe von 24 Stunden abgeschlossen hatte.

Am nächsten Tag erschien Lindholm dann wieder; Dänemark erbot sich nun zur Vermittelung mit den Ostseemächten, falls das Embargo der dänischen Schiffe aufgehoben würde. Aus dem Neutralitäts-Bund wolle Dänemark aber nicht austreten und betone ganz besonders den Umstand, daß dieser Bund nicht feindlich gegen England gesinnt sei.

Hierauf konnte Parker natürlich wieder nicht eingehen und beschloß nun, Nelson an Land zu schicken, um mit dem Kronprinzen Friedrich weiter zu verhandeln; dies geschah auch sofort, blieb aber ergebnislos und wurde nur festgesetzt, daß die Waffenruhe vorläufig weiter dauern solle. Die nun in den nächsten Tagen an Bord der „London" durch Bevollmächtigte weiter geführten Unterhandlungen führten ebenfalls zu keinem Ergebnis, da Dänemark durchaus nicht geneigt war, auf die gestellten demütigenden Friedensbedingungen einzugehen.

Es wurde auf beiden Seiten weiter gerüstet; Parker brachte seine Bombarden für eine Beschießung der Stadt in Stellung und die Dänen verstärkten ihre Batterien auf Amager. An Stelle des verwundeten Fischer erhielt Steen Bille den Oberbefehl auf dem Wasser; auf

der Innenrhede wurden in einer der nächsten Nächte 6 Anker im Einlauf des Kronelöb versenkt, um ein Passieren feindlicher Schiffe ganz zu
verhindern; die Floßbatterie sollte auf Revshalen verankert werden.

Die Lage der Dänen war durchaus keine verzweifelte; das Bom-
bardement der Fahrzeuge allein wäre voraussichtlich nur von geringem
Erfolg gewesen; in den Innenhafen zu laufen, war für die englischen
Linienschiffe so gut wie ausgeschlossen; Landungstruppen waren nicht
genügend vorhanden und schon begannen die Vorräte an Wasser und
Proviant an Bord knapp zu werden, da sich auf jedem Schiff fast 100
Gefangene befanden. Ein baldiges Absegeln der Flotte stand nahe bevor.

Der dänische Historiker Niebuhr hat die Lage sehr pessimistisch
angesehen, indem er sogar davon sprach, daß Trekroner nicht mehr gehalten werden könne; jedenfalls war es diplomatisch richtig, den Verbündeten gegenüber die Lage als besonders schwierig und ungünstig hinzustellen und den Beweis zu liefern, daß man das Äußerste getan hätte.

Parker bestand einstweilen noch auf seinen Hauptforderungen,
entweder ein Bündnis einzugehen oder sich gänzlich entwaffnen zu lassen;
Nelson und er sahen aber bald ein, daß die dänische Regierung hierauf
wegen der Rücksichten auf Schweden und Rußland in keiner Weise eingehen würde. Dem drohenden Ton Parkers entgegen äußerte Lindholm: „es sei also zu bedauern, daß die Feindseligkeiten aufgehört
hätten und daß er das Entsenden des Parlamentärs als großes Unglück
ansehen müsse, falls Dänemark nur die Wahl zwischen einer Erneuerung
des Kampfes mit dem mächtigen Gegner oder einer entehrenden Willkür
durch diesen habe!" Parker hat vermutlich vermeiden wollen, nochmals
zu den Waffen zu greifen und war zum Nachgeben geneigt, da er die
schweren neuen Opfer erkannte und es der Flotte schon an Vorräten
mangelte.

Am 8. April fanden beim Kronprinzen erneute Verhandlungen
statt und da am selben Tage Morgens die Nachricht von der Ermordung
Kaiser Pauls I., welche am 24. März erfolgt war, am dänischen Hofe
eintraf, so beeilte man sich zum Abschluß zu kommen, bevor die Engländer hiervon Kunde erhielten. In der dänischen Regierung glaubte
man nämlich bestimmt zu wissen, daß der Nachfolger Paul's, Zar
Alexander I., nichts gegen England im Schilde führen würde.

Abschluß des Waffenstillstandes. Somit wurde am nächsten
Tage, dem 9. April, an Bord der „London" ein fester Waffenstillstand
auf folgender Grundlage abgeschlossen:

der Waffenstillstand solle sich gegenüber der Flotte Parkers auf
ganz Dänemark beziehen;

die dänischen Schiffe hätten in ihrem gegenwärtigen Zustande zu verbleiben;

der Bund der bewaffneten Neutralität solle für Dänemark als zeitweilig aufgehoben gelten;

Parker's Flotte dürfe nicht weiter feindlich vorgehen und nicht in Schußweite kommen; die Sund=Passage jedoch bliebe frei;

Kopenhagen und Dänemark dürften während dieser Zeit nicht von anderen britischen Flotten angegriffen werden;

Parker's Flotte könne sich in Kopenhagen und in ganz Däne= mark von Neuem verproviantieren;

alle Gefangenen wären an Land zu schicken, aber im Falle einer Erneuerung der Feindseligkeiten wieder auszuliefern;

Dänemarks Handel an der Küste dürfe durch Parker's Flotte nicht behindert werden;

der Waffenstillstand solle 14 Wochen dauern, zur Kündigung wären 14 Tage erforderlich. —

Die Ratifizierung durch Kronprinz Friedrich und Admiral Parker erfolgte sofort; England hatte in der Hauptsache seine Wünsche durchgesetzt und war der Neutralitäts=Bund einstweilen für Dänemark aufgehoben.

Jetzt galt es noch, die beiden anderen Ostseemächte zu bezwingen und verließ Parker daher mit seiner Flotte am 12. April die Rhede, nachdem diese sich mit Wasser und Lebensmitteln von Neuem gut aus= gerüstet hatte.

Gesamt = Ergebnisse der Schlacht. Außer dem bedeutenden Material=Verlust der dänischen Flotte an gesunkenen und genommenen Fahrzeugen war auch der Personalverlust ein recht großer; dieser be= stand aus:

375 Gefallenen (darunter 11 Offiziere);

670 Verwundeten, von denen noch 106 verstarben (darunter 13 Offiziere;

1780 Gefangenen sowie

205 Vermißten, von denen die meisten teils englische Dienste genommen, teils nach Hause geeilt waren, ohne sich abzumelden; ins= gesamt war der Verlust demnach etwas über 3000 Mann groß, wo= von auf die Offiziere 25 %, die seemännische Besatzung 20 %, die Soldaten 35 % und die Freiwilligen 25 % kamen. An diesem Gesamt= Verlust waren die Kanonenboote mit 7 Mann, Linienschiff „Dannemark" mit 3 Mann so wie das Fort Trekroner mit nur einem einzigen Gefallenen

beteiligt, ein Beweis für die gänzliche Unberührtheit dieses Bollwerks von dem Angriff überhaupt.

Der englische Verlust betrug, — nach James, — 350 Gefallene und 850 Verwundete, zusammen 1200 Mann und war also, da bei einem Vergleich die Gefangenen und Vermißten fortzulassen sind, noch größer als der gleichartige dänische Verlust von 1045 Mann und sogar noch um 300 Mann stärker als derjenige Englands nach der Schlacht bei Abukir. Nelson gab seinen Verlust auf nur 943 Mann an, wovon 254 Gefallene und 68 Offiziere, — eine sehr niedrige Zahl, — hat hierbei aber die Leichtverwundeten nicht mitgezählt, während Parker später einen Verlust von 2237 Mann meldete, was etwas übertrieben zu sein scheint, da dies weit über das Doppelte des dänischen Verlustes an Toten und Verwundeten bedeuten würde.

Der englische Verlust war jedenfalls ein ganz beträchlicher. Und nun denke man sich ein längeres Beschießen der bereits stark havarierten und dezimierten festgekommenen Schiffe von Trekroner aus, unter Zuhülfenahme der noch intakten dänischen Schiffe!

Über die schweren Havarien der Schiffskörper und Takelagen ist schon gehandelt; die Masten und das stehende Gut waren zum Schluß bei allen Linienschiffen schwer beschädigt und die Schiffskörper nach englischen Berichten „buchstäblich in Stücke zerschossen", — „literally knocked to pieces." —

Die Prisen waren fast sämtlich wertlos; nachdem diese alle sicher nordwärts geschafft und alle brauchbaren Gegenstände von ihnen fortgenommen worden waren, wurden sie daher verbrannt. Die „Dannebroge" sprang an der Kante der Untiefe Stubben kurz vor 5 Uhr in die Luft, nur wenige Kabellängen von Trekroner entfernt; einige noch an Bord befindliche Verwundete gingen mit ihr unter. „Sälland" wurde von den Engländern erst am Morgen des 3. April in Besitz genommen; es waren nur noch 10 Mann an Bord, da sich kurz zuvor noch 340 Mann mit ihrem Kommandanten hatten flüchten können. Wiederum trugen nur die unklaren Befehls-Verhältnisse daran Schuld, daß dies Schiff inzwischen nicht auf die Innenrhede eingebracht worden war; Fischer hatte wegen seiner Verwundung das Kommando abgeben müssen und nun dachte niemand weiter an die „Sälland". Steen Bille ließ zwar später die Besatzungen bergen, meinte aber, daß die Bestimmung über das Schiff selber bei Fischer läge und wies den Offizier der „Sälland" an letzteren.

Somit war das einzige Schiff, das den Engländern von ihren 12 genommenen Prisen dauernd verblieb, das Linienschiff „Holsteen",

welches bald mit dem „Monarch" und der „Isis" nach England gesandt wurde und dort den Namen „Nassau" erhielt.

Die Dänen hatten aus der Schlacht nur „Elven", „Hjälperen"
und die „Floßbatterie Nr. 1" gerettet; „Aggershuus" wurde später
wieder gelichtet.

Erörterungen über die Schlacht bei Kopenhagen. Der in der
Anlage des Ankerplanes für die englischen Linienschiffe begangene Fehler
Nelson's, welcher durchaus jede Konzentration der Kraft vermissen läßt,
— ganz entgegen seinem Vorgehen bei Abukir und späterhin bei Trafalgar, — zeigte wie wir gesehen haben bald seine ernsten Folgen; es
war eine so hartnäckige und starke Abwehr überall vorhanden, daß das
Niederkämpfen der dänischen Defensionslinie den Engländern bei ihrer
nicht allzustarken Übermacht nur sehr langsam und auch nur unter den
größten Opfern gelang.

Und nachdem die schwimmende äußere Verteidigungslinie des
Gegners so gut wie vernichtet war, blieben Nelson den ganz intakten
Landwerken gegenüber nur ungenügend starke Streitkräfte zur Verfügung,
deren Unterliegen mehr denn wahrscheinlich war.

In dieser verzweifelten Lage erfand Nelson's nie versagender
Geist und Mut, nachdem er vorher richtig erkannt hatte, daß sein Verbleiben und damit das Nichtbefolgen des Signalbefehls Parker's unbedingt geboten sei, jetzt das Mittel des Drohbriefes, denn anders ist
sein Schreiben nicht zu bezeichnen. Und womit drohte er denn eigentlich?
Nur indirekt, nur mit dem unmenschlichen In-Brand-Setzen der Prisen;
ein direktes unmittelbares Bedrohen mit etwaigem energischeren Vorgehen
seiner Streitkräfte, unterließ er gänzlich, wohl in der klaren Erkenntnis,
daß dies nur geeignet sein dürfte, seine schwierige Lage Allen gegenüber
noch mehr bloß zu legen. Nelson wird sich auch klar gewesen sein,
daß dies Verbrennen der Prisen seinen eigenen Schiffen keinerlei Nutzen
gebracht haben würde.

Es ist die Behauptung nicht abzuweisen, daß ein derartiges Vorgehen, wie dasjenige Nelson's mit den beiden Briefen, nur ihm, nur
einem Manne von solchem Weltruf, den Nelson damals bereits hatte,
gelingen konnte. Wohl keinem anderen Führer gegenüber wäre ein
Gegner auf solches Schreiben hin zu Verhandlungen geschritten, sein
Name sprach hierbei schon ganz allein Bände für sich. Aber dem sei
wie ihm wolle, Nelson fand im Augenblick der größten Gefahr auch
das richtige und wirksame Mittel zu seiner Errettung, sein klarer Genius
führte ihn somit zu einem siegreichen Erfolg, ihn, dessen größte Niederlage
am seidenen Härchen hing. Admiral Jurien de la Gravière

schreibt hierzu: „Nelson fühlte selbst, daß ein solcher Vertrag nur einen
unvollständigen Sieg voraussetzen lasse und doch wird dieser Kriegszug
nach der Ostsee in den Augen von Seemännern stets seinen größten
Ruhm bilden."

Auch war Nelson's unmittelbare Gegenwart und sein persönlicher
Oberbefehl in der Schlacht unbedingt nötig, um bei solchen Widerwärtig=
keiten und Unfällen, bei solch andauernder Gegenwehr des Feindes die
Seinigen zum endgültigen Erfolg zu führen. Daß Derartiges einem
Parker nicht geglückt wäre, ist wohl so gut als sicher hinzustellen; es
ist somit ein Glück für England gewesen, daß der Oberbefehlshaber den
doch sonst von ihm unter allen Umständen einzunehmenden Hauptposten
nicht selbst übernommen hatte.

Wir haben im Gegenteil gesehen, von welch unberechenbarem
Schaden das Eingreifen des Ober=Befehlshabers in den Gang der
Schlacht, mit seinem Signal zum Abbruch des Gefechts hätte werden
können. Man vergegenwärtige sich nur, daß Graves etwa mit seinen
nächsten Schiffen, so wie Kapitän Riou, das Signal sofort befolgt
hätte; daß er bei dem herrschenden Rauch nicht sicher hätte ausmachen
können, ob Nelson den Signal=Befehl nur mit dem Gegensignal
beantwortet und selbst nicht etwa auch wiederholt hätte. Nelson wäre
dann mit den südlichen Schiffen voraussichtlich verloren gewesen. Der=
artige bestimmte Befehle aus weiterer Ferne zu geben, wenn man selbst
außer Stande ist die ganze Sachlage genau zu übersehen, das ist, mag
es einem Oberbefehlshaber auch noch so schwer werden, in allen Fällen
eine mehr als gewagte und in keinem Falle zu empfehlende Handlungs=
weise. Hier gilt es, sich auf seine Unterführer allein zu verlassen, deren
Tatkraft man kennen, die man mit den eigenen Absichten vorher
eingehend vertraut machen muß, denen gegenüber die gegebenen Befehle
klar und deutlich zu erteilen sind, bevor die Aktion eingeleitet wird. Die
Ausführung von Parker's Signal war wohl gefährlicher als die Lage
selbst, aus der die Seinigen zu befreien es bestimmt war. Die Er=
fahrungen, welche nach dieser Richtung schon das letzte Kriegsjahr 1790
des schwedisch=russischen Krieges klar ergab, werden durch diesen Vorgang
wiederum bestätigt. Als einzigen Nutzen dieses Signals von Parker
könnte man allenfalls das zeitige Zurückziehen der Fregatten=Division
ansehen, die dadurch am Ende vor schweren Havarien oder Vernichtung
bewahrt blieb.

Nelson scheint aber dennoch einen kurzen Augenblick die ruhige
Herrschaft über sich selbst fast verloren zu haben, als er mitten in seiner
kritischen Lage den Befehl erteilen wollte, daß die in Feuerlee der Schiffe

und querab vom Flaggschiff bereit liegenden armierten Boote zum Sturm auf das noch ganz unbeschädigte Fort Trekroner vorgehen sollten. Dem bestimmten Einreden zweier seiner Kapitäne gelang es aber sehr bald, ihn von solch abenteuerlichem Vorgehen abzubringen, das mit ganz un= verhältnismäßig schweren Verlusten erfolglos geendet haben würde. Ihren Vorschlägen gemäß wurden dann sofort alle Mittel zum Abbringen der festgekommenen Schiffe verwandt.

Es ist nicht genau festzustellen, ob der Befehl an Fischer, das Feuern einzustellen, erst nach dem Hissen der Parlamentärflagge auf dem „Elephant" und in Folge dessen, — was das Wahrscheinlichste ist, — ob gleichzeitig mit der Entsendung Lindholms geschah; oder ob das Setzen der Parlamentärflagge im Großtopp am Ende gar nach Rücksprache von Nelson mit letzterem erfolgt ist. Es setzt aber nach Allem erst hier die eigentliche „Kriegslist" Nelson's ein, da er erst nach dem Auf= hören des Feuers unter dem Schutze der gehißten Parlamentär= und Waffenstillstand=Flagge seine zerschossenen und festgekommenen Schiffe sicher bergen konnte.

Fischers Verhalten in der Schlacht betreffend ist nur anzuführen, daß er es versäumt hat, den richtigen Augenblick zu finden, um die 11 Kanonenboote und andere seiner Streitkräfte von Neuem in das Gefecht eingreifen zu lassen, wozu sich unter dem Schutz des Pulverrauchs den festgekommenen Gegnern gegenüber wohl mehrmals günstige Gelegenheit geboten haben würde; als Steen Bille hierum ersucht wurde, d. h. nicht von Fischer selber, war es zu spät, die Verhandlungen waren schon eingeleitet.

Derselbe Vorwurf trifft Steen Bille, welchem diese Kanonenboote unterstellt waren und der einen freieren Überblick über die Lage der kämpfenden Front hatte als am Ende Fischer zeitweilig selber; ersteren mag bei der Unklarheit der Kommando=Verhältnisse der Umstand geleitet haben, daß die Kanonenboote von Fischer persönlich zurückgeschickt worden waren, obwohl ihn dies an deren erneutem kräftigen Einsetzen nicht hätte hindern dürfen.

Ob Vorstellungen beim Kronprinzen Friedrich, nachdem Fischer von dem Eingehen von Verhandlungen Kunde erhielt, — das Fahren des Parlamentär=Bootes nach dem nahe gelegenen „Elephanten" kann seiner Beobachtung kaum entgangen sein, — ob ein dort gegebener Rat, daß mit dem Weiterfeuern auf keinen Fall aufzuhören sei, von Er= folg gewesen wäre, ist zwar zweifelhaft, wäre aber doch wohl erwünscht, ja geboten gewesen; es ist jedenfalls kaum anzunehmen, daß auch Fischer die Sachlage für so ungünstig erachtet haben sollte.

Dänische Werke sprechen öfter von der Nutzlosigkeit eines weiteren
Widerstandes, da die Übermacht schließlich doch eine gar zu große ge=
wesen sei. Dem kann aber nicht beigepflichtet werden, denn Nelson's
Schiffe wären, nach einer weiteren Beschießung durch das Fort Trekroner
sowie durch die Kanonenboote u. a., für einen etwa von Neuem wieder=
holten Angriff kaum mehr verwendbar gewesen und Parkers 6 Schiffe
— da ja die beiden Dreidecker hierbei fortfielen — wären dazu doch
mit Rücksicht auf die dänischen Reserven gar zu gering an Zahl gewesen.
Schließlich hätte der bald eintretende Mangel an Vorräten die Flotte
auch zu früherem Abzug genötigt und hier hieß es denn doch: Zeit ge=
wonnen, Alles gewonnen, da Schweden und nachher Rußland mit ihren
Hülfsflotten dann bereit gewesen wären. Je mehr Dänemark überdies
an Vorteilen in der Schlacht gewann, je geringer mußten die nachherigen
Forderungen des Gegners ausfallen, der zum Durchsetzen seiner Wünsche
nicht genügend Streitmittel zur Hand gehabt hätte.

Erwägt man alle einschlagenden Umstände genau, so muß man
zu dem End=Urteil kommen, daß schließlich Nelson der Sieg nur zu=
gefallen ist, weil sich die Dänen durch seine selbstbewußte Sprache voll=
ständig haben täuschen lassen, daß er sie mit anderen Worten vollkommen
betört hat; daß ferner ihr Nicht=Erkennen seiner bedenklich kritischen Lage
die Dänen an der Vernichtung der englischen Schiffe gehindert hat.

Sein Schreiben war in keiner Weise für seine Gegner verbindlich
und ein Boot mit einer Parlamentär=Flagge hat mit Abbruch des
Feuers oder dem Eintreten einer Waffenruhe selbst nichts zu tun, diese
Flagge hat nur für dies Boot allein Gültigkeit und Bedeutung. Konnte
Nelson durch sein Schreiben ein zeitweiliges Aufhören des Feuers er=
reichen, so war das sein Vorteil; auf diese Forderung aber einzugehen,
war sachlich durch nichts geboten, den Gegner zwang hierzu nichts.

Admiral Ekins erwähnt in seinem 1824 herausgegebenen großen
Werk: „Naval battles" die Schlacht nur mit 3 Zeilen, indem er sagt,
daß das „Bombardement" von Kopenhagen, obwohl es eine Großtat
glänzendster Art sei, nicht innerhalb der Grenzen seiner Untersuchungen läge,
da „es nicht eng mit der Taktik zusammenhänge," ein Urteil, dem
durchaus nicht beizupflichten ist; fast ebenso gut könnte man alsdann
Gleiches von Abukir sagen.

Mahan sagt hierüber in seinem Werk: „Leben von Lord
Nelson," ohne das Wort „Kriegslist" zu gebrauchen, unter Anderm:

„aus der Verlegenheit, die nun eintrat und die fast einem schweren
Unfall nahe war, rettete sich Nelson mit gleichem Scharfsinn sowie
durch ein Zeigen von geistesgegenwärtigem Entschluß und Geschick, die

von Einzelnen als nahe an das tatsächlich Gestattete angrenzend er=
achtet werden."

Man soll aber nie vergessen, im Auge zu behalten, daß ein Mann
wie Nelson mit anderem, mit ganz besonderem Maße zu messen ist
und daß in seiner Persönlichkeit die Selbstherrlichkeit des Engländers in
hervorragendem Maße vertreten war, als des Angehörigen und großen
Führers einer kraftvollen Nation, welche die Beherrschung der See schon
damals als ein ihr allein zukommendes Recht in allen Dingen ansah,
eines Volkes, dem in maritimen Fragen zu tun und zu lassen, was es
wollte, nach seiner Ansicht zu jeder Zeit unbedingt gestattet wäre. Was
ein Engländer in solchen Lagen und Verhältnissen tat, das war von
selbstredender Berechtigung allen Angehörigen anderer Nationen gegenüber.

Es seien hier noch die Worte des dänischen Professors Holm in
seinem Werk über Dänemark=Norwegens auswärtige Geschichte als
sprechend angeführt: „Niemand außerhalb Englands hat je geglaubt, daß
es Großmut und Menschlichkeit waren, aus denen Nelson dem Kron=
prinzen Friedrich anbot, die Schlacht abzubrechen." — Aber auch eine
Äußerung von Mahan sei hier noch zum Schluß angeführt, welche
lautet: „no man was better served than Nelson by the inspiration
of the moment; no man ever counted on it less." Diese Worte
zeigen Nelsons Größe am Deutlichsten.

Beurteilung der Schlacht in beiden Ländern. In Dänemark
wurden an die Teilnehmer der Schlacht bei Kopenhagen, der sogenannten
„Rhede=Schlacht", viele Gold= und Silber=Ehrenzeichen ausgeteilt, Denk=
mäler wurden errichtet und für die Invaliden sowie die Angehörigen der
Gefallenen wurde in jeder Weise gesorgt.

In England war man mit dem Ergebnis sehr wenig zufrieden;
als ein Zeichen, daß die Schlacht dort durchaus nicht als besonders
nennenswerter und glänzender Sieg angesehen wurde, hat wohl die Tat=
sache zu gelten, daß weder den Admiralen noch Kommandanten die sonst
nach größeren siegreichen Erfolgen mehrfach verliehenen Gold=Medaillen
gegeben wurden und daß die Stadt London keine Dankesadresse erließ,
was von dem Parlament allerdings später erfolgte. Die Prisengelder
fielen nur äußerst gering aus. Auch bei der Thronrede im Herbst wurde
die Schlacht nicht besonders erwähnt. Nelson wurde jedoch zum Rang
eines Viscount des Vereinigten Königreichs Großbritannien und Irland
erhoben.

Beendigung der englischen Ostsee-Expedition.

Die nächsten Ereignisse nach dem Waffenstillstand mit Dänemark. Admiral Parker gelang es, seine tiefgehenden Schiffe durch Leichtern nach und nach sämtlich durch die Drogden sicher nach der Kjöge-Bucht überzuführen; nachdem er seinen Rücken durch den Abschluß des Waffenstillstandes mit Dänemark gesichert wußte, war sein Hauptgedanke, sofort gegen Rußland vorzugehen.

Nach kurzem Kreuzen vor dem Sund, in der Absicht, eine vermeintlich sich nähernde Flotten-Abteilung Schwedens abzufangen, ging Parker aber noch erst nach Karlskrona, wo er am 22. April mit der Krone Schweden eine ähnliche Übereinkunft wie diejenige mit Dänemark traf.

Nelson, der mit dem „St. George" als letztes Schiff auf der Außenrhede von Kopenhagen lag, wo dessen Geschütze noch auf einen amerikanischen Kauffahrer umgeladen wurden, war persönlich noch zeitig eingetroffen, um diese Fahrt mitzumachen. Auf der Außenrhede wurde ihm die Mitteilung Parker's überbracht, daß dieser beabsichtige, die schwedische Flotte aufzusuchen; Nelson begab sich auf diese Nachricht hin sofort, ohne nur einen Augenblick zu warten, selbst ohne seinen Überzieher mitzunehmen, in einen Kutter mit 6 Ruderern, um sich nach der 24 sm von ihm entfernten englischen Flotte in der Nacht hinrudern zu lassen. Diese mehr denn 6 Stunden dauernde Fahrt, bei dem kalten Aprilwetter und ohne jeglichen Schutz in dem offenen Boot, — ein Beweis seines unbezähmbaren Feuergeistes und seiner Ausdauer, nur von dem Gedanken beseelt, seinem Vaterland wieder einen besonderen Dienst leisten zu können, — war die Ursache einer sich bald zeigenden ernsteren Erkrankung, über die er voller Unmut öfter äußerte: „ich bin nicht nach der Ostsee in der Absicht gegangen, eines natürlichen Todes zu sterben." —

Nelson war ganz außer sich über diese Handlungsweise Parker's, für ihn gab es nur einen einzigen Gedanken, Rußland vor Reval zu demütigen und zum sofortigen Einlenken seiner Politik zu nötigen. Schon tagelang vorher hatte er gehofft, wenigstens mit einem Teil der Flotte nach Karlskrona voraus gesandt zu werden, um ein etwa dort bevorstehendes Einlaufen der russischen Flotte zu verhindern.

In England war die Nachricht von der Schlacht bei Kopenhagen fast gleichzeitig mit derjenigen von der Ermordung Kaiser Paul's I., erst am 15. April eingetroffen. Zwei Tage später wurden an Parker neue Instruktionen übersandt: daß alle Feindseligkeiten einzustellen seien, sobald Kaiser Alexander I. das Embargo aufhöbe und die englischen

Seeleute frei gäbe; es seien aber die Verhandlungen derart zu betreiben, daß obige Bedingungen erfüllt wären, bevor sich etwa die Flotten=Ab= teilungen von Reval und Kronstadt vereinigt haben würden.

Parker war inzwischen wieder zur Empfangnahme etwaiger neuer Befehle nach der Kjöge=Bucht zurückgegangen, da der russische Minister Graf Pahlen ihn von den friedlichen Absichten des neuen Herrschers unterrichtet hatte.

Auf dem Festland hatte inzwischen Dänemark wieder das zu Ende März besetzte Hamburg und Lübeck geräumt sowie Preußen gleichzeitig Oldenburg und Bremen, wogegen Bonaparte vergeblich remonstrierte.

Nelson übernimmt das Kommando der Ostseeflotte; Fahrt nach Reval. Am 21. April, 6 Tage nach dem Eintreffen der Nachricht von der Schlacht bei Kopenhagen in London, wurde Parker, mit dessen langsamer Handlungsweise und späterem Zurückgehen man in England durchaus nicht einverstanden war, im Kommando der britischen Expeditions= flotte durch Nelson ersetzt; erst am 5. Mai traf dieser Befehl bei der Flotte ein.

Nelson's erstes Signal befahl das sofortige Einsetzen der Boote und die Vorbereitungen zum In=See=Gehen; noch am selben Nachmittag schrieb er: „wäre Sir Hyde schon fort, so würde ich jetzt unter Segel sein."

Am 7. Mai, nachdem Parker tags zuvor auf der Fregatte „Blanche" ganz niedergeschlagen abgefahren war, verließ Nelson die Kjöge=Bucht mit 10 der bestsegelnden Zweidecker sowie 2 Fregatten und 2 Fahrzeugen; den Rest seiner Flotte ließ er zur Beobachtung der schwe= dischen Flotte nach Karlskrona gehen und dort mitteilen, daß der schwe= dische Handel in keiner Weise gestört werden solle, ein herauskommendes schwedisches Geschwader aber als Feind behandelt werden würde. Am 12. Mai, nach sehr schneller nur 5tägiger Fahrt, traf er vor Reval ein, von wo die russischen Schiffe aber bereits vor 3 Tagen nach Kronstadt abgesegelt waren.

Nach England berichtete er vor seiner Abfahrt von der Kjöge=Bucht, daß er jetzt seine Mission im Allgemeinen als eine friedliche auffasse; er könne nur nicht den Schweden das Auslaufen gestatten und würde sich dem mit Gewalt widersetzen.

An Graf Pahlen schrieb Nelson am 9. Mai, daß er sich vor Reval oder, wenn dies gewünscht würde, auch vor Kronstadt nur zeigen würde, um die Freundschaft beider Nationen zu bekunden sowie den englischen Kauffahrern für ihre Heimfahrt behülflich zu sein; er hätte daher weder Bombarden noch Feuerschiffe bei sich, um klar zu zeigen, daß sein Kommen für Seine Kaiserliche Majestät ein Zeichen des größten persönlichen Respekts bedeute.

Nelson verließ Reval schon nach 4 Tagen wieder, nachdem er von Pahlen ein nicht mißzuverstehendes Schreiben erhalten hatte, daß man in Rußland über seine Ankunft erstaunt wäre. Nelson's äußerst höflich abgefaßtes Schreiben war von Pahlen dahin beantwortet worden, daß an Verhandlungen nur zu denken sei, wenn Nelson sich schleunigst mit seiner Flotte zurückzöge, was letzterer bereits am selben Abend ausführte. Kranker denn zuvor, hatte er während dreier Wochen nur ein einziges Mal in Reval seine Kajüte verlassen können. Am 24. Mai ankerte er vor Rostock und erhielt hier gleich die Nachricht, daß Zar Alexander das Embargo sofort aufgehoben habe und ihn einlade zum Besuch nach Petersburg zu kommen.

Nelson's Rückkehr nach England. Bereits am 5. Mai, am Tage der Übernahme des Oberbefehls, hatte Nelson an Lord St. Vincent geschrieben, daß er wegen seiner Erkrankung in kürzester Frist abgelöst werden müsse; seinem wiederholt ausgesprochenen Wunsch kam man endlich in England nach, so daß Nelson sich am 19. Juni von der Kjöge-Bucht aus, wohin er inzwischen mit seiner Flotte gesegelt war, auf einer Brigg, um die Flotte nicht zu schwächen, einschiffte und am 1. Juli, noch immer von der Influenza geschwächt, in Yarmouth landete.

Auflösung des Bundes der bewaffneten Neutralität. Nachdem der Zar am 17. Mai das Embargo auf die englischen Schiffe aufgehoben hatte, geschah dasselbe in England am 2. Juni mit den dänischen und schwedischen Schiffen. Am 17. Juni wurde alsdann zwischen England und Rußland eine Konvention abgeschlossen, welche bestimmte, daß die neutrale Flagge feindliches Gut nicht schützen solle; zugleich wurde das Recht der Visitation von Convois durch die Kriegführenden anerkannt.

England gestand für diese Nachgiebigkeit Rußlands die Bedingungen der effektiven Blockaden zu sowie einige Änderungen des Begriffs der Konterbande und schließlich eine weitere Verlängerung der Waffenruhe mit Schweden und Dänemark um 3 Monate. Somit blieb den anderen Ostsee-Seemächten, welche lediglich auf Rußlands Veranlassung hin mit diesem den neuen Neutralitätsbund eingegangen waren, nichts Anderes übrig, als nun ebenfalls mit England unter denselben Voraussetzungen endgültig Frieden zu schließen. Dänemark tat dies am 23. Oktober und Schweden folgte damit am 30. März 1802. Beide

Staaten erneuerten dann unter einander wieder ihre früheren Neutralitäts-Verträge, ein erneuter Versuch der Änderung des Völkerrechts.

England hatte Dänemark noch einige besondere Bedingungen zugestanden, z. B.: daß den Kapern die Durchsuchung von Schiffen eines Convois verboten sei; daß feindliche Produkte, welche Eigentum von Neutralen geworden wären, nicht länger als feindliches Gut zu betrachten seien; daß neutrale Staaten zwischen den Häfen von Krieg-führenden Schiffahrt betreiben dürften und Anderes mehr.

Mitte Februar 1802 erhielt ferner Dänemark seine westindischen Besitzungen zurück, die ostindischen aber erst im August.

Die Forderungen Englands waren erfüllt und hatte es hierzu nur einer einzigen Schlacht, wenn auch einer sehr blutigen bedurft; Nelson's Name war wiederum in aller Mund und gelang es Parker nicht, seine Anklage gegen diesen durchzudrücken. Die englische Flotte unter Admiral Pole kreuzte sich Anfang August durch den Großen Belt auf, um heimzukehren.

Mit 202 Linienschiffen und 277 Fregatten war Englands See-macht nun auf dem ganzen Erdball übermächtig und konnte das Land getrost der ferneren Zukunft entgegen blicken.

Erst 55 Jahre später kamen die bedeutsamen Grundsätze, für deren Bestehen das kleine Dänemark kühn dem großmächtigen Gegner gegen-über mit den Waffen eingetreten war und dann sofort von seinem Ver-bündeten verlassen wurde, in dem Pariser Vertrag der Seerechts-Dekla-ration vom Jahre 1856 zur allgemeinen Geltung.

Schluß-Betrachtung; Stellung der Seemacht. England hatte die Erreichung seines Endzweckes Rußland gegenüber nicht allein dem Wirken seiner Flotte zu danken gehabt, — was lediglich eine Folge des zögernden und schwächlichen Vorgehens Parker's war, — sondern auch der nach dem Tod Paul's I. eingetretenen geänderten Politik Alexander's I.

Mahan sagt zu den Äußerungen Nelson's, daß Parker nie gegen Schweden und Rußland vorgegangen sei, falls Dänemark als Feind im Rücken geblieben wäre: „ein Grund, der allerdings technisch vollkommen genau, aber bei den gegebenen Umständen nur pedantisch zu nennen ist." Hierdurch soll aber etwa nicht zum Ausdruck kommen, daß die Flotte schließlich nicht durch feindliches Vorgehen doch noch das-selbe Ziel erlangt hätte; selbst der schwer kranke Nelson würde einen solchen Enderfolg wohl herbeizuführen im Stande gewesen sein.

Die energisch und beschleunigt eingesetzte Seemacht Englands hatte aber schließlich den großen Kontinental-Mächten Frankreich-Rußland gegenüber den Erfolg davongetragen; es hatte erreicht, daß letztere, besonders Frankreich, die wirtschaftliche Absperrung des Festlandes England gegenüber noch nicht vollständig durchsetzen konnten. Die Ostsee, sie blieb oder wurde jetzt erst ureigentlich eine Domäne der britischen Seeherrschaft; der Versuch ihrer angrenzenden Uferstaaten, sie England gegenüber zum mare clausum zu machen, war wieder einmal, wie in ähnlichen politischen Lagen zuvor, mißglückt. Durch diese politische Lage wurden auch die wirtschaftlichen Verhältnisse der Ostsee wesentlich beeinflußt.

III.

Der englisch-dänische Krieg 1807—1814.

Einleitung des Krieges.

Weitere Entwicklung der dänischen Flotte; ihre Stärke. In den nächsten 6 Jahren nach der Schlacht von Kopenhagen wurde an dem Ausbau der dänischen Flotte rüstig weiter gearbeitet; der Bau kleinerer Fahrzeuge, der sogenannten Defensions-Fahrzeuge, wurde besonders eifrig betrieben; darunter waren 3 Elbe-Fregatten von nur 10' Tiefgang, 3 Leicht-Fregatten von nur 12' Tiefgang sowie kleinere Briggs und Kanonen-Schaluppen an Stelle der ungeeigneten Schären-Boote.

Somit bestand die dänische Flotte im Jahre 1807 aus: 20 Linien-schiffen, 17 Fregatten und 60 Fahrzeugen; letztere setzten sich zusammen aus: 11 Briggs, 2 Schoonern, 4 Jagten, 4 Stückprähmen, 11 Schären-Booten, 18 Kanonen-Schaluppen, 5 Kanonen-Jollen sowie je 1 Defensions-Floß, Galeere, Kanonenboot, Mörser-Schaluppe und Mörser-Barkasse, also einem Gemisch eigenster Art.

Außer diesen fast sämtlich in gutem Zustand befindlichen Schiffen und Fahrzeugen waren noch 3 Linienschiffe auf dem Stapel und ziemlich weit im Bau vorgeschritten, so daß die Stärke der dänischen Flotte 100 Schiffe und Fahrzeuge betrug, eine sehr stattliche Zahl, besonders zu der damaligen Zeit. Die Magazine waren gut mit Materialien und Vorräten sowie mit Munition versehen, die Offiziere und Mannschaften gut durchgebildet und erfahren.

Politische Lage 1807. Nachdem Napoleon 1805 nach der Schlacht bei Trafalgar alle Versuche und Pläne zu einer Invasion in England endgültig aufgegeben hatte, war letzterem gegenüber sein ganzes Bemühen darauf konzentriert, den Krieg gegen den Handel Großbritanniens, die sogenannte Kontinentalsperre einzuleiten und überall energisch durchzuführen. England begegnete diesem Vorhaben unter Anderem durch die order in council vom 7. Januar 1807, die den Neutralen jeglichen Handel nach und von französischen Häfen usw. verbot.

Die gegen das neue Kaisertum Frankreich im April 1805 entstandene dritte Koalition von England und Rußland, der Österreich und Schweden im August sowie Preußen im November hinzutraten, hatte zur Niederlage Österreichs und Preußen geführt und das Deutsche Reich zum Erlöschen gebracht.

Nachdem ebenfalls Rußland Mitte des Jahres 1807 mit Napoleon Frieden geschlossen hatte, waren französische Truppen auch in den wichtigsten deutschen Hafenplätzen der Ostsee dauernd stationiert. Danzig wurde Republik mit einem französischen Gouverneur an der Spitze.

Schon. nach den Schlachten bei Jena und Auerstedt war von Napoleon am 21. November 1806 das berühmte Berliner Dekret erlassen worden, welches England dem Festland gegenüber in Blockade-Zustand erklärt hatte. In geheimen Zusatz-Artikeln zum Frieden von Tilsit wurde dann am 8. Juli 1807 von Napoleon I. und Alexander I. festgelegt, daß beide gemeinsam die anderen Staaten auffordern sollten, ihre Häfen England ganz zu verschließen; Rußland sollte deshalb auf Schweden und Frankreich auf Dänemark den nötigen Druck ausüben. An letzteres erließ Napoleon seine Aufforderung schon Ende des Monats von Paris aus.

Von diesen geheimen Zusatz-Artikeln des Tilsiter Friedens hatte das englische Ministerium bald Kunde erhalten; da diese am Ende dazu führen konnten, die dänische und schwedische Flotte für Napoleon und Alexander verfügbar zu machen, so galt es jetzt, ihren etwaigen Plänen schnell zuvor zu kommen. Die dänische Regierung hatte hingegen von diesen Abmachungen nichts erfahren.

Da Frankreich ferner Stralsund und Rügen den Schweden bereits im Februar entrissen hatte, lag schließlich die Befürchtung nahe, daß Napoleon an der Ostsee dauernd festen Fuß fassen und gar durch Sperrung der Zugänge zu letzterer die englischen Handelsschiffe von der Ostsee ganz ausschließen könne. Dies konnte aber nicht allein des Handels wegen in keiner Weise geduldet werden, sondern wäre für die englische Flotte, welche von dort nach wie vor ihre Hauptbestände erhielt, geradezu von Verderben gewesen.

Trotzdem nun Dänemark sich während der letzten 6 Jahre jeglicher rachsüchtigen Gefühle enthalten und seine Neutralität stets sorgsam durchgeführt hatte, sei es durch das ungestörte Durchlassen englischer Schiffe, ja sogar durch Unterstützung der Gegner Napoleons, beschloß man in England sofort, in den Tagen vom 19. bis 21. Juli, aufs Äußerste und mit größter Tatkraft vorzugehen. Das Tory-Ministerium wollte sich nicht damit begnügen, den dänischen Staat durch Stationierung einer Flotte oder etwaige Landung einer Heeres-Abteilung für sich zu sichern, sondern lieber gleich, da doch unbedingt sofort etwas besonderes geschehen mußte, sich der gesamten dänischen Flotte selbst mit Gewalt bemächtigen und deshalb mit großer Macht unverzüglich vorgehen.

So erfolgte 6 Jahre später eine zweite Expedition nach der Ostsee und ein Vorgehen gegen Dänemark als eine Art Nachspiel des Krieges 1801. Diplomatische Verhandlungen zwischen Dänemark — von diesem oft mit unnötiger Schärfe geführt, — sowie England und Frankreich gingen dem kriegerischen Vorgehen Englands voraus.

Englischer Operationsplan. Anfang Juli waren auf Rügen 8—9000 in englischem Sold stehende Hannoveraner durch englische Kriegsschiffe gelandet worden, um gegen die in Ostpreußen kämpfenden Truppen Napoleons eine Diversion auszuführen; letzterer war auf Dänemark ergrimmt, daß es diese Truppen-Transporte ungehindert hatte den Sund passieren lassen. Nach dem kurz zuvor erfolgten Sieg der Franzosen, — Mitte Juni bei Friedland, — erschien eine derartige Diversion aber nicht mehr durchführbar und nun sollte die dritte Verstärkungs-Abteilung obiger hannoverscher Truppen, welche inzwischen in England fertig gestellt war, zu der neuen Expedition gegen Dänemark benutzt werden; dies konnte ohne Aufsehen erfolgen sowie ferner ohne die in Holstein stehende dänische Armee zu erregen und etwa nach dem Norden hin zu ziehen. Wichtig war es fernerhin, zu gleicher Zeit Seeland mit Kopenhagen unvermerkt vom Festland abzuschließen.

Um diesen Operationsplan nicht vorzeitig bloß zu decken und das Geheimnis des neuen Vorgehens sicher zu bewahren, wurden weder der Gesandte Großbritanniens in Kopenhagen noch der in Petersburg von dem Vorhaben unterrichtet; gleichzeitig mit den großen Vorbereitungen wurde vom 22. bis 31. Juli auf alle Schiffe in den Häfen Englands Embargo gelegt und der Verkehr mit dem Festland gesperrt sowie ferner der Abgang der Expedition derart beschleunigt, daß diese schon nach einer Woche in See gehen konnte. Alle diese Maßnahmen wurden mit großer Umsicht und viel Geschick sowie äußerst tatkräftig und schnell durchgeführt, wobei wenig Sicheres in die Öffentlichkeit gelangte.

Verhalten der dänischen Regierung. Ungeachtet aller Sicherheitsmaßnahmen gelangten jedoch einzelne wohlbegründete Nachrichten nach Kopenhagen, daß aller Wahrscheinlichkeit nach diese neuen Vorbereitungen gegen Dänemark gerichtet seien; am 19. Juli brachte ferner eine Deal bei Dover passierende dänische Korvette die Nachricht nach

Kopenhagen, daß dort eine große englische Flotte bereit läge und daß die englischen Seeoffiziere sich dort sowie vorher in Portsmouth klar über deren Verwendung ausgesprochen hätten.

Aber die Regierung rührte sich nicht und traute nach wie vor den Versicherungen des englischen Gesandten, da auch der eigene Gesandte aus London nichts berichtete; man blieb in Kopenhagen vollkommen blind gegen alle Nachrichten, beachtete auch das öftere Erscheinen englischer Kriegsfahrzeuge in Kiel garnicht und ließ das Heer in Holstein, wo es nach dem Abschluß des Tilsiter Friedens — den 7. und 9. Juli — gegen den mit seinen Truppen nun im Nordosten freigewordenen Napoleon doch gänzlich ungenügend gewesen wäre. Einzelne Truppensendungen von dort nach den Inseln hatten in England, aber nicht in Frankreich verstimmt.

Zur Erklärung und zu einer Art schwachen Entschuldigung für das sorglose Verhalten der dänischen Regierung möge der Umstand gelten, daß noch am 14. August französische Zeitungen meldeten, Admiral Gambiet habe Befehle Riga, Reval und Kronstadt zu blockieren; auch die schwedische und russische Regierung sind vollständig von dem englischen Kriegszug überrascht worden.

Napoleon erfuhr auch erst zwei Tage später die volle Wahrheit, also am Landungstage der Engländer, blieb aber noch länger als zwei Wochen in Täuschung über die wirkliche Lage auf Seeland.

Seeland blieb somit nach wie vor von Truppen ganz entblößt und die Flotte wurde nicht gerüstet sowie kein Schiff in Dienst gestellt. Sowohl gegen England als gegen Frankreich hätte sich Dänemark mit seiner gesamten Wehrmacht auf den Inseln frühzeitiger sichern und konzentrieren müssen.

Marsch der englischen Flotte; deren Stärke. Am 26. Juli verließ das Gros der englischen Expeditions-Flotte den letzten Sammelplatz, Yarmouth an der Nordsee und traf am 1. August bei Binga vor Gothenburg ein, von wo aus sofort ein Geschwader unter Commodore Keats in Stärke von 4 Linienschiffen, 3 Fregatten und 10 Briggs nach dem Großen Belt abging, denen später noch ein nachkommendes Linienschiff hinzugefügt wurde. Dies starke Geschwader von 18 Schiffen hatte die Bestimmung, Seeland noch vor dem Beginn der Feindseligkeiten im Westen und Süden abzuschließen und dänischen Truppen den Übergang dorthin zu verwehren.

Am 3. August ankerte die Hauptflotte dann bei Helsingör und zwar in einer Stärke von:

25 Linienschiffen,

40 Fregatten und Fahrzeugen sowie ferner nach und nach eintreffenden rund

380 Transportschiffen, welch letztere teils aus England kommend, teils mit den auf Rügen stehenden Truppen besetzt, sich in der ersten Augusthälfte im Sund und Großen Belt sammelten; bis zum 14. August wurden noch alle möglichen Materialien und Vorräte an Land beschafft, also eigentlich in Feindesland.

Oberbefehlshaber war Admiral Gambier, Deputierter in der englischen Admiralität, welchem dies Kommando förmlich aufgenötigt worden war, nachdem zwei andere Admirale es bereits bestimmt ausgeschlagen hatten; seine Unterführer waren Vize-Admiral Stanhope und Kontre-Admiral Essington.

Trotz verschiedener eingehender Nachrichten in allen englischen Zeitungen war der dänische Gesandte in London erst am 3. August über die Ziele dieser Expedition klar geworden und hatte man ihn bis zu diesem späten Zeitpunkt vollkommen einzuwiegen und zu täuschen verstanden. **Stärke der Landungstruppen.** Den Oberbefehl über die Truppen führte der Generalleutnant Lord Cathcart, der bisher die erste der auf Rügen gelandeten Divisionen kommandiert hatte; 3 Generalleutnants und 10 Generalmajors hatte er unter sich, unter letzteren Arthur Wellesley, den späteren Herzog von Wellington. Die Armee war insgesamt 29000 Mann stark und mit Allem gut ausgerüstet. **Vorgänge vom 3. bis 8. August.** Am selben Tage, an welchem die britische Flotte die Festung Kronborg salutierte, meldete sich Sir Brooke Taylor ohne vorherige Ankündigung als neuer Gesandter in Kopenhagen; kurz zuvor war von den Engländern die optisch-telegraphische Verbindung zwischen Kopenhagen und Kiel besetzt worden. Jetzt endlich gingen der dänischen Regierung plötzlich die Augen auf und beeilte man sich in Kopenhagen, von dem bei der Armee in Holstein befindlichen Kronprinzen, welcher noch immer für den erkrankten König die Regierung führte, Befehle einzuholen.

Der Höchstkommandierende in Kopenhagen, Generalmajor von Peymann, verstärkte sofort die Besatzungen von Kronborg und Trekroner, obwohl der Minister Graf J. Bernstorff von solchen Maßnahmen abriet, da diese die Aufmerksamkeit der Engländer erwecken könnten; diese Ansicht vertrat der Minister sogar noch am 7. August.

Am 8. August ging der Befehl des Kronprinzen von Kiel ab, daß die Seebatterieen armiert und besetzt werden sollten sowie daß die nächsten Regimenter heranzuholen wären; dieser Befehl traf in der Nacht vom 9. zum 10. in der Hauptstadt ein.

Englands Ultimatum. Kaum war dieser Befehl abgegangen, als unerwartet über Tönning der britische außerordentliche Gesandte Jackson in Kiel eintraf und dem Minister des Auswärtigen Graf Christian Bernstorff vorstellte, daß es für Dänemark nunmehr geboten sei, nachdem die dänischen Truppen von Seeland abgeschnitten wären, auf den Vorschlag des von ihm hiermit angebotenen engeren Bündnisses zwischen beiden Staaten sofort einzugehen. Großbritannien wisse bestimmt, daß Frankreich und Rußland die Flotte Dänemarks gegen ersteres mit benutzen wollten und verlange England daher auf das Bestimmteste, daß Dänemark seine gesamte Flotte bis zum allgemeinen Frieden in Europa als Depositum an England auszuliefern habe sowie daß Seeland von englischen Truppen so lange besetzt gehalten würde. Die englischen Streitkräfte wären sowohl zur Verteidigung als auch zum Angriff Dänemarks bereit und zur Stelle.

Hatte es Kronprinz Friedrich im Jahre 1801 gänzlich an militärischer Klugheit gefehlt, so fehlte es ihm jetzt an politischer; vor Allem hieß es jetzt doch, Zeit zu gewinnen und die Verhandlungen nicht zu übereilen, um wenigstens Offiziere des Landheeres und die Landwehr Seelands nach Kopenhagen hin zu bekommen. Die wiederholt offiziös ausgesprochene Absicht, sich im Ernstfall schließlich doch bestimmt auf Englands Seite zu stellen, konnte jetzt aus freien Stücken nicht mehr von Dänemark ausgeführt werden und hatte letzteres hierfür den richtigen günstigen Zeitpunkt verstreichen lassen. Es war jetzt auf die andere Seite gedrängt worden, deren Drohungen es bis dahin widerstanden hatte.

Der Kronprinz antwortete schließlich, nachdem der Gesandte noch das Angebot der bestimmten Rückgabe der Flotte gemacht hatte: „und womit wollen Sie Dänemarks Ehre wieder herstellen?" Der Gesandte wurde von ihm kurzweg an den König in Kopenhagen gewiesen, wohin Kronprinz Friedrich sofort abreiste und wo er zwei Tage vor Jackson eintraf, da dieser auf seinen Befehl bei jeder größeren Station aufgehalten wurde.

Verteidigungs-Anstalten Kopenhagens am Lande. Am 11. August traf der Kronprinz in der Hauptstadt ein; sofort ergingen die nötigen weiteren Befehle zur Armierung der Werke, Einberufung der Reserve und Landwehr der nächsten Inseln, Aufstellung von Freikorps sowie für die Einstellung von Freiwilligen in die See-Defension.

Noch am selben Abend führte Kronprinz Friedrich seinen Vater, den König, heimlich nach Kolding über; das betreffende Fahrzeug wurde von den Engländern im Großen Belt zwar gegen alle internationalen Regeln angehalten, beide Fürsten entdeckte man aber dabei nicht. Der Kronprinz verließ Kopenhagen heimlich, trotzdem er wußte, daß seine Anwesenheit dort um so mehr nötig sei, weil er die Regierung stets hart geführt hatte und dadurch von ihm überall eine gewisse Furcht vor Verantwortung groß gezogen worden war. Die Nachricht von seiner Abfahrt wirkte in der Stadt äußerst niederschlagend.

Vor seiner Abreise wurde vom Kronprinzen der 72jährige Generalmajor von Peymann zum Oberbefehlshaber ernannt; als Unterführer wurden ihm Generalmajor von Bielefeldt und Kommandeur Steen Bille beigegeben. Als Instruktion wurde niedergelegt, daß Kopenhagen bis auf das Äußerste verteidigt, aber vermieden werden solle, als der angreifende Teil zu erscheinen; keinen Falls habe von dänischer Seite der erste Schuß zu fallen. Ein fast unglaublich klingender Befehl in solcher Lage.

Über die Flotte äußerte der Kronprinz dem Kontre - Admiral Lütken gegenüber, daß diese lieber zerstört werden, als dem Feinde in die Hände fallen solle; infolgedessen ließ die Admiralität die Schiffe sämtlich· mit Löchern versehen, um sie nach Fortziehen der eingesetzten Spunte versenken zu können; ferner wurde ein Befehl vorbereitet, alle Rundhölzer, Segel und Takelageteile zu zerstören.

Die Nachricht von der Abreise des Kronprinzen wirkte zuerst sehr niederschlagend; viele flohen, die Menge sammelte sich aber in Begeisterung zur Verteidigung der Hauptstadt. Nach und nach fanden sich in den nächsten 4 Tagen etwa 13 000 Mann ein, außerdem 1200 Seeleute für die See-Defension; erstere stellten sich zusammen aus:

4900 Linien-Truppen,
450 Leibjägern und Herrenhofs-Schützen,
2500 Landwehrleuten,
800 Studenten sowie rund
4000 Bürgern aus der etwa 100 000 Einwohner zählenden Stadt.

An Geschützen waren 284 Kanonen und 75 Mörser vorhanden.

Trotz seiner Freiheit, zu handeln und sich zu bewegen wie er wollte, handelte Peymann doch schwächlich und oft unklar; er begann zwar sofort mit dem Bau einiger Batterieen, aber doch nur lässig und ganz langsam; überall zeigte sich jedoch sonst Leben und Bemühen, die Stadt in den nötigen Verteidigungs-Zustand zu setzen. Batterie Sixtus wurde wie im Jahre 1801 durch Handwerker der Werft, Batterie Quintus und die Citadelle durch Bürger-Artillerie besetzt.

Trekroner war inzwischen in den letzten Jahren mit Erdwällen versehen worden; es erhielt dieselbe Anzahl Geschütze wie vor 6 Jahren und in der Person des Oberstleutnant von Meyer wieder denselben Chef. Die Friedensjahre waren endlich auch benutzt worden, um die früheren Versäumnisse in Betreff der anderen Verteidigungs-Anstalten der Seefront wett zu machen, indem man ungefähr auf derselben Stelle, auf welcher die alte Batterie Prövesteen im nordischen Krieg hergerichtet gewesen war, nun 3 alte Linienschiffe versenkt und diese mit Steinen sowie Erde aufgefüllt hatte; schließlich war diese ganze Anlage zum Halt und Schutz mit einer festen Pfahlreihe umgeben worden. Die Außen=front dieser neuen Befestigungs-Anlage war mit 89 Geschützen armiert, die Besatzung hatte eine Stärke von 940 Mann. Kommandeur-Kapitän van Dockum war Chef von Prövesteen, dessen Flanken ein Stückprahm sowie die berühmte „Floßbatterie Nr. 1" deckten. Beide Forts waren sehr bald kampfbereit. (S. Plan: b.)·

Seestreitkräfte bei Kopenhagen. Anders stand es mit den schwimmenden Verteidigungs=Mitteln, an deren Ausrüstung Tag und Nacht gearbeitet wurde; aber auch diese wurden noch vor dem 17. August fertig.

Zwei Blockschiffe, der „Mars" und die Fregatte „St. Thomas", wurden zwischen Trekroner und der alten Kalkbrennerei mit 4 Ankern vertäut sowie hinter diesen noch 3 Stückprähme verankert, mit je 20 Kanonen und 189 Mann, „Hayen", „Svärdfisken" und „Kjämpen."

Die mobile Kanonen-Flottille bestand aus: 15 Kanonen-Schaluppen, 11 Kanonen-Booten, 3 Mörser-Barkassen (mit je 1 Mörser und 19 Mann), sowie 1 Mörser-Schaluppe; die ersten 26 Fahrzeuge waren in drei Ab=teilungen (zu 7—11) geteilt und ankerten auf der Innenrhede. Den Oberbefehl über diese ganze Flottille hatte der Kommandeur-Kapitän Krieger, der sich aber sonderbarer Weise auf dem Werk Lynetten an Land aufhielt, wo auch diejenigen Leute der Besatzungen, für welche zum dauernden Wohnen an Bord kein Raum zur Verfügung stand, untergebracht wurden; ein Kasernenschiff nahm ferner den letzten Rest auf.

Die gesamte See-Verteidigung zählte: 420 Geschütze, (darunter 7 100=pfündige Mörser), mit 5400 Mann, wobei 4 im Süden beim Kalleboftrand ausgelegte Fahrzeuge mitgerechnet sind; ferner ist hier noch die Batterie Sixtus mit 46 Kanonen und 600 Mann hinzuzuzählen.

Für die Gesamt-Reserve war das unbemannte 80 Kanonenschiff „Waldemar" vor die Werft gelegt. Die von den 6500 Mann des festen Stammes noch zur Verfügung gebliebenen Seeleute wurden überall in der Werft verteilt, um entstehende Brände auf den außer Dienst be=

finblichen vielen großen Schiffen sofort löschen zu können; zu diesem Zweck hatte man die letzteren auch soweit als möglich auseinandergelegt.

Erörterungen über die dänischen Maßnahmen. Da sich die Regierung nun einmal gänzlich hatte überraschen lassen, ist über die Zweckmäßigkeit der schleunigst getroffenen Verteidigungs-Anstalten nichts Wesentliches zu äußern; einzelne Blockschiffe auf der Außenrhede zu verankern war wohl ausgeschlossen, da bei der Kürze der Zeit deren Zahl nicht hätte genügend groß gemacht werden können, um die ausgelegte Linie in sich stark genug herzustellen. Die gesamte Flotte in Dienst zu stellen war erst recht ohne Zweck und hätte sich ebenfalls nicht in der kurzen Zeit bewerkstelligen lassen; es war somit gegeben, außer den unbedingt nötigen Blockschiffen und Fahrzeugen auf der Innenrhede, alle Mittel und Mannschaften für die Indienststellung der Ruder-Fahrzeuge sowie für die Besatzung des Forts Prövesteen zu verwenden.

Am Lande, besonders an der Westseite, hätte aber weit mehr und weit energischer vorgegangen werden müssen; Kräfte, Mittel und Zeit wären dort weit mehr auszunutzen gewesen, die in Genüge nach jeder Richtung zur Verfügung standen.

Englische Maßnahmen vor Beginn der Feindseligkeiten. Der am 13. August in Kopenhagen eintreffende außerordentliche Gesandte Jackson wurde sich sofort klar, daß sein Vorschlag auf keinen Fall angenommen werden würde, so wenig verstand es die Regierung, sich zu verstellen, um die dringend notwendig erwünschte Zeit zu gewinnen und die Verteidigungs-Anstalten noch rechtzeitig überall fertig stellen zu können; er verlangte daher sofort die Reisepässe für die gesamte Gesandtschaft und begab sich sobald als möglich zur englischen Flotte.

Hier waren inzwischen die vom Flaggkapitän Sir Home Popham aufgestellten Anordnungen für eine Landung fertig ausgegeben worden; diese bestimmten, daß unter Leitung des Admirals Essington die Ausschiffung der Truppen mit sämtlichen Fahrzeugen und Booten in drei Divisionen stattfinden solle, je zu 6 Abteilungen mit je 6 Booten, also insgesamt mit 108 Booten. Die nötigen Landungsgeschütze stellten die Barkassen von 6 Linienschiffen. Dieser Befehl erstreckte sich sehr eingehend auf alle möglichen Einzelheiten, das Einschiffen und Sammeln, die Fahrt- und Landungs-Ordnung, die Abzeichen der Schiffe und Boote, u. dgl. m. Die sämtlichen Transportschiffe waren in Brigaden geteilt worden, deren jede ein Linienschiff führte. Das nach Norden geflüchtete dänische Wachtschiff bei Helsingör war bereits genommen worden.

Als Jackson am 14. August bei Admiral Gambier eintraf, wurde die sofort vorzunehmende Landung beschlossen; wegen Stille und Gegenwind konnte diese aber erst 2 Tage darauf ausgeführt werden.

Angriff auf Kopenhagen und Wegnahme der dänischen Flotte.

Landung der englischen Armee. Am 15. August abends ankerte die Flotte 4 sm nördlich der Hauptstadt vor Skovshoved und fand am nächsten Tage hier sowie bei dem 5 sm nördlicher liegenden Orte Vebbaek die Landung vollkommen ungestört statt, obwohl einige Tausend Gegner diese hätten längere Zeit behindern können. Die ersten englischen Landungstruppen wurden sogar nicht einmal genau vom Lande aus beobachtet; Peymann hatte hierzu zwar eine Abteilung von etwa 600 Mann nordwärts, aber weiter von der Küste ab, vorgeschickt.

Die gelandeten Truppen rückten sogleich ungehindert weiter vor und schlossen Kopenhagen bereits am Abend des 17. August vollkommen ein, in Stärke von etwa 20000 Mann; vier Tage später landeten ferner von Rügen gekommene 9000 Mann unter Lord Roslyn in der Kjöge-Bucht.

Weiter-Vorrücken der englischen Flotte. Gleichzeitig mit den Truppen ging nach deren Landung auch die englische Flotte weiter südwärts; das Gros der Linienschiffe ankerte nördlich von Trekroner, ein Teil von diesen ging durch das Holländertief und legte sich in der Nähe des Fort Prövesteen zu Anker, so daß Kopenhagen nunmehr auch von der Seeseite her vollständig eingeschlossen war. Letztere Linienschiffe deckten dann auch das Passieren der von Rügen mit der hannoverschen Kavallerie kommenden Transporter, welche auch bei Skovshoved gelandet wurden.

Ein leichtes Geschwader hattte während der Landung den südlichen Flügel gedeckt und verblieb dann als Seeflügel der gelandeten Armeen auch ferner bereit; dies setzte sich zusammen aus:

3 Korvetten,
8 Briggs,
4 Bombarden,
3 armierten Transportern sowie
10 Barkassen, mit je 1 Mörser armiert,

zusammen aus 28 Schiffen und Fahrzeugen sowie 10 Booten.

Verschiedene Erklärungen über den Kriegszustand, das Embargo und die Blockade erfolgten in den nächsten Tagen von beiden Parteien und zwar unter allen nur denkbaren mehr oder minder sachlichen Begründungen.

Belagerung von Kopenhagen; Ausfälle. Die ersten Kugeln wurden am 17. Vormittags gewechselt; die kleine, von einigen Kanonenbooten an der Küste unterstützte dänische Truppen-Abteilung hatte sich jedoch nach kurzem Gefecht im Norden bald wieder zurückziehen müssen.

Das leichte englische Geschwader hatte sich währenddessen genähert und fand dann zwischen diesem und der unter Steen Bille's Kommando ausgelaufenen Kanonen-Flottille ein mehrstündiges ergebnisloses Gefecht statt.

Kopenhagen wurde nun durch Batterieen an Land ganz eingeschlossen, die sich bei Svanemöllen, etwa 3000 m nördlich der Citadelle an das Ufer anlehnten. Die Kanonenflottille suchte dies zu behindern und machte Fahrten bis nach Slovshoved, mußte aber, da sie von Land aus in keiner Weise unterstützt wurde, sich stets vor den feindlichen Feld-Batterieen und dem leichten Geschwader baldigst zurückziehen.

Einige Male fanden gemeinsame Ausfälle an Land und an der Küste statt, aber fast stets ohne Erfolg, da sie immer mit gar zu schwachen Kräften unternommen wurden, so daß die Belagerungs-Arbeiten dadurch in keiner Weise gestört wurden; einmal gelang es hierbei, das leichte Geschwader zurückzutreiben, nachdem „Mars" und Trekroner in das Gefecht eingegriffen hatten.

So gelang es den Belagerern, schon am 25. die von den Dänen begonnenen Verteidigungs-Außenwerke zu besetzen und benutzten sie den vom 28.—30. 8. dauernden Waffenstillstand, um im Süden bei Kjöge ein inzwischen durch Generalleutnant von Castenskjöld gesammeltes Landwehr-Korps von 10 000 Mann durch 6000 Mann unter Wellesley zu schlagen und gänzlich aufzulösen.

Stralsund war inzwischen von den Franzosen genommen und wurde sofort von den englischen Schiffen blockiert, um eine von dort etwa beabsichtigte Unterstützung der Dänen zu verhindern.

Am letzten August wurde der wiederholt den Tod suchende Peymann bei einem Ausfall im Norden verwundet, behielt aber, trotzdem er sich legen mußte, den Oberbefehl; es geschah dies bei dem Angriff auf die kleine, aber für die Engländer wichtige Hafenanlage bei Svanemöllen, welche dabei von den Dänen zerstört wurde. Ein englisches Fahrzeug sprang hierbei in die Luft und eine Brigg sank auf der Untiefe Stubben. Es ist dies ein Beweis dafür, daß die Dänen bei früheren energischen Vorstößen Manches hätten erreichen können.

Aufforderung zur Übergabe. Am 1. September erfolgte eine neue Aufforderung zur Übergabe der Stadt und Flotte, diesmal mit dem bestimmten Hinzufügen, daß letztere wie alles Privat-Eigentum beim Friedensschluß vollständig zurückgegeben werden solle, dies Versprechen aber nicht noch einmal wiederholt werden würde.

Auf Peymann wurde auch privatim eingewirkt, wobei Lord Cathcart sich erboten haben soll, Seeland sofort zu verlassen und jeden Schaden zu ersetzen, wenn nur die Flotte — mit einer Besatzung von 80—100 Mann auf jedem Linienschiff unter ihren eigenen Offizieren — bis zum Frieden in englische Häfen verlegt würde. Dieser Erklärung wurde hinzugefügt, daß alles zu einem Bombardement der Stadt bereit sei.

Peymann verwarf alle diese Aufforderungen zu einer Übergabe sofort, da man ihm zu Verhandlungen mit dem Kronprinzen keine Zeit und Gelegenheit geben wollte.

Bisherige dänische Verluste. Die vielen kleineren Gefechte und größeren Ausfälle hatten den Dänen schon manche Opfer gekostet; der Verlust betrug an Land 50 Gefallene und 150 Verwundete, an Bord etwa je 50 Gefallene und Verwundete, letzteres ein ziemlich hoher Prozentsatz. Der Material-Schaden war noch ein sehr geringer.

Bombardement von Kopenhagen, den 2. bis 5. September 1807. Um 7¹/₂ Uhr morgens begann am 2. September das Bombardement der Stadt aus allen angelegten Batterieen der Engländer und währte volle 24 Stunden; ein Versuch von 4 englischen Briggs, sich an der Beschießung zu beteiligen und die Bombarden dazu heranzuführen, wurde sofort durch die Kanonen-Flottille zurückgewiesen.

Da von Seiten der Belagerer nichts erfolgte, so wurde das Bombardement am 3., nachmittags 6 Uhr wieder aufgenommen; am nächsten Tage wurde es nur schwach unterhalten, gegen Abend aber wieder mit aller Kraft fortgesetzt und war die Beschießung in dieser dritten Nacht besonders heftig, so daß viele Brände dadurch entstanden.

Alle kleinen Angriffe von See her mißlangen wie vorher, jedoch wurde die See-Defension sehr durch die Batterie bei Svanemöllen belästigt; Ausfälle fanden in kleinem Umfange mehrfach statt.

Schließlich begannen die Congreve'schen Raketen sehr zu wirken und griff nun das Feuer in der Stadt stark um sich, trotz aller Anstrengungen der vielen Brandkorps. In der Bevölkerung kamen sehr viele Todesfälle und Verwundungen vor. Da auch sonst bei den Befestigungs-Anlagen viele Schäden auftraten und die Werft ebenfalls oft getroffen wurde, ferner sich schon Mangel an einzelnen Lebensmitteln einstellte, so sah Peymann sich am 5. September nachmittags 5 Uhr veranlaßt, einen Parlamentär mit dem Ersuchen einer 24-stündigen Waffenruhe abzusenden, die zur Einleitung von Kapitulations-Verhand-lungen dienen solle.

Lord Cathcart erklärte sofort, daß nunmehr die „Auslieferung der Flotte" unumgängliche Bedingung sei; da Peymann hierfür aber nicht allein die Verantwortung übernehmen wollte, so berief er zu Sonntag, den 6. September, morgens 9 Uhr, einen Rat aus den ersten Zivil- und Militär-Autoritäten an sein Krankenlager.

Kapitulation Kopenhagens. Nach allem Vorhergegangenen blieb den Teilnehmern dieses Rats — abgesehen von einigen Mitgliedern — nun nichts anderes übrig, als „Ja" zu sagen und ließ Peymann seinen Gegner Mittags davon unterrichten, daß er auf die gestellten Be-dingungen eingehen werde, obwohl er von vorneherein durchaus nicht zu Unterhandlungen auf eigene Hand mit dem Feinde berechtigt war.

Noch am selben Abend sandte Cathcart den Kapitän Popham als Bevollmächtigten in die belagerte Stadt, der sofort erklärte, daß man nunmehr die ganze Flotte „als Eigentum" verlange, sowie ferner: „daß jedes Fahrzeug irgend welcher Größe und jedes in den Arsenalen befindliche Stück" auszuliefern wären.

Der jetzt zum zweiten Mal berufene Rat vermochte auch hierauf nur bejahend zu antworten; drei Mitglieder gaben andere Ansichten zu Protokoll, welche sie aber später milderten. Die Verhandlungen wurden nun bis 2 Uhr Nachts fortgesetzt und die Bedingungen dann von den beiderseitigen Unterhändlern unterschrieben; für England zeichneten: Wellesley, Popham und Oberstleutnant Murray, für Dänemark: Generalmajor von Woltersdorff, Kontreadmiral Lütken und General-Adjutant Major von Kirchhoff. Peymann ratifizierte den Vertrag sofort, Cathcart noch am 7. September.

Von den Engländern wurden alsdann nur die Citadelle sowie die Werftinseln besetzt, erstere sollte nach dem Herausholen aller Schiffe und Fahrzeuge, spätestens nach 6 Wochen, zurückgegeben werden und hätten sämtliche Landungstruppen sich dann sobald als möglich wieder ein-zuschiffen.

Die ursprünglich beabsichtigte Besetzung Seelands wurde auf-gegeben, da man dieses während des Winters doch nicht einem etwaigen dänisch-französischen Angriff gegenüber sicher halten zu können glaubte.

Auslieferung der Flotte. Obwohl die Stimmung der Marine-
Mannschaften sowie diejenige der gesamten See-Defension eine äußerst
verbitterte war, fand die Auslieferung sämtlicher Schiffe und Fahrzeuge
mit dem gesamten Material doch in Ruhe und Stille statt. Eine besondere
Kommission regelte alle Einzelheiten; schon nach 9 Tagen lagen 14 Linienschiffe segelfertig auf der Rhede. Jegliches Material in den Magazinen
wurde mitgenommen oder zerstört; sogar die auf Stapel stehenden
3 Linienschiffe und 4 Fahrzeuge wurden umgestürzt, zersägt und ganz
vernichtet. Ebenso verfuhren die Engländer mit dem im Dock liegenden
Linienschiff, das sich nicht herausbringen ließ; 3 Blockschiffe wurden auf
der Innenrhede verbrannt und 3 Stückprähme dort versenkt, da diese
6 Schiffe nicht mehr seetüchtig waren. Nach vielen dänischen Angaben
sowie auch nach einzelnen englischen ist die Ausführung der Wegnahme
von Schiffen und Materialien oft in einer geradezu brutalen und
unerhörten Weise erfolgt.

Mit Mühe gelang es, die Batterie Prövesteen vor der Zerstörung
zu retten, hier nützten die Proteste; das Auftreten der Sieger war sonst
im Allgemeinen ruhig und sachlich unter Schonung der Gefühle ihrer
unterlegenen Gegner.

Am 21. Oktober segelten die Engländer mit ihrer großen Beute
ab; sie führten mit sich:

16 Linienschiffe,
10 Fregatten,
5 Korvetten,
8 Briggs sowie
31 verschiedene Fahrzeuge, insgesamt
70 Schiffe und Fahrzeuge.

Auf der Überfahrt gingen — teilweise schon gleich nach der
Abreise — 25 Fahrzeuge verloren, die teils von ihrer Mannschaft
verlassen wurden. Ein Linienschiff strandete schon bei Taarbek und
mußte dort in Brand gesetzt werden. Auf 92 Transportschiffen wurden
ferner Materialien im Wert von rund 3 Millionen Reichsbanktalern
fortgeführt. Nur 4 der Linienschiffe wurden später als seetüchtig in die
englische Flotte eingereiht.

Dänische Verluste und Schäden. Der Mannschaftsverlust betrug
zu Lande: 135 Tote, 296 Verwundete,
zur See: 53 Tote, 50 Verwundete,
insgesamt: 188 Tote u. 346 Verwundete, darunter 29 Offiziere.
Es desertierten ferner über 1200 Mann, darunter 25 Marinemannschaften.
Von den Einwohnern der Stadt wurden über 1600 Personen getötet

und 1000 etwa verwundet, welche Zahlen jedoch etwas hoch gegriffen zu sein scheinen.

Auf 16 Millionen Reichsbanktaler wurde der Materialverlust der Stadt durch das Bombardement eingeschätzt; hinzu zu rechnen ist schließlich noch der Verlust einer beträchtlichen Anzahl größerer und kleinerer Kauffahrteischiffe. Die von den Belagerern geworfenen rund 14000 Bomben, Granaten und Raketen hatten mithin gut gewirkt. Man denke nur an die englischen Urteile über die Belagerung von Paris 1870/71.

Englische Verluste. Der englische Personalverlust wird angegeben auf insgesamt:

56 Tote und 179 Verwundete, darunter 12 Offiziere,

von denen der Marine Angehörigen zählten hier nur 14 Tote und 34 Verwundete mit.

Die Verlustzahl der Armee scheint aber sehr falsch und viel zu gering angegeben worden zu sein, da sowohl die von den hannoverschen Truppen angegebene Zahl allein über die Hälfte betrug, als auch später in der Umgebung Kopenhagens mehr Leichen von Engländern aufgefunden wurden, als die angegebene Gesamtzahl der Gefallenen und Verwundeten ausmachte. Es beleuchtet dies die englischen Armee-Verhältnisse höchst seltsam!

Beurteilung der Expedition und ihres Erfolges in beiden Ländern. Das englische Parlament erließ trotz mehrfachen kraftvollen Einspruchs Einzelner, welche die ganze Expedition für nichtswürdig und geradezu schädlich erklärten — ein Ausfluß des Urteils der meisten Engländer — eine Dankes-Adresse an die Teilnehmer der Expedition; Gambier erhielt die Peerswürde, Lord Cathcart wurde Viscount und mehrere fernere Auszeichnungen wurden verliehen. In einer geschickt abgefaßten Deklaration rechtfertigte England schon am 25. September sein Vorgehen allen Mächten gegenüber.

Kronprinz Friedrich ratifizierte den Vertrag nicht, sondern verblieb mit England im Kriegszustand; sofort nach seinem Eintreffen am 30. Oktober wurden Peymann und andere Offiziere arretiert sowie eine Kommission zu deren Aburteilung eingesetzt. Peymann wurde zu Anfang des nächsten Jahres zum Tode verurteilt, bei Verlust der Ehre und aller Güter, die Urteile über die anderen Offiziere lauteten ähnlich; vom König wurden die Strafen in Festungsarrest umgewandelt und noch später erfolgte die Begnadigung der Verurteilten, so erhielt Peymann z. B. nach dem Friedensschluß seinen Abschied mit der Uniform und Pension.

Mitte September suchte der Kronprinz mit einem besonderen Handschreiben Napoleons Wut zu besänftigen und schlug nach einem Monat die neuen englischen Neutralitäts- und Bündnis-Vorschläge aus, obwohl in diesen eine spätere Rückgabe der Flotte bestimmt ausgesprochen war.

Kritik der Verteidigung von Kopenhagen. Im Laufe der Belagerung und schon vorher tritt bei allen Anordnungen Peymanns seine gänzliche Unfähigkeit zur Führung des Oberbefehls hervor; es hat ihm hierzu eigentlich an Allem gemangelt, nicht nur, daß er selber keinerlei Tatkraft nach irgend welcher Richtung gezeigt hat, nein, er hat auch versäumt, gut begründete Ratschläge zu energischerem Vorgehen anzunehmen und als er schließlich solchen folgt, waren seine Anordnungen und Befehle der Art mangelhaft und wurden die befohlenen Ausfälle stets mit so geringen Streitmitteln sowie mit so wenig Tatkraft ausgeführt, daß sie sämtlich erfolglos blieben.

Den ersten schwerwiegenden Fehler beging Peymann, als er die Landung der Engländer gänzlich ungestört vor sich gehen ließ; in Kopenhagen und Kronborg standen ihm etwa 7000 Mann Linien-Truppen zur Verfügung, dazu die gesamte Kanonen-Flottille, um sich längere Zeit der Landung widersetzen zu können. Und doch ging die Landung fast unmittelbar vor seinen Augen, kaum 4 sm von seiner Stellung entfernt, ungestört von statten, obwohl er Ort und Zeit fast genau kannte und die Mittel zu einer längeren Verhinderung der Landung voll zur Hand hatte.

Die Landung konnte nicht nur, sie mußte vielmehr so lange wie möglich verhindert werden, um Zeit für die Freimachung des Glacis und zur Herstellung von vorgeschobenen Werken zu gewinnen; auch war es geboten, für das Heranholen weiterer Landwehren und das Auffüllen der Vorräte möglichst lange Zeit zur Verfügung zu bekommen. Dies hätte den ferneren Vorteil erbracht, daß der damit für den Gegner verbundene Zwang, die Truppen und Pferde längere Zeit an Bord halten zu müssen, diese ferner geschwächt und ihre Wasser- sowie Proviant-Vorräte stark vermindert, mit anderen Worten ihre Verwendungsfähigkeit sehr herabgesetzt haben würde.

Ferner ließ Peymann seinem Gegner Ruhe und Zeit zum Aufwerfen der Bombardements-Batterieen und Herbeischaffen der Geschütze nebst ihren erforderlichen großen Munitions-Vorräten. Trotz wiederholter Vorstellungen Bille's waren die Ausfälle an der Küste stets besonders schwächlich; sie blieben ergebnislos, da sie ohne Plan und immer nur mit geringen Mitteln, meist sogar ohne den Gegner zu überraschen, ausgeführt wurden. Nie ist versucht worden, besonders zu Anfang die rückwärtigen Verbindungen des Gegners, sei es durch eine Umgehung mit Ausfall-Truppen, sei es durch die Flottille, ernstlich zu bedrohen. Und doch wäre es immer wieder seine Hauptaufgabe gewesen, die Angreifer bei ihren Schanz-Arbeiten ständig zu stören und stets von Neuem anzugreifen; nur schrittweise hätte den Belagerern, welchen anfangs alle besonderen Mittel fehlten, das Glacis überlassen werden dürfen, um sie möglichst lange von der Annäherung an die Enceinte abzuhalten. Für ein erfolgreiches Bombardement war es unbedingtes Gebot für die Engländer, nahe an die Wälle heran zu kommen.

Mit Castenstjold's Truppen eine Verbindung herzustellen, ist in keiner Weise versucht worden; ein stärkerer Ausfall im Süden hätte hier am Ende doch noch einen Erfolg herbeigeführt, wenn auch nicht in Peymann's damaliger Lage, der sich ja schon am 2. Tage hatte gänzlich einschließen lassen.

Für alle solche Maßnahmen wäre die Besatzung immerhin stark genug gewesen; 6—8000 Mann standen an mobilen geübten Mann-schaften für Ausfälle zur Verfügung und blieben für die Bewachung sowie für die Sicherung der Wälle in solchen Fällen genügend Kräfte zeitweilig übrig, da die Schanz-Arbeiten hauptsächlich durch Freiwillige der Bevölkerung ausgeführt wurden. Bei der Mißlichkeit der Gesamt-Lage mußten mithin gelegentliche Angriffe gewagt werden, die sonst an und für sich nicht zu rechtfertigen gewesen wären.

Peymann's Gesichtspunkt, unter welchem er die Gesamt-Lage auffaßte und die Aufgabe, welche er sich gestellt hatte, geht am deutlichsten aus seinen, ihm allgemein zugeschriebenen Worten hervor: „Laßt sie nur unter meine Wälle kommen!" Der Ingenieur-General alten Stiles wird hierdurch besonders gekennzeichnet; da es ihm an eigener Kriegs-erfahrenheit fehlte, ging es genau nach den schablonenhaften Regeln der früher erlernten Kriegskunst. Wie er dem Kronprinzen schrieb, „ohne Sturm soll die Stadt dem Feind nimmer in die Hände fallen", war ihm der Gedanke, schließlich durch ein starkes Bombardement allein zur Übergabe gezwungen werden zu können, entschieden nicht ganz klar geworden.

An den Mitteln, an der Zahl der Truppen und deren Leistungs-fähigkeit hat es nicht gelegen, daß sich die Hauptstadt bereits 22 Tage nach der Landung des Gegners diesem übergab; nur die ganz unfähige Oberleitung hat ein solches Ergebnis zeitigen können.

An General Peymann's Ehrenhaftigkeit, seinem guten, ernsten Willen und seinem persönlichen soldatischen Mut ist nie gezweifelt

worden; was ihm fehlte, war militärischer Blick, Tatkraft und Charakter-
stärke. Daß er nach seiner Verwundung, die ihn auf das Krankenlager
warf, das Kommando weiter behielt, ist zwar ehrenhaft, aber militärisch-
sachlich gänzlich falsch gewesen und dies um so mehr, weil ein Einarbeiten
mit seinen Unterführern· nicht vorher gegangen und seine militärische
Autorität auch nicht fest begründet war, da er nie Truppen geführt
hatte. Konnte ihn kein geeigneter Armeeoffizier vertreten, wie dies
wiederholt hervorgehoben ist, so waren doch mehrere geeignete Seeoffiziere für die Übernahme des Oberbefehls zur Stelle. Daß sein taten-
loses Benehmen schließlich auch auf seine Unterführer, von denen viele
überaltert und durchaus nicht leistungsfähig waren sowie auf die gesamte Besatzung einwirkte, war selbstverständlich und hat sich auch gelegentlich gezeigt.

Die Berufung des Rates war unsachlich und unmilitärisch, da
Peymann sich dem Gegner gegenüber bereits verpflichtet hatte; der
Zeitpunkt hierfür wäre vor dem Absenden des Parlamentärs gewesen,
wenn auch zu dieser Zeit schon ohne besonderen Zweck. Es bedeutet
dies kaum anderes, als das Ablehnen der Verantwortlichkeit im letzten
Augenblick, oder gänzliche Ratlosigkeit.

Unverantwortlich und leichtsinnig sowie leichtgläubig ist das Verhalten der leitenden Personen in der Regierung zu Beginn zu nennen,
noch vor dem die Belagerung und die Landung überhaupt nahe bevor-
stand. Wäre auch nur die größere Hälfte der Armee zeitig von Holstein
nach Seeland übergeführt, so würde dies, im Verein mit anderen und
dann ebenso zeitig getroffenen Maßregeln, schon zu Anfang dem Blatt
eine ganz andere Wendung gegeben haben.

Trotz der schier unglaublichen Nachlässigkeit und Vertrauensseligkeit
sowie der schweren diplomatischen Fehler der Regierung zu Beginn,
lagen Kopenhagen und mit ihm Dänemark beim Eintritt der Feindseligkeiten noch durchaus nicht hoffnungslos zu Füßen der Gegner; eine etwa
Wochen lang sich hinziehende Einschließung und eine Monate lang
dauernde Belagerung würden voraussichtlich noch andere Kräfte zum
Entsatz herbei geschafft und der herannahende Winter dann bald das
Übrige getan haben. Kriegskunst und Staatskunst waren nicht auf der
Höhe, sie standen außerdem in grellem Widerspruch zu einander und er-
gänzten sich in keiner Weise.

Erörterungen über die Auslieferung der Flotte. Abgesehen
von dem Umstand, daß Peymann's etwaiges Eingehen auf die Bedingungen vom 1. September die Flotte vermutlich für Dänemark als
dessen Eigentum gerettet haben würde und diese dann wohl beim Friedens-

ſchluß wieder „als Depoſitum" zurückgegeben worden wäre, war deren
Vernichtung, wie dies viele Stimmen damals und auch ſpäter noch gefordert haben, nachdem die Unterhandlungen einmal begonnen hatten,
durch die Beſitzer ſelbſt nicht mehr ſtatthaft.

Die vollſtändige Ausführung einer ſolchen eigenen Zerſtörung war
außerdem nicht mehr möglich; die Schiffe im Hafen zu verſenken, war
bei deſſen geringer Tiefe ſo gut wie zwecklos; ſie dort zu verbrennen,
wäre bei der Nähe der vielen Kauffahrteiſchiffe und der nahen Lage
der Stadt für dieſe mit gar zu großen Gefahren verknüpft geweſen; ſie
auf der Rhede zu verſenken oder zu verbrennen wäre bei der Nähe und
angeſichts des Feindes aber wohl unausführbar geweſen.

Ferner ſprachen auch gewichtige politiſche Gründe gegen eine Vernichtung der Flotte, nachdem die Feindſeligkeiten und die ganze mili-
täriſche Lage ſo weit gediehen waren. Würde England ſich dann nicht
etwa in anderer Form ſchadlos gehalten haben? Wäre England mit
der Vernichtung der Flotte durch die Gegner ſelbſt zufrieden geweſen?
Lag dann nicht die Befürchtung vor, daß England ſich in ſolchem Fall
auch noch in den Beſitz von Kronborg oder gar von Bornholm geſetzt
haben würde? Etwas anderes iſt es, ob nicht die Schiffe früher aus
Gründen der Ehre ſoviel als möglich hätten vernichtet werden müſſen!
Der Befehl des Kronprinzen über die etwaige Zerſtörung der Flotte iſt
nicht in Peymann's Hände gelangt, da die Abſchließung der Stadt
eine ſehr ſtrenge war.

Als am 1. September die Kapitulation unter verhältnismäßig
günſtigen Bedingungen angeboten wurde, deren etwaige Annahme, wenn
auch nicht gerade ehrenvoll, ſo doch am Ende politiſch klug geweſen
wäre, blieb nur noch ein einziger Ausweg allein übrig, ſofort den Verſuch zu machen, durch einen gewaltſamen Ausfall aller nur irgend verfügbaren Streitkräfte die errichteten Batterien zu nehmen und zu zer-
ſtören, alſo einen letzten kraftvollen Verſuch zu machen, ſich des nahen
Gegners zu erwehren.

Kritik des Angriffs auf Kopenhagen. Da man ſich in England unter Cannings Leitung, mit Hintanſetzung jeglichen Völkerrechts
nun einmal beſtimmt entſchloſſen hatte, zur eigenen Sicherung die däniſche Flotte mit Gewalt in Beſitz zu nehmen, ſo war ein längeres,
wochenlanges diplomatiſches Verhandeln nach dem Eintreffen der Flotte
vorm Sund nur ſchädlich und iſt dies als falſch zu bezeichnen.

Die militäriſchen Maßnahmen ſind im Großen und Ganzen den
Verhältniſſen entſprechend ſachlich und richtig geweſen, ſie entſprachen voll
und gut der Geſamtlage.

Das auffällige Nicht-Heranziehen der großen Linienschiffe beim
Angriff selbst sowie überhaupt die allgemeine Anlage dieser Expedition
— diesmal mit der Armee und nicht wie 1801 nur mit der Flotte allein
Kopenhagen anzugreifen — war wohl nicht nur eine Folge der allgemeinen günstigen militärischen Lage, rücksichtlich der zur Verfügung
stehenden einzelnen Heeres-Abteilungen, sondern hier hat bei Anlage des
Operationsplans auch wohl die bittere Erfahrung des Jahres 1801
wesentlich mitgespielt. Durch eine belagernde Armee und eine Beschießung
vom Lande aus glaubte man, wenn auch nicht schneller, doch vor Allem
mit geringeren Verlusten zum Ziel zu gelangen und schonte dabei die
hölzernen Wälle des eigenen Staates, behielt sie für andere Aufgaben frei.

Aber zur allgemeinen Schwächung des Gegners und zu dessen Beunruhigung sowie Ablenkung und moralischen Beeinflussung, wäre eine
wiederholentlich durch die Flotte ausgeführte Diversion, selbst mit größter
Schonung und Sicherung der Linienschiffe, immerhin angezeigt gewesen,
deren Zahl hierzu vollkommen ausreichend war.

Den steten Ausfällen der dänischen Kanonen-Flottille gegenüber
hätte bald an eine Verstärkung des leichten Geschwaders gedacht werden
müssen; daß die dänischen Fahrzeuge stets schwächlich durch ihre eigenen
Feldtruppen unterstützt werden würden, war doch nicht gleich ersichtlich.

Die schnelle und sachliche Ausrüstung der Flotte und der großen
Transportflotte sowie die geregelte Einschiffung und Ausschiffung der
Expeditionstruppen verdienen die höchste Anerkennung; desgleichen die
ersten Absperrungs-Maßnahmen im Großen Belt.

Man darf aber bei Allem nicht vergessen, daß kaum einer großen
Landungsarmee und einem Belagerer die Erfüllung ihrer Aufgaben so
leicht gemacht worden sind und sich wegen der gegnerischen Tatenlosigkeit
so glatt abgespielt haben, wie in dem vorliegenden Fall.

Dänemark hatte zur Aufrechthaltung seiner Neutralität mit allzu
geringem Ueberblick sich an der südlichen Landesgrenze gar zu lange festgesetzt, so daß es die lokale Überlegenheit eines plötzlich vor seiner Hauptstadt auftretenden neuen Gegners nicht mit den erforderlichen Kräften
dort abwehren konnte.

Einfluß der Seemacht. Der Einfluß der Seemacht ist in diesem
Kriege wieder recht bedeutend, obwohl der englischen Flotte keine feindlichen Schiffe in nennenswerter Zahl entgegen traten; er zeigte sich
direkt und unmittelbar durch die völlige Abschließung Seelands, da nur
dieser Umstand das gesicherte sofortige Ansetzen der großen Landungs-
Armee gestattete, in unmittelbarer Nähe des von den französischen Heeren
beherrschten Kontinents.

Ein auf Grund der Seeherrschaft hier stattgehabtes, so schnelles und bedeutungsvolles Vorgehen eines kleineren feindlichen Heeresteils, ist selbst Napoleon überraschend gekommen; andernfalls würde er sich wohl anderweitig hiergegen vorgesehen haben, was ihm unschwer zu ermöglichen gewesen wäre.

Ein Vergleich der verschiedenen Angriffe, welche Kopenhagen im Lauf der Jahrhunderte durchzumachen gehabt hat, ist besonders lehrreich und voller Wechsel; während zur Hanse-Zeit nur Flotten den Angriff ausführten — abgesehen von der ersten Einnahme 1535 durch Christoph von Oldenburg — geschah dies zu den Zeiten Karl's X. stets nur durch die Land-Armee, trotzdem gerade damals zur selben Zeit besonders große Flotten von 4 Seemächten in der nächsten Nähe bereit waren, die sich aber immer gegenseitig die Hände banden. 1700 waren die Flotten die Hauptsache, die Armee führte nur den Endschlag aus. 1801 war es wiederum ganz allein die Flotte, welcher Kopenhagen unterlag, die hier zum ersten Mal an Ort und Stelle mit verankerten Seestreitkräften der Verteidigung kämpfte; schließlich sehen wir umgekehrt 1807 die Armee fast ganz allein die Arbeit tun, während sie von der Flotte im Rücken gesichert wird.

Einen ferneren Vorteil hatte dieser Krieg gleich zu Beginn für England, indem dies am 4. September 1807 das nur von 27 Invaliden besetzte Helgoland vor der Elbe-Mündung ohne Widerstand wegnahm und dann zum Hauptstützpunkt des Schmuggels während der Kontinental-sperre machte; beim Friedensschluß 1814 erhielt England Helgoland als Eigentum, bis es letzteres 1890 mit dem Deutschen Reich gegen koloniales Gebiet austauschte.

Dieser kurze Herbst-Krieg ist als reiner Offensiv-Krieg in seiner Verbindung des Wirkens von Heer und Flotte von besonderer Bedeutung; letztere war hierbei nicht nur das unbedingt erforderliche Mittel zur Sicherung des Transports, sondern nahm durch Abschließung des Kriegs-schauplatzes noch ferneren Hauptanteil an dem glänzenden Erfolge. Dieser Krieg gehört zu den wenigen der Geschichte, bei denen das Land-heer die Aufgabe hatte, die Schwesterwaffe der Flotte von einem Gegner auf ihrem ureigenen Element zu befreien, während diese, die Flotte, nur sekundär dabei beteiligt war.

Der Kanonenboots-Krieg, 1807—1814.

Rest der dänischen Flotte; ihr weiterer Ausbau. In Nor-wegen und in den Herzogtümern sowie im Belt und im Mittelmeer waren Dänemark noch einzelne Schiffe zu eigen geblieben; da ferner im Sund einzelne Fahrzeuge der absegelnden Flotte aufliefen und nach dem Verlassen durch die Engländer von den Dänen wieder abgebracht wurden, so bestand Dänemarks Flotte zu Ende des Jahres 1807 noch aus:

2 Linienschiffen, 3 Stückprähmen,
1 Korvette, 1 Floß-Batterie,
4 Briggs; 16 Kanonen- und Mörser-Fahrzeugen;

mit 4 Königlichen Jachten insgesamt aus 31 Schiffen und Fahrzeugen.

Das den Krieg trotz der Vereinbarungen bei Kopenhagen weiter fortsetzende Dänemark, dem dann England am 4. 11. förmlich den Krieg erklärte, mußte demnach vor allem wieder mit dem Ausbau seiner See-wehr vorgehen. Da zur Herstellung größerer Schiffe Zeit und Geld fehlten, so erbaute man im Lande überall auf interimistischen Orlogs-Werften, z. B. in Kiel, Svendborg, Christiansand, Bergen und Dront-heim, zugleich mit den Kriegs-Werften zu Kopenhagen, Fredriksvaern und Glückstadt, während der nächsten 6 Jahre Alles in Allem 260 Kanonen-Fahrzeuge verschiedenster Art, von denen 43 die Geschenke Privater waren. Die Verwendung dieser vielen Fahrzeuge gab dem Krieg dann den Namen des „Kanonenboots-Krieges."

Schon im ersten Jahr wurden fast 200 Fahrzeuge fertig gestellt; an größeren Kriegsschiffen wurden während des ganzen Krieges ferner noch 1 Linienschiff, 4 Fregatten und 8 Briggs erbaut. Die Erwartungen entsprachen natürlich nicht den gestellten Anforderungen und Hoffnungen, man hatte aber einstweilen nichts Anderes zum Kriegführen zur Ver-fügung.

Mit der Zeit erhielten die Kanonenboote größere Takelagen und wurden durch feste oder einlegbare Decks bewohnbarer sowie seefähiger gemacht; sie erhielten später bessere Geschütze und wurden so im Lauf der Zeit zu einer nicht zu verachtenden Waffe im kleinen Küstenkrieg, errangen auch manche Einzelerfolge in kleineren Gefechten. Die dänischen Gewässer sind aber im allgemeinen kein geeignetes Feld für die Ver-wendung von Ruder-Fahrzeugen gewesen, welche dagegen in den norwegi-schen Schären sehr am Platze und auch gefürchtet waren.

Die Flotte wurde im Ganzen um 329 Fahrzeuge in den 6 Jahren verstärkt, darunter waren 157 Kanonen-Schaluppen und 70 Kanonen-Jollen; Schooner, Kutter, Lugger u. dergl. sowie armierte Kauffahrter jeglicher Art zählten zu ihnen. Die Kanonen-Schaluppen hatten meistens 1 Segel, 30 Ruder, 2 24-Pfünder, 6 4-Pfünder-Haubitzen und die

Kanonen-Jollen: 1 Segel, 18 Ruder, 1 24-Pfünder, 2 4-Pfünder-Haubitzen.

Gleichzeitig wurden die Pläne der letzten Verteidigungs-Kommissionen wieder aufgenommen und diesen gemäß an vielen gefährdeten Punkten der Küste Batterien errichtet; die verschiedenen Abteilungen der Ruder-kanonenboote wurden überall an der Küste auf diese so gesicherten Häfen als Stützpunkte verteilt und zum besseren Zusammenwirken mit den Landtruppen beim lokalen Küstenkrieg, folgerichtig den kommandierenden Generalen unterstellt. Diese Organisation arbeitete sich bald ein und erwies sich als militärisch gut und praktisch.

Die während der Belagerung Kopenhagens in Norwegen befind-lichen dänisch-norwegischen Seestreitkräfte hatten sich zu Anfang gegenüber den stärkeren englischen Abteilungen zu sichern vermocht und nach dem Abgang der englischen Flotte auch gelegentlich kleine Erfolge zu erringen verstanden.

Verlust des Linienschiffs „Prinds Christian Frederik"
1808. In Folge der feindlichen Haltung Schwedens war letzterem zu Beginn 1808 der Krieg erklärt worden und sollte im Frühjahr in Schonen gelandet werden; zu diesem Vorhaben standen bereits französische Truppen unter Marschall Bernadotte auf Fünen zur Verfügung, die aber wegen einer im Belt befindlichen englischen Fregatte nicht nach Seeland hinüber gelangen konnten. Um letztere zu vertreiben erhielt das Linienschiff „Prinds Christian Frederik" von 64 Kanonen, Chef: Kapitän Jessen, den Befehl, von Frederiksvaern in Norwegen über Helsingör nach dem Großen Belt zu gehen.

Kurz nach seinem Abgang aus dem Sund hatten sich zwischen dem Großen Belt und Sund 3 englische Linienschiffe eingefunden, welche während des Winters bei Vinga vor Gothenburg eingefroren gelegen hatten; 2 von diesen verfolgten Jessen sofort, den alle dienstlichen und privaten Nachrichten, welche sofort hinter ihm hergeschickt worden waren, nicht mehr erreichten.

Jessen ankerte nebst 2 feindlichen Fregatten, die von Hjelm ge-kommen waren, am Abend des 21. März zwischen Seierö und Refsnaes, letztere südlich von ihm; am nächsten Morgen gesellte sich eine dritte englische Fregatte zu den beiden andern und kreuzten diese 4 Schiffe nun am Nordeingang des Großen Belts. Jessen versuchte nach Norden zu gehen, um die Gegner nicht in den Belt hineinzuziehen, wie ihm dies seine Instruktionen genau vorschrieben; auf dieser Fahrt kamen ihm nun die beiden Linienschiffe um 2 Uhr im Nordosten bei den Lysegründen in Sicht. Der Verfuch, füdlich von Seierö herum zu fegeln, wurde bald aufgegeben, da der Lotfe fich hierzu unfähig zeigte.

Nach Beratung mit feinen Offizieren verfuchte Jeffen dann nördlich vom Riff von Sjaellands-Odde nach dem Sund zu gehen, um bei eintretender Dunkelheit als befferer Segler ganz von den Gegnern frei zu kommen; letzteres gelang nicht und hielt Jeffen nun an der Oftfeite des Riffs entlang, das er noch vor 6 Uhr gerundet hatte, auf Gniben zu. Um 7¹/₂ Uhr begann der ungleiche Kampf gegen die beiden gleich ftarken 64 Kanonenfchiffe, darunter die in „Naffau" umgetaufte frühere „Holfteen" fowie eine Fregatte und 2. Corvetten. Nach anderthalb Stunden mußten fich die beiden englifchen Linienfchiffe wegen fchwerer Havarien für eine Viertelftunde facken laffen und hoffte Jeffen jetzt, die Gegner noch auf den Strand locken zu können, mußte fich aber um 10¹/₂ Uhr ergeben, nachdem er felbft eine Kabellänge von der Mitte von Själlands-Odde feftgelaufen war. 61 Tote, — darunter Leutnant Willemoes, der Gegner Nelfon's 1801, — und ¹/₃ der Befatzung als Verwundete hatte das Gefecht gekoftet; die Sieger mußten aber ihre Prife, die nicht abzubringen war, nach 24 Stunden in Brand ftecken.

Fortgang der fpanifchen Hülfstruppen. Zu Bernadotte's Truppen gehörten auch etwa 12000 Spanier unter Generalleutnant Marquis de la Romana, die in Jütland und Holftein fowie auf den Infeln verteilt waren, da man fich ihrer nicht ganz ficher fühlte. Romana wurde von den Engländern bald über die geänderten politifchen Verhältniffe auf der pyrenäifchen Halbinfel unterrichtet und befchloß daher, mit feinen Truppen zu entweichen. Es gelang ihm, mehrere feiner Bataillone bei Nyborg zu fammeln, diefe Feftung zu nehmen und auf 50 Kauffahrern mit 4700 Mann nach Langeland zu entkommen, nachdem eine kleine englifche Flottenabteilung die in der Nähe befindlichen dänifchen Seeftreitkräfte vernichtet hatte. Auf Langeland hatten fich fchon fernere 2700 Spanier eingefunden und nun fchiffte Admiral Keats dort rund 7600 Spanier auf feiner Flotte ein, ehe Bernadotte genügend Fahrzeuge zu einem Angriff beifammen hatte, nahm dann noch viele Spanier in Aarhuus an Bord, fo daß Romana mit 9000 Mann wieder in die Heimat zurückkehrte; die zurückbleibenden Spanier wurden bald überall entwaffnet.

Gefechte der Kanonenboote. Befonders in dem erften Jahr hatten die Kanonenboote gegenüber den vielen englifchen Convois manche Erfolge, da letztere meiftens nur von Briggs und kleineren Fahrzeugen begleitet wurden; 4 der englifchen Briggs wurden nebft manchen Kauffahrern bald die Beute ihrer kleinen Gegner.

Bei Windstille griffen die Kanonenboote sogar Linienschiffe an und brachten letzteren gelegentlich sehr schwere Havarien bei. 1809 wurden wieder 2 englische Briggs erobert, deren eine bei Stagen als Feuerschiff gedient hatte, ebenso brachten die nächsten Jahre manche Erfolge im Sund und Belt sowie an der jütischen und norwegischen Küste.

Unternehmung gegen Anholt 1811. Nachdem die bei Anholt als Feuerschiff ausgelegte englische Fregatte verloren gegangen war, hatten die Engländer die Insel in Besitz genommen, um das Feuer dauernd an Land unterhalten zu können. Es wurde nun bei Grenaa in Jütland eine Expedition zur Wiedereroberung ausgerüstet und gingen Ende März 12 Kanonenboote mit 650 Mann Landungstruppen auf 12 Transportfahrzeugen dorthin ab.

In England hatte man jedoch zeitig Kunde von diesem Vorhaben erhalten und sofort eine Fregatte sowie eine Brigg nach Anholt geschickt; 400 gelandete Mannschaften hatten sich sofort beim Leuchtturm eine feste Stellung verschafft und gelang es diesen schließlich, die im Nebel und der Dunkelheit anfänglich geglückte Ueberrumpelung zu vereiteln, wobei die Schiffe sehr tätig waren. Da die dänischen Kanonenboote sich fälschlicher Weise früher zurückgezogen hatten, wurden die gelandeten Dänen bald gezwungen, sich zu ergeben. 50 Tote, 80 Verwundete sowie 650 Gefangene, ferner 2 Kanonenschaluppen und 2 Fahrzeuge machten den Verlust der Dänen aus.

Kaperei-Wesen. Inzwischen hatten sich überall viele Kaper gezeigt und war das gesamte Kaperwesen sogar wieder ganz gesetzlich geregelt worden; durch alle diese Veranstaltungen geschah dem englischen Handel großer Schaden, da die Erfolge der vielen Kaperfahrzeuge oft recht glänzende waren; in den unzähligen kleinen Gefechten waren sie meistens die Siegenden und erlitten an Einbuße nur hie und da den Verlust von Einzelnen unter ihren Besatzungen.

Das Licenz-System des norwegischen Handels. Schon seit dem Jahr 1810 benutzte der besonders schwer geschädigte norwegische Handel das „Licenz-System", um sich unter den obwaltenden Verhältnissen halten zu können; dies bestand darin, daß Kauffahrtei-Schiffe, welche sich durch eine bestimmte Abgabe an die englische Regierung eine Handels-Licenz verschafften, alsdann von englischen Kreuzern nicht aufgebracht wurden, sich im Gegenteil sogar unter den Schutz der Begleitschiffe englischer Convois begeben konnten, wobei es gleichgültig war, welcher Nation diese Kauffahrer angehörten, selbst die Zugehörigkeit zu einem feindlichen Lande machte hierbei keine Ausnahme.

Durch den mit diesem System ermöglichten leichteren Austausch der Landesprodukte der verschiedensten Länder hatte auch der englische Handel Gelegenheit zu größerer Entfaltung und die schädliche Wirkung des Systems der Kontinentalsperre wurde ebenfalls hierdurch ganz erheblich abgeschwächt.

Dies Licenz-System erstreckte sich aber nur auf den größeren See-handel, nicht auf den kleinen Küstenhandel; bei dem vielfachen Gebrauch dieser Licenzen kam letzterer aber auch zu seinem Vorteil, da die Zahl der feindlichen Kreuzer und Kaper damit eine weit geringere wurde.

Vernichtung der „Najaden" bei Lyngöer. Ein Einzelgefecht ist noch des besonderen Erwähnens wert; am 6. Mai 1812 lag die neu-erbaute Fregatte „Najaden" mit 3 18-Kanonenbriggs „Kiel", „Lol-land" und „Samsö" in der Nähe von Arendal im südlichen Norwegen zu Anker, als sich abends das englische Linienschiff „Dictator" von 68 Kanonen sowie 3 Kanonen-Briggs von 14—18 Kanonen außen vor den Schären zeigten. Kapitän Stewart erkannte die Lage der Dänen an deren Masttoppen und beschloß sofort anzugreifen, 2 der Briggs kamen jedoch beim Einsegeln fest. Während seiner Annäherung flüchteten seine Gegner noch weiter nach innen in den von vielen kleineren Eilanden umgebenen kleinen Hafen von Lyngöer. Stewart gelang es dann, mit dem „Dictator" glücklich durch alle Klippen hindurch zu segeln und setzte er darauf sein Schiff in unmittelbarer Nähe der „Najaden" mit dem Bug so auf Land, daß die Breitseite zum Gegner quer blieb. Spät abends begann das Feuer, in welchem die Engländer bald siegten und die „Najaden" sank; dank dem Eintreffen einer Anzahl Ruderkanonen-boote konnten die Briggs aber entkommen. Von der 315 Mann starken Besatzung auf „Najaden" fielen 127 Mann und wurden 88 verwundet, der Verlust betrug also über zwei Drittel; die Briggs verloren 24 Mann.

Das Vorgehen Stewarts war in dem engen Fahrwasser fast mehr als schneidig und gar zu tollkühn zu nennen, aber — es führte den glänzendsten Erfolg mit sich; einige Male war er durch die Enge des Fahrwasser-Kanals sogar gezwungen gewesen, seine Leesegelspieren einzuholen.

Das letzte Kriegsjahr 1813. Um die auf der Elbe von den Engländern genommenen Fahrzeuge zu ersetzen, wurden als Ersatz neue durch den Eider-Kanal dorthin geschickt, die bei Büsum ein Gefecht glücklich durchführten.

Nach der Schlacht bei Leipzig mußten sich dann die dänischen Heeresteile vor den Schweden nach Fünen zurückziehen; die im Kleinen Belt hierzu gesammelten vielen Kanonen-Fahrzeuge kamen dabei nicht zu kriegerischer Tätigkeit, retteten aber immerhin das dänische Heer.

Friedensschluß. Am 14. Januar 1814 wurde der Friede zu Kiel geschlossen, in dem Dänemark endgültig Helgoland verlor; Norwegens wurde an Schweden abgetreten, nachdem es 400 Jahre mit Dänemark in engster Verbindung gewesen war; dafür erhielt Dänemark bald das Herzogtum Lauenburg.

Die dänisch-norwegische Flotte wurde nun unter beide Länder verteilt; Norwegen erhielt 122 kleinere Fahrzeuge und bei Dänemark verblieben: 2 Linienschiffe, 2 Fregatten und 186 Fahrzeuge.

Erörterungen über den dänisch-englischen Krieg. Der eigenartige Guerilla- und Klein-Krieg an den Küsten Dänemarks und Norwegen hatte den Engländern aber nicht nur manche Einbuße durch die Wegnahme ihrer kleineren Convoi-Schiffe gebracht, sondern auch sonst noch Verluste mit sich geführt; so strandeten z. B. 1811 zwei Linienschiffe im Nordwesten Jütlands.

Man fragt unwillkürlich, weshalb denn niemals von England größere Streitkräfte aufgeboten wurden, um sich mit einem Schlage dieser vielen lästigen Gegner zu entledigen. Da der Handel trotz aller vielfachen Störungen aber dennoch sehr in Blüte war, so lag hier kein besonderer Grund zu einem energischen zweiten Vorstoß vor; um so weniger war Derartiges erforderlich, da man das ebenfalls schädliche Kaperwesen dadurch doch nicht aus der Welt gebracht haben würde. England gebrauchte außerdem seine fast zahllosen Seestreitkräfte und seine Heeresteile an anderen Stellen mehr, statt daran denken zu können, diese nochmals im Norden zu verwenden.

Die Sicherung und Seeherrschaft in der Ostsee blieb trotzdem nach wie vor in Englands Händen, Admiral Saumarez reichte hierfür mit seiner Flotte aus, wie später noch zu schildern sein wird.

Der Nutzen, den Dänemark von dieser Kriegführung hatte, war ein sehr geringer; jedenfalls würde ein Zusammengehen mit England dem Staat ersprießlicher gewesen sein.

Der Krieg gegen den Handel in der Ostsee und in ihren Zugängen. Gleichzeitig mit dem Kanonenboots-Krieg herrschte überall der Krieg gegen den Handel Englands und umgekehrt, wie überall in Europa, wo Napoleon seinen Willen diktierte. Der Kanonenboots-Krieg war eigentlich auch nichts Anderes als ein Krieg gegen den Handel; allein die Summe der ausgezahlten dänischen Prisengelder überstieg schon 7¹/₂ Millionen Reichsbanktaler, es belief sich darunter z. B. der Prisen-Anteil des Admirals Olfert Fischer auf 40000 Rbdl.

Die Zahl der genommenen Schiffe war auf beiden Seiten nahezu gleich, die Engländer hatten fast 400 Prisen, einschließlich größerer offener

Schären-Boote, die Dänen 335 aufzuweisen; zu letzteren kamen noch die vielen durch Kaper aufgebrachten Prisen hinzu. In England belief sich der Wert sämtlicher dort verkauften dänischen Prisen auf etwa 4 Millionen Reichsbanktaler, in Dänemark der für die englischen Prisen dagegen auf 20 Millionen; es ist hierbei aber zu beachten, daß die Preise in England außerordentlich niedrige waren und die letzte Summe nicht annähernd erreicht worden wäre, wenn diese dänischen Prisen mit den auf ihnen genommenen Waren etwa in England hätten verkauft werden müssen.

Für die Gesamt-Größe des Verlustes auf dänischer Seite hat aber ferner noch mitzuzählen, daß vor Ausbruch des Krieges rund 600 dänische Schiffe in England mit Beschlag belegt wurden, deren Wert nebst dem ihrer Waren auf die Summe von 30 Millionen Reichsbanktalern anzusetzen sein dürfte, wogegen das Embargo auf englische Schiffe in Dänemark nur 67 Schiffe ausmachte.

Da die Belagerung Kopenhagens ferner an Material-Schäden etwa 16 Millionen, die Wegnahme der Flotte rund 24 Millionen Taler kosteten, so ist schließlich der Gesamt-Verlust Dänemarks in diesem 6jährigen Kriege doch um etwa 50 Millionen Taler höher einzuschätzen, als der Englands, ganz abgesehen von der allgemeinen, sehr schweren Bedrückung des dänischen Handels an und für sich.

Wie von dem großen allgemeinen Kriege Napoleons gegen den Seehandel Englands während der Zeit der Kontinentalsperre aber nie bestimmt entschieden worden ist, wer denn eigentlich in diesem eigenartigen Kampf der Sieger geblieben, ob England oder der Kontinent, so trifft dies hier ebenfalls im Großen und Ganzen zu; beide Gegner haben auf das Schwerste gelitten, beide haben ihr System der gegenseitigen Beeinträchtigung nicht voll und strenge durchführen können, sondern sich durch Licenzen und anderweitige Einrichtungen helfen müssen.

Nicht nur der Handel allein hatte unter den Kriegswirren zu leiden; alle Berufe, vor allem viele Zweige der Fabrikation wurden schwer in Mitleidenschaft gezogen.

Schließlich blieb England aber doch dadurch der Gewinner, daß die Seeschiffahrt und der Seehandel aller übrigen Völker teils von ihm zerstört, teils an sich gerissen wurde. Beim Friedensschluß war England auf allen Meeren allen andern weit voraus, jeder andere hatte von Neuem zu beginnen und besonders traf dies bei den kleineren Neutralen zu, welche zwischen England und Frankreich in diesem militärischen und wirtschaftlichen Wettstreit fast erdrückt wurden, darunter in erster Linie

Dänemark und Schweden. Es wurde dies aber von keinem der Zeit-genossen erkannt.

Über die schwedischen Verhältnisse soll noch im nächsten Abschnitt besonders gehandelt werden, sie waren im Großen und Ganzen den oben geschilderten ähnlich; der allgemeine Krieg gegen den Handel wird dabei noch eingehender erörtert werden.

Die Verhältnisse in der Ostsee vor und während des Frei-heitskrieges 1812 und 1813. In enger Verbindung mit dem dänisch-englischen Krieg sowie dem Kriege gegen den Handel stehen auch die Kriegsereignisse in der Ostsee 1813.

Dem zu Mitte des Jahres 1806 von Kaiser Napoleon gestifteten Rheinbund gehörte auch seit 1808 Mecklenburg an. Nach der Einver-leibung der Niederlande in das Kaisertum Frankreich folgte diejenige von Oldenburg und dem nordwestlichen Hannover sowie ferner die des Herzogtums Lauenburg und der Hansestadt Lübeck durch Dekret vom 10. Dezember. Das französische Kaiserreich erschien somit von da ab auch an der Küste der Ostsee als eine dort Besitz habende Macht.

Am 5. April 1812 hatte Schweden bereits ein engeres Bündnis mit Rußland gegen Napoleon geschlossen, wobei Schweden die Erwer-bung von Norwegen beim Friedensschluß bestimmt zugesichert worden war; eine geplante Landung auf Seeland wurde aber im Herbst end-gültig aufgegeben.

Das Vordringen der schwedischen Truppen von Süden nach Schleswig ist bereits erwähnt; 1813 lagen dann ferner größere Ab-teilungen der schwedischen Orlogs- und Schären-Flotte zum Schutz von Convois sowie der nach Pommern überzuführenden Truppen im Sund bereit. Dänische und schwedische Schären-Flottendivisionen fochten ge-legentlich kleinere Scharmützel gegeneinander durch.

Besonderen Anteil an dem Krieg gegen Napoleon und Frankreich hatten die in Schwedisch-Pommern stationierten Fahrzeuge der Armee-Flotte, welche vor allem auf dem Damm'schen See bei Stettin den Preußen gegen die italienischen Hülfstruppen Napoleons wesentlichen Beistand leisteten. 1814 dienten fast alle in Pommern stationierten Mannschaften der Armee-Flotte und die Werft-Handwerker als Pionier-Korps bei der schwedischen Armee in Holstein und nachher am Rhein.

Auch bei Danzig fanden kriegerische Maßnahmen zur See gegen die französischen Truppen statt. Die von etwa 12 000 Preußen und Russen besetzte starke Festung nahe der Küste bedrohte sehr des vor-rückenden Napoleons linke Flanke und seine rückwärtigen Verbindungen, da hier fast zu jeder Zeit von England und Schweden Truppen gelandet werden konnten. Man versäumte aber bei seinen Gegnern vollständig, die Verbindung mit dem Meere sowie über die frische Nehrung hinweg mit Pillau und Königsberg zu sichern, so wenig wurde die Bedeutung der See erkannt. Schon im Mai 1807 hatte hier eine englische Korvette dem belagerten Danzig Geld und Kriegsmaterialien zuführen sollen, passierte tollkühn und glücklich die von den Franzosen besetzten Weichsel= münder und die Holm=Batterien, lief dann aber auf und mußte sich den belagernden Franzosen endlich ergeben. Die 1812 dreimal durch eine englisch=russische Flottille unternommenen Versuche gegen die französischen Werke an der Weichsel=Mündung mißglückten stets; am 2. September hatten sich nahezu 70 Kanonen=Schaluppen nach 2 stündigem Gefecht zurückziehen müssen und ein 3 stündiger Nacht=Angriff blieb ebenfalls gänzlich erfolglos.

Mit 84 Kanonen=Schaluppen unternahmen die beiden Verbündeten am 4. Oktober einen dritten Angriff von 10 Uhr vormittags an, der 5 Stunden währte, in dem die Franzosen trotz 8500 durch die Flotte gefeuerter Schüsse aber nur 2 Tote und 6 Verwundete verloren, während ihre Gegner 150 Mann, 2 Schaluppen und viele Beschädigungen einbüßten.

Daß von den wenigen preußischen Festungen — vier waren es — welche 1806/07 nicht in Feindeshand fielen, zwei, d. i. Kolberg und Pillau, an der See lagen (im Innern außerdem noch Graudenz und Silberberg), läßt den Einfluß und die Bedeutung der See und der See= macht im Allgemeinen ebenfalls hervortreten; daß gerade hier sich charakterfeste Männer fanden, welche bis zuletzt aushielten, dürfte kaum Spiel des Zufalls allein sein.

Die preußischen Maßnahmen sollen später noch besonders behandelt werden; der preußische und deutsche eigentliche Aktiv=Handel in der Ostsee hatte sich zwar gegen Ende des 18. Jahrhunderts weiter gut entwickelt und nahm 1805 etwa ¼ Millionen Tonnen ein — über das Doppelte der deutschen Nordsee=Rhederei — aber der allgemeine deutsche auswärtige Handel, der auch früher wie jetzt in der Hauptsache Seehandel war, hatte während des Jahrhunderts noch sehr geringe Zahlen aufzuweisen. Die in den Jahren 1700—1790 an Deutschland vom Ausland gezahlten verschiedentlichen Subsidiengelder stellten mit ihrer Höhe von über 1½ Milliarden Mark (550 Millionen Taler) doch immer noch eine größere Summe Geldes dar, als ganz Deutschland sonst durch seinen Handel in dieser Zeit von außen zufloß.

Die Kontinentalsperre hatte alsdann bereits 1808 den Seehandel überall schwer geschädigt, so war z. B. Königsbergs Schiffsrhederei in

einem Jahr von fast 1000 auf nur 50 Schiffe und Fahrzeuge zurückgegangen.

Der Kampf Norwegens gegen Schweden 1814. Der Friede
zu Kiel vom 14. Januar wurde von der nach Eidsvold in Norwegen
zusammenberufenen Volksversammlung mit Bezug auf die Abtretung
Norwegens an Schweden nicht anerkannt; Norwegen erklärte sich als
frei und unabhängig und rief den Erb-Prinzen Friedrich Christian,
den derzeitigen Statthalter des Landes — den nachherigen König
Christian VIII. von Dänemark — unter dem Namen Olaf zum
König aus.

Unter dem Oberbefehl des bereits 1809 zum Kronprinzen von
Schweden erwählten Marschall Bernadotte sammelte sich bei Strömstad
ein schwedisches Heer mit einer Flotte, letztere unter Befehl des Ober-
admirals Freiherrn von Puke. Nachdem die Flotte Ende Juli von
Pommern 25000 Truppen nach dem Norden übergeführt hatte,
lagen hier bereit:

4 Linienschiffe, 12 Kanonen-Schooner,
5 Fregatten,   60 Kanonen-Schaluppen (5 Bataillone der Armeeflotte),
5 Schooner,   6 Mörser-Fahrzeuge,
           fast 100 Schiffe und Fahrzeuge zusammen.

Bei den Hvalöern lag weiter draußen in den Schären eine
norwegische Flottille von:

47 Kanonen-Schaluppen und
4 Kanonen-Jollen.

Ein durch die Schweden geplanter Überfall wurde durch Windstille
und starken Strom verhindert, so daß die Norweger nach dem Christiania-
Fjord entkamen; erstere beschlossen nun, gegen die bei Kragerö an der
östlichen Mündung des Glommen lagernden 1200 Mann norwegischer
Truppen vorzugehen. Die am 3. August mit allen Fahrzeugen und
2500 Truppen sowie 1000 Mann des Landungskorps der Orlogsflotte
in 3 Abteilungen durchgeführte Landung gelang vollkommen und mit
nur geringen Verlusten.

Die nahe norwegische Festung Frederikstad wurde am nächsten
Morgen von den Schooner-Fahrzeugen sowie von einer auf Kragerö
errichteten Batterie aus beschossen und kapitulierte nach kurzer Zeit.
Dann wurde die Feste Frederiksteen bei Frederikshald durch dieselben
See- und Land-Streitkräfte nach kurzer Gegenwehr genommen.

Eine am 14. August zu Moß unter dem Druck anderer Mächte
abgeschlossene Konvention machte bald den Feindseligkeiten ein Ende;
Norwegen trat dann zu Schweden in Personal-Union, hatte somit im

Wesentlichen seinen Willen doch durchgesetzt; mit dem Staat wurde auch die Marine selbständig.

Die weitere Entwicklung der neuen norwegischen Marine soll hier aber, da der neue Staat nur ganz lose mit dem baltischen Staate Schweden in Verbindung war, nicht dargestellt werden und ist dies um so weniger erforderlich, da Schweden-Norwegen seitdem keinen Krieg geführt haben. Das seit 1905 gänzlich unabhängige Norwegen scheidet damit aus einer Betrachtung der Ostsee-Geschichte ganz und gar aus und gehört gänzlich zu den übrigen Außenstaaten; nur eine etwa neu geschaffene nordische Union würde es in einem Kriegsfall wiederum für die Ostsee-von Bedeutung werden lassen.

IV.

Der ruſſiſch-ſchwediſche Krieg 1808 und 1809.

Beginn des Krieges.

Die ſchwediſche Orlogsflotte in der Friedenszeit. Während der 17jährigen Friedenspauſe nach dem Frieden zu Werelä im Jahre 1790 war bei dem ſtets herrſchenden großen Geldmangel in Schweden wenig für die Orlogsflotte getan worden; von den beim Friedensſchluß dem Lande verbliebenen 16 Linienſchiffen und 13 Fregatten waren nur je 11 und 8 in kriegsbrauchbarem Zuſtand und gelang es nur mit knapper Not, die Flotte auf dieſem Stand zu erhalten, obwohl mehrfach Flotten-Bau-Programme aufgeſtellt wurden, um die Flotte allmählich wieder auf die frühere Stärke zu bringen.

Guſtav III. fiel 1792 durch Mörderhand und die folgende Vormundſchafts-Regierung unter dem Präſidium des der Flotte angehörenden Groß-Admirals Herzog Karl von Südermannland konnte auch nicht die nötigen Geldmittel flüſſig machen, ſo daß die Flotte 1808 nur aus 12 Linienſchiffen und 8 Fregatten beſtand, alſo ſo vielen, als 1790 kriegsbrauchbar übrig geblieben waren.

Die Koſten eines Linienſchiffs von 74 Kanonen betrugen einſchließlich Betakelung und Armierung ſchon 200 000 Reichstaler; ein beabſichtigter Bau von 3 durch den Chef-Konſtrukteur Chapman konſtruierten Dreideckern von 74 Kanonen war nicht zur Ausführung gelangt.

Entwicklung der ſchwediſchen Schären-Flotte. Die während des Krieges 1788—1790 außerordentlich angewachſene Armee- und Schären-Flotte zählte beim Friedensſchluß 230 Fahrzeuge der verſchiedenſten Gattungen, welche an vielen Orten untergebracht werden mußten, da ſelbſt nach Erweiterung der Anlagen von Sveaborg und Stockholm dort nicht genügend Gelegenheiten zur Unterbringung vorhanden waren. Zu dieſen Orten gehörten Aabo, Gothenburg und

Stralsund. Schließlich wurde ein Teil der kleineren Fahrzeuge nach dem Saimen=See im Nordwesten von Wiborg übergeführt und dort an zwei Orten untergebracht.

Die in Stralsund befindlichen Fahrzeuge wurden dann im Jahr 1807, als Schweden Neu=Vorpommern abtreten mußte, nach Landskrona und Malmö verlegt.

Für diese Schären=Flottillen geschah aber bis zum Ausbruch des neuen Krieges so gut wie nichts, so daß sich viele Fahrzeuge bald in schlechtem Zustand befanden und 1808 von allen vorhandenen Fahrzeugen nur 190 kriegsbrauchbar waren.

Neu=Organisation der Armeeflotte. Nur die innere Organisation der Küstenwehr war besonders gefördert worden, indem unter Anderm im Jahre 1795 auch ein neues Exerzier=Reglement erschienen war, unter dem Namen: „See=Taktik für die Armee=Flotte." (Die genauere Darstellung der einzelnen Klassen von Fahrzeugen gibt Band I, S. 328—333.)

Die Unter=Abteilungen der Armee=Flotte führten wie zuvor die Bezeichnung Division und Bataillon, welche dann wieder zu Geschwadern zusammen gezogen wurden. Zu einem solchen Bataillon von Kanonen=Schaluppen gehörten bestimmungsgemäß:

1 Hemmema,
12 Kanonen=Schaluppen (in 3 Divisionen zu je 4 Schaluppen),
2 Mörser=Barkassen (mit je 1 80=Pfünder=Mörser),
1 Chef=Fahrzeug,
1 Aviso=Fahrzeug,
1 Rekognoszier = Schaluppe (oder Kanonen = Barkasse); ferner als Troß:
3 Küchen= und Proviant=Fahrzeuge,
1 Munitions= und Vorrats=Fahrzeug,
1 Kranken=Fahrzeug sowie
1 Wasser=Schute, zusammen 24 Fahrzeuge.

Jedes Galeeren=Bataillon setzte sich zusammen aus:
6 Galeeren (3 Divisionen zu je 2 Galeeren),
6 Galeeren=Espingar (große Beiboote, welche nicht geheißt werden konnten),
1 Rekognoszier=Schaluppe und
1 Wasser=Schute.

Die Hemmema sollten zum Stützpunkt der 6 Troß=Fahrzeuge sowie der 5 Spezial=Schiffe ihres Bataillons dienen; beim Marsch führte im Allgemeinen das Chef=Fahrzeug, welchem zuerst die Schaluppen folgten.

Die Espingar hatten sich stets seitlich achteraus von ihren zugehörigen Galeeren zu halten.

Bei allen Formationen betrug die Entfernung der einzelnen Fahrzeuge im Allgemeinen eine ihrer Länge entsprechende, zwischen den Enden der Ruder sollten 80 Fuß frei bleiben.

Im Jahre 1776 waren eingehende Bestimmungen für den Dienst an Bord und das Exerzieren mit Rudern und Kanonen erlassen; ein 36-Pfünder hatte 12 Mann, ein 18-Pfünder 7 Mann, ein 3-Pfünder 3 Mann Bedienung, die Rickhaken, eine Art leichter Reelings-Geschütze, je 2 Mann, außer den Munitions-Männern.

Die Ruder einer Turuma wurden von je 4 Mann bedient, deren Nummer I, ein Seemann, am innersten Ende und der kleinste Mann auf der beweglichen Reelingbank ihren Platz hatten; die gesamte Ruder-Mannschaft war in 4 Divisionen eingeteilt, von denen je 2 beim Marsch in Tätigkeit waren.

Besondere Organisationen des Personals der Marine. Besonders erwähnenswert ist die 1793 erfolgte Schaffung eines eigenen und selbständigen Konstruktions-Korps; das gesamte Schiffbau-Personal wurde dem General-Adjutanten der Flotte unterstellt und militärisch organisiert, mit bestimmten militärischen Graden. Als Unter-Chef fungierte der Älteste der Konstrukteure mit dem Rang eines Obersten; dem Korps gehörten um das Jahr 1800 aber nur 14 Personen an. Eine derartige militärische Organisation des Schiffbau-Werft-Personals kannte keine andere damalige Marine.

In der Organisation der Oberleitung und Verwaltung fanden während der 17 Friedensjahre mehrfach Änderungen statt und im Jahre 1803 wurden beide Flotten, die Orlogs- und Armee-Flotte, wieder einer gemeinsamen Verwaltung in Stockholm unterstellt, der „Verwaltung der See-Angelegenheiten."

Die russische Hochseeflotte. Im Jahre 1797 und in den beiden folgenden Jahren waren russische Geschwader sogar in der Nordsee tätig gewesen, indem Admiral Chanikoff mit 12 Linienschiffen und 6 Fregatten mit der englischen Flotte vereint 1799 bei Texel operiert und die Landung von Truppen unterstützt hatte; England und Rußland verfügten über eine größere Anzahl von Schiffen als alle übrigen Mächte zusammen und war letzteres die zweitgrößte Seemacht der Zeit. Fast ein Drittel der vorhandenen Schiffe war in den letzten Jahren nach dem Mittelmeer gesandt worden und da ein ferneres Drittel bei der allgemeinen Verwahrlosung der Flotte nicht kriegsbrauchbar war, so standen in der Ostsee zu Beginn des neuen Krieges nur: 9 Linienschiffe, 7 Fregatten sowie etwa ein Dutzend kleinerer Fahrzeuge zur Verfügung. Admiral Senjawin wurde 1808 auf der Rückfahrt vom Mittelmeer mit seiner Flotte in Lissabon durch die Engländer zur Übergabe gezwungen.

Durch einzelne Neubauten sowie Wiederherstellung alter Schiffe wurde die Flotte nach einigen, aber nicht ganz sicheren Angaben, im Lauf des Sommers auf 20 Linienschiffe und Fregatten, also etwa auf doppelte Stärke gebracht.

Die russische Schären-Flotte. Nach dem Frieden 1790 wurde die große Galeeren- und Schären-Flotte gänzlich verwahrlost und hatte man vor Allem die Galeeren sowie die Schebecken ganz verfaulen lassen; auf der Galeeren-Werft zu Petersburg gab es 1808 an brauchbaren Fahrzeugen nur noch 11 schwimmende Batterieen, 60 Kanonen-Schaluppen und 55 Kanonen-Jollen. Bei der am Svensksund neu erbauten kleinen Festung Ruotsensalmi waren 10 Kanonen-Jollen, am Saimen-See 21 Kanonen-Schaluppen und am Ladeinoje-See 13 letzterer stationiert; es gab somit nur noch rund 170 Fahrzeuge.

Politische Lage im Norden im Jahr 1807. In dem am 7. Juli 1807 zu Tilsit abgeschlossenen Frieden hatte Alexander I. sich Napoleon gegenüber verpflichtet, ganz mit England zu brechen und beide nordischen Mächte zur Beteiligung an der Continentalsperre zu bewegen; es scheint sogar zwischen beiden Kaisern darüber verhandelt worden zu sein, daß Rußland bei einer Weigerung Schwedens sich Finnlands bemächtigen solle, ein seit Peters des Großen Zeit gehegter russischer Wunsch.

Gustav IV. Adolf von Schweden, der inzwischen die Regierung selbständig angetreten hatte, wurde bald von Alexander I. aufgefordert, das Bündnis mit England zu kündigen und zu den Verträgen der bewaffneten Neutralität von den Jahren 1780 und 1800 zurückzukehren; trotzdem der schwedische Gesandte gleichzeitig meldete, daß man in Rußland zu einem Angriff auf Finnland rüste, verhielt sich Gustav unbestimmt und zweideutig. Schließlich lehnte der König, der bestimmt auf die Unterstützung Englands baute, die Forderungen des Zaren ab, so daß sich Alexander infolge des gepflogenen Schriftwechsels nunmehr berechtigt hielt, ohne eine förmliche Kriegserklärung in Finnland einzufallen.

Obwohl der Gesandte von Stedingk noch zu Anfang Februar das Bereitsein einer starken russischen Truppenmacht zum sofortigen Einfall gemeldet hatte, geschah von Gustav's Seite nichts; kein einziger Soldat wurde nach Finnland gesandt, obwohl 40000 Mann zur unmittelbaren Verfügung im Stammland bereit standen. Es hing dies einesteils mit der Befürchtung zusammen, daß ein dänisch-französisches Heer jederzeit in Schonen einfallen könnte, obwohl ein englisches Geschwader zu dessen Abwehr im Sund bereit lag; dann aber auch zeigte Gustav IV., wie vorher im Jahre 1805 in Deutschland, seine volle Unfähigkeit zum Feldherrn, indem er einen ganz anderen Plan entwarf, nämlich mit englischer Hülfe auf Seeland zu landen und gleichzeitig in Norwegen einzufallen, wozu er im Westen und Süden seines Reiches Truppen ansammelte. Er sah den Wald vor lauter Bäumen nicht, verfolgte wie seine letzten Vorfahren stets besondere abenteuerliche und vermeintlich höhere Pläne, ließ dabei aber das Nächstliegende ganz außer Beachtung.

Durch seine mehr als abenteuerlichen Pläne, auf Amager oder später gar bei Wiborg mit den 10 000 englischen Hülfstruppen unter General M o o r e zu landen, auf welche Vorschläge letzterer aber nicht einging; sowie ferner durch sein ungeschicktes diplomatisches Verhalten brachte G u s t a v es schließlich dahin, daß M o o r e schon Ende Juli 1807 von Gothenburg wieder heimfuhr; statt dem König durch Landung seiner Truppen in Schonen, wie dies vom englischen General beabsichtigt war, den Rücken gegen Dänemark zu decken und für Schweden somit etwa 15 000 Mann zur Verwendung in Finnland frei zu machen, unterblieb nun diese große Hülfe. Der abenteuerliche und stets ins Weite schweifende sowie unklare und unmilitärische König dachte auch schon an eine Eroberung von Mecklenburg.

Stärke der finnischen Armee. Das schwedisch-finnische Heer war in guter Verfassung; zwar war seine Stärke nicht allzu beträchtlich und betrug nur — Milizen, Reserven, Geworbene und Freiwillige zusammengerechnet — rund 23 000 Mann, aber die Mannschaften waren geübt und diszipliniert; mehrere besondere, dem Lande eigentümliche Einrichtungen sicherten die Durchführung eines geordneten Train-Wesens, was bei der eigenartigen Configuration des Landes von hoher Bedeutung war. Die Offiziere waren kriegsgeübt, die starken Seefestungen Svartholm und Sveaborg besaßen auch auf der Landseite genügend starke Verteidigungs-Anlagen.

Einfall der Russen in Finnland. Der Krieg entwickelte sich förmlich als eine Art Nachspiel des letzten Krieges von 1790. Ende Februar 1808 rückte das russische Heer ohne Kriegserklärung in Finnland ein und fand nur schwachen oder fast gar keinen Widerstand; es war der erste große Winterfeldzug im Norden, an dessen Ausführbarkeit man vorher nicht geglaubt hatte, wenigstens in Schweden nicht.

Die Schärenfahrzeuge des Saimen-See wurden verbrannt und bereits Ende März hatte Feldmarschall Graf Klingspor das ganze südliche Finnland geräumt. In dem Wahn, daß die Russen mit einer Truppenmacht von 60000 Mann vorrückten, ersah man beim Fehlen jeglicher besonderer Landfestungen vorläufig das einzige Heil in schleunigem Rückzug, der fast fluchtartig ausgeführt wurde. Erst im äußersten Westen sollte Klingspor wieder offensiv vorgehen, wie die Instruktionen von Stockholm aus dies besonders festgesetzt hatten.

Daß bei der geringen Ausdehnung beider Seefestungen der sofortige Rückzug der an der Grenze und im Süden stehenden schwedischen Heeresteile bei ihrer fast vollständigen Überraschung geboten war, ist wohl bestimmt zuzugeben; aber ein solch allgemeines Zurückgehen gebrauchte durchaus nicht in der Art und so schleunig ausgeführt zu werden, da die Russen oft garnicht nachdrängten. Ein gelegentlich ausgeführter stärkerer Widerstand hätte die russischen Truppen bei den einzelnen Pässen leicht aufgehalten, ihren Vormarsch sehr verlangsamt und den eigenen Truppen moralischen Halt gewährt. (S. Karte: A.)

Kaiser Alexander I. erließ bereits am 1. April ein Manifest, in welchem er die Vereinigung Finnlands mit Rußland für ewige Zeiten erklärte. Eine nach den Aalands-Inseln abgesandte Expedition nahm diese bereits Mitte April in Besitz; bei diesem weitesten russischen Vorstoß zogen die Schweden sich auch aus Aabo zurück und verbrannten ihre dort stationierten 50 Schärenfahrzeuge, so wenig Widerstandskraft zeigten die Führer des Heeres, selbst hier nicht einmal Widerstand zu leisten.

Bereits Ende März war das in 3 Hauptkolonnen zurückgewichene finnische Heer in Ny-Karleby sowie in Uleaaborg im Nordwesten Finnlands am bottnischen Meerbusen angelangt; erst nahe vor letzterem Ort wurde der „grundsätzliche" Rückzug aufgegeben und schlugen hier die nunmehr doppelt so starken Finnländer ihre Verfolger zurück, welche sich jetzt wiederum eiligst auf Gamla-Karleby zurückzogen.

Expedition gegen Gothland. Diese schnellen und unerwartet glänzenden Erfolge hatten einen Versuch im Gefolge, Gothland in Besitz zu nehmen; hierzu wurden in Libau 9 Kauffahrer ausgerüstet, mit denen Kontre-Admiral Bodisco nebst 1700 Mann und 6 Kanonen am 21. April in See ging und nach 3 Tagen Wisby einnahm. Als die Nachricht hiervon in Stockholm eintraf, erging sofort an den Kontre-Admiral Freiherrn Cederström der Befehl, auf seinem bereiten Geschwader von 3 Linienschiffen und 2 Fregatten sowie einigen Fahrzeugen 1900 Mann mit 6 Geschützen von Karlskrona nach Gothland überzuführen. Nachdem letztere im Osten der Insel gelandet worden waren, kapitulierten die Russen schon nach 2 Tagen am 16. Mai, ohne sich vorher sonderlich zur Wehr gesetzt zu haben; sie kehrten dann nach Libau zurück.

Der Aaland-Expedition erging es noch schlechter; sobald das Eis schmolz, gingen schwedische Truppen hinüber und machten die 500 dort stehenden Russen zu Gefangenen.

Fall der schwedischen Seefestungen in Finnland. Inzwischen waren auch die beiden starken Festungen an der Küste, Svartholm an der nahen Grenze und Sveaborg vor Helsingfors, in die Hände der Russen gefallen; ohne daß stärkere Beschießungen oder Sturmangriffe vorhergingen, ergaben sich beide sofort, das völlig unversehrte Svart-holm bereits am 18. März. Der mehr als schwächlich zu nennende Admiral Kronstedt lieferte Sveaborg mit 2000 Geschützen und 7000 Mann Besatzung am 3. Mai an den weit schwächeren General Süchtelen aus, ohne vorher die Schiffe im Hafen zu verbrennen; diese schmach-volle Kapitulation einer wohl ausgerüsteten und starken Festung vor einem schwächeren Gegner, ohne jede besondere Gegenwehr, war die Folge politischer Beeinflussungen und Einschüchterungen sowie der An-wendung von Bestechungs-Mitteln, die sogar eine mit Mühe unterdrückte Revolte hervorgerufen hatten. Obwohl alle Subaltern-Offiziere und Soldaten sich offen und bestimmt gegen eine Übergabe erklärten, auch zur See kein Gegner sich zeigte, da der Schärenhof noch gänzlich vereist war, übergab der schwächliche Kommandant dennoch bald die Festung mit allem Kriegsmaterial, zum Schaden und zur Schmach seines Landes.

Bewegungen der Hochseeflotten. Das Geschwader Ceder-ström's wurde nach der Rückkehr von Gothland verstärkt und verließ er am 3. Juni Karlskrona mit 10 Linienschiffen sowie 6 Fregatten. Nach einigen Kreuzfahrten ankerte er dann südlich von Aabo vor dem Jomfrusund, um das Vordringen der russischen Schären-Flottillen weiter nach Norden hin zu verhindern.

Unter Befehl des Kontre-Admirals Chanikoff verließ die russische Hochseeflotte Kronstadt am 26. Juli in Stärke von 9 Linienschiffen, 7 Fregatten und 13 Fahrzeugen, blieb dann bei Hangö vom 6. bis 20. August, um die schwedische Orlogsflotte zu beobachten und die Be-wegungen der eigenen Schären-Flotte zu unterstützen. Cederström hatte inzwischen den Befehl an Kontre-Admiral Nauckhoff abgegeben; nachdem letzterer durch 2 englische Linienschiffe unter Kontre-Admiral Hood verstärkt worden war, welche bereits Ende Mai in die Ostsee eingelaufen waren und sich längere Zeit vor Riga gezeigt hatten, ging er gegen die russische Flotte zum Angriff vor, die sich aber sofort nach

Baltischport zurückzog, wo sie alsdann vom Geschwader Nauchoff's blockiert wurde (s. Karte: C.)

Bei dieser Verfolgung entstand ein Gefecht zwischen dem englischen Linienschiff „Implacable" und dem russischen „Sevolod" von 74 Kanonen, welchem seine Genossen aber noch zeitig zu Hülfe kamen. Beim Einlaufen auf die Innen=Rhede von Baltischport kam es zwischen diesem Linienschiff und dem englischen Linienschiff „Centaur" im An= gesicht des nahen russischen Geschwaders nochmals zum Kampf; nach einem Verlust von 303 Mann strich der „Sevolod" dann vor beiden Gegnern die Flagge und wurde darauf von den Siegern verbrannt. Ein von Admiral Chanikoff zur Unterstützung befohlenes Linienschiff führte diesen Befehl aber nicht aus; dessen Kommandant wurde später Marine=Minister, wohingegen der Admiral zum Gemeinen degradiert wurde. Als Einblick in die russischen Verhältnisse ist dies Gefecht mit seinen besonderen Folgen von größerem Interesse.

Nauchoff wurde am 30. August durch 4 fernere englische Linienschiffe sowie 1 Fregatte unter Oberbefehl des Vize=Admirals Sir James Saumarez verstärkt und gingen von der verbündeten Flotte bald 5 Linienschiffe mit 2 Fregatten nach Kronstadt. Saumarez' Absicht, am 1. September die auf der Rhede von Baltischport verankerte russische Flotte mit der verbündeten Flotte anzugreifen, wurde durch lange anhaltende starke Südwinde vereitelt und nachher lagen die Russen hinter allzu starken Sperren gesichert, um einen erfolgreichen Angriff zu gewährleisten.

Die Herbststürme sowie der Proviantmangel zwangen dann die Verbündeten zur Aufgabe der Blockaden, so daß Chanikoff Anfang Oktober wieder nach Kronstadt zurückkehren konnte.

Vorgehen der russischen Schärenflotte. Da Helsingfors bereits Anfang März den Russen übergeben war und mit dem Fall von Svea= borg die gesamte dort stationierte finnische Abteilung der schwedischen Armeeflotte in russische Hände geriet, so stand dem weiteren Vorrücken der russischen Schären=Flottillen nichts mehr im Wege. Verstärkt durch die vielen genommenen schwedischen Schären=Fahrzeuge, — es waren dies: 2 Hemmema, 20 Kanonen=Schaluppen und 49 Kanonen= Jollen, — gingen die russischen Divisionen von Petersburg und Ruotsen= salmi bereits im Juni nach dem Schärenhof von Abo, wo sie fast zur selben Zeit wie ihre Gegner eintrafen.

Der ganze südliche sowie der dem Festland nahe südwestliche Schärenhof Finnlands war somit Mitte Juni überall durch die russischen Fahrzeuge besetzt; um den schwedischen Fahrzeugen ihre Bewegungen

zu erschweren, waren bereits im Winter alle auf den dortigen Außen-
schären errichteten Seezeichen und Leuchttürme von den Russen zerstört worden.

Die Gefechte in den südwestlichen Schären-Gewässern Finnlands, 1808.

Die Schären-Gewässer bei den Aalands-Inseln und vor Aabo-Hangö. Der Schärenhof im Südwesten Finnlands unterscheidet
sich dadurch wesentlich von allen übrigen Schärengärten, daß er sich in
westlicher Richtung über 30 sm und mit Einschluß der weiter nach
Westen liegenden Aalands-Inseln 80—100 sm in See erstreckt, sowie
dadurch, daß zu ihm eine große Anzahl größerer Inseln gehört; im
Übrigen ist sein Charakter im Allgemeinen dem aller anderen Schären-
Gewässer gleich, er bildet ein förmliches Gewirre von Kanälen und
Fahrwassern, die mit einer Legion von Klippen, Riffen und Untiefen
besät sind. Das Festland zeigt tief einschneidende schmale Buchten, mit
dort einmündenden Flüssen und Bächen. (s. Karte: D.)

Von größeren Inseln sind zu nennen: das im Norden von
Hangöudde gelegene Kimito, das von Aabo westlich liegende Rimito
sowie die südwestlich von letzterem liegenden Inseln Nagu und Korpo.

Zwischen dem eigentlichen Schärenhof vor Aabo und den Haupt-
Aalands-Inseln befinden sich 2 durch die Gruppe der Gattunga getrennte
Meeresteile: Skiftet im Osten, Delet im Westen, beide mit Richtung
Nord-Süd.

Aber selbst das freie Meer ist überall mit unzähligen Untiefen,
Felsen, Klippen und kleinen Eilanden förmlich besät und finden sich in
den Außen-Schären überall Schlupfwinkel für einzelne Fahrzeuge sowie
in den Innen-Schären gesicherte Anker-Plätze für ganze Flottillen, aus
denen hervorkommend diese einem unbekannten Gegner gegenüber oft
ganz überraschend aufzutreten vermögen.

Das Hauptfahrwasser von Hangö her führt im Südwesten der
Insel Kimito durch den Jomfrusund; im Westen von der nördlichst
gelegenen Halbinsel Lokalax ist der lange Grönvikfund das nördlich in
die Ostsee ausmündende Fahrwasser; von letzterem zurück, weiter auf
Aabo zu, geht die Hauptfahrstraße durch den Palvasund. Nur wenige
der ungezählten Fahrkanäle waren damals genauer bekannt oder gar
vermessen und auch heute noch ist dies mit den meisten der Fall. Ohne
Lootsen ist eine sichere schnelle Passage daher fast unausführbar gewesen,

nur ihnen konnten die vielen Kennzeichen und Fahrmarken genauer bekannt bleiben.

Umgehungen der Stellungen gegnerischer Schären-Streitkräfte waren daher in diesem Labyrinth mit großen nautischen Schwierigkeiten und Gefahren verknüpft sowie oft fast ganz unausführbar.

Vorgehen der schwedischen Armeeflotte; Landung bei Aabo. Erst zu Anfang Juni verließen die ersten Fahrzeuge Stockholm und sammelte sich die Armeeflotte unter Befehl des Generalmajors Freiherrn von Vegesack in Stärke von 22 Kanonen-Schaluppen sowie mit 3000 Truppen auf Transportfahrzeugen im Osten der Aalands-Inseln; von hier wurde Mitte Juni weiter nach dem Osten vorgerückt und am 19. bei Aabo gelandet, ohne daß die russische Schären-Flottille sich dem widersetzte. Über 100 Bauern und 70 Flüchtlinge von den Truppen aus Sveaborg schlossen sich diesen Truppen an. Trotz ihres überraschenden Auftretens wurden die Schweden bald wieder zurückgeworfen, konnten sich jedoch am nächsten Tage wieder auf ihren Fahrzeugen einschiffen; Vegesack zog sich ganz nach den Aalands zurück, die Kanonen-Schaluppen blieben bei Korpo liegen.

Eine Ende Juni weiter nördlich bei Wasa landende schwedische Abteilung von 1500 Mann konnte sich nur unter großen Verlusten zum finnischen Heer nach Norden durchschlagen. Wären beide gelandeten Heeresteile stärker gewesen und hätten sich somit an Ort und Stelle längere Zeit halten können, dann wäre aller Wahrscheinlichkeit nach eine Verbindung mit dem nördlich in Osterbotten befindlichen, alsdann bald siegreich nach dem Süden rückenden finnischen Heer erfolgt. Die dadurch ermöglichte Erhebung der Finnländer, welche nur auf das Vorgehen der verschiedenen schwedischen Heerkörper warteten, hätte dann wohl die Rückeroberung Finnlands in kurzer Zeit mit sich geführt, dem Kriege wäre mithin eine ganz andere Wendung gegeben worden.

Entgegen allen Vorschlägen seiner Ratgeber plante der König aber selbst jetzt immer noch, seine Hauptstreitkräfte gegen Dänemark und Norwegen zu verwenden; er befolgte ferner nicht den öfter ihm gemachten Vorschlag, alle von ihm zur Verstärkung nach dem Norden gesandten Truppen wenigstens gesichert im Rücken der finnischen Hauptarmee zu landen und letztere dadurch erheblich zu verstärken. Das Heil und die Rettung Finnlands sah er stets allein in vielfachen, getrennt ausgeführten Diversionen und zersplitterte dauernd seine Streitkräfte, obwohl ihm fast immer zu deren Konzentration der Seeweg zur sicheren Verfügung stand.

Gefecht bei Rimito-Kramp. Unter Befehl des Admirals Hjelmstjerna gingen die bei Korpo gesammelten Schären-Fahrzeuge am 30. Juni wieder gegen Aabo vor; außer Transportfahrzeugen waren dies 4 Galeeren und 15 Kanonen-Schaluppen.

Obwohl der Aufenthalt der russischen Schären-Flottille nicht genau bekannt war, wurde doch versäumt, Aufklärungs-Fahrzeuge vorauszuschicken, so daß die marschierende Flottille beim Passieren einer kleinen Bucht, nahe der Südspitze von Rimito, plötzlich in der Flanke ein so mörderisches Feuer von den dort vertäuten 22 russischen KanonenSchaluppen und einigen Kanonen-Jollen erhielt, daß sie nach Verlust einer Schaluppe sich sofort hinter eine nahe gelegene Insel zurückziehen mußte; gleichzeitig setzten so starke Böen ein, daß ein Formieren zur Linie und ein weiteres Vorgehen gegen die russischen Fahrzeuge unmöglich war.

Am nächsten Tage zogen sich letztere frühmorgens, zuerst fast unbemerkt, zurück und konnten dann nicht mehr eingeholt werden; ihren Rückzug hatten sie durch Anzünden großer Haufen von Reisig und Sträuchern gedeckt und diesen dadurch zu Anfang unbeobachtet einzuleiten vermocht.

Gefecht vor Aabo. Am 4. Juli traf König Gustav IV. Adolf mit seinem General-Adjutanten der Flotte, dem Admiral von Rajalin, auf der Yacht „Amadis" bei Wäspö, vor dem Eingang des nach Aabo führenden Bockholmsundes ein; die von ihm sofort befohlene Rekognoszierung entwickelte sich zu einem ernsten Gefecht, in welchem sich die Russen hinter ihre Batterien am Lande zurückziehen mußten, da die zuerst vorgegangene schwedische Rekognoszierungs-Division sie in der Flanke hart bedrängte, wo letztere hinter einigen Holmen eine sehr geschützte Stellung eingenommen hatte.

Erst kurz vor Mitternacht hörte das heftige Feuern auf; trotz der Anteilnahme der Batterieen sowie von 150 an beiden Ufern gedeckt liegenden russischen Jägern, waren die beiderseitigen Verluste in dem fünf Stunden währenden Gefecht nur gering; die Schweden konnten aber ihren Sieg der starken Befestigungen halber nicht ausnutzen.

Russische Verstärkungen. Inzwischen war von Sveaborg eine dritte Abteilung der russischen Schärenflotte weiter nach Westen gegangen, welche in den ersten Julitagen mit einer Stärke von 3 größeren Fahrzeugen, 2 Kanonen-Schaluppen, 40 Kanonen-Jollen sowie 24 Transportfahrzeugen in der Nähe des Jomfrusundes eintraf (s. Karte: D).

Hier sperrte aber die schwedische Orlogsflotte im Südwesten der Insel Kimito mit einzelnen Fahrzeugen das Fahrwasser vollständig, so daß diese neue Abteilung, um sich mit den bei Aabo befindlichen beiden ersten russischen Abteilungen zu vereinigen, jetzt gezwungen war den schmalen Sund im Osten und Norden von Kimito, welcher letztere Insel vom Festland trennt, zu passieren. Es gelang dies auch nach vielen Mühen, besonders schwierig war dabei eine nur etwa 20' breite Stelle, welche früher von Peter dem Großen durch Versenkung von Fahr= zeugen gesperrt worden war, die jetzt gehoben werden mußten und wo dann erst noch eine tiefere Fahrrinne zu graben war.

Gefecht bei Kimito=Ström. In Folge des Abzugs der 40 russischen Kanonen=Jollen vom Jomfrusund wurde von den Schweden eine Aufklärungsfahrt unternommen, um festzustellen, wohin diese ge= gangen wären; hierbei entdeckte man die Gegner bald im Norden des engen Sundes.

Da eine Vereinigung dieser Abteilung mit den vor Aabo befind= lichen Fahrzeugen der Flottille Hjelmstjerna's sehr gefahrvoll zu werden drohte, so wurden sofort die 8 beim Jomfrusund stationierten Kanonen=Schaluppen nach Sandö=Ström, der östlichen Ausmündung des Kimito=Sundes, entsandt. Östlich von dessen engster Stelle wurden bei Kimito=Ström mehrere Fahrzeuge in einer durch 2 kleinere Inseln, die beiden Tallholmen, gebildeten zweiten Enge versenkt und traf dann am 19. Juli hier noch eine Verstärkung von 4 Kanonen=Schaluppen ein (s. Plan: d).

Da die Russen nun an jeder Seite des Fahrwassers eiligst eine Batterie errichteten sowie nach einigen Tagen auch Jäger von beiden Ufern aus ihr Feuer auf die schwedischen Fahrzeuge richteten, mußten letztere sich nach mehrstündigem Gefecht am 21. Juli mit einem Verlust von 46 Gefallenen und Verwundeten zurückziehen, was mit großem Geschick erfolgte.

Kapitän Sölfverarm ankerte dann eine Seemeile weiter östlich an der engsten Stelle des Sandösundes, wohin ihm die Russen nicht folgten, da ihre das Defilee vorher einzeln passierenden Fahrzeuge dabei sehr gelitten hatten; die Schweden hatten sich vor ernsteren Verlusten dadurch geschützt, daß gegen das Schrotfeuer der Jäger alle Segel und Persennings zu Schutzkleidern verwandt worden waren.

Beide Gegner verwendeten die nächsten Tage alsbann zur Wieder= herstellung ihrer teilweise stark beschädigten Fahrzeuge.

Die Stellungen der Gegner im Sandösund. Admiral Hjelm= stjerna hatte Mitte Juli eine Flottille von 8 Galeeren und 39 Kanonen= Schaluppen bei sich vereinigt; unter Aufhebung der strengen Blokade von Aabo ging er mit seinen sämtlichen Fahrzeugen nach dem Sandö=

fund, fobald er von den Vorgängen im Rimitofunde hörte und traf am 23. Juli in der Nähe von Sandö ein (f. Plan: d).

Durch verschiedene, ihm zu seiner Rückendeckung erforderlich scheinende Detachierungen schwächte er seine Streitkräfte aber sehr erheblich; im Sandösund erhielt der Oberstleutnant Jönsson den Oberbefehl, der 8 seiner 22 Kanonen-Schaluppen nördlich einer in der Mitte des engen Sundes gelegenen Felsenklippe, Röfvare-Holm, 12 fernere südlich davon verankerte, indeß 2 Kanonen-Schaluppen nebst gelandeten Jägern eine Furt im Rücken dieser Stellung im Westen zu decken hatten; der Holm selbst wurde noch mit Geschützen armiert.

Diese Stellung war ebenso wie die frühere bei Rimitoström sehr günstig gewählt, da nahe vor ihr die engste und nur eine Kabellänge (185 m) breite Stelle des Fahrwassers lag, welche zu gleicher Zeit nur mit wenigen Fahrzeugen unter dem Kreuzfeuer aller Schaluppen und der Holm-Batterie passiert werden konnte.

Auf schwedischer Seite kam es darauf an, mit allen Mitteln zu verhindern, daß die Gegner nicht durch den Sandösund hindurch zu einer Vereinigung mit den anderen vor Abo liegenden Flottillen gelangen konnten; ein Versuch zum Durchbruch mußte hier mit allen Kräften verhindert werden. Andererseits lag den Russen viel an einem Gelingen, um ihre durch die drohenden schwedischen Landungsversuche festgehaltenen Truppen für die Operationen im Norden frei zu bekommen, worauf General Graf Buxhövden ständig abzielte.

Um die schwedische Linie teilweise zu enfilieren, hatten die Russen auf beiden Ufern maskierte Batterien errichtet und hatten sich neben diesen etwa 1000 Jäger in Schützengräben eingenistet.

Eine vierte von Sveaborg gekommene Abteilung von 9 Schaluppen und 4 Jollen hatte sich am 31. Juli mit den vorangegangenen Fahrzeugen vereinigt, so daß die Russen nunmehr über 11 Kanonen-Schaluppen und 44 Kanonen-Jollen verfügten, mithin ihren Gegnern beträchtlich überlegen waren.

Schwedischer Angriffsplan. Im königlichen Hauptquartier auf den Aalands hatte man inzwischen endlich eingesehen, daß beim Sandösund nicht genügend starke Streitkräfte vorhanden seien und entsandte infolgedessen am 1. August eine Anzahl Truppen aus der Nähe dorthin, die aber fast nur aus etwa 1000 Landwehr-Mannschaften bestanden; der Plan ging dahin, daß diese am nächsten Morgen in Stille mit 18 Schuten im Südwesten Rimitos landen und die russische Stellung im Rücken angreifen sollten, während gleichzeitig die Flottille im Sunde vorginge.

Letztere war in steter Bereitschaft, da die Russen sie unablässig beunruhigten, so daß zeitweilig immer nur 4 Schaluppen eine gesicherte Ruhestellung weiter zurück einnehmen konnten (s. Plan: d).

Treffen bei Sandö-Ström. Der russische Oberbefehlshaber hatte aber einen allgemeinen Angriff bereits ebenfalls für den 2. August um 3 Uhr morgens angesetzt, zu welcher Stunde alle Geschütze an Bord und an Land unter gleichzeitigem Vorrücken ein lebhaftes Feuer eröffneten.

Die im engsten Teil des Sundes mit so vielen Fahrzeugen als möglich vorgehende erste russische Linie mußte sich nach einstündigem Gefecht vor dem heftigen gegnerischen Feuer zurückziehen und teilweise sogar ihre Fahrzeuge hinter den beiden vorspringenden Huks auf den Strand setzen; einer zweiten mit großer Mühe gebildeten Linie erging es ebenso.

Die Russen waren aber in der Lage, stets wieder neue Schaluppen und Jollen in's Feuer zu bringen; diesen gelang es dann, nachdem der südliche rechte Flügel der schwedischen Linie durch das Feuer der 3 nahen Land-Batterieen besonders gelitten hatte, auch einige Fahrzeuge sogar deshalb die Linie hatten verlassen müssen und die übrigen wegen des heftigen Feuers der Jäger nicht wieder ganz an das Nordufer von Rimito heranschließen konnten, durch die hier entstandene Lücke hindurch zu fahren und den rechten Flügel somit von der Flanke aus anzugreifen.

Kapitän Sölfverarm, der für den tötlich verwundeten Oberstleutnant Jönsson den Oberbefehl übernommen hatte, mußte schließlich nach 5-stündiger heißer Gegenwehr um 8 Uhr den Befehl zum Rückzug geben, der dann unter ständigem Feuer aus den Heckgeschützen in guter Ordnung ausgeführt wurde, wobei mehrfache russische Enter-Versuche stets abgeschlagen wurden. Nur die Holm-Batterie wurde im Sturm genommen, nachdem die Besatzung ihre Geschütze vernagelt hatte.

Admiral Hjelmstjerna war mit dem Rest seiner Flottille bald nach Beginn des Treffens von dem 7—8 sm entfernten Holmö nach dem Süden gegangen und hatte nur 2 Galeeren zum Schutz seiner Transportfahrzeuge und des Trosses zurück gelassen; mit den übrigen 6 Galeeren und 9 Kanonenbooten kam er aber bei dem herrschenden starken Gegenwind und Seegang nur so langsam vorwärts, daß er erst kurz vor 9 Uhr mit Sölfverarms zurückgehender Abteilung zusammen stieß, etwa ¹/₂ sm nördlich von dessen eben verlassener Verteidigungs-Stellung.

Hjelmstjerna nahm nun mit den Galeeren an seinem rechten Flügel eine Reserve-Stellung ein, hinter welcher sich die zurückgehenden

Fahrzeuge sammelten, von denen einige nur noch 3—4 Ruderpaare gebrauchsfähig hatten.

Die langsam folgenden Russen bildeten im äußersten Feuerbereich ihrer Land-Batterieen eine neue Linie und dauerte das Feuergefecht noch weiter bis gegen Mittag fort, zu welcher Zeit sich beide Gegner zurückzogen.

Ergebnisse des Treffens. Der Verlust der Schweden betrug:

28 Gefallene,

101 Verwundete,

34 Gefangene, zusammen 173 Mann, darunter 13 Offiziere.

Die Fahrzeuge waren besonders von den Haubitz-Granaten der Batterieen schwer beschädigt worden, durch welche ein Dutzend von ihnen gefechtsunbrauchbar geworden war; es war den Schweden aber dennnoch geglückt, keines ihrer Fahrzeuge einzubüßen.

Der russische Verlust wird auf 330 Mann, also das Doppelte, angegeben und waren mehr als 20 ihrer Fahrzeuge gefechtsunbrauchbar geworden; unter den Verwundeten befand sich der Befehlshaber der Flottille, Kommandeur Graf Heyden.

Die gleichzeitige Landung der Schweden auf Kimito wird zurückgeschlagen. Die am Morgen desselben Tages um 7 Uhr planmäßig erfolgende schwedische Landung auf der Insel fand unbemerkt statt und gelang es, bis fast 500 m an die russische Hauptstellung heran zu kommen. Nur einem Zufall hatte das russische Hauptquartier es zu verdanken, daß es nicht auf dem dort befindlichen Gute in Gefangenschaft geriet, so überraschend war die Landung der Schweden erfolgt. Die nun aber von allen Seiten heranrückenden russischen Truppen konnten die schwächlichen und wenig geübten Landwehrtruppen bald zurückdrängen, denen es noch gelang, sich unter dem Schutz ihrer 4 Kanonen-Schaluppen größtenteils wieder einzuschiffen.

Der Verlust der Landungs-Abteilung war aber ein recht erheblicher gewesen, er betrug 74 Tote und Verwundete sowie 144 Gefangene, also etwa ein Viertel ihrer Stärke; alle 6 Feldgeschütze sowie 2 Transportschuten fielen den Russen in die Hände, deren Verlust ganz unbeträchtlich war.

Erörterung der beiden letzten Treffen. Während General Graf Buxhöwden zur Erreichung seines Hauptziels, die Truppen für eine Verwendung im Norden Finnlands frei zu bekommen, folgerichtig alle erreichbaren Streitkräfte an sich herangezogen hatte, um den Durchbruch bei Sandöström zu erzwingen und nur versäumt hatte, seinen

Rücken durch Beobachtungsposten gegen etwaige Überraschungen zu sichern, hatte die schwedische Oberleitung schwerwiegende Fehler begangen.

Es erscheint kaum glaublich, verhält sich aber in der Tat so, daß über die auf besonderen Befehl des Königs angeordnete Landungs-Expedition keinerlei Mitteilung, weder an Hjelmstjerna noch an Jönsson gemacht wurde. Wäre dies erfolgt, so wäre einerseits Admiral Hjelmstjerna wohl früher aufgebrochen, um Jönsson zu verstärken, andererseits wäre letzterer in die Lage versetzt worden, sich länger zu halten. Beide Führer würden ferner voraussichtlich gebeten haben, die Landung schon bei Tagesgrauen auszuführen, so daß die gelandeten Truppen den Russen dann bereits zu Beginn des Gefechts in den Rücken gefallen wären. Ein einheitliches Vorgehen der Schweden würde vermutlich ein anderes Ergebnis gezeitigt haben, wozu dann auch die geringe Zahl der ungeübten Landwehr-Truppen immer noch beigetragen haben würde.

Als schwerwiegendes Versäumnis ist aber das Verhalten Hjelmstjerna's zu bezeichnen, der sowohl durch die starke Zersplitterung seiner Streitkräfte als auch dadurch die Hauptschuld an dem unglücklichen Ausgang des Gefechtes trug, daß er sich mit den Reserven zu weit von der wichtigen Stellung des Sandösundes entfernt aufhielt und auch dann noch nicht näher an diese heranging, als er genaue Kunde von der überlegenen Stärke der Russen erlangt hatte; lagen doch 12 Tage zwischen den Gefechten bei Kimito-Ström und Sandö-Ström. Eine Rückendeckung gegen die bei Aabo versammelten feindlichen Streitkräfte wäre in den letzten Tagen unbedingt anders auszuführen gewesen; vor allem war seine Aufgabe ihm durch die allgemeine Sachlage bestimmt vorgezeichnet: einen Durchbruch von Süden her auf all und jede Weise zu vereiteln. Hierzu mußte er zuletzt alle nur irgend verfügbaren Streitkräfte in größerer Nähe zusammenhalten, ohne dabei seine Rücken-Deckung außer Acht zu lassen.

Das Treffen selbst ist auf beiden Seiten mit viel Mut und Geschick durchgeführt worden und sind die Vorbereitungen hierzu auf beiden Seiten durchaus zweckentsprechende gewesen; vor allem hatte man die waldigen und bergigen Ufer mit Verständnis und Sachlichkeit ausgenützt.

Rückzug der Schweden. Am nächsten Morgen ging Admiral Hjelmstjerna mit allen seinen Streitkräften von Holmö nach Korpo-Ström zurück, da er nunmehr die Vereinigung der getrennten russischen Abteilungen doch nicht verhindern konnte und seine Lage bei Holmö nicht genügend geschützt war; von Korpo wurde der Rückzug bald weiter nach den Aalands-Inseln fortgesetzt, nachdem er die letzten Detachements

an sich herangezogen hatte. 12 seiner beschädigten Fahrzeuge gingen
zur Ausbesserung nach der südlichsten Insel Lemland.

Fernere russische Unternehmungen. Auch die ihren Gegnern
nach ihrer Vereinigung weit überlegenen Russen hatten in der nächsten
Zeit sehr an der Wiederherstellung ihrer Fahrzeuge zu arbeiten; zwei
Abteilungen gingen in die Nähe von Nystad, die beiden anderen nach
Rimito=Kramp, so daß die russischen Landtruppen jetzt für eine Ver=
wendung im nördlichen Finnland frei wurden.

Eine fünfte Abteilung, die am 3. August von Osten kommend im
Jomfrusund eintraf und sich daselbst mit der dort stationierten russischen
Division vereinigte, war dadurch so stark geworden, daß ein Angriff auf
die in der Nähe ankernde schwedische Orlogsflotte unter Kontre=Admiral
Rauchhoff beschlossen wurde, welcher mit

6 größeren Fahrzeugen,

9 Kanonen=Schaluppen,

8 Kanonen=Jollen und

3 Jachten,

insgesamt mit 26 Fahrzeugen unternommen ward.

In den Nächten des 16. und 17. August wurden unter großen
Verlusten mehrere Überrumpelungs=Versuche ausgeführt, jedesmal ohne
wesentlichen Erfolg. Aber es wurde hierdurch erreicht, daß die Schweden
ihren Ankerplatz verließen und die russischen Fahrzeuge sich nun mit
den voran gegangenen Abteilungen bei Rimito=Kramp vereinigen konnten,
wo jetzt der Kontre=Admiral Mäsojeboff den Oberbefehl übernahm.

Treffen beim Grönvikssund. Als Admiral Hjelmstjerna jetzt
Nachricht erhielt, daß von Aabo aus russische Schären=Flottillen nach dem
Norden abgegangen seien, beschloß er sofort, die günstige Gelegenheit
auszunützen, um diese getrennt operierenden Abteilungen anzugreifen.
Er entsandte zu diesem Zweck Ende August den Oberstleutnant Brandt
mit 35 Kanonen=Schaluppen nach Nystad, wo dieser bei seinem Eintreffen
erfuhr, daß die Russen sich noch südlich bei Lopö befänden, wohin er
sich nun sofort begab, um sie dort zu überraschen (s. Karte: D).

Die Russen unter Kapitän Seliwanoffs hatten inzwischen von
seiner Annäherung Kunde erhalten und eine gute Stellung nördlich von
Lopö ausgesucht, wo sie sich südlich der vom Gegner zu passierenden
engeren Durchfahrten in günstiger Verteidigungslage verankerten.

Am 30. August Mittags sichtete Brandt seinen Gegner früher
als er erwartet hatte, so daß erst auf einer Seemeile Entfernung vom
Gegner die Masten ganz kurz vor dem Angriff niedergelegt wurden.
Letzterer hatte beide durch die Insel Isoluto getrennten Hauptfahrwasser

südlich von deren engsten Stellen so gesperrt, daß sie durch je 28 und 16 Kanonen-Schaluppen oder -Jollen unter Kreuzfeuer gehalten wurden.

Die Formierung der Schweden aus der Marschkolonne zur Schlachtordnung war dadurch erschwert, daß der Wind von hinten wehte und die Enge des östlichen Fahrwassers zum Manövrieren nur geringen Raum bot, so daß verschiedene Fahrzeuge, trotzdem sie die Heckanker fallen ließen, ihren Vorderleuten doch auf die Ruder trieben und die feindlichen Geschosse in dem sich so bildenden Knäuel ein gutes Ziel fanden.

Um für den Angriff mehr Bewegungsfreiheit zu bekommen, erhielten 10 Schaluppen den Befehl, westlich um die Insel Isoluto herumzugehen, trotzdem die Lootsen energisch dagegen sprachen; diese 10 Fahrzeuge sollten den Gegner dann im Rücken angreifen, stießen aber ebenfalls unvermutet auf die kleinere dort postierte russische Abteilung.

Das sich nun an beiden Seiten der Insel unter langsamem Vorrücken der Schweden entspinnende Feuergefecht dauerte von 1 Uhr mittags bis 7 Uhr abends, bis die Russen sich zurückzogen; sie wurden heftig von den Schweden verfolgt und kehrten letztere erst beim Palva-Sund um.

Der Sieg hatte die Schweden 242 Tote und Verwundete gekostet, sie verloren ferner 2 Fahrzeuge und hatte der Rest viele Havarien aufzuweisen. Der Verlust der Russen war beträchtlich größer, ein Viertel ihrer Fahrzeuge wurde kriegsunbrauchbar, 4 von diesen gingen ganz verloren. Einzelne Fahrzeuge, welche die Flagge gestrichen hatten, entkamen in der Dunkelheit, ebenso vermochten sich die Besatzungen der verloren gegangenen Fahrzeuge zu retten.

Erörterungen über das Treffen. Genau so wie bei Rimito-Kramp, war die marschierende Flottille ohne Aufklärungs-Fahrzeuge vorgegangen; dies Versäumnis und die dadurch bekundete Sorglosigkeit sind um so weniger verständlich, da das enge und gewundene Fahrwasser inmitten der bewaldeten Holme und Inseln, umgeben von vielen geschützten Buchten und schiffbaren Seitenkanälen, doch zu doppelter Vorsicht mahnen mußte. Der bekannte dunkle Anstrich der niedrigen russischen Kanonen-Schaluppen, die schwer erkenntlich waren, hätte ferner Veranlassung geben müssen, sich durch ein kleines Detachement an der Spitze vor Überraschungen zu sichern, wozu ferner noch der Umstand hinzukam, daß die Stellung des Gegners nicht bekannt und der Mangel an guten Seekarten auch für ein sicheres Vorgehen äußerst hinderlich war.

Die Größe und lange Ausdehnung seiner marschierenden Doppelkolonne von nahezu 1 sm Länge und die damit zusammenhängende Schwierigkeit, sich sicher und ruhig zu einem Angriff formieren zu können, mußte dem Oberstleutnant Brandt ferner ganz besonders Veranlassung geben, sich gegen Überraschungen zu sichern.

Der schwedische Sieg wäre mit weniger Verlusten erfolgt, wenn der Umgehungs = Versuch zeitiger und mit größerer Stärke eingeleitet worden wäre. Die Folgen des Sieges traten bald hervor, da die Russen den nördlichen Teil des Schärenhofes vor Åbo räumten und Gustav IV. nun wieder seinem Lieblingsplan folgen konnte, im Süden Finnlands Landungen auszuführen, um die Bevölkerung zur Heerfolge zu bewegen; seine Streitkräfte zersplitterte der König dadurch von Neuem, anstatt sie im Norden bei den dort stehenden Truppen zu verwenden.

Fernere schwedische Landungs-Unternehmungen. Oberstleutnant Brandt ging zur Ausbesserung seiner Schäden nach 2 Tagen bis Fiskö zurück, wo er eine Verstärkung von 7 Kanonen-Schaluppen erhielt; am 8. September war er mit seiner gesamten Streitmacht wieder im Grön-vits-Sund.

Der König befahl jetzt dem Admiral Rajalin, von dort mit allen Streitkräften gegen die im nahen Palvasund befindlichen russischen Schären-Flottillen vorzugehen und so seine geplanten Landungen zu sichern; für letztere waren die nordöstlich von Åbo sich weit an die See erstreckenden Halbinseln Helsinge und Lokalax ausersehen worden. (S. Karte: D.).

Wegen schlechten Wetters verzögerten sich die Landungen und wurden Mitte September dann wieder mit so geringen Kräften unter=nommen, daß die Russen ihre gelandeten Gegner immer mit größeren Verlusten zurücktrieben; stets war das Vorgehen des Königs zaghaft und tastend, nie wurde es kraftvoll und mit stärkeren Kräften ausgeführt, nur Mißerfolge zeigten sich, nirgends sieht man ein kräftiges Handeln nach einheitlichem Plan.

Stellungen beider Gegner im Palvasund. Admiral Rajalin war bereits am 16. September im Palvasund vorgedrungen und hatte dort nach Vertreibung der russischen Vorposten-Fahrzeuge die verschiedenen Fahrwasser besetzt. Er hatte hier mit seinen 34 Kanonen-Schaluppen, deren Besatzungen nicht ganz vollzählig waren, folgende Stellungen ein=genommen. (S. Plan: e).

Die Inseln Palva und Weltuanma, welche in Richtung NNO—SSW zu einander liegen und zwischen welchen das enge Haupt=Fahr=wasser des Palvasundes sich hindurchzieht, bilden im Süden ersterer und im Osten letzterer eine von vielen Inseln, Holmen und Klippen ange=füllte Bucht, in deren Mitte die kleine Insel Laito liegt; das Hauptfahr=wasser teilt sich zu beiden Seiten dieser Insel in 2 Teile. Zwischen Weltuanma und Laito waren mit der Front nach Südosten 24 Scha-

luppen poftiert, die in einer gebrochenen Linie ausgelegt waren und in
deren Rücken noch einzelne Eilande lagen; auf der anderen Seite von
Laito waren 10 Schaluppen verteilt, 6 zunächft diefer Infel und 4 in
einem Winkel dazu mit der Front nach Often, beide Teile durch einen
kleinen Holm getrennt. Die Gefamtausdehnung der Linie betrug etwas
über 350 fchwedifche Ellen, faft 2300 m.

Kontre-Admiral Mäfojedoff benutzte den ganzen 17. September
zum Auskundfchaften der gegnerifchen Stellung und zum Heranbugfieren
feiner größeren Fahrzeuge; feine Stärke betrug am Abend, 6 der letzteren
fowie 80—90 Kanonen-Schaluppen und Jollen, mithin nahezu das
Dreifache der fchwedifchen Streitmacht und trat dies um fo mehr hervor,
da er, auf dem äußeren Bogen befindlich, feine gefamte Streitmacht faft
gleichzeitig ins Feuer bringen konnte. Zwar waren die Ruffen durch
die vielen in den einzelnen Kanälen liegenden Holme und Klippen vielfach getrennt und in ihrer freien Bewegung gehindert, auch war ihre
Entwicklung zum Feuergefecht aus der Enge ihres Ankerplatzes im Süden
heraus nicht leicht auszuführen; immerhin konnten fie aber faft alle ihre
Streitkräfte zu gleicher Zeit entfalten und blieben ihnen außerdem noch
Kräfte übrig, um die fchwedifchen Stellungen zu umgehen und vom
Rücken aus anzugreifen.

Schlacht im Palvafund, den 18. September. Um 3¹/₂ Uhr
am Morgen des 18. September hörte man in der fchwedifchen Linie,
wie die Ruffen vorrückten, die im Nebelgrau felbft nicht fichtbar waren,
fondern erft beim Hellerwerden um 5 Uhr in Sicht kamen.

Der erfte ruffifche Aufmarfch zur Linie und deren Bildung fanden
in ziemlicher Unordnung ftatt, was bei der Enge des Ankerplatzes und
den vielen im Fahrwaffer liegenden Holmen und Klippen nicht zu ver-
wundern ift. Der weiter entfernt hinter der fchwedifchen Linie auf einer
größeren Schute eines Stockholmer Fifchhändlers eingefchiffte Ober-
Befehlshaber hatte ftrengen Befehl erteilt, nicht eher zu fchießen als der
Feind das Feuer begönne und innerhalb Drehbraffen-Schießweite gelangt
fei. Infolge diefes Befehls ging der günftige Augenblick der ruffifchen
Unordnung verloren; ein energifcher Vorftoß oder wenigftens ein heftiges
Feuer in den ruffifchen ungeordneten Knäuel hinein würde den Schweden
große Vorteile verfchafft haben.

Die Ruffen konnten fich demnach unbehelligt ordnen und ihren
Flügeln zur Entfaltung Zeit geben, um für ein fpäteres Kreuzfeuer
günftige Stellungen einzunehmen; es gelang ihnen der endgültige Aufmarfch aus den vielfachen Zugängen daher fehr gut und ohne jeden
Verluft. Bei dem weiteren Vorgehen der ruffifchen Haupt-Abteilung

gegen den stärkeren schwedischen rechten Flügel im Westen wurden die Schaluppen aber um 6 Uhr von einem so heftigen Feuer auf nur Gewehrschußweite empfangen, daß sie nach kurzer Zeit wieder zurück gingen und bald von den Schweden in guter Ordnung verfolgt wurden, wenn auch nur eine ganz kurze Strecke.

Die Russen hatten 20 Schaluppen oder Jollen auf jedem ihrer Flügel in der ersten Linie, 30 Jollen bildeten eine nahe Reserve und die 6 größeren Fahrzeuge unterstützten den allgemeinen Angriff von der Mitte aus. Bald nach dem Vorgehen zum Angriff in der Front waren 10 Schaluppen nach Westen abgegangen, welche südlich um Welkuanma herum dem Gegner in den Rücken fallen sollten; 10 Jollen gingen zu demselben Zweck nördlich um Palva herum nach Osten.

Wie gegen den rechten, so war auch gegen den linken schwedischen Flügel der Angriff energisch ausgeführt worden; er kam hier aber bald zum Stehen, so daß die Schweden sich im äußersten Osten nicht vorwagten, sondern in ihrer Stellung verblieben.

Der sich in Verbindung mit starkem Pulverrauch einstellende Nebel ließ die verschiedenen Bewegungen der Russen hinter ihren vorderen Linien nicht erkennen; es wurden nur ihre verschiedenen Bemühungen beobachtet, die größeren Fahrzeuge mit den schwereren Geschützen näher an den Feind heran zu bugsieren. Gut gezielte schwedische Ricochette-Schüsse (Roll-Schüsse) brachten letztere Bewegung bald zum Stillstand, so daß die schweren russischen Geschütze nur wenig Gelegenheit zum Eingreifen fanden.

Nach dreistündigem heftigen Feuergefecht gelang es den Russen, den äußersten linken schwedischen Flügel, der aus nur 4 Schaluppen bestand, zurückzudrängen; eine Schaluppe sprang in die Luft, zweien wurden ihre sämtlichen Geschütze demoliert. In die so entstandene große Lücke drangen die Gegner dann sofort ein und zwangen dadurch bald die andere Abteilung des linken Flügels, sich um 9 Uhr ebenfalls zurückzuziehen.

In der Mitte und am rechten Flügel wurde der ungleiche Kampf noch eine Stunde weiter fortgeführt; in der linken Flanke ernstlich bedroht und durch stets erneute Angriffe frischer Kräfte in der Front hart bedrängt, mußte auch diese Abteilung bald den Rückzug beginnen. Es gelang den Schweden dann, sich am Ufer von Welkuanma entlang durch den Palvasund zurückzuziehen und erlitten sie hierbei nur geringe Verluste.

Auf der Westseite des Sundes formierten sich die Schweden vor dessen Eingang wieder von Neuem; am linken nördlichen Flügel hielt eine kleinere Abteilung die russischen 10 Kanonen-Jollen zurück, welche ihre Umgehung zur selben Zeit zu Ende geführt hatten und nun zum Angriff vorgingen, um ihrem Gegner in die Seite und in den Rücken zu fallen.

Als sich nunmehr bald danach auch die Umgehungs-Abteilung der 10 Schaluppen im Südwesten zeigte, sah Admiral Rajalin sich veranlaßt, den Befehl zum allgemeinen Rückzug zu geben, der dann in guter Ordnung nach dem Grönvikssund erfolgte, unter beständigem Feuern aus allen Heckgeschützen, so daß der Gegner bald die Verfolgung aufgab.

Die Schweden verloren in dem 6stündigen Kampf 31 Tote und 54 Verwundete, mit der gesunkenen Schaluppe kamen ferner noch etwa 60 Mann ums Leben: die Russen verloren rund 200 Mann und 3 Kanonen-Schaluppen.

Erörterungen über die Schlacht. Daß Admiral Rajalin seine Verteidigungsstellung unmittelbar vor der engsten Stelle des Palvasundes eingenommen hatte, ist in erster Linie als ganz unsachlich sofort in die Augen fallend; allen Erfahrungen entgegen war die Stellung vor dem Defilee die ungünstigste, da sie dem Gegner die Verwendung seiner gesamten Streitmacht gestattete, ein gutes Kreuzfeuer auf die eng gedrängten Schweden ausüben ließ, auch im Fall einer Niederlage den Rückzug letzterer sehr beschwerlich und unsicher gestalten mußte. Abgesehen von einem etwaigen Eintreten starker nordwestlicher Winde war aber die Stellung im Westen des Einganges zum engen Palvasunde die gegebenste, um die Russen bei ihrem Vorgehen unter ein schweres Kreuzfeuer zu nehmen. Da aber hier ein Angriff in beiden Flanken die Lage bald schwierig gestaltet haben würde, so wäre eine Aufstellung an dieser Stelle ebensowenig ratsam gewesen.

Obwohl der König bestimmt befohlen hatte, daß dem Feinde „vorlich" des Sundes Widerstand geleistet werden solle, so war dies immerhin doch nicht buchstäblich zu befolgen, sondern Rajalin hätte noch weiter vorgehen oder aber seinen linken Flügel etwas mehr zurückziehen müssen, der in der eingenommenen Stellung gar zu sehr gefährdet war.

Ein ähnliches, sich an den Buchstaben gegebener Befehle haltendes Verfahren finden wir ferner auch beim Beginn der Schlacht, wo der günstigste Augenblick, wie bereits erwähnt, versäumt wurde, um die anrückenden Russen zu erschüttern. Die Gefechtsleitung selbst war sonst eine geschickte und vor allem die Durchführung des Rückzuges eine sehr sachliche.

Auf russischer Seite ist entschieden der Fehler begangen worden, sei es die Umgehungs-Abteilungen nicht noch früher abzusenden oder aber den Angriff in der Front etwas später zu beginnen, um die Gegner früher im Rücken beunruhigen und am Ende gar von ihrer Rückzugslinie abschneiden zu können. Ferner läßt die Anordnung des Angriffes ein Konzentrieren an Kraft vermissen, welche gerade dem linken schwedischen und schwächeren Flügel gegenüber von großem Vorteil gewesen wäre.

Da nicht bekannt ist, wie weit sich etwa die vielen Neben-Fahrwasser ausnutzen ließen, so entzieht es sich der Beurteilung, ob der Aufmarsch in richtiger Weise stattgefunden hat; vielleicht hätten alle russischen Fahrzeuge sich erst westlich von Munnima entwickeln dürfen, wo freieres Gebiet vorhanden war.

Vierter schwedischer Landungs-Versuch. König Gustav gab aber seine Landungspläne im Süden Finnlands, um die Operationen der Armee im Norden durch eine Diversion zu unterstützen, auch jetzt noch nicht auf, sondern ließ aus Schweden fernere Truppen herbeiholen, mit denen wiederum bei Helsinge gelandet werden sollte; hierzu wurden sogar die Garden von Stockholm herübergeholt, deren Garnisondienst die Bürger-Miliz übernehmen mußte. Gleichzeitig bekamen die Schären-Flottillen Befehl, ein etwaiges Vorrücken der russischen Abteilungen vom Palvasund her, wo diese sich noch immer aufhielten, nach dem Norden zu verhindern.

Die befohlene Landung wurde dann auch am 26. September bei Lokalax ausgeführt, endete aber wie die drei früheren Versuche ebenfalls mit einem vollkommenen Mißerfolg, da sie wiederum mit allzu geringen Streitkräften erfolgte; schon nach 4 Tagen mußten sich die gelandeten 3500 Mann wieder zurückziehen und konnten sich nicht bis zum Eintreffen der von Gefle herbefohlenen Unterstützungen halten, deren Ankunft durch Sturm aufgehalten worden war.

Stellung bei Kahiluoto. Zur Verhinderung eines etwaigen Vorrückens der Russen nach dem Norden, um diese beabsichtigte Landung abzuwehren, war Kapitän von Brunck mit 10 Kanonen-Schaluppen vom Grönviksund aus weiter nach Osten geschickt worden, um den Kahiluotosund zu sperren, indeß eine andere Abteilung unter Major Sjöholm zur Verteidigung mehrerer noch östlicher gelegener Durchfahrten verwendet wurde.

Der Grönviksund wurde von Admiral Rajalin mit 33 Kanonen-Schaluppen gehalten, um die Überfahrt der Landungstruppen sowie die vielen Zufuhren zu sichern; zwischen Rajalin und Sjöholm nahm alsbann das Gros der russischen Schären-Flottillen mit etwa 66 Fahrzeugen bei Lopö Stellung.

Kapitän von Brunck hatte seine 10 Kanonen-Schaluppen außerordentlich günstig bei Rahiluoto postiert (s. Plan: f); diese waren in einem flachen Bogen nördlich des engen Fahrwassers zwischen der schmalen Nordspitze von Rahiluoto sowie der Ostspitze der westlich von letzterer Insel liegenden Insel Koivima so ausgelegt, daß ein vorrückender Gegner fast auf der Strecke einer ganzen Kabellänge konzentrisches Feuer in seiner linken Flanke erhielt, bevor er sich zur Abgabe des Bugfeuers nach Norden wenden konnte. Von dieser Wendestelle lagen die schwedischen Fahrzeuge außerdem nur $1^{1}/_{2}$—2 Kabellängen entfernt.

Angriff und Verteidigung bei Rahiluoto. In Folge dieser äußerst günstigen Stellung mißlangen alle und jede Versuche der Russen zur Forcirung der Enge; ihre Fahrzeuge mußten sich stets nach schweren Verlusten durch das heftige Feuer ihrer Gegner, von denen fast jede Kugel ihr Ziel traf, zurückziehen und gestattete die Enge der Durchfahrt nicht, in größeren Mengen vorzugehen.

Nachts legten sich die Schweden noch näher an die Enge heran, so daß eine Überrumpelung ebenfalls gänzlich ausgeschlossen war.

Am 26. September begannen die Angriffe und wurden täglich erneuert; die Russen lagen sonst im Allgemeinen in einer langen Linie unmittelbar am Südstrand von Koivima. Am sechsten Tage, dem 1. Oktober, wurden die russischen Durchbruchsversuche besonders hartnäckig ausgeführt und unablässig wieder mit frischen Kräften erneuert. Ein letzter Versuch wurde am nächsten Tage gemacht und hierzu ein starkes Schneegestöber ausgenutzt, er mißlang aber ebenso wie alle vorhergehenden; erst jetzt schritt man zum Bau einer Batterie auf Koivima.

Kapitän Brunck entsandte nun 2 seiner Schaluppen östlich von Rahiluoto, die sich dann südlich der Enge auf der andern Seite der Insel so hinlegten, daß sie über das niedrige dammartige Vorland hinweg die lange russische Linie am Südstrande von Koivima der Länge nach in Richtung Ost-West enfiliren konnten. Auf eine Entfernung von nur einigen Kabellängen beschossen sie ihre Gegner von hier aus mit Doppelkugeln, welche stets mehrere Bordwände durchschlugen, mit solchem Erfolg, daß sich die Russen bald zum Rückzug genötigt sahen und nur mit Mühe ihre gelandeten Mannschaften wieder einzuschiffen vermochten.

Die Schweden verloren nur einige wenige Mannschaften; die Russen 4 Fahrzeuge und einen großen Prozentsatz ihrer Besatzungen.

Da stets die Hälfte der schwedischen Besatzungen zum sofortigen Gebrauch, sei es Tags oder Nachts bereit sein mußte und nie auch nur

die geringſte Spanne Zeit verloren gehen durfte, ſo waren alle Leute
außerordentlich angeſtrengt worden; ihr zäher, langer, geſchickter Wider=
ſtand gegen eine faſt vierfache Übermacht ſowie die guten und ſachlichen
Anordnungen ihrer Führer verdienen in allen Einzelheiten ungeſchränktes
Lob, ebenfalls die Ausdauer der ruſſiſchen Angriffe.

Letzte Bewegungen der Schären=Flotten im Herbſt. Am Tage
nach dem Rückzug der Ruſſen erhielt Major S j ö h o l m Befehl, ſich
nördlich um Lepertö herum wieder mit dem Gros im Grönvikſſund zu
vereinigen; die Landungen im ſüdlichen Finnland waren jetzt endlich
ganz aufgegeben worden.

Auch die Ruſſen zogen ſich einen Tag ſpäter ganz nach dem
Palvaſund zurück; bei dem rauhen Wetter ſehnten ſich alle Beſatzungen
der 107 Fahrzeuge bald in die Winterquartiere zu kommen.

Da dieſer Rückzug von den Schweden nicht bemerkt worden war
und man ſich über den Verbleib der Ruſſen gänzlich unklar blieb, ſo
konnte einſtweilen nicht an einen Rückzug der ſchwediſchen Flottillen ge=
dacht werden, obwohl die zunehmende Kälte ſowie Regen und Sturm
das Leben auf den ungedeckten Kanonen=Schaluppen äußerſt beſchwerlich
machte. Infolge mangelnder und ſchlechter Verpflegung ſowie unge=
nügender Kleidung ſtellten ſich bald Krankheiten in größerem Umfang
ein und räumten nicht unbedenklich unter den Beſatzungen auf, da die
Mannſchaften bei jedem Wetter, ob an Bord oder an Land, unter freiem
Himmel lagern mußten.

Admiral H j e l m ſ t j e r n a traf mit 8 Fahrzeugen von den Aalands
noch am 11. Oktober im Grönvikſſund ein und übernahm den Ober=
befehl von Rajalin, der aus Alters= und Geſundheits=Rückſichten ſeinen
Abſchied erbeten hatte.

Durch viele Aufklärungsfahrten wurde dann der Abzug der Gegner
endgültig feſtgeſtellt und ferner erkundet, daß der größere Teil bereits
den Jomfruſund paſſiert habe; der nun am 21. Oktober eingeleitete
ſchwediſche Rückzug endete am 3. November mit dem Abgang der letzten
Fahrzeuge.

Zwei Tage ſpäter verließen die ſchwediſchen Fahrzeuge Degerby
auf den Aalands, in Stärke von 8 Galeeren und 47 Kanonen=Schaluppen;
7 Schaluppen blieben auf der Inſelgruppe zurück. Mit halben Beſatzungen
traf die Schärenflotte nach mehreren Tagen in Stockholm ein.

Rückblick auf das Jahr 1808; der Landfeldzug. Finnland
war trotz aller Anſtrengungen verloren und ganz in Feindeshand; der
Vernachläſſigung der neuen Armeeflotte war die bittere Sühne bald ge=
folgt. Wäre die letztere ſchon zu Beginn des Feldzuges ſo ſtark geweſen

wie sie es am Ende des Jahres war, dann hätte sie voraussichtlich die Mißerfolge des Heeres, welche in der Hauptsache die Folge der falschen strategischen Maßnahmen gewesen waren, wieder wett machen können.

Trotz ihrer größeren Schärenflotte hatten die Russen den Besitz Finnlands aber nur mittelst ihrer zahlreicheren Truppen zu behaupten vermocht; ihr rasches und energisches Vorgehen zu Anfang des Jahres im Winter und die damit verbundene Überrumpelung der Festungen sowie Zerstörung des Hauptteils der finnländischen Schärenflottille, hatte seine guten Früchte getragen.

Schwedens Gesamt-Verlust im Jahre 1808 betrug bei der Armee-flotte rund 200 Gefallene, 200 Verwundete und 30 Gefangene; der Verlust an Fahrzeugen war durch staatliche und private Neubauten wieder ersetzt worden, abgesehen von den bei den Kapitulationen ver-lorenen oder selbst in Brand gesetzten Fahrzeugen.

Die russische Schärenflotte war dagegen am Jahresschluß außer-ordentlich vergrößert und ihre Mannschafts-Verluste konnten mit Leichtig-keit ergänzt werden.

Der allgemeine Operationsplan des Königs war gewesen, Finnland einstweilen sich selbst zu überlassen und dieses, da es vom Feinde nun einmal besetzt worden war, vorläufig in dessen Hand zu belassen sowie nach der Erwerbung Norwegens dann mit allen Kräften wieder zu nehmen; diese Absicht bedeutete zwar eine Konzentration seiner Kräfte im Westen und Süden, war auch bei der Annahme, daß sich das starke Sveaborg unbedingt würde halten können, nicht als gänzlich unsachlich zu verwerfen, hatte aber wenigstens eine Anspannung aller Kräfte im Süden zur Vor-bedingung. Da diese nicht erfolgte und bei dem steten Schwanken des Königs auch nicht erfolgen konnte, so war das Endergebnis: Mißerfolg überall, im Norden und Süden, sowohl im Kleinen und Einzelnen als im Großen und Ganzen.

Die bis zum äußersten Nordwesten Finnlands zurückgehende Armee hatte erst Mitte April vor Uleaaborg Halt gemacht und dann ihren Gegner langsam wieder zurückgedrängt. Von den sich überall erhebenden Bauern unterstützt, waren sogar einzelne kleine Abteilungen Ende Mai bis St. Michel beim Saimen-See gelangt; da aber jede weitere Hülfe von Schweden ausblieb, so konnten sich letztere nicht lange gegen die von Petersburg heranrückenden frischen russischen Streitkräfte halten. (S. Karte: A.)

Die schwedischen Führer konnten sich in keiner Beziehung von den Regeln der alten Kriegskunst freimachen; Napoleons Vorbild mit den Lehren der freien Kriegsführung im Felde; der Heeres-Verpflegung durch das Requisitions-System im feindlichen Lande, statt der beschwerlichen Magazin- und Kammer-Verpflegung und Verwaltung; die Erkenntnis, daß auch im Winter Krieg geführt werden könne; alle diese bedeutenden neueren Lehren und Kenntnisse waren noch nicht bis Schweden durchgedrungen.

Im Westen war nach der Wegnahme des letzten dänischen Linienschiffs durch die Engländer sowie durch das Auftreten der Flotte von Saumarez, welcher Mitte Mai 10 000 Mann englischer Truppen unter General Moore bis Gothenburg geleitet hatte, die Gefahr einer Landung Bernadotte's von Fünen und Seeland in Schonen endgültig beseitigt. Aber erst Ende Juni landeten, wie wir bereits sahen, bei Wasa 1100 Schweden, die nebst den aufgestandenen Bauernschaaren bald wieder vertrieben wurden.

Der Oberbefehlshaber der finnländischen Armee, General Graf Klingspor, rückte erst Mitte Juli von Wasa aus wieder vor; auf dem Lande hatten kleinere Abteilungen der Truppen sowie mehrere Bauern-Freikorps gelegentlich Erfolge aufzuweisen. Aber der König, der nach Aufgabe des Gedankens, auf Amager zu landen und Kopenhagen anzugreifen, wieder Truppen im Süden zur freien Verfügung bekam, verharrte nach wie vor in seiner sonderbaren Haltung; Klingspor erhielt keinerlei Verstärkungen, das Heil suchte Gustav einzig und allein, wie vorher geschildert, in Diversionen und Landungen an der Südwestküste Finnlands.

General Graf Burhövden konnte daher mit den eingetroffenen Verstärkungen seinen Gegner wieder an die Küste zurücktreiben und ließ sich mit diesem erst im äußersten Norden des bottnischen Küstengebietes auf einen Waffenstillstand ein, der vom 19. November bis zum 12. Januar 1809 dauern sollte; als fernere Bedingung wurde festgelegt, daß die finnisch-schwedischen Truppen westlich vom Flusse Kemi, (2—3 geographische Meilen im Osten von Torneaa), bleiben sollten.

Finnlands Schicksal war damit so gut wie entschieden; Gustav IV. begegnete bei seiner Rückkehr nach Stockholm Mitte November nur allgemeinem Unwillen. Verbittert über sein Mißgeschick und nur bei seinen Untergebenen und Untertanen Fehler suchend und sehend, hob er die Garden auf und nahm ihnen ihre Fahnen; seine deutschen Regimenter wurden dagegen besonders belobt.

Das zweite Kriegsjahr 1809.

Schwedische Rüstungen im Winter. König Gustav hielt aber an dem Gedanken einer Wieder-Eroberung Finnlands unerschütterlich fest, obwohl in ganz Schweden Niemand an diese Möglichkeit glaubte.

Auf den Aalands-Inseln richtete man sich für eine energischere Verteidigung ein; vom äußersten Norden wurde ein Teil der Armee nach Umeaa herangeholt, da Torneaa zur Unterkunft der Truppen nicht genügend Raum bot, auch die Pest oder eine ähnliche Krankheit dort viele Opfer forderte.

Für die Schären-Flotte wurden in Stockholm 10 neue Kanonen-Schooner erbaut, (gedeckte Kanonen-Schaluppen), außer einer größeren Anzahl von Kanonen-Schaluppen sowie Kanonen-Jollen nach dem alten Muster; an anderen Orten erbaute man 6 Schaluppen, 12 Jollen und 7 Küchen-Fahrzeuge, welch letztere sehr nötig waren. Auch sonst wurde überall im ganzen Lande gerüstet.

Russischer Operationsplan für 1809. Kaiser Alexander hoffte, sich Stockholms bemächtigen zu können und rief Buxhövden von seinem Posten ab, da dieser einen solchen Plan für allzu weitschweifend erachtete. Statt seiner wurde General Bogdan Knorring zum Oberbefehlshaber ernannt, der sofort drei Armeen bildete, von denen die erste noch im Winter über die Aalands und das Eis nach Stockholm, die zweite von Wasa über die Quarken nach Umeaa und die dritte von Uleaaborg nach Torneaa marschieren sollte. (s. Karte: A.)

Die vielen Vorbereitungen hierzu zogen sich jedoch bis Anfang März hin, so daß man bereits Befürchtungen wegen des Haltens des Eises im Süden hegte und auch ein etwa erforderlicher Rückzug hier sehr schwierig geworden wäre.

Vorrücken der ersten russischen Armee; Waffenstillstand. Trotz der soeben erwähnten Befürchtungen trat die südliche erste Armee ihren Vormarsch vom Festland aus erst am 10. März an; ihr Führer, Graf Bagration, traf auf den Aalands keine Gegner mehr vor, da sofort nach der am 13. März durch eine Verschwörung in Stockholm erfolgten Verhaftung und Abdankung des Königs Gustav's IV., der Befehl zum Zurückziehen der Truppen nach den Aalands-Inseln abgegangen war.

Die ihnen über das Eis auf dem Fuße folgende russische Vorhut traf bald auf dem Festland selbst ein; sofort begannen die Friedensunterhandlungen, welche Schweden unter der Bedingung einleitete, daß die ruffischen Truppen sogleich den Boden Schwedens verlassen sollten. Da der aufgekommene südliche Wind ferner das Eis zu sprengen drohte, so erhielt die Vorhut der Russen den Befehl zum sofortigen Zurückgehen, weil man auch nicht gewagt hatte, das Gros nachzuschicken.

Schon am 21. März wurde ein Waffenstillstand abgeschlossen, dem zu Folge die russischen Operationen überall eingestellt werden sollten; die Nachricht hiervon traf aber bei den andern beiden Armeen zu spät ein, da diese schon weiter vorgerückt waren.

Statt des die Regierung niederlegenden Königs wurde sein Onkel, der Herzog Karl von Südermannland, Schwedens Großadmiral, unter dem Namen Karl XIII. zum König erwählt.

Übergang der zweiten russischen Armee. Am 17. März hatte sich die Wasa-Armee auf den Weg gemacht und nach einem beschwerlichen Marsch über das Eis und die Gruppe der Quarken-Inseln am 4. Tage Umeaa erreicht, wo der völlig überraschte General Cronstedt mit seinen 1100 Mann sofort zu einer besonderen Übereinkunft gezwungen wurde, die dahin lautete, daß er sich zurückziehen solle, wohingegen Umeaa und dessen Umgebung von den Russen besetzt würde.

General Barclay de Tolly erhielt aber schon nach einigen Tagen den Befehl zum Rückzug, den er sofort antrat; als Erfolg seines schnellen Vorgehens ist nur der Verlust von 12 schwedischen KanonenSchaluppen zu verzeichnen, die von ihren Besitzern in Umeaa verbrannt worden waren.

Vorgehen der dritten russischen Armee. General Graf Schuwalow rückte am 18. März im Norden über die Grenze; sein Gegner, der in dem nahen Kalix stand, hielt dessen Stärke für bedeutend größer als sie war und fühlte sich nach dem Eintreffen der Nachricht vom Übergang der zweiten russischen Armee bei Umeaa, wodurch seine Rückzugslinie in Feindeshand gelangt war, zu fernerem Widerstand nicht mehr stark genug.

Einen Tag vor dem Eintreffen der Nachricht vom Abschluß des allgemeinen Waffenstillstandes kapitulierte er am 25. März mit 3000 Mann.

Wiederbeginn der Feindseligkeiten. Kaiser Alexander war aber auf diesen Waffenstillstand, der für seine Truppen unzweifelhaft von großem Vorteil gewesen war, nicht eingegangen, so daß die Feindseligkeiten wieder begannen.

Bei der Wiederaufnahme der Operationen durch die russischen Truppen im Mai war von der ganzen schwedisch-finnischen Armee nur

noch die Brigade Cronftebt's, als Borhut der schwedischen Armee, auf
dem Feftlande übrig.

Das weitere Vorrüden der dritten ruffischen Norb-Armee im
Sommer, an der Weftküfte des bottnischen Meerbusens entlang nach
Süden zu, war aber trotzbem ein recht gewagtes Unternehmen, da die
hier jetzt gemeinsam operierende verbünbete schwedisch-englische Flotte die
See vollkommen beherrschte; obwohl die Ruffen viele Erfolge zählten,
war ihre Lage hier immerhin eine recht mißliche.

Im Mai und Juni war die schwedische Schärenflotte fertiggeftellt
worden und schützte die Schären-Zugänge Stocholms; hierzu waren
dort verfammelt:

10 gebedte Schaluppen,
50 offene Schaluppen,
40 Kanonen-Jollen; außerdem kreuzten weiter in See 4 Fregatten und 3 Fahrzeuge der Orlogsflotte, hauptsächlich im bottnischen
Meerbusen.

Zur Abwehr eines etwaigen Angriffs lag Abmiral Sijaboff
bei den Aalands bereit mit:

17 größeren Fahrzeugen,
51 Kanonen-Schaluppen,
64 Kanonen-Jollen, nebft 5000 Mann Truppen.

Schwedischer Operationsplan. Die neue Regierung erhoffte
durch einen kräftigen Vorftoß günftigere Friedens-Bedingungen zu erlangen und wurde nun eine Landung im Norden des bis Umeaa vor-
gerüdten ruffischen Heeres ins Auge gefaßt.

Gleichzeitig follte das Gros der schwedischen Truppen von Süden
aus vorgehen, dem zur Unterftützung bei den verschiedentlichen Fluß-
Übergängen mehrere Kanonenschaluppen beigegeben wurden (f. Karte: A.)

Expedition nach Wefterbotten. Für die beabfichtigte größere
Expedition wurde dann noch Mitte Juni Abmiral Hjelmftjerna mit
feinen 30 Kanonen-Schaluppen vom Sund herangeholt, der nach einem
Monat bei Dalarö eintraf. Die gefamte hier verfammelte schwedische
Schärenflotte war inzwischen wieder bis auf 220 Fahrzeuge angewachsen.

Ober-Admiral Freiherr von Pufe, der nach den mannigfachften
Erörterungen und Partei-Streitigkeiten endgültig mit dem Oberbefehl
betraut worden war, ging am 8. Auguft mit 3 Linienschiffen und 5 Fregatten nach Hernöfand und traf dort am 13. ein. Hier hatten fich
inzwischen alle übrigen Streitkräfte, die zwischen Gefle und Stockholm
bereit geftellt worden waren, eingefunden; dies waren:

10 Kanonen-Schooner,

30 Kanonen-Schaluppen,

6 Galeeren,

8 Haubitz- und Mörser-Fahrzeuge sowie

40 Transport-Fahrzeuge mit mehr als 11 000 Mann Land-truppen, darunter 2 Batterieen reitender Artillerie. Den Oberbefehl über die Truppen führte Generalleutnant Graf Wachtmeister; alle Vor-bereitungen waren streng geheim gehalten worden.

Pule ging mit seiner gesamten Streitmacht am 15. August früh morgens in See; jedes der Linienschiffe hatte ein Bataillon der Kanonen-Schaluppen im Schlepp, die Fregatten die übrigen Ruder-Fahrzeuge. Von dichtem Nebel in soweit begünstigt, daß die Fahrt der Expeditions-flotte trotz des andauernden Lärmens der Nebelsignale gänzlich unbemerkt blieb, traf Pule am nächsten Nachmittag schon um 5 Uhr vor Ratan, nördlich der Quarken ein, 20 sm im Norden von Umeaa; die rund 120 sm betragende Strecke war somit in etwa 36 Stunden und mit mehr als 3 Knoten Fahrt zurückgelegt worden. In der Nähe von Ratan fand die Expeditionsflotte bereits 3 Fahrzeuge der Orlogsflotte sowie 2 Galeeren und 18 Kanonen-Schaluppen der Armeeflotte vor, so daß jetzt 107 Schiffe und Fahrzeuge versammelt waren.

Die Ausschiffung der Truppen erfolgte am nächsten Tage und rückten die gelandeten Truppen Tags darauf ganz langsam, entgegen den Befehlen Pule's, bis Säfvar nach Südwesten vor; schon einen Tag später, am 19. August, gelang es dem von Süden heranrückenden russischen General Ramensly, seinen Gegner nach 10stündigem Ge-fecht zum Rückzug zu zwingen, welcher noch in der folgenden Nacht mit einem Verlust von 1000 Mann ganz bis Ratan durchgeführt wurde. Die gänzliche Unfähigkeit Wachtmeisters, seine alles übertreffende Scheu vor Verantwortung und seine Energielosigkeit sowie das stete Einholen von Befehlen und Verhaltungs-Maßregeln bei Pule, waren die Hauptschuld an dem gänzlichen Mißerfolg der gelandeten Heeres-Abteilung, obwohl letztere selbst bei Säfvar dem Gegner gegenüber 2000 Mann geübter Truppen mehr aufzuweisen hatte.

Aber Ramensly's tatkräftiges Handeln, seine geschickten Dis-positionen und sein Wagen sind auch von großer Bedeutung für seinen Erfolg gewesen.

Stellung bei Ratan. Dem am Strande des schmalen Sundes liegenden Ort Ratan ist nach See zu auf etwa 130—250 m Enfernung die größte der Ratan-Schären vorgelagert; (s. Plan: g.) mitten in diesem Sunde lagen an der Westseite der Insel in Richtung Nord-Süd

16 Schaluppen sowie an diese sich nach Süden anschließend die Galeeren und Haubitz-Fahrzeuge mit dem Bug nach dem Festland hin vertäut.

Südlich der Insel Ratan liegt eine kleinere Insel und von dieser 100 m nach Westen zu eine etwa 400 m lange und breite Halbinsel, die nur durch einen schmalen Damm mit dem Festland verbunden ist.

Im Osten des letzteren hatte Puke auf der Halbinsel von seinen Mannschaften eine Feldbefestigung aufwerfen lassen und eine andere Batterie war ferner noch hinter seinen Schaluppen und Galeeren auf dem höchsten Punkte der Ratan-Schäre errichtet worden.

Wachtmeister zog sich mit allen seinen Truppen, obwohl er von Puke andere Befehle erhalten hatte, auf diese Halbinsel zurück und richtete sie zur weiteren Verteidigung ein; er hatte nicht geruht, bis er sich ganz unter den sicheren Schutz der Armeeflotte zurückbegeben hatte.

Treffen bei Ratan. Kamensky war seinem Gegner sofort gefolgt und beschloß, diesen wieder auf die Schiffe zurückzuwerfen; nur bei Durchführung einer solchen energischen Handlungsweise glaubte er seine Stellung sichern zu können, obwohl er nunmehr seinem Gegner gegenüber noch geringer an Zahl war als zuvor. Er hatte aber dessen Unentschlossenheit inzwischen deutlich genug erkannt, um einen solchen gefahrvollen Schritt wagen zu können; wie sehr ernst er selber die Fährnis seines Vorgehens ansah, erhellt aus dem Umstande, daß er gleichzeitig seine Kanonen und seinen Troß weiter nach Norden zu in Sicherheit brachte.

Kamensky's Aufforderung zur sofortigen Wieder-Einschiffung beantwortete Wachtmeister verneinend; der Angriff begann dann sofort, etwa um 5 Uhr Nachmittags am 20. August. Gegen die einzigen Geschütze, welche Kamensky bei sich hatte, (2 nördlich von Ratan postierte Haubitzen,) wurden 4 Kanonen-Schaluppen östlich um die Ratan-Insel herum entsandt, welche deren Feuer bald zum Schweigen brachten. Auch die sich am Strande einnistenden russischen Jäger wurden bald durch Geschützfeuer von dort vertrieben.

Der russische Angriff gegen das auf der kleinen Halbinsel befindliche schwedische Heer kam bald zum Stehen und trugen zu dieser günstigen Gefechtslage besonders 4 Kanonen-Schaluppen bei, welche in dem westlich der Halbinsel befindlichen Meer-Einschnitt Stellung nahmen und den Verbindungs-Damm sowie die Angriffs-Richtung der Russen dauernd unter lebhaftes Enfilier-Feuer nahmen. Die russischen Sturmanläufe hielten hier 4 Stunden lang mit nicht ermattender Heftigkeit an, so daß es dem Feuer sämtlicher schwedischen Schären-Fahrzeuge nur mit Mühe gelang, den energischen Gegner endlich abzuwehren.

Die Russen ließen nun von ferneren Angriffen ab und zogen sich etwas zurück; jetzt schickte Wachtmeister einen Vorschlag wegen eines Waffenstillstandes: „aus Furcht vor ansteckenden Krankheiten, welche durch die Gefallenen entstehen könnten," obwohl der Verlust der letzten Stunden nur wenig über 100 Mann betragen hatte. Nachdem Ka= mensky den Waffenstillstand ausgeschlagen hatte, entschloß sich Wacht= meister schließlich in einer persönlichen Unterredung mit seinem Gegner, dessen Aufforderung hierzu er gefolgt war, sich wieder mit der Armee einzuschiffen.

Kritik über die letzten Vorgänge. Die Expedition nach dem Norden, um Kamensky's Heeresteil abzuschneiden und zu vernichten, war mit großem Verständnis und viel Sachlichkeit vorbereitet sowie glücklich und geschickt eingeleitet worden. Alles klappte nach Wunsch, bis zum Vorrücken des Gros der schwedischen Landungs=Abteilung.

Das Benehmen Wachtmeister's, der sich nach schwedischen Be= urteilungen gegen die Befehle Puke's schamlos vergangen hatte, ist kaum zu erklären; die neuesten innerpolitischen Umwälzungen und Partei= Umtriebe hatten es unter dem schwächlichen Regenten des Landes nicht erreichen können, einen fähigen und energischen Mann an die Spitze der Truppen zu stellen. Wachtmeister's Gebahren bei Ratan ist aber als beispiellos zu bezeichnen; mit 8000 Mann in festen Stellungen, unterstützt von nahezu 40 Schärenfahrzeugen und fast 20 Geschützen am Lande brachte er es fertig, sich einem Gegner mit nur 5000 Mann ohne Geschütze zu beugen.

Lediglich Puke's verschiedenen Maßnahmen mit der Postierung seiner Fahrzeuge und der Vorbereitung der Aufnahmestellung für die Truppen war es zu verdanken, daß das schwedische Heer vor einem gänzlichen Untergang und vor der Gefangennahme bewahrt blieb.

Schwer verständlich und kaum erklärbar bleibt aber auch der Um= stand, daß Puke bei Ratan nicht persönlich den Oberbefehl übernahm, da er Wachtmeister's Unentschlossenheit und gänzliche Unfähigkeit inzwischen genügend erkannt hatte, wie dies aus allen Berichten klar hervorgeht. Seine spätere Erklärung, daß er die Land=Operationen nicht zu beurteilen verstände, trifft denn doch für die Vorgänge bei Ratan in keiner Weise zu und erscheint fast unglaublich. Das Parteigetriebe wird hier, wie so oft in Schweden, auch wohl wieder seine Hand im Spiel gehabt haben, da Puke's Anordnungen und Befehle für das Vorgehen Wachtmeister's gegen Umeaa und für die nächsten Tage stets sachlich. und militärisch richtig waren.

Obwohl Kamensky die Schweden zum sofortigen gänzlichen Umkehren zwang und letztere sich bereits sämtlich am nächsten Tage wieder einschifften, sah er sich doch veranlaßt, schon am 23. August Umeaa zu räumen und sich nach dem Norden zurückzuziehen, verfolgt von dem schwedischen Hauptheer Wredes, das vom Süden her schon nahe herangerückt war.

Unternehmung gegen Umeaa. Gleichzeitig mit der Ausschiffung der Truppen hatte Puke eine Anzahl Kanonen-Schaluppen gegen Umeaa mit dem Befehl entsandt, die dortige Brücke über die breite Elf zu zerstören; schwächlich durchgeführt, erreichte diese kleine Expedition nichts, ließ sogar die russischen Truppen ungehindert die Brücke nach Norden zu passieren. Nach allen Angaben wäre ihre Aufgabe bei einigermaßen energischem Vorgehen leicht zu lösen gewesen und damit wäre das Schicksal der gesamten russischen Streitkräfte im Norden und Süden des Flusses besiegelt worden (s. Karte: A).

Die von den Russen zerstörte Brücke wurde von den Schaluppen-Mannschaften bald wieder für den Übergang des schwedischen Hauptheeres hergestellt.

Unternehmung gegen Pitena. Am 25. 8. trafen hier 10 Kanonen-Schaluppen mit einer Fregatte ein, um die Brücke über die Elf vor dem Eintreffen der sich nach dem Norden zurückziehenden Russen zu zerstören, wurden aber nach 4-stündigem Gefecht zurückgetrieben. Nach dem Rückzug der im Winter in Uleaaborg erbauten russischen Kanonen-Schaluppen nach Luleaa, gingen Mitte September die schwedischen Fahrzeuge wieder südwärts und nahmen hiermit alle Operationen ein Ende.

Friedensschluß. Der klägliche Mißerfolg der Expedition nach Westerbotten hatte den Machthabern in Schweden klar gemacht, daß ihre letzten Kraftanstrengungen, um einen erträglichen Frieden für Schweden zu erreichen, nicht weiter ausgedehnt werden könnten. Es blieb nichts anderes übrig, als baldmöglichst auf alle noch so harten russischen Bedingungen einzugehen.

In dem am 17. September zu Fredrikshamn abgeschlossenen Frieden mußte Schweden endgültig ganz Finnland und einen Teil von Norrbotten bis zur Torneaa-Elf an Rußland abtreten, ebenso die Aalands-Inseln. Die Finnländer hatten sich in den 700 Jahren der Zugehörigkeit zu Schweden mit diesem ganz verwachsen gefühlt, obwohl keine Stammes-Verwandtschaft zwischen den beiden Völkern bestand, so daß hier ein schwerer Bruch mit der Vergangenheit statthatte.

Die Abrüstung der 252 Schären-Fahrzeuge erfolgte sofort; 160 waren während des Krieges neu erbaut worden und für die Gesundheits-Verhältnisse der Besatzungen war im letzten Jahre viel geschehen.

Unternehmungen der englischen Flotte im finnischen Meer-busen 1809. Admiral Saumarez war Anfang Juni mit einer Stärke von 10 Linienschiffen und 17 Fahrzeugen vor Karlskrona eingetroffen und bald nach dem Norden weiter gegangen. Er führte verschiedene Bootsangriffe und Landungen an den Küsten des finnischen Meerbusens aus, blockierte besonders auch Riga und Reval, kreuzte mit seinen Schiffen überall an den russischen Küsten und hielt die zum Schutz von Petersburg bei Kronstadt bereit liegende russische Hochseeflotte dort fest; errichtete unter anderm eine Batterie auf der Halbinsel Porkala, bei welcher Gelegenheit den Russen in einem Gefecht 7 Schären-Fahrzeuge weggenommen wurden, hinderte schließlich an vielen geeigneten Stellen in den Schären-Gewässern die Unternehmungen russischer Schären-Flottillen und hielt die Zufuhren nach und vom Westen zurück.

Aber alle diese Maßnahmen und Erfolge konnten bei den geringen schwedischen Erfolgen in Westerbotten und Norrbotten die Russen nicht von ihren Hauptforderungen abbringen; Schweden mußte im Gegenteil trotz dieser tatkräftigen englischen Unterstützung beim Frieden noch bestimmt seinen Anschluß an das Kontinental-System aussprechen.

Militärische Erörterungen. Das erneute Wiederaufleben der Ruder-Seekriegführung zu Anfang des letzten Jahrhunderts, etwa eine Generation vor der allgemeinen Einführung des Dampfes in die Kriegs-marinen, ist von besonderem Interesse; es kämpften in den Gefechten dieses Krieges fast bis zu 100 Fahrzeugen mit 8000 Mann Besatzung gegen einen kleineren Gegner.

Erst im Jahre 1865 wurde die Armee- und Schären-Flotte auf-gelöst und entstand dann statt ihrer die Schären-Artillerie als neue Spezialwaffe zur Verteidigung der Küsten-Gewässer.

Die Kämpfe der Ruderflotten waren aber nicht allein, wie zwei Jahrzehnte zuvor, Artillerie-Positions-Kämpfe, sondern auf beiden Seiten ist diesmal ein Kämpfen in der Bewegung zu verzeichnen, ein oftmaliges Versuchen, dem Gegner näher auf den Leib zu rücken sowie ihm durch Ausnutzung des Geländes Vorteile abzuringen und ihn womöglich zu überflügeln.

Der enge Zusammenhang zwischen Seekrieg und Landkrieg ist sehr zu Tage tretend; die Flotten- und Heeres-Teile waren in ihren Operationen und auch in einzelnen Aktionen sehr von einander abhängig und auf die gegenseitige Unterstützung angewiesen. Das russische Heer nützte jedoch beide Winter diesmal so geschickt und tatkräftig aus, daß es während langer Monate von der Beeinflussung der gegnerischen Flotte frei blieb und große Erfolge zu erringen verstand sowie nebenher nicht unbeträchtliche Teile der feindlichen Schärenflotte lediglich durch die Erfolge im Landkriege vernichtete.

Ferner bietet noch das Kriegstheater selbst, das große eigenartige Gebiet der Schären zwischen Finnlands Südwestküste und den Aalands-Inseln, für ein militärisch-maritim-nautisches Studium mancherlei Neues und Bemerkenswertes; für eine Kriegführung in diesen und ähnlichen Gegenden, für eine Art Gelände-Seekriegführung sind aus diesem See-feldzug ebenfalls mancherlei Lehren für die Zukunft zu entnehmen.

Der durch das unkluge und wenig diplomatische Auftreten des Königs schon im Februar 1808 heraufbeschworene Krieg endete mit der gänzlichen Niederlage Schwedens und zwar lediglich infolge der äußerst ungeschickten und unmilitärischen Oberleitung. Hatte Gustav IV. versäumt, bereits Ende 1807 die nötigen Streitkräfte nach Finnland zu werfen, weil er nur für Schonen fürchtete und selber in Norwegen einfallen wollte; hatte er dann durch sein ferneres unpolitisches Verhalten dem Gegner verstattet, schnell noch die günstige Jahreszeit auszunützen, so lag immerhin kein triftiger Grund vor, dem finnischen Heere zu befehlen, sich schleunigst und ohne jeden Widerstand zurückzuziehen.

Dann kamen die schweren Versäumnisse, das finnische Heer kräftig zu unterstützen, wozu dem König fast 20 000 Mann zur Verfügung standen, indeß die englische Flotte mit der 10 000 Mann starken Heeres-abteilung unter Moore den Westen schützte. Der König hätte im Norden mit Übermacht auftreten und dauernd die linke Flanke und den Rücken des russischen Heeres durch die den finnischen Meerbusen beherrschende schwedisch-englische Flotte bedrohen lassen können. Selbst im Spätsommer 1808 war die Zeit hierfür noch nicht verloren, das Beherrschen der See gestattete ihm jede Freiheit der Bewegung für seine Truppen und Fahrzeuge.

Mangel an Konzentration und Tatkraft ließen die einzelnen Teil-Erfolge und -Siege nicht zu einem glücklichen Endergebnis gelangen, die russische Heeres-Übermacht mußte endlich den Sieg erringen. Selbst der Fall der See-Festungen wäre durchaus nicht von grundsätzlichem Einfluß auf den Fortgang des Krieges und sein Endergebnis gewesen, wenn die Gesamtlage anderweitig richtig ausgenutzt worden wäre. Flickwerk war alles, was Gustav anordnete, jede Operation wurde schwächlich ein-geleitet und noch schwächlicher durchgeführt. Aber selbst alle diese einzelnen Unternehmungen waren nur ausführbar gewesen, weil die

englische Flotte Schweden gegen Dänemark sowie gegen die russische
Hochseeflotte schützte, so daß man von den schwierigen Küstengewässern
einen guten strategischen Gebrauch machen konnte.

Waren auf politischem und strategischem Gebiet auf schwedischer
Seite dauernd schwere Fehler begangen und die strategischen Maßnahmen
der russischen Führer auch nicht immer sachlich und geschickt gewesen, so
hatte man doch in taktischer Hinsicht in vielen Fällen auf beiden Seiten
richtig gehandelt. Einzelne Fehler, wie das Unterlassen der vorzeitigen
Aufklärung sowie das buchstäbliche Befolgen gegebener Befehle, obwohl
sich die Verhältnisse nach Zeit und Raum inzwischen ganz geändert
hatten, sind bereits besonders betont worden. Die Verteidigungs-
Stellungen entsprachen meistens in sachlicher Form den gegebenen
Verhältnissen, die Angriffe geschahen mit Überlegung und wurden tatkräftig durchgeführt.

Mit der erkannten und tatkräftig durchgeführten Möglichkeit, auch
im hohen Norden Winterkriege führen zu können, war das Schicksal
Finnlands jedoch im Allgemeinen von vorne herein so gut wie besiegelt;
hier hätte nur das Vorhandensein einer größeren starken Grenzfestung,
welche fast die gesamte finnische Armee und deren Kriegsmaterial zeitweilig aufzunehmen geeignet gewesen wäre, einzig und allein das Land
sichern können. Ob dies einem mächtigen Gegner gegenüber dauernd
möglich, wäre allerdings zu verneinen; selbst Karl XIV. Johann
(Bernadotte), hat sich dementsprechend bestimmt dahin geäußert —
im Jahre 1834 — und auch zweimal demgemäß gehandelt.

Die einzelnen Gefechte und Treffen zwischen den feindlichen Schären-
flottillen sind als ausgesprochene Geländekämpfe, als welche man sie jedenfalls bezeichnen kann, immerhin von besonderem Interesse. Sie zeigen
ebenfalls, wie im letzten Kriege 1788—1790, die Bedeutung der weiter
vorspringenden Halbinseln und die damit zusammenhängende besondere
Wichtigkeit einzelner Teile des Hauptfahrwassers durch die Schären hindurch.

**Allgemeine Schluß-Betrachtungen des Krieges; Bedeutung
der Seemacht.** Schweden teilte von nun an als Macht zweiten bis
dritten Ranges, als kleiner Staat, das Schicksal aller dieser; es konnte
jetzt im Allgemeinen nur noch eine Politik der äußeren Beschränkung,
d. i. mit anderen Worten der Neutralität betreiben. Nachdem seine mit
Rücksicht auf die geringe Zahl seiner Bewohner sowie die nicht allzu
bedeutenden Geld- und Macht-Mittel immerhin nur künstlich zu nennende
frühere Großmachtstellung im nordischen Kriege gebrochen war, stand dem
um ein Bedeutendes verkleinerten Staat nur noch geringe Machtentfaltung
zu Gebote.

Seine letzten Könige und Partei-Regierungen waren des Landes Verderb geworden; Starrsinn und Unfähigkeit der ersteren sowie Parteihaber bei den letzteren hatten dem Lande Aufgaben gestellt, welchen dieses nicht gewachsen gewesen war; es fehlte an dem inneren Zusammenhalt.

In der Mitte des nächsten Jahres wählten die Reichsstände nach langem Schwanken und nach vielen Verhandlungen den französischen Marschall Bernadotte, den Prinzen von Ponte-Corvo, mit Napoleons ungern gegebener Erlaubnis zum Thronfolger, der seinem Vorgänger im Jahre 1818 unter dem Namen Karl XIV. Johann auf dem Thron folgte und die neue Dynastie in Schweden begründete.

Gustav IV. hatte wie früher Karl XII. all zu sehr auf die Unterstützung Englands gerechnet, das aber wie vordem und nachdem nur die ureigensten Zwecke bei seinem lockeren und halben Bündnis verfolgte. Für England war die Ostsee von zu allgemeiner Wichtigkeit, sowohl als Quelle für den Bezug seiner bedeutenden Schiffs-Bedürfnisse, wie auch in diesem Zeitraum und bei dieser allgemeinen politisch-militärischen Lage als ein Kanal, durch den sein sonst überall stark behinderter Handel einen Weg nach dem Kontinent zu finden imstande war. Die Notwendigkeit einer Unterstützung Schwedens war daher geboten; die Größe ihrer Durchführung richtete sich aber lediglich nur danach, wie die eigenen englischen landsmännischen Bedürfnisse hierdurch am Besten zu befriedigen waren.

Da von russischer Seite der Handel mit englischen Schiffen zwar bestimmt ausgeschlossen war, man in Rußland aber aus eigenem Interesse bei der Untersuchung der Schiffspapiere nicht allzu peinlich verfuhr, so daß die englischen Kaufleute mit ihren Waren doch ihren Weg in die Ostseehäfen fanden, auch der Ausfuhr der Landes-Erzeugnisse keine besonderen Schwierigkeiten bereitet wurden, so war dementsprechend auch das Auftreten der englischen Kriegsschiffe gegen den Handel nicht gar zu strenge.

Schwedens Rolle als starke Ostseemacht war jetzt ganz ausgespielt und nach der Wegnahme der dänischen Flotte waren nunmehr die nordischen Staaten für immer auf die Stelle von Mächten dritten Ranges herabgedrückt; nur dem zur See ohnmächtigen Deutschland gegenüber vermochte Dänemark später noch zu zwei wiederholten Malen sich als Seemacht zu zeigen und Teilerfolge zu erringen.

Schwedens Beteiligung an der Kontinental-Sperre. Für Schweden — und auch Rußland — kam noch eine unruhige Zeit während der weiteren Durchführung der Kontinental-Sperre, die im

Jahre 1812 in den großen allgemeinen Kriegszug gegen Napoleon überging.

Kurz nach dem Eintreffen des neuen Thronfolgers im Herbst 1810 langte in Stockholm Napoleons erneute dringende Forderung an, die laxe Anteilnahme an dem Handelskrieg gegen England endlich aufzugeben und letzterem nunmehr den Krieg zu erklären.

Die Lage hatte sich bereits seit Anfang 1808 sehr zugespitzt, wo England mit Schweden einen Vertrag abgeschlossen hatte, dem zufolge ersteres ihm eine Beihülfe gegen Frankreich zu gewähren versprochen und Dänemark gleich darauf an Schweden Krieg erklärt hatte. Im April fand ein Gefecht bei Strömstad statt, in welchem die Norweger 13 Fahrzeuge einbüßten. Die an Frankreich überlassenen dänischen Seeoffiziere und Matrosen bemannten in der Schelde 2 französische Linienschiffe und 2 Fregatten, ihre beabsichtigte Entsendung nach der Ostsee kam aber nicht zur Ausführung, da diese Schiffe unter Anderm von englischen Kriegsschiffen dauernd in Schach gehalten wurden.

Nachdem die Verhältnisse auf dem Festland sich geändert hatten, schloß Dänemark Ende 1809 mit Schweden Frieden, das dauernd durch die englische Flotte geschützt worden war und dessen Heer an der norwegischen Grenze auch nichts hatte ausrichten können. Schweden schloß dann zu Anfang 1810 mit Frankreich ebenfalls Frieden, kam aber dadurch in erneuten Konflikt mit England, welches die Forderung aufstellte, daß sein Handel durch die Ausführung des Friedens keinerlei Schaden erleiden dürfe. Die bald erfolgende Wieder-Annäherung an England schädigte dann durch das Aufleben dänischer und besonders französischer Kaper-Tätigkeit den schwedischen Handel schwer, so daß schwedische Schiffe nie anders als unter Convoi-Bedeckung fahren konnten, selbst an der eigenen Küste nicht.

In der Ostsee lag mit Schweden eine ganz besondere Schwierigkeit vor, da dies Land einerseits von Frankreich in Schwedisch-Pommern und Rügen sowie ferner im Norden von Rußland hart bedrängt wurde, dem Bündnis gegen England in festerer und bindenderer Form beizutreten; andererseits das schwedische Volk völlig von seinem Seehandel sowie von der Verwertung seiner Erzeugnisse an Schiffsbedürfnissen und Getreide und zwar zumeist nach England hin, abhängig war.

Diese schwierige Lage zu berücksichtigen, seinem eigenen Lande den Handel mit den Ostseeländern offen zu halten sowie Schweden und auch Rußland nicht ganz und gar die Freiheit ihres Handels zu rauben, war für den in der Ostsee während 5 folgender Jahre auf Nelson's letztem Flaggschiff, der „Victory" befehligenden englischen Admiral

Sir James Saumarez keine leichte Aufgabe. Ihre Lösung gelang ihm aber in den letzten 4 Sommern in solch vorzüglicher Weise, daß im Jahr 1812, obwohl Schweden inzwischen seit längerer Zeit zur offiziellen Kriegserklärung gegen England durch Napoleon und Alexander gezwungen worden war, die schwedische und englische Flotte doch auf der Seite Rußlands standen.

Ein schwedischer Staatsmann schrieb über diese Handlungsweise des Admirals an Saumarez: „Sie waren die erste Ursache, daß Rußland den Mut zum Krieg gegen Frankreich fand. Hätten Sie einen Schuß gefeuert, nachdem wir England den Krieg erklärt hatten, so wäre Alles zu Ende gewesen, Europa würde unterjocht worden sein.“

Der Krieg gegen den Handel. Bis zum letzten Jahre standen alle Ostseeküsten unter dem Druck von Frankreich und Rußland, alles Englische war dort geächtet, aber dieser Druck wurde in möglichst wenig schädigender Form ausgeübt; die englische Flagge war zwar überall bestimmt ausgeschlossen, jedoch fand ein mehr oder minder von den einzelnen Regierungs-Vertretern geduldetes Verfahren statt, einerseits die eigene Landes-Ausfuhr nicht allzusehr zu hemmen, andererseits nicht gar zu peinlich nach der nationalen Zugehörigkeit der Kauffahrteischiffe zu forschen.

Den Hütern des Gesetzes ein Schnippchen zu schlagen, waren Alle geneigt, ein Auge zuzudrücken erstere. Aber trotz alledem lastete der allgemeine Druck doch überall sehr schwer; hatten 1805 z. B. über 11000 Schiffe den Sund hin und her passiert, so betrug ihre Zahl 1807 nur noch 6000, die englischen Schiffe segelten meist unter neutraler Flagge.

Aber durch alle erwähnten besonderen Maßnahmen kam es dahin, daß trotzdem seltener Weise die Einfuhr von Schiffsbedürfnissen aus der Ostsee in England in den Jahren 1808 bis 1809 sich mehr als auf das Doppelte steigerte und im nächsten Jahr noch weiter vergrößerte. Die mit britischen Licenzen versehenen Schiffe gingen hauptsächlich nach den Ostseehäfen; unter den neutralen Flaggen hatte seit 1806 die preußische die Oberhand, viele Tausende Schiffe fremder Nationen, Holländer, Franzosen, Spanier u. s. w. fuhren damals unter der neutralen Flagge Preußens und versahen die an der Ostseeküste stehenden französischen Truppen sogar während des Krieges gegen Preußen mit Kriegsvorräten und Lebensmitteln. England, das 1803 im eigensten Interesse gegen die neutrale Schiffahrt schärfer vorging, verhandelte darüber aber gelegentlich mit diesen Staaten und ging nicht immer willkürlich vor.

Dänemark, Mecklenburg und Oldenburg waren ebenfalls bei diesem Licenz-System mit ihren neutralen Flaggen beteiligt. Auch amerikanische Schiffe nahmen hieran sehr zahlreich teil; sie brachten Kolonial- oder englische Waren nach allen Häfen der Ostsee, nahmen dort als Rückfracht Holz, Hanf und Teer ein, sammelten sich im Süden des Sundes und wurden dann durch Sund, Belte, Kattegatt und Nordsee convoyiert, um gegen die vielen Kaper gesichert zu sein. 1809 und 1810 wurden aber doch noch 160 amerikanische Schiffe allein von dänischen Kapern aufgebracht, wenn auch nicht sämtlich condemniert.

England gab aber den Ostseehandel für die Neutralen bald ganz frei, da es doch zu sehr der Schiffsbedürfnisse von dort her benötigte; nach dem Friedensschluß zwischen Schweden und Rußland wurden ihm ferner noch alle schwedischen Häfen offiziell verschlossen und 1810 erhielt Schweden Pommern nur unter der Bedingung von Napoleon zurück, daß dort aus England nur Salz eingeführt werden dürfe, nicht aber Kolonialwaren, wie er dies erst kurz vorher Rußland hatte zugestehen müssen. Napoleon nahm schließlich ebenfalls das englische Licenz-System an und erweiterte dies sehr; zeitweise unterzeichnete er alle derartigen Papiere sogar persönlich.

Aber alle diese Maßnahmen halfen am Ende doch nicht zum erstrebten Ziele, alle Systeme, den englischen Handel ganz zu unterbinden, waren nutzlos, auch der Schmuggelhandel kam mehr und mehr überall auf. Napoleons stetes Drängen in den Kaiser Alexander führte letzteren dann endlich unter die Zahl seiner Gegner, da seinem Lande der Lebensnerv abgeschnitten worden wäre, falls er auch alle neutralen Schiffe von seinen Häfen ganz ausgeschlossen hätte, wie Napoleon dies zuletzt vom Zaren bestimmt forderte. Ende 1810 schrieb der Gewalthaber Europas noch an letzteren: „Es giebt keine Neutralen. Was auch immer für Papiere sie führen, sie sind gefälscht. Nicht ein einziges Schiff mit sogenannten amerikanischen Papieren läuft in einen russischen Hafen ein, das nicht in Wirklichkeit von England käme. Krieg oder Frieden liegt in den Händen Rußlands." Er forderte dann dazu auf, diese Schiffe sowie die in Gothenburg aufgestapelten Waren wegzunehmen; er teilte dem Zaren mit, daß alle Kolonial-Waren der Leipziger Messe mit 700 Wagen über Rußland gekommen wären und daß unter dem Geleit von 20 englischen Kriegsschiffen 1200 englische Kauffahrer ihre Waren unter neutralen Flaggen in Rußland gelandet hätten.

Als Alexander nun noch 1812 sogar die Einfuhr vieler englischer Fabrikate gestattete, war der Krieg da. Zum Schluß des zweiten Bandes seines Hauptwerkes giebt Mahan die genauesten Einzelheiten

über die besonderen und eigenartigen Verhältnisse dieses Jahre lang
währenden Krieges gegen den Handel in der Ostsee.

Politische Änderungen an der Ostsee 1814 und 1815. Nachdem Napoleon sich 1812 aus Rußland hatte zurückziehen müssen,
folgten die glänzenden Waffentaten des preußisch-schwedischen Heeres
Mitte des nächsten Jahres in Norddeutschland; die Küstenländer der
Ostsee wurden jetzt endgültig vom französischen Drucke frei.

Nach der Völkerschlacht bei Leipzig, den 16.—18. Oktober, begann
die Auflösung des Rheinbundes und die kleineren deutschen Ostseeländer
kamen wieder ganz in die Gewalt ihrer Fürsten. Dem ersten Pariser
Frieden ging der Kieler Frieden vom 11. Januar 1814 voraus, in
welchem Dänemark Schwedisch-Pommern (Neuvorpommern) mit Rügen
erhielt, Lauenburg an Preußen sowie Norwegen an Schweden kam.

Der Wiener Kongreß sprach Preußen, nach Napoleons endgültiger
Bezwingung bei Waterloo, dann ferner 1815 noch den Besitz Danzigs
von neuem zu und tauschte den Besitz von Neuvorpommern nebst Rügen
mit Lauenburg für 6 Millionen Rtr. zwischen Dänemark und Preußen
aus; letzteres ging aus dem glorreichen Kriege doch noch 600 □-Meilen
kleiner hervor als es vor dem Abschluß des Friedens zu Tilsit groß
gewesen war. Preußen hatte jedoch mehr Küstenländer erworben —
obwohl Ostfriesland endgültig verloren ging —, sich besser arrondiert
und größere polnische Landesteile abgestoßen.

An Stelle des 1806 aufgelösten Deutschen Reiches und Kaisertums
trat jetzt der Deutsche Bund mit 38 souveränen Staaten, darunter das
Herzogtum Holstein unter dem König von Dänemark als Herzog.
Außer diesem und Preußen grenzten dann noch an die Ostsee, zum Teil
nur mit ihrem Nebenbesitz: die beiden mecklenburgischen Großherzogtümer
sowie das Großherzogtum Oldenburg mit dem Fürstentum Lübeck,
schließlich noch die Freie und Hansestadt Lübeck.

V.

Der deutsch-dänische Krieg 1848—1851.

———

Werdegang der preußischen Flotte.

Preußen an der Ostsee 1807—1815. Schon im Jahre 1807 hatte der preußische General von Rüchel zur Unterstützung der Operationen der Armee im Frischen Haff eine kleine Flottille gebildet, welche aus 2 größeren Segelschiffen, 1 Kutter und 2 Bordings bestand; letztere waren Leichter-Fahrzeuge mit 2 Masten, die gesamte Armierung aller Fahrzeuge bestand aus 18 Geschützen bei einer Besatzung von 160 Mann. Mit Hülfe dieser Flottille wurde das Haff dauernd vom Feinde freigehalten und wurden außerdem noch die Franzosen in Elbing blockiert.

Eine vom Oberstleutnant von Rauch im Kriegs-Ministerium im Jahre 1811 auf Grund der früheren guten Erfolge aufgestellte Denk-schrift ließ sich eingehend über die Notwendigkeit aus, im Frischen Haff eine kleine armierte Flottille auszurüsten und beständig dort zu unter-halten. Als Stärke dieser Flottille wurde angegeben, daß sie zu bestehen habe aus:

3 großen Korvetten,
8 großen Kanonenbooten,
4 kleinen Kanonenbooten sowie
4 schnellsegelnden Aviso-Fahrzeugen;

Rauch setzte die Armierung auf 44 Kanonen, die Besatzung der 19 Fahrzeuge auf 400 Mann im Ganzen fest. Als Befehlshaber dieser zu schaffenden Flottille war ein russischer Seeoffizier gedacht; die technische Beaufsichtigung und Leitung sollte der Lootsen-Kommandeur in Elbing übernehmen und als Ausrüstungs- sowie Haupt-Liegeplatz Pillau gelten. Dieser erste neu-preußische Flotten-Gründungsplan kam aber nicht zur Ausführung.

Im Jahr 1813 wurden alle an der Küste befindlichen Zollwacht-schiffe militärisch besetzt und armiert, um mit ihnen diejenigen Häfen zu blockieren, in welchen sich die Franzosen festgesetzt hatten; dies geschah vor Allem vor Danzig und Stettin.

In einem zu Ende des Jahres 1814 vom General von Rauch an den Kanzler Graf Hardenberg gerichteten Gutachten, in welchem ersterer die ihm gestellte Frage beantwortete: „ob die Küstenlage eines großen Teils der Monarchie die Beibehaltung eines solchen armierten Zollwachtschiffes ratsam mache", äußerte sich Rauch dahin: „daß so-wohl die Würde eines ein großes Küstenland besitzenden Staates, als auch die Sicherheit der Festungen es erfordere, ständig armierte Wacht-schiffe zu halten, da besonders auf der Ostsee fast immer fremde Kriegs-schiffe die preußischen Häfen besuchten." Es müsse daher: „successive für die Beschaffung solcher und zweckmäßig gebauter Schiffe gesorgt werden." Diese Forderung ähnelte derjenigen einiger preußischer Generale vom Jahre 1796; Rauch beantragte aber gleichzeitig die Heranziehung eines fremden Seeoffiziers, da er selbst von der Sache nichts verstünde.

Wie wenig sonst im Allgemeinen in Deutschland die See-Interessen gepflegt wurden, läßt auch die Tatsache ersehen, daß auf der 1749 in Hamburg begründeten ersten Navigationsschule noch bis zum Jahr 1819 der Unterricht in dem wichtigen Lehrfach der Navigation in holländischer Sprache und mit Benutzung holländischer Lehrmittel ab-gehalten wurde.

Als nach Beendigung der Kriege gegen Napoleon Preußen endgültig in den Besitz von Schwedisch-Vorpommern mit Rügen gelangte, kamen auch 6 schwedische Kanonen-Schaluppen in preußischen Besitz, so daß der schwedische Marine-Leutnant Longé nun in preußische Dienste trat; er empfahl gleichzeitig den Bau einiger schnellsegelnder Kriegs-Schooner: „wenn man die preußische Marine ausschließlich auf die Küsten-Verteidigung beschränken wolle und da es dem Staate zu kost-spielig wäre, eine Flotte in Friedenszeiten in Bereitschaft zu halten." Im Kriege sollten dann noch Kauffahrer armiert und mit ausgebildeten Mannschaften besetzt werden.

Einzelne Flotten-Bestrebungen. Allen weiter gehenden Vor-schlägen entgegen wurde nur die Erbauung eines einzigen Fahrzeugs bewilligt, das im Jahre 1816 als erstes Kriegsfahrzeug unter der neuen preußischen Kriegsflagge vom Stapel lief, der Schooner „Stralsund", mit 2 24-Pfündern und 2 12-Pfündern armiert; seine Länge betrug 71', der Tiefgang 7', zur Fortbewegung konnten auch Ruder benutzt werden.

Major Longé arbeitete 1820 einen ferneren Flotten=Bauplan aus, dem zu Folge in Danzig und Stralsund bereit gestellt werden sollten:

24 Schooner,

24 größere Flußfahrzeuge (Kanonen=Schaluppen),

24 kleinere Flußfahrzeuge (Kanonen=Jollen),

4 18 Kanonen=Schiffe englischer Art,

4 16 Kanonen=Schiffe schwedischer Art,

insgesamt 80 Fahrzeuge mit 4300 Mann Besatzung; es blieb aber bei diesem Plan und geschah nichts Besonderes.

1823 besaß Preußen 8 verschiedene Kriegsfahrzeuge, von denen aber nur 5 armiert waren; im Jahre 1825 bestimmte eine Königliche Kabinets=Ordre, daß die Dienstleistung der auf den Schiffen „Mentor" und „Princessin Louise" im Dienste der preußischen Seehandlung fahrenden Mannschaften auf deren gesetzliche Dienstzeit anzurechnen sei.

Preußens und Deutschlands Ohnmacht zur See. Noch eines besonderen Falles, welcher die Flotten=Misere am Besten beleuchtet, ist hier zu gedenken. Nachdem im Sommer 1816 verschiedene bewaffnete Fahrzeuge der Barbaresken=Staaten des Mittelmeers selbst in der Ostsee deutsche Schiffe in der Nähe der Küste ausgeplündert hatten — soweit ging Deutschlands Ohnmacht zur See — erklärte sich Preußen bereit, die Bildung eines europäischen Seebundes zur gemeinsamen Bekämpfung der Seeräuber zu unterstützen, welchen Zar Alexander im September in London anregte; Preußen wollte hierbei die europäische Flotte durch Stellung einiger Fregatten verstärken. Die weiteren Verhandlungen führten aber zu keinem Ergebnis, ebensowenig wie das Vorgehen Mandesloh's, der im Namen Badens 1817 beim Bundestag den Gedanken der Gründung einer deutschen Flotte anregte; auch hierbei hatte Preußen sich bereit erklärt, einige Kriegsschiffe ins Mittelmeer zu schicken. Der Seeraub nahm infolgedessen weiterhin ungestört seinen Fortgang und vermochte selbst die von 1805 bis 1815 um ein Drittel ihres Gesamt= Tonnengehalts zurückgegangene deutsche Schiffahrt noch schwer zu schädigen.

Einige fernere sehr einsichtsvolle Vorschläge halfen selbst bei dem verständnisvollen Kriegsminister von Rauch nicht, obwohl auch im Jahr 1817 maurische Korsaren in der deutschen Bucht der Nordsee deutsche Schiffe kaperten; erst 9 Jahre nach dem Stapellauf des „Stral= sund" lief ein zweites kleines Kanonenboot, die „Danzig" vom Stapel.

Fernere Vorschläge; Erbauung einzelner Fahrzeuge. 1836 äußerte sich der preußische Handelsminister über den unnützen Bau einiger Küsten=Verteidigungsschiffe dahin, daß diese Schiffe doch, falls sie sich bei Ausbruch eines Krieges nicht zeitig in Sicherheit brächten, die Beute des

Feindes und die Häfen selbst blockiert werden würden: „wie das in solchen Fällen früher der Fall war."

Aber trotz Allem, auch nach dieser zum Teil gänzlich nichtigen Begründung, wurde noch in keiner Weise an die Gründung einer Flotte gedacht, sondern es wurde dem König nur der „Bau bewaffneter Fahrzeuge zur Verteidigung der preußischen Küste" vorgeschlagen. 1827 war nach der Herstellung des zweiten Kanonenbootes inzwischen auf dem Dänholm bei Stralsund ein „Marine-Etablissement zur Aufbewahrung der Fahrzeuge und ihrer Ausrüstung" hergerichtet worden, das sich dann mehr als 20 Jahre später zu einer ansehnlichen Werftanlage der Ruderflottille ausbildete und ein sehr gut ausgerüstetes Marinedepot darstellte.

An den Sitzungen einer 1836 ernannten Küsten-Verteidigungs-Kommission hatte auch der 25jährige **Prinz Adalbert von Preußen** Anteil genommen und dieser ein Gutachten eines englischen Seeoffiziers überreicht, welcher darin besonders betont hatte, daß gerade damals, zur Zeit des Beginns der Einführung der Dampfkraft in die Flotten, es für Preußen ein leichtes sei, für nur eine Million Taler drei größere Dampfkriegsschiffe zu erbauen, von je 1000 Tonnen und 8 Geschützen. Eine solche Macht würde für Preußen schon von großer Bedeutung werden können; der richtig begründete Vorschlag kam aber wegen der all zu hohen Kosten nicht zur Ausführung.

Noch zu Ende der 30er Jahre schrieb ein General: „schließlich schließt uns gar noch der Däne die Bude vor der Nase ab, wenn er will," und im Jahr 1840 erbaute man nur 2 Kanonen-Jollen als „lokale Armierungs-Maßregel," um für den Fall eines Krieges wenigstens „Muster und Modelle" zur Verfügung zu haben. Man übertrage derartige Gedanken einmal in die neuere Zeit, dann wird man sich vollends klar über diese, nennen wir es nur — militär-ökonomische Genügsamkeit. —

Drei Jahre später lief dann Preußens erstes größeres Kriegschiff vom Stapel; es war dies die vom Finanz-Ministerium zur Ausbildung der Navigationsschüler erbaute Segel-Korvette „Amazone", welche von dem Direktor der Danziger Navigationsschule geführt wurde. Aber an eine Kriegsflotte war hierbei noch in keiner Weise gedacht worden, noch immer hatte ein Generals-Wort Geltung: „da das Wasser bekanntlich nicht unser Element ist."

Klärung der Ansichten. Es begannen die Ansichten sich jedoch zu klären und zeigte sich an manchen Stellen bereits die erforderliche Einsicht. So äußerte z. B. im Jahr 1845 der preußische Finanz-Minister, Freiherr von der Heydt, dessen bekanntes Reskript wegen des Verbots der Auswanderung nach Brasilien der deutschen Kolonial-

Entfaltung lange Zeit so sehr geschadet hat, daß Preußen, um die für
die Unterhaltung der Armee erforderlichen Mittel aufzubringen, eines
umfangreichen Handels und zwar insbesondere des Seehandels bedürfe.
Zur Entfaltung sowie zum Schutz dieses größeren Seehandels sei aber
eine Marine unbedingt geboten und wäre er daher zur Beschaffung der
hierfür erforderlichen Mittel bereit.

Im deutschen Volk begann es sich seit Anfang der 40er Jahre
ganz besonders zu regen, Aufsätze und Flugschriften jeglicher Art tauchten
auf, von denen einige auch schon das Wort „Seegeltung" zum Titel
erwählt hatten; überall forderte man in Nord und Süd bereits die
Gründung einer Flotte, ja sogar schon von Kolonien.

Erst mit dem Jahr 1848 setzte dann endlich in Deutschland eine
kräftigere Bewegung für den „Bau einer Achtung gebietenden Flotte"
an allen Orten ein; die deutsche Volksvertretung in Frankfurt a. Main
bewilligte für eine neue Flotte sofort 6 Millionen Taler und der deutsche
Reichs-Verweser Erzherzog Johann von Österreich ernannte zum Vor-
sitzenden der technischen Marine-Kommission für die Gründung der
Deutschen Reichs-Flotte den preußischen Artillerie-General Prinz Adalbert von Preußen.

Denkschrift des Prinzen Adalbert. Die bedeutsame
Denkschrift des Prinzen Adalbert an den König von Preußen über
die Bildung einer Flotte, führte im Mai des Jahres 1848 weiten
Blickes das Folgende aus:

„So lange Deutschland auf der eben bezeichneten Bahn — d. i.
der bloßen Verteidigung seiner Häfen und Küsten — wandelt, so lange
es fern von allem Ehrgeiz, fast ohne die Aufmerksamkeit geschweige die
Eifersucht seiner weit mächtigeren Nachbarn zu erregen, nur Fregatten
und Dampfschiffe baut und es sich begnügt, eine bescheidene Stelle unter
den kleineren Marinen einzunehmen; so lange Jedermann einsieht, daß
es weder nach großer Geltung zur See strebt, noch daran denkt, Schlachten
zu liefern, wird niemand es einer Halbheit in seinen Maßregeln zeihen.
Sobald es aber durch den Bau von Linienschiffen, von Schlachtschiffen,
aus diesem anspruchslosen Kreise heraustritt, werden alle Augen sich
darauf richten, eine scharfe Kritik wird anheben und wehe dem Vaterlande, wenn es sich bei diesem entscheidenden Schritt einer halben Maß-
regel schuldig machen sollte."

„Wollten wir, um uns mit den Dänen gleich zu stellen und jeder
Zeit den Sund und Großen Belt forcieren zu können, 5—6 Linienschiffe
anschaffen, so würden wir uns dieselben Ausgaben für die Anlage von
Kriegshäfen aufladen, als wenn wir die größte Flotte bauten, darum

immer noch nicht selbständig bastehen und das um so weniger, als im Allgemeinen 9—12 Linienschiffe als die geringste Zahl betrachtet wird, um als Geschwader auftreten zu können. Die eben genannte Macht würde uns allerdings gegen Schweden und Dänemark ein unbestrittenes Übergewicht verleihen, in einem Kriege gegen die größten Seemächte aber nur als Hilfsgeschwader in Betracht kommen."

Nach einer genaueren Auseinandersetzung, weshalb z. B. für die amerikanische Marine eine solche Stärke selbst England gegenüber genügen würde, da dort die großen Entfernungen und die starken Hülfsquellen des Landes mitsprächen, fährt der Prinz dann fort:

„Wie ganz anders ist die Lage Deutschlands! Eng eingeteilt zwischen den 3 großen Seemächten England, Frankreich und Rußland, berührt es nur ganz oder halb eingeschlossene Meerbusen, in denen seine Geschwader kaum einer entscheidenden Schlacht würden ausweichen können. Deutschlands Macht muß mithin einem solchen ersten Zusammenstoß gewachsen sein, wenn sie sich nicht von Hause aus in ihren Häfen will einschließen lassen."

Und nun führt der Prinz aus, daß Rußland in der Ostsee jährlich 18 Linienschiffe üben ließe, 9 fernere in Reserve habe, so daß nur mit Englands Hülfe dagegen vorgegangen werden könne; aber ebenso könne letzteres diese Schiffe selber stellen und für Deutschland wären nach wie vor Dampfer und Fregatten als Beihülfe erforderlich; er schließt nunmehr weiter:

„Hieraus folgt, daß Deutschland entweder gar keine Linienschiffe oder gleich so viele bauen muß, daß es als selbständige Seemacht seinen Nachbarn gegenüber auftreten kann. Jedes Mittelding wäre eine unnütze Ausgabe, eine leere Prätention und würde Erwartungen in der Nation erregen, der die Seemacht im Moment der Gefahr nicht zu entsprechen vermöchte . . . ."

„Nachdem wir nun das Minimum einer selbständigen deutschen Seemacht auf 20 Linienschiffe, 10 Fregatten, 30 Dampfer, 40 Gaffel-Kanonenboote, 80 Kanonen-Schaluppen normiert haben, kann man uns mit Recht fragen: Ist Deutschland auch imstande, eine solche Flotte zu bemannen und die dazu erforderlichen Summen zu erschwingen?"

Prinz Adalbert beantwortet dann im weiteren Verlauf der Denkschrift diese Fragen bejahend, da für die erforderliche Besatzung von 18 000 Mann Preußen allein schon die Hälfte von Seeleuten aufweise; er schlägt darauf die Errichtung eines Schiffsjungen-Instituts vor, welches nach und nach 6000 Unteroffiziere und Matrosen liefern solle und geht dann eingehender auf die Offizierfrage ein. Zu Anfang müßten fremde

Offiziere angeworben und sofort die Schaffung einer besonderen Bildungs-
Anstalt in die Hand genommen werden.

Alsdann beschäftigt sich die Denkschrift mit der wichtigen Frage
der Kriegshäfen; Kiel erschien „als Hauptkriegshafen in der Ostsee wenig
geeignet" zu sein, da es „geographisch gar zu eingeengt" läge. Wegen
seiner guten strategischen Lage wird dann Danzigs Belegenheit eingehend
erörtert und diesem Ort der Vorzug gegeben, sowohl für den Fall, daß
die nordischen Staaten Verbündete, als auch falls sie bei einem Kriege
Preußens mit Rußland Gegner wären. Dieser Teil schließt mit den
Worten:

„Sollte man aber aus ökonomischen Gründen Kiel den Vorzug
geben, so würde man unserer Ansicht nach dennoch genötigt sein, in der
Danziger Bucht sich irgend einen Zufluchtsort für die Flotte zu schaffen."

Man kann wohl sagen, daß der allgemeine Inhalt der Denkschrift
sich im Wesentlichen, ja fast buchstäblich noch heute verteidigen ließe; nur
den eingehenden Erörterungen über die günstige Lage von Danzig wäre
nicht zuzustimmen, da dort für eine größere Flotte sich nicht der genügende
fortifikatorische Schutz schaffen ließe. Die Rhede ist ferner überhaupt
militärisch sowie seemännisch-nautisch unsicher gegen Angriffe und Stürme
und könnte nur mit ganz außerordentlichen und großen Mitteln geschützt
werden.

Die Frankfurter technische Kommission entschloß sich schließlich dahin,
die jährlich zu bewilligenden 6 Millionen Taler zum Bau von 15
Schraubenfregatten zu je 60 Kanonen mit Hülfs-Maschinen sowie von
30 Rad-Dampfern, welche in 10 Jahren sämtlich herzustellen seien, zu
verwenden.

Entwickelung der preußischen Marine 1848 und 1849. Mit
der Wiedergabe dieser Denkschrift ist der geschichtlichen Darstellung vor-
gegriffen worden und soll des besseren Zusammenhangs wegen nur noch
in Kürze die neue Entwickelung der preußischen Marine dargestellt werden;
dagegen wird von einer Geschichte der Gründung der Deutschen Bundesflotte hier ganz abgesehen, weil letztere nur in der Nordsee entstand und
auch nur dort in kleineren Gefechten wirksam auftrat.

Im preußischen Kriegsministerium wurde eine Marine-Abteilung
geschaffen, da Preußen gleichzeitig mit der Gründung einer Flotte selbständig und für sich allein vorzugehen beabsichtigte; aus dieser Abteilung
entstand später das Ober-Kommando. In Stettin wurde sofort ein
„Marine-Kommando" eingesetzt, fremde Seeoffiziere und Kapitäne der
Handels-Marine wurden als Offiziere angestellt.

Das schwimmende Material bildeten im ersten Jahr des Krieges gegen Dänemark nur die Korvette „Amazone" und der armierte Postdampfer „Preußischer Adler"; der Bau einer Anzahl von RuderSchaluppen und Jollen wurde sofort in Arbeit genommen.

Prinz Adalbert wurde am 1. März 1849 zum Oberbefehlshaber sämtlicher bereits vorhandenen und noch auszurüstenden Kriegsfahrzeuge ernannt; ein Holländer, der Kommodore Schroeder, der frühere Kommandant des Navigationsschulschiffs, befehligte die Küstenflottille. Im Frühjahr 1849 zählte die preußische Marine bereits: 1 SegelKorvette und 2 Dampfer sowie 21 Ruder-Kanonen-Schaluppen mit je 1 Offizier, 3 Unteroffizieren und 60 Mann, ferner 6 Jollen mit zusammen 67 Geschützen, 37 Offizieren und 1520 Mann.

Der Krieg in Schleswig-Holstein.

Innere politische Lage Dänemarks 1848. Am 20. Januar 1848 folgte auf Christian VIII. sein Sohn Friedrich VII. auf dem Thron Dänemarks. Nun trat für die Dänen die Behandlung der Frage wegen der ersehnten engeren Verbindung des Herzogtums Schleswig mit Dänemark in den Vordergrund, um dies bis dahin nur durch Personalunion mit der Krone und dem Staate Dänemark verbundene deutsche Land fester an das Königreich zu ketten, solange noch der letzte rechtmäßige König-Herzog, mit welchem der in Schleswig-Holstein allein berechtigte Mannesstamm ausstarb, die Herrschaft besaß.

Der sogenannte „offene Brief" Christian's VIII. vom 8. Juli 1846 hatte durch die Integritäts-Erklärung der Gesamt-Monarchie, in welcher die feste Zugehörigkeit des Herzogtums Schleswig zum Königreich Dänemark, dagegen nur die bedingte des Herzogtums Holstein erklärt war, in beiden Herzogtümern, in dem „op ewig ungedeel'en" SchleswigHolstein, eine große Bewegung gegen die Partei der sogenannten EiderDänen hervorgerufen.

Um den in diesem Brief angedrohten Zustand einer dauernden engeren Union Schleswigs mit dem Staate Dänemark etwas zu mildern, wurde am 23. Januar eine gemeinsame freiere Verfassung Schleswig gewissermaßen als Geschenk geboten; in Dänemark glaubte man hierin den Wünschen der Bevölkerung einen genügenden Ersatz zu bieten, hatte damit aber keinerlei Erfolg.

Durch eine revolutionäre Bewegung in Kopenhagen, welche durch die Pariser Februar-Revolution angefacht wurde, war dann der König gezwungen worden, die Einverleibung des Herzogtums Schleswig in das Königreich Dänemark auszusprechen. Nun regten sich die vergewaltigten Elbherzogtümer, eine Volkserhebung begann und in Kiel bildete sich am 24. März eine „Provisorische Regierung" mit Beseler als Statthalter an der Spitze. Der Krieg stand dadurch unmittelbar vor der Tür, da nun der deutsche Bund militärisch einschritt und die Forderungen der Schleswig-Holsteiner unterstützte.

Beginn der Feindseligkeiten. Die Festung Rendsburg wurde von den Schleswig-Holsteinern mit einzelnen Truppenteilen des abgefallenen holsteinischen Bundes-Contingents sofort überrumpelt; aber im Norden von Flensburg erlitten von den bis dorthin vorgedrungenen etwa 6000 neuen schleswig-holsteinischen Truppenteilen, die Freischaaren sowie Kieler Turner und Studenten durch die dänischen Truppen eine schwere Niederlage bei dem Orte Bau am 9. April.

Die dann der kleinen schleswig-holsteinischen Armee zur Hülfe herbeirückenden deutschen Bundestruppen schlugen bei Schleswig am 23. April unter Befehl des preußischen Generals Graf Wrangel das dänische Heer und besetzten bald ganz Jütland (s. Karte: B.).

Der Krieg bekam nun ein eigenartiges Gepräge; dem kleinen Staat Dänemark, welcher nach dem Abfall der Herzogtümer sowie nach der Eroberung des festländischen Jütland nur noch die 7 größeren Inseln und viele kleine zu sich zählte, stand als Gegner gegenüber der gesamte Deutsche Bund mit den beiden Großmächten Oesterreich und Preußen. Die dänische Flotte konnte sowohl in der Nordsee als auch in der Ostsee die unumschränkte Herrschaft ausüben, da von den Gegnern nur Oesterreich im fernen Süden eine kleine Flotte besaß.

Die dadurch sofort eintretende schwere Schädigung des gesamten deutschen Seehandels sowie die drohende Haltung Schwedens, Rußlands und Englands zu Gunsten Dänemarks nach der Besetzung Jütlands, veranlaßten das führende Preußen dazu, Unterhandlungen einzuleiten, wodurch der Krieg nur sehr lahm weitergeführt wurde. Die eigentümlichen inner- und außerpolitischen Verhältnisse von Preußen-Deutschland vereitelten alle größeren militärischen Maßnahmen und erschwerten die weitere sachliche Kriegführung derart, daß der auch unter dem Druck der dänischen Seemacht stehende Landkrieg hier nur in ganz gedrängter Kürze dargestellt werden soll, da die vielen politischen Beeinflussungen von allen Seiten diesem im Wesentlichen sein eigenartiges Gepräge gaben.

Die dänische Flotte. Bereits im Jahr 1830 zählte die dänische Flotte wieder 4 Linienschiffe und 8 Fregatten in ihren Reihen; das erste Rad-Dampfschiff erlangte Dänemark 1842. Für Operationen im großen Stil war die dänische Flotte in keiner Weise vorbereitet und war dies ja auch in dem vorliegenden Fall nicht erforderlich. Das Material an Schiffen und Ausrüstungs-Gegenständen war gänzlich veraltet; das Personal der Flotte und zwar besonders ihre Führer, war sehr über= altert und reichte außerdem für die Besetzung aller Schiffe und Fahr= zeuge nicht aus; so war z. B. der Ober-Equipagemeister des Holm, also der Leiter der einzigen Werft, ein Admiral im Alter von 75 Jahren.

In der englischen Marine lagen zu der Zeit die Personal= Verhältnisse ähnlich; die älteren Offiziere, Flagg=Offiziere und Kapitäne, waren sämtlich ganz außerordentlich überaltert.

Zu Anfang des Jahres 1848 bestand die Flotte aus:

5 Linienschiffen zu 84 Kanonen,
1 Linienschiff zu 66 „ (seeuntüchtig),
8 Fregatten zu 40—48 „
4 Korvetten,
4 Briggs,
5 kleineren Segel=Fahrzeugen,
85 Ruder=Kanonen=Fahrzeugen sowie aus
4 Rad=Dampfern und 2 unarmierten Rad=Dampfern,

zusammen mithin aus rund 120 Schiffen und Fahrzeugen.

Man schritt zuerst zur schleunigen Indienststellung der Dampfer und kleineren Segler, darauf der Ruder=Fahrzeuge, schließlich dann auch der größeren Schiffe.

Bewegungen der dänischen Schiffe. Die sofortige Entsendung der als Wachtschiff für den Sund bestimmten und soeben fertig aus= gerüsteten Korvette „Najaden", welche unter Kapitän Baron von Dirling=Holmfeld schon am 27. März vor dem Alsen=Sund erschien und dadurch die Sicherung dieser Insel bewirkte, verdient Anerkennung, dies Vorgehen war richtig geplant und gut durchgeführt.

Gleichzeitig mit dem Vorrücken des dänischen Heeres nach dem Süden wurde dies im April an der Küste von einigen Schiffen begleitet, die jedesmal in die einzelnen Buchten und Häfen eindrangen, sich dann aber mit dem Heer im nächsten Monat wieder zurückzogen; gelegentlich fanden hierbei einzelne kleine Gefechte statt.

Außer diesen Vornahmen half die Flotte hauptsächlich bei den Truppen=Transporten mit und begann dann im Mai, nachdem inzwischen auch die größeren Schiffe bereit gestellt worden waren, mit der Blocade der deutschen Ostseehäfen und der Wegnahme vieler deutscher Kauffahrer; 2 alte Linienschiffe dienten als Kasernen für Gefangene.

Ein einziges Mal kam es zu einer selbständigen Aktion, indem Kapitän Steen Bille mit dem Rad-Dampfer „Hecla" und 6 Ruder-Kanonenbooten das von den Preußen besetzte Fredericia am Kleinen Belt angriff und am 8. Mai einige Stunden lang beschoß; er mußte sich jedoch nach einem Verlust von 6 Toten und 7 Verwundeten bald mit seinen stark beschädigten Fahrzeugen zurückziehen und hatte als einzigen Erfolg die Explosion des Pulver-Magazins zu verzeichnen.

Nach der Überführung des dänischen Heeres von Fünen nach Alsen fanden Ende Mai kleinere Gefechte vor Nübel und Düppel statt.

Von dem in Schonen versammelten schwedischen Heer wurden bald darauf 3500 Mann zu Anfang Juni nach Fünen übergeführt.

Waffenstillstand zu Malmö. Infolge der verschiedenen politischen Strömungen im In- und Ausland wurde dann nach längeren diplomatischen Verhandlungen am 26. August von Preußen „im Namen des deutschen Bundes" mit Dänemark ein wenig ehrenvoller Waffenstillstand vereinbart, der auf eine Dauer von 7 Monaten abgeschlossen wurde. In Altona verblieben 2000 preußische Truppen und auf Alsen ebenso viele Dänen, in Schleswig-Holstein sonst nur die schleswig-holsteinischen Truppenteile; die schwedischen Truppen kehrten in die Heimat zurück, das dänische Heer wurde demobilisiert und die Flotte abgerüstet. Die Regierung Schleswig-Holsteins fügte sich einstweilen den Waffenstillstands-Vereinbarungen, bald wurde eine neue „Gemeinschaftliche Regierung" gebildet.

Weitere Kriegs-Vorbereitungen auf beiden Seiten. Zu Anfang des Jahres 1849 sammelte sich das dänische Heer auf Alsen und Fünen sowie bei Kolding; Sonderburg wurde befestigt und die Flotte zeitig ausgerüstet.

In Schleswig-Holstein war unter dem Oberbefehl des aus dem preußischen Heere übergetretenen Generals von Bonin inzwischen ein eigenes Heer gebildet worden, in welches, außer den schon 1848 übergetretenen Offizieren und Mannschaften des holsteinischen Kontingents zum Bunde, dann die 3 Freikorps sowie viele Angehörige deutscher Bundes-Truppen eingetreten waren. Das so bereit gestellte Heer machte eine Division von mehr als 11 000 Mann aus. Einzelne Häfen wurden befestigt, z. B. Kiel-Friedrichsort; in der Innen-Bucht von Eckernförde sowie am Eingang der Flensburger Föhrde waren Batterien errichtet worden. Die Insel Fehmarn wurde durch 400 Mann mit einigen Geschützen besetzt und wurden an der Küste dort einzelne Schanzen errichtet.

Der dänische Kriegsplan 1849. Der von dem dänischen Staats-Ministerium angenommene Operationsplan der Marine, mit dem größten Teil der Flotte und des Heeres bei Eckernförde oder nach Ansicht des Kriegsministers besser bei Kiel zu landen, wurde von dem in Jütland befehlenden 63jährigen General von Krogh verworfen und darauf bestimmt, daß die Kavallerie von Kolding und das Gros des Heeres von Alsen aus vorrücken sollten, während die Flotte zu gleicher Zeit Apenrade zu nehmen, Flensburg zu beunruhigen und bei Eckernförde nur eine Demonstration auszuführen habe.

Durch letztere sollte das etwaige Vorrücken der deutschen Reichstruppen unter dem General von Prittwitz von Holstein her gehemmt sowie das im Norden bei Flensburg stehende schleswig-holsteinische Heer unter General von Bonin im Rücken bedroht werden, während gegen letzteren in der Front das dänische Heer vorrücken sollte, um die jungen schleswig-holsteinischen Truppen von Norden und Osten her gleichzeitig anzugreifen und zu schlagen.

Wiederbeginn der Feindseligkeiten. Nachdem zweimal im März dänische Schiffe vor Eckernförde rekognosziert hatten und eine achttägige politische Verlängerungsfrist des Waffenstillstandes abgelaufen war, handelten die dänischen Streitkräfte zu Lande und zu Wasser dem Operationsplan gemäß; das dänische Gros überschritt am Morgen des 3. April den Alsensund und rückte schnell weiter vor. Eine Fregatte segelte in die Flensburger Föhrde hinein und Apenrade wurde programmmäßig von einer Korvette besetzt.

Der in Sonderburg befindliche dänische Kriegsminister General Hansen befürchtete nun, daß das Heer zu schnell und zu weit vorrücken würde, hatte mehrfache Reibereien und warnte daher den General von Krogh, der dann noch am selben Tage Befehle zum Haltmachen erließ.

Es wurde aber versäumt, obwohl alle oberen Befehlshaber in steter Verbindung waren, ebenfalls der für die Diversion im Süden bei Eckernförde bestimmten Expedition einen gleichen Befehl zuzusenden, da letztere, nachdem das offensive Vorgehen im Norden zeitweilig eingeschränkt worden war, kaum noch einen Zweck hatte. Dies der strategische Vorgang. Es erfolgte dann, unabhängig von dem allgemeinen weiteren Vorrücken des dänischen Heeres im Norden, die Durchführung dieser besonderen Expedition im Süden, um dort zu „demonstrieren" und hatte das in der Seekriegsgeschichte bedeutsame sowie lehrreiche und seiner Zeit große Aufregung verursachende Treffen bei Eckernförde zur Folge.

Treffen bei Eckernförde, den 5. April 1849.

Dänische Streitmacht. Für die gegen Eckernförde gerichtete Demonstration waren, nachdem man von der Errichtung der Schanzen und Besetzung der Stadt genauere Nachrichten erhalten hatte, ausersehen worden:

Linienschiff „Christian VIII.", 84 Kanonen, Kommandeur-
Kapitän Paluban,
Fregatte „Gefion", 48 Kanonen, Kapitän Meyer,
Korvette „Galathea", 32 Kanonen,
Raddampfer „Hecla", 8 Kanonen,
Raddampfer „Geyser", 8 Kanonen, ferner für 250 Soldaten
noch 3 Segelschiffe.

Dänischer Operations-Befehl. Der Oberbefehlshaber, General-major von Krogh, hatte an den ihm unterstellten Befehlshaber der Seestreitkräfte, den Kommandeur Garde, am 2. April folgenden Befehl in Sonderburg erlassen:

„Es wird gewünscht, daß am 4. April eine Expedition, bestehend aus 2 Dampfschiffen mit einigen Transport-Fahrzeugen, so zeitig von Höruphaff abgesandt wird, — (der großen Innen-Bucht im Süden Alsen's) — daß die Expedition in der Dämmerung im Eckernförder Hafen eintreffen kann, wo sie in Verbindung mit dem Linienschiff und einer Korvette einlaufen, wo möglich an verschiedenen Stellen einige Truppen, die doch, nachdem sie alarmiert hätten, wieder an Bord zu nehmen wären, an's Land setzen, die feindlichen Strandbatterien angreifen und wo möglich zerstören, sowie den Versuch machen könnte, sich in den Besitz von Eckernförde zu setzen, wo Nachricht über den Feind eingeholt und aller Vorrat, den der Feind dort haben möchte, vernichtet oder mitgenommen würde. Die Absicht müßte sein, soviel als möglich zu alarmieren und den Feind glauben zu machen, daß eine bedeutende Stärke in Eckernförde landen solle. Die Alarmierung würde am besten so vorgenommen, daß die Nachricht von ihr mit Tagesanbruch, den 5., in Flensburg einträfe. Die beste Zeit würde also um Mitternacht sein; da es indeß vielleicht unmöglich ist, im Dunkel der Nacht etwas vor-zunehmen, könnte die Alarmierung vielleicht des Abends spät beginnen und mit Tagesgrauen fortgesetzt werden .... Eine Kompagnie wird den 4. zur Disposition gestellt werden, um mit dem Transport nach Eckernförde abzugehen."

Kommandeur Garde gab diesen Befehl an Kommandeur-Kapitän Paludan, der mit dem „Christian VIII." südöstlich von Alsen lag, am 4. April morgens wörtlich weiter und fügte hinzu:

„Dem Herrn Kommandeur-Kapitän wird es übertragen, diese Expedition auszuführen, die zum Zweck hat, die Aufmerksamkeit des Feindes nach Süden zu ziehen, weshalb man suchen muß, so viel Alarm als möglich zu machen. Der Chef der „Hecla" hat Befehl, sich Ihnen zu unterstellen und dem Linienschiff zu assistieren. Gegen Dämmerung ist die Fregatte „Gefion" mit dem „Geyser" außen vor den Eckern-förder Hafen beordert, um sich Ihnen zu unterstellen. In 3 Jachten ist eine Kompagnie zur Verfügung. Die Dampfschiffe dürfen nicht ohne die höchste Not dem Feuer der feindlichen Batterien ausgesetzt werden. Während der Expedition besorgt die Korvette „Galathea" die Blockade vor dem Kieler Hafen." — (Statt der „Gefion") —.

In einem besonderen Schreiben an Paludan brachte Garde zum Ausdruck, daß er als ehrliebender und tüchtiger Offizier zu versuchen habe, dem Feind nach äußerstem Vermögen mit den zugehörigen Streit-kräften allen möglichen Schaden, Abbruch und Beunruhigung zuzufügen und nach Beendigung der Demonstration mit dem „Christian VIII." den Kieler Hafen zu blockieren.

Garde hatte die Korvette durch die Fregatte ersetzt, weil er erstere minder geeignet erachtete, gegen die feindlichen Batterien zu agieren; dem Kommandanten der „Hecla" wurde bei der Übergabe des Befehls noch von Garde mitgeteilt, daß dieser eine Demonstration gegen den Eckernförder Hafen beträfe, was Kapitän Aschlund an Paludan noch besonders gesagt haben will.

Schleswig-holsteinische Werke und Streitkräfte. Die bereits im Vorjahr durch den preußischen Artillerie-Leutnant Siemens, den späteren Chef des Hauses Siemens, errichteten Schanzen waren von dem Artillerie-Hauptmann Jungmann, der als preußischer Offizier längere Zeit als Instrukteur nach der Türkei kommandiert worden war und seit wenigen Wochen in schleswig-holsteinischen Diensten stand, noch verbessert worden; die erst 18 Tage am Orte befindliche junge Mannschaft war von ihm gut ausgebildet, soviel dies die kurze Zeit möglich machte und hatte auch Schießübungen abgehalten (s. Plan: h.).

Die Nord-Batterie lag etwas östlich von dem nördlich von Eckernförde liegenden kleinen Dorf Borby, auf einem flachen Vorsprung am Fuße des steilen Ufers; sie war als abgestumpfte Lünette gebaut und mit 6 eisernen Geschützen armiert. Nach See zu zeigten 2 25 Pfünder, nach der Mitte 2 18 Pfünder und nach innen 2 84 pfündige Bomben-

Kanonen, von welchen eine ganz nach dem innersten Hafen schlug. Hauptmann Jungmann führte selbst den Befehl; es gehörten 1 Feldwebel, 2 Unteroffiziere und 50 Mann, zur Hälfte Rekruten der in Rendsburg stehenden Festungs-Artillerie, zur Besatzung.

Die ebenfalls vor einem steilen Uferteil niedrig am Strande liegende Süd=Batterie hatte in einer geraden Front 4 nach See zu schlagende 18 Pfünder; 2 Unteroffiziere und 35 Mann bildeten deren Besatzung unter dem Unteroffizier Theodor von Preußer; eine Redoute befand sich auf der Höhe dahinter.

Alle Brustwehren bestanden aus losem, mit Geröll gemischtem Meeressand, die Böschungen und Kronen waren mit Decrasen belegt; sämtliche 10 Geschütze feuerten über Bank auf hohen Rahmen=Laffeten, Munition war ausreichend vorhanden.

Als Infanterie=Bedeckung beider kleinen Werke dienten Mannschaften des in Eckernförde befindlichen dritten schleswig-holsteinischen Reserve-Bataillons; die nächste größere Truppen=Abteilung stand im Süden bei Gettorf.

Die Entfernung des Südufers von der Nord=Batterie betrug rund 1¹/₂ sm, wovon etwa 2000 m, also etwas über 1 sm, für große Schiffe außerhalb der 6 m Linie fahrbar blieben und sich das Fahrwasser in dieser Breite etwa noch 1000 m weiter nach Westen hin erstreckte; beide Batterien waren etwa 1800 m von einander entfernt. Die etwa 8 sm lange und 1¹/₂—2 sm breite Bucht von Eckernförde liegt in Richtung ONO nach der See zu offen und frei (s. Karte B.).

Aufsegelung der Dänen. Kommandeur Garde, der Befehlshaber der Seestreitkräfte in der westlichen Ostsee, hatte den Befehl des Generals von Krogh wie schon erwähnt mit dem Zusatz an Kommandeur-Kapitän Paludan als Leiter der Expedition übermittelt, daß „die Dampfschiffe nur im äußersten Fall der Not dem Feuer der Land=Batterieen ausgesetzt werden dürften".

Von Kopenhagen war das Linienschiff „Christian VIII." mit seiner neuen 750 Mann starken Besatzung, die teils aus älteren Seeleuten und Fischern, teils aus jungen Rekruten bestand, erst 13 Tage vorher in See gegangen und hatte seine Mannschaft bei dem schlechten Wetter noch nicht viel üben lassen können; im Lauf des 4. April wurden einige Salutkartuschen gefeuert, um die Mannschaften an den Schall zu gewöhnen, eine Schießübung war demnach nicht vorgenommen worden.

Am Abend des 4. April ankerte die Expedition nach und nach von 6 Uhr ab am südlichen Ufer der Eckernförder Bucht bei Aschau, etwa 2 sm östlich von der Nordbatterie, bei steifer östlicher Brise, worüber von

Eckernförde sofort Meldungen nach Gettorf abgingen; etwas später traf die Korvette „Galathea" und kurz vor 8 Uhr die Transportschiffe ein.

Dänischer Angriffsplan. Entgegen dem Vorschlag Paludan's, welcher nahe vor jeder der beiden Batterien eines der beiden großen Schiffe verankern wollte, wurde in dem am Morgen des 5. April um 4 Uhr an Bord des Linienschiffs zusammen berufenen Kriegsrat ein anderes Vorgehen festgesetzt und zuerst allgemein bestimmt, daß trotz des östlichen Windes, welcher inzwischen etwas abgeflaut hatte, die Demonstration den Befehlen gemäß ausgeführt werden solle. Für diese Ausführung wurde dann festgesetzt, daß die Segelschiffe in Kiellinie die Nord-Batterie nahe passieren und sich darauf zwischen dieser und der Süd-Batterie so verankern sollten, daß sie womöglich nach innen von deren Verbindungslinie zu liegen kämen, um gleichzeitig auf beide Werke feuern zu können.

Die Dampfschiffe sollten sich weiter südlich außerhalb Schußweite von der Nordbatterie halten und letztere mit ihren Bombenkanonen beschießen sowie stets bereit sein, auf etwaigen Befehl die Segelschiffe schleppen zu können.

Eine Landung von Truppen wurde wegen der eigenen großen Uebermacht nicht für erforderlich gehalten, trotzdem der eingehende Befehl gerade dies ganz besonders gefordert und auch klar betont hatte.

Kritik des Operationsbefehls und Angriffsplans. Vergleicht man die beiden dänischen Operationspläne miteinander, so dürfte wohl unbedingt dem von Krogh verworfenen Vorschlag des Ministeriums und der Flotte der Vorzug zu geben sein; dieser bezweckte nichts Geringeres, als die im Norden von Schleswig stehende schleswig-holsteinische Armee mit einer großen Streitmacht von Süden her im Rücken anzugreifen und somit zwischen zwei Feuer zu nehmen. Bei den in genügender Zahl zur Verfügung stehenden Transportmitteln war eine im großen Stil angelegte Landung leicht von Dänemark durchzuführen.

Dieser Plan bedeutete eine Konzentration aller Kräfte beim Wiederbeginn des Feldzuges und wäre der kleinen schleswig-holsteinischen Division voraussichtlich verhängnisvoll geworden, da die Bundes-Truppen noch zu weit im Süden entfernt standen, außerdem deren Vormarsch in der Flanke von der Flotte sehr belästigt werden konnte.

Krogh's Operationsplan dagegen zersplitterte zwar die Kräfte nicht all zu sehr, war aber nichts geschlossenes Ganzes; daß eine derartig kleine Landungs-Truppe in Verbindung mit nur 4 Kriegsschiffen das Vorrücken der Truppen von Süden her hemmen könnte, kann ihm doch wohl selber kaum glaubhaft erschienen haben. Wozu denn die

Demonstration im Süden? Sie hätte alsdann doch den ferneren Erfolg gehabt, das schleswig-holsteinische Heer sowie die Avantgarde der Bundesarmee im Norden wegen der Befürchtung, ihre Rückzugslinie ernstlich bedroht zu sehen, zu einem schnellen Rückzug zu bewegen. Somit würde er sein Hauptziel, dies Heer zu schlagen und zu vernichten, dadurch nur ferner gerückt haben, da Front-Angriff und Diversion zugleich stattfinden sollten und mußten.

Abgesehen von dem Versäumnis bei der Aufschiebung seines Vorgehens im Norden, — es spielte hier wieder einmal die Einwirkung vom grünen Tisch aus mit, — daß nicht die Expeditions-Leitung sofort von dieser Änderung benachrichtigt wurde, da dem Plane gemäß deren Vorgehen nun zwecklos oder vielmehr falsch war, ist auch der OperationsBefehl für dies Unternehmen selbst sehr anfechtbar. Man vergegenwärtige sich doch nur, was die kleine unbedeutende Expeditions-Truppe selbst unter Zuteilung von Landungsmannschaften der Schiffe denn doch Alles leisten sollte: an verschiedenen Punkten landen und sich gleich wieder einschiffen, die Batterieen angreifen, den Versuch einer Besitznahme der Stadt machen, alle Vorräte mitnehmen oder vernichten, überall Nachrichten einziehen, soviel wie möglich allarmieren. Und dies Alles in ganz kurzer Frist, so das sich behaupten läßt, daß die gestellte Aufgabe unmöglich zu lösen war und eigentlich zu Nichts führen mußte, selbst falls kein Gegner angetroffen wurde.

Die Weitergabe des Befehls des Oberkommandos durch G a r d e, — P a l u d a n hat das Original dieses Befehls nicht in Händen gehabt, — hat die Lage allgemeiner gestaltet, da hierin eigentlich nur das Ansetzen der Land-Truppen besonders befohlen wurde und nicht eine Ausführung durch die gesamte Expedition, fernerhin von G a r d e der Ausdruck „Demonstration" in seinem Anschreiben besonders gebraucht worden ist.

Dann der Angriffsplan. P a l u d a n's richtiger, sachgemäßer Vorschlag wurde im Kriegsrat übertrumpft und statt dessen das Schwerste an die Stelle gesetzt; der genau festgelegte Angriffsplan sah einen Rückzug so gut wie garnicht vor, ging gewissermaßen von der Voraussetzung eines unausbleiblichen Erfolges aus, ließ eine Konzentration der Streitkräfte ganz bei Seite und faßte den Stier bei den Hörnern. Es ist hierbei nicht zu vergessen, daß damals sonst schon vielfach als eine Art militärischen Lehrsatzes galt: drei feststehende geschützte Kanonen an Land mögen die Batterie eines großen Schiffes auf; die dänischen See-Offiziere scheinen diesen Erfahrungssatz nicht anerkannt zu haben.

Aber auch Paluban's Plan bekundete denn doch gar zu große Sieges-Zuversicht. Sollten die Batterieen nun einmal ernstlich angegriffen werden, wozu bei der allgemeinen militärischen Lage sowie nach dem genauen Wortlaut und auch allgemeinen Inhalt des Operationsbefehls durchaus keine bestimmte Veranlassung vorlag, da hierauf nicht das Wesen der beabsichtigten Demonstration beruhte, so hätte dies nach einander geschehen müssen. Zuerst hätte die Nord-Batterie von Osten und etwa noch von Süden her angegriffen und genommen werden müssen und zwar mit so vielen Schiffen als möglich, sodann, wenn erforderlich, die Süd-Batterie von Nordosten und Südosten aus. Ferner würde eine Landung der Kompagnie und ein Angriff durch diese, in Verbindung mit Mannschaften der Schiffe, gegen den Rücken der Nord-Batterie von sehr bedenklichen Folgen für deren Wirken und ihre Besatzung gewesen sein.

Ein kurzes Feuer bei dem nahen Vorbeifahren an der Nord-Batterie konnte diese kaum erschüttern, hingegen große Verluste und Havarieen für die Schiffe im Gefolge haben.

Der Widerspruch zwischen dem Inhalt der Ordre und dem eigentlichen beabsichtigten Zweck, einer Demonstration, ist dem Kommandeur Garde später vom Kriegsgericht zur Last gelegt worden; in keinem Fall durfte bei einem solchen Schein-Angriff etwas Ernstes gewagt werden.

Einleitung des Gefechts. Nach Sonnenaufgang gab Paluban am 5. April, einem Grün-Donnerstag wie der 2. 4. 1801, um 6 Uhr das Signal zum Ankerlichten; die Schiffe machten noch einen Schlag nach außen, um näher an das Nordufer heranzukommen sowie sich in Ruhe vorzubereiten und näherten sich um 6½ Uhr der Nordbatterie mit Marssegeln, bei schwacher östlicher Brise im Kielwasser des Linienschiffs. Das Feuer der Nordbatterie begann bald darauf und wurde zuerst von einem der Dampfer, der etwas südlich des Linienschiffes aufgedampft war, sodann von letzterem aus den Buggeschützen erwidert.

Die dänischen Berichte und Kriegsgerichts-Akten erwähnen eigentümlicherweise nichts über die Korvette „Galathea"; das Gefecht hat aber mit dieser, welche außerhalb der Nordbatterie blieb, fast 1½ Stunden gedauert, wobei einer der 24-Pfünder dieser Batterie demontiert wurde. Die Batterie feuerte gegen die Korvette zuletzt noch mit Trauben-Kartätschen, worauf diese nach Osten zu aufkreuzte und mit dem Aufkommen des Windes die Bucht verließ, wohl um ihren Blockade-Posten vor Kiel einzunehmen. Jungmann selbst spricht von einem hartnäckigen Kampf. Weshalb der Teilnahme der Korvette keine Erwähnung geschieht, läßt sich wohl nur dadurch erklären, daß sie gewissermaßen für sich allein focht und ursprünglich nicht für den Angriff vorgesehen war sowie daß ihre Aufzählung die Kunde der Niederlage noch bedrückender gemacht haben würde.

Ankern des Angreifers. Nachdem „Christian VIII." in einer Entfernung von etwa 650 m die Nord-Batterie passiert hatte, drehte er noch einmal etwas nach Steuerbord-Seite auf, um eine zweite Lage ab- zugeben und hielt dann sogleich auf den bestimmten Ankerplatz zu; das Linienschiff ankerte aber, dem Plan nicht ganz genau gemäß, in Folge des starken Pulverrauchs mit 2 Ankern etwa auf ⅛ näher an die Süd- Batterie und die Stadt heran, statt in der Mitte zwischen beiden Werken, — also etwa 600 m von der Süd-Batterie und 1200 m von der Nord-Batterie ab —, die „Gefion" dann etwas östlich und vorlich von „Christian VIII." (s. Plan: h, a und ᵃ).

Durch die ausgebrachten Warpanker und Spring-Ankertaue wurden die Schiffe so verholt, daß sie mit ihren Breitseiten gleichzeitig auf die beiden Landwerke feuern konnten. Von der Nordbatterie kamen jetzt nur noch die beiden westlichen 84-pfündigen Bombenkanonen in Betracht, da beide mittleren 18-Pfünder nur auf die Dampfer und die 24-Pfünder überhaupt gar nicht mehr feuern konnten; die Südbatterie dagegen konnte ihre 4 Geschütze weiterhin vollauf verwenden.

Weiterer Gefechtsverlauf. Die Schiffe gaben fast nur ganze Lagen ab, sei es Vollkugeln oder Kartätschen, indeß die Landwerke ein langsames und ruhiges Einzel-Geschützfeuer unterhielten; letzteres wurde nach dem Ausfall beider 24-Pfünder, (die ja nicht nach innen schlugen), sowie nach der Beschädigung der einen Bombenkanone noch langsamer. Da die meisten dänischen Geschosse zu hoch gingen, war der Mannschafts- Verlust ein sehr geringer.

Für die Nordbatterie war die Lage der feindlichen Schiffe aber insofern noch besonders gefährlich, als von deren Stellung aus das in der Ostflanke liegende Pulver-Magazin, dessen Eingang von Westen war, leichter eingeschossen werden konnte; es gelang Jungmann jedoch, in den vielen Feuerpausen der Dänen hier eine genügend starke Blendung aus Balken und Erde mit der Zeit herzustellen.

Die deutschen Geschosse wirkten besser; bald saß Schuß auf Schuß in den hohen Schiffsrümpfen der beiden Gegner.

Gefährliche Lage der „Gefion". Nach einiger Zeit schwojte die „Gefion", deren Segel nicht beschlagen worden waren, so ungünstig, daß beide Werke sie längsschiffs beschießen konnten und die Fregatte nur der Südbatterie mit ihren Heck-Geschützen antworten konnte. Der

Kommandant signalisierte daher dem ihm zugeteilten Dampfer „Geyser", heranzukommen und das Schiff quer zu holen, damit er sich dann in der neuen Lage mit einem Warpanker festlegen könne. Sowie die Schlepptrosse an Bord gegeben war, wurde sie durch eine Kanonenkugel zerschossen, eine zweite brach und zog der „Geyser" sich dann aus dem Gefecht. Die „Gefion" kam bald darauf durch eigene Bemühungen in eine günstigere Lage und konnte wieder mit den Breitseiten feuern, jedoch war ihr Verlust an Mannschaften schon um 10 Uhr ein sehr beträchtlicher und hatte das Schiff an Rumpf und Takelage ferner viele Beschädigungen aufzuweisen, so daß es nicht Segel setzen konnte.

Teilnahme von Feld-Geschützen. Eine nassauische Feld-Batterie von 6 6-Pfündern, (darunter 2 Haubitzen), hatte bald nach Beginn des Gefechts am Südufer der Bucht westlich vom Schnellmarker Gehölz Aufstellung genommen und von hier aus besonders mit dem „Geyser" Schüsse gewechselt.

Nach Vereinbarung mit Hauptmann Jungmann wurden dann zwei ihrer Geschütze nach dem Norden geschickt, wo diese etwa um 10 Uhr oberhalb der Nordbatterie ihr Feuer von einer der vordersten Anhöhen des Luisenberges her eröffneten.

Von Süden her rückte das Bataillon Reuß nach Eckernförde, das Bataillon Coburg nach Altenhof.

Bedenkliche Lage „Christian's VIII." und der „Gefion". Zu diesem Zeitpunkt wurde Paludan über seine mißliche Lage klar und beschloß, sich aus dem Gefecht zurückzuziehen, da ein Erfolg ihm nunmehr gänzlich aussichtslos erschien.

Die „Hecla" erhielt jetzt das Signal, das Linienschiff fortzubugsieren; ein seltener Glücksfall fügte es nun für die Gegner, daß fast gleichzeitig zwei Geschosse und zwar je eins aus jeder der beiden Land-Batterieen, die „Hecla" sowohl am Steuerruder selbst als auch an den Steuer-Vorrichtungen derart trafen, daß der nunmehr manövrierunfähig gewordene Dampfer sich sofort zurückziehen mußte.

Inzwischen waren beide großen Schiffe näher an die Südbatterie herangetrieben, welche jetzt nur noch aus 2 Geschützen feuern konnte; da ferner ein Geschoß der „Hecla" eine der 84-pfündigen Bombenkanonen der Nordbatterie demoliert hatte, so waren an Land nur noch 3 Positions-Geschütze außer der nassauischen Feldbatterie in Tätigkeit.

Beide Schiffe versuchten jetzt sich fortzuwarpen; da die „Gefion" meldete, daß sie kampfunfähig sei, so sendete Paludan ihr ein großes Boot und einen Arzt zur Hülfe; der sich der „Gefion" alsdann wieder zum Bugsieren nähernde „Geyser" hatte kaum die Schlepptrosse an

Bord, als er einen Schuß in die Maschine erhielt und es ihm nur mit Mühe gelang, sich zurückzuziehen.

Der inzwischen stärker gewordene Ostwind erschwerte das Ausbringen der Warpanker so sehr, daß sich die Fregatte nach mehrmaligen Versuchen nur eine ganz kleine Strecke weiter abholen konnte, das Linienschiff dagegen noch näher unter Land trieb. Für die Boote lag bei den schwierigen Anker-Manövern bereits die Gefahr des Kenterns vor (s. Plan: h, b).

Die Verluste auf dem „Christian VIII." waren jetzt ebenfalls so erhebliche geworden, daß sich Paluban zu einem besonderen Vorgehen, einer Art Kriegslist, veranlaßt sah, weil besonders die Südbatterie durchaus nicht zum Schweigen zu bringen war.

Paluban sucht einen Waffenstillstand nach. Das Beispiel Nelson's 1801 von Kopenhagen nachahmend, heißte Paluban die Parlamentär-Flagge und sandte einen Offizier mit dem folgenden Schreiben an Land:

„Der Unterzeichnete schlägt Einstellung der Feindseligkeiten unter der Bedingung vor, daß die Schiffe frei auspassieren, ohne daß von den Batterieen auf sie geschossen wird. Sollte dieser Vorschlag nicht angenommen werden, so wird Eckernförde in Brand geschossen und die Folgen werden Sie zu verantworten haben."

Dieser dänisch geschriebene Brief war mit einer Adresse „An die oberste Civil- und Militär-Behörde in Eckernförde" versehen worden.

Waffenruhe; Antworten an Paluban; Jungmann's Entscheid. Es war inzwischen 1 Uhr geworden; bald nach dem Eintreffen des dänischen Parlamentärs an Land hörte das Feuer auf und begannen nun die Beratungen.

Während die Bürgerschaft der Stadt sich bald mit dem patriotischen Vorschlag des Senators H. D. Lange einverstanden erklärte, Alles den Militär-Autoritäten zu überlassen und diese nicht zu beeinflussen, antwortete Jungmann der sofort zu ihm eilenden Deputation: „Ich werde schießen, so lange ich ein Geschütz und ein Geschoß besitze, es sei denn, die Dänen ergeben sich." Es wurde also nicht das schwächliche Beispiel von 1801 nachgeahmt, sich einschüchtern und täuschen zu lassen.

Die in der Nord-Batterie sodann in deutscher Sprache aufgesetzte, von Jungmann sowie dem Bataillons-Kommandeur Hauptmann Irminger und dem Etappen-Kommandanten Hauptmann Wigand unterschriebene Antwort gelangte erst um 4 Uhr in Paluban's Hände; sie besagte: „daß sie sich nicht veranlaßt fänden, das Schießen der Batterieen auf die Schiffe einzustellen. Sollten Sie Ihre Drohung, eine offene Stadt in Brand zu schießen, zu vollführen für gut befinden, dann fiele selbstverständlich der Fluch eines solchen Vandalismus auf Dänemark, das Sie hier vertreten."

Die etwa dreistündige Waffenruhe war inzwischen auf beiden Seiten rege ausgenutzt worden; die „Gefion" hatte sich etwa 1¹/₂ Kabellängen weiter nach Osten verwarpt, aber ein Versuch der „Hecla", sich unter Parlamentär-Flagge wieder zu nähern, wurde durch die 18-Pfünder der Nord-Batterie vereitelt, so daß dieser Dampfer sofort das Weite suchte, wozu er sich auch die Signal-Erlaubnis einholte.

An Land war ebenfalls fleißig gearbeitet worden; in der Nord-Batterie war an Stelle der einen demontierten Bombenkanone einer der östlichen beiden 24-Pfünder in Stellung gebracht worden; in der Süd-Batterie wurde der fast ganz auf die Neige gegangene Munitions-Vorrat wieder ergänzt und glühte man dort schon auf Jungmann's besonderen Befehl für die nahe bevorstehende Fortsetzung des Gefechts die nötigen Kugeln.

Die 4 nassauischen Feldgeschütze unter Hauptmann Müller wurden näher herangezogen und hatten nahe am Strande im Süden der Stadt eine geschützte Stellung eingenommen; außerdem wurden 3 Bataillone der deutschen Reserve-Brigade vor der Stadt und am Strande verteilt.

Fortsetzung des Gefechts. Um 4¹/₂ Uhr begann Jungmann wiederum mit dem Feuern, nachdem er soeben die Mitteilung von Hauptmann Wigand erhalten hatte, daß die Dänen die Feindseligkeiten wiederbeginnen würden und wurde das Feuer sofort allgemein; „Christian VIII." feuerte besonders auf die Süd-Batterie heftig mit Kartätschen. Die „Gefion" lag wieder sehr gefährdet und konnte andauernd enfiliert werden, so daß ihr Feuer bald ganz nachließ, da die Süd-Batterie fast nur mit glühenden Kugeln auf sie schoß.

Nun faßte Paludan den Entschluß, mit Aufgabe der „Gefion", die er bis dahin nicht hatte verlassen wollen, Anker zu lichten um in See zu gehen; das Linienschiff kam auch in Fahrt, die bald erforderliche Wendung mißlang aber durch unzeitiges Backkommen des Großmarssegels, da inzwischen besonders die Lagen aus den Feld-Geschützen seine Takelage und Segel in kürzester Frist sehr beschädigten, so daß „Christian VIII.", an der Süd-Batterie langsam vorbei segelnd, allmählich auf den Strand trieb und dort fest sitzen blieb, für die glühenden Kugeln Preußer's die allerschönste Zielscheibe bietend. (s. Plan: h: c, β f.)

Die wiederum zur Hülfe herandampfende „Hecla" wurde durch das Feuer der Nord-Batterie zurückgewiesen und dampfte nach See zu. **Die dänischen Schiffe streichen ihre Flaggen.** Wie dies am Morgen bei der Nord-Batterie geschehen war, wurde jetzt ebenfalls auf der Süd-Batterie die schwarz-rot-goldene deutsche Flagge heruntergeschossen, aber wie dort von Jungmann, so hier von Preußer persönlich sofort wieder aufgepflanzt.

Die „Gefion" hatte inzwischen die Flagge gestrichen; als nun an Bord des „Christian's VIII." ein heftiges Feuer ausbrach, sah sich Paluban nach einer letzten verzweifelten Gegenwehr ebenfalls gegen 6 Uhr genötigt, seine Flagge zu streichen.

Beide Werke, unkundig des Seegebrauchs und nicht wissend, was das Niederholen der Flaggen zu bedeuten habe, feuerten noch eine kurze Zeit weiter und stellten ihr Feuer dann ein, da es vom Gegner nicht mehr erwidert wurde und ein an Land gesandter Offizier die Erklärung überbracht hatte, daß die Schiffe sich ergeben wollten.

„Christian VIII." fliegt in die Luft. Unteroffizier von Preußer war alsbald an Bord des Linienschiffs geeilt und hatte dessen Kommandanten den Befehl überbracht, sich an Land zu begeben; er leitete nun mit dem ersten Offizier des Schiffs die Rettungsarbeiten der Verwundeten sowie die Ausschiffung der Mannschaft; nach einzelnen dänischen Angaben soll er das Über-Bord-Werfen des Pulvers verhindert haben.

Mit dem Löschen des Brandes im unteren Schiff gab man sich nicht besondere Mühe, Preußer wohl aus Unkenntnis, der erste Offizier vermutlich mit der bestimmten Absicht, das Linienschiff nicht unversehrt in die Hände des Gegners gelangen zu lassen.

Etwa um 8 Uhr Abends flog dann der „Christian VIII." in die Luft mit noch 91 Mann an Bord; beide Leiter der Rettungs-Arbeiten, Kapitänleutnant Krieger und Preußer gehörten zu den Opfern der Explosion.

Verluste beider Gegner. Die Dänen hatten einen ferneren Verlust von 131 Toten und 80 Verwundeten, darunter 18 Offiziere, als Opfer der verunglückten Demonstration aufzuweisen, indeß auf deutscher Seite nur:

2 Tote und 4 Verwundete bei der Festungs-Artillerie sowie

2 Tote und 10 Verwundete bei der Infanterie gezählt wurden.

Die Zahl der dänischen Gefangenen betrug über 900, die bald nach Rendsburg geschickt wurden.

Die „Gefion" hatte noch während der Dunkelheit wieder von Neuem versucht, sich fortzuwarpen, war aber durch 2 Schüsse gezwungen

worden, derartige Maßnahmen endgültig aufzugeben. Das Schiff war
fürchterlich zerschossen, die Decks trieften förmlich von Blut, besonders im
Heck; die Takelage war gänzlich unbrauchbar. Als große Sieges-Trophäe
wurde die Fregatte am Bollwerk vertäut und in die deutsche Flotte
eingereiht; sie erhielt einstweilen eine Infanterie-Besatzung. „Hecla"
hatte 2 Tote und 6 Verwundete verloren.

Betrachtungen über das Gefecht. Die Kunde von dem großen
und außerordentlichen Sieg bei Eckernförde wurde an vielen Orten mit
Mißtrauen aufgenommen und erschien ein derartig großer Erfolg bei
den geringen Streitkräften am Lande kaum glaublich; 180 Bord-Geschützen
waren nur 16 Land-Geschütze gegenüber in Tätigkeit gewesen.

Paludan's wesentlicher Fehler, nachdem er bei dem Ostwind nun
einmal den Angriff gemäß den Festsetzungen des Kriegsrats eingeleitet
hatte, beruhte darin, daß er gar zu weit in die Bucht hinein gegangen
war; er saß mit seinen beiden großen Schiffen zwischen den beiden Werken
wie in einer Zange drin.

Die Leitung des Feuergefechtes ist auf den dänischen Schiffen eine
minderwertige gewesen; bei dem ständigen Feuern von Lagen war eine
genaue Korrektur erschwert und hätten diese erst angewandt werden
dürfen, nachdem durch Einzel-Geschütz-Feuer ein genaues Einschießen erreicht worden wäre; die ungenügende Ausbildung der Besatzung hätte
auch zu einem solchen Verfahren zwingen müssen. Die großen Feuerpausen nach diesen einzelnen Lagen wurden von den Werken geschickt
ausgenutzt und ermöglichten manche besondere Maßnahmen.

Bei den verhältnismäßig vielen zur Verfügung stehenden schwimmenden Streitkräften wäre es auch leicht ausführbar gewesen, außerhalb
wirksamer Schußweite der Nord-Batterie die Landtruppen zu landen und
unter dem Schutz des Feuers der Schiffe gegen die Batterie vorzuschieden,
statt diese im Eingang der Bucht einherkreuzen zu lassen; im Morgengrauen
begonnen, wäre die Landung der Kompagnie von großem Nutzen gewesen und würde das Feuer des Werkes sehr beunruhigt haben, wie
dies schon erörtert worden ist.

Die Anzahl der gefeuerten Schüsse ergibt die folgende Tabelle:

die Nord-Batterie feuerte 295 Schuß,
„ Süd-   „   „   330   „
„ Feld-   „   „   300 Schuß, zusammen 925 Schuß;
„ Schiffe feuerten zusammen 15000—18000 Schuß.

Die Gefahr und Schwierigkeit sowie die Anmaßung, mit hölzernen
Segelschiffen und ungeschützten Raddampfern Erdwerke anzugreifen und
bezwingen zu wollen, war wieder einmal in selten klarer Weise dargelegt

worden und der allgemeine militärische Glaubenssatz bezüglich solcher Stärke-Verhältnisse hatte sich von Neuem bewahrheitet.

Die glänzende deutsche Waffentat hatte aber so gut wie gar keinen Einfluß auf die allgemeine Weiterführung des Krieges, da Dänemark die erlittenen Verluste vollauf zu ersetzen in der Lage war.

Jungmann wurde durch die Ernennung zum Major belohnt, Preußer's Name in die Rangliste der Offiziere aufgenommen.

Infolge der schweren Niederlage bei Eckernförde wurden General von Krogh und sein Stabschef ihrer Kommandos schon am 12. April enthoben sowie Garde und Paludan kriegsgerichtlich zu Festungs-Arreststrafen verurteilt, da die öffentliche Meinung in Dänemark durchaus ein Sühneopfer forderte. Paludan war hauptsächlich seine Ansicht zum Verderb geworden, daß seine Ordres peremptorische Ausführung verlangten und die Nation von der Marine eine kraftvolle Tat erwarte. Beide Offiziere mußten ferner die Kosten der kriegsgerichtlichen Untersuchung bestreiten.

Die letzten Kriegsjahre.

Dänische Blockade der deutschen Ostseehäfen; Gefechte. Mit Ablauf des Waffenstillstands hatte sofort auch die Blockade der deutschen Ostseeküste begonnen, welche in diesem Jahr eine weit strengere als im Vorjahr war, da Dänemark sich darauf genügend hatte vorbereiten können.

Gleiches geschah in der Nordsee, wo 3 Rad-Dampf-Korvetten der neu gegründeten deutschen Bundesflotte am 4. Juni bei Helgoland unter Befehl des Kontre-Admiral Brommy ein Gefecht gegen eine dänische Korvette durchzuführen versuchten.

In der Ostsee waren inzwischen auch neue Seestreitkräfte geschaffen worden, indem Preußen und Schleswig-Holstein ihre Marinen organisiert hatten.

Ende Juni hatte der Raddampfer „Preußischer Adler" bei Brüsterort ein fünfstündiges Gefecht mit der dänischen Brigg „St. Croix" und mußte sich bei Annäherung der Korvette „Galathea" schließlich zurückziehen; es war dies das erste Gefecht eines Segelschiffs mit einem Raddampfer und überhaupt eins der wenigen dieser Art in der Seekriegs-Geschichte.

Die schleswig-holsteinische Marine. Gleichzeitig mit dem Deutschen Bund sowie mit Preußen hatte auch Schleswig-Holstein als eine Art Anhang der deutschen Bundesflotte eine Marine gegründet; im

Jahr 1848 war ein kleiner mit 6 Kanonen armierter Schooner als das einzige Kriegsfahrzeug vorhanden; während des Winters entstanden dann 11 Ruderkanonenboote, von denen 2 ungedeckt waren, zu je zwei 60-pfündigen Bombenkanonen (mit je 40—50 Mann Besatzung), welche in Kiel—Holtenau stationiert wurden. 2 Dampfschiffe, „Kiel" und „Loewe", zu je 4 Geschützen, befanden sich 1849 in der Ausrüstung.

Das Kommando dieser Flottille führte der aus der dänischen Marine übergetretene Kapitän zur See D o n n e r. Der Dampfer „B o n i n" hatte mit 4 Kanonenbooten im Mai vorm Kieler Hafen ein 3-stündiges Gefecht mit 3 dänischen Segelschiffen und vermochte einmal dem in Stille treibenden Linienschiff „S k j o l d" derartig zuzusetzen, das letzteres einen Schlepper heransignalisieren mußte, um sich zu retten.

Durch diese verschiedenen Maßnahmen von deutscher Seite wurde jedenfalls erreicht, daß die Blockade der deutschen Häfen und Küsten im Lauf des Jahres immer weniger effektiv wurde, mithin Handel und Schiffahrt wieder größere Freiheit gewannen.

Der erste Versuch mit einem vom bayrischen Artillerie-Unteroffizier B a u e r konstruierten Brander-Taucher mißglückte im inneren Kieler Hafen; die vom preußischen Artillerie-Leutnant S i e m e n s bei Friedrichs-ort gelegten Minen explodierten durch besondere Umstände zu frühzeitig.

Im Jahre 1850 nahmen die Dänen dann Fehmarn in Besitz und blockierten besonders die Ostküste von Schleswig-Holstein. Das kleine schleswig-holsteinische Schrauben-Kanonenboot Nr. 1, „v o n d e r T a n n", zu 2 60-pfündigen Bombenkanonen, hatte Ende Juli in der Neustädter Bucht ein Gefecht mit der „H e c l a"; ersteres war gezwungen worden das neutrale (!) Travemünde zu verlassen und kam auf der Fahrt nach Neustadt in der Dunkelheit südlich vom Eingang des Hafens fest. Der Kommandant, Marineleutnant L a n g e, ging mit der Besatzung an Land und sprengte sein brennendes Kanonenboot am nächsten Morgen in die Luft.

Auch sonst rührte sich die kleine, zuletzt 16 Fahrzeuge zählende Flottille wiederholentlich vor Kiel und Heiligenhafen und schließlich noch in den Watten der Westküste mit besonderem Erfolg.

Waffenstillstand; Dänemarks Seeherrschaft; Friedensschluß zwischen Dänemark und dem Deutschen Bund. Auf der cimbrischen Halbinsel wurde das dänische Heer bald zurückgedrängt und ganz Jütland besetzt, Düppel von Bayern und Sachsen gestürmt sowie Fredericia belagert. Vor letzterem erlitt das kleine schleswig-holsteinische Heer, nur wenige Tage vor dem durch diplomatische Einflüsse Rußlands und Englands am 10. Juli beginnenden neuen Waffenstillstand, eine schwere

Niederlage; lediglich eine Folge der Zersplitterung der deutschen Truppen, welche die unglückselige politische Lage herbeigeführt hatte sowie des Umstandes, daß Dänemark die See beherrschte und Truppen von Jütland nach Fünen übergeführt hatte, ohne daß dies gehindert werden konnte, ja nicht einmal bemerkt worden war. Diese Truppen hatten über den Kleinen Belt hinweg das dänische Heer in Fredericia verstärkt.

Die langen Friedensunterhandlungen führten erst am 2. Juli 1850 zum Frieden von Berlin, demzufolge Schleswig von Holstein getrennt werden sollte; zu diesem äußerte sich Moltke vorher: „weder Holstein noch Dänemark will die Ausgleichung annehmen, die ihm geboten wird. Auch durch Teilnahme preußischer Truppen ist eine endliche Erledigung nicht zu erzwingen, so lange wir ohne Flotte sind".

Ende des Krieges; Schleswig-Holsteins Unterwerfung. Schleswig-Holstein beharrte aber allein weiter im Kampf gegen Dänemark, nachdem die übrigen deutschen Truppen sich zurückgezogen hatten; sein etwa 30 000 Mann starkes Heer erlitt am 25. Juli 1850 bei Idstedt unter Willisen eine größere Niederlage und der Sturm auf Friedrichstadt am 4. Oktober endete gleichfalls ohne Erfolg und mit schweren Verlusten.

Das überall lastende Moment der politischen Trägheit und Gebundenheit zeigte sich jetzt auch ganz auf militärischem Gebiet; infolge der Abmachungen auf der Konferenz zu Olmütz mußten sich die Herzogtümer schließlich wieder im Frühjahr 1851 an Dänemark ergeben, nachdem Heer und Flotte inzwischen aufgelöst worden waren und österreichische Truppen Holstein besetzt hatten.

Gleiches Schicksal erlitt die deutsche Bundesflotte, ihre Schiffe kamen im nächsten Frühjahr unter den Hammer, die an beiden Seiten von Schleswig-Holstein's Küsten neu entstandenen beiden Flotten fanden ein ruhmloses Ende.

Dänemark war erfolgreich aus diesem 3jährigen Kriege herausgegangen, nicht nur wegen der vielfachen politischen Unterstützung der Neutralen und der hierdurch äußerst gehemmten militärischen Entfaltung seiner Gegner, sondern auch deshalb, weil von den Kriegführenden es allein eine Flotte besaß, dauernd seinem Gegner gegenüber eine gesicherte Flankenstellung inne hatte und seine Truppen oft nach Belieben dislozieren konnte.

Ergebnisse des Krieges; der deutsche Flottengedanke. Englische Anmaßungen. Als eine der wichtigsten Folgen dieses Krieges war für Deutschland und vor Allem für dessen Vormacht im Norden, für das Königreich Preußen, klar zu Tage getreten, daß die Schaffung einer Flotte ein unbedingtes Gebot sei, um sich in Zukunft solcher demütigenden Lagen, wie die dem kleinen Inselstaat gegenüber, erwehren zu können. Die unangreifbare Stellung der dänischen Seemacht hatte sich gar zu deutlich gezeigt.

Bei den politischen besonderen Verhältnissen war es unmöglich gewesen, selbst nur nach Fünen überzugehen sowie eine Landung auf Seeland ohne eine Flotte überhaupt ganz ausgeschlossen gewesen und damit auch ein endgültiges Niederringen Dänemarks; die Beherrschung der See durch letzteres hatte ferner dem Handel und der Schiffahrt Deutschlands außerordentliche Wunden geschlagen.

Es seien hier die englischen anmaßenden Erklärungen angeführt, welche der neuen deutschen Kriegsflagge in der Nordsee gegenüber von der englischen Regierung abgegeben wurden, welche erklärte: „daß, wenn keine vorhandene Regierung jene — die deutschen Reichsflaggen führenden — Dampfschiffe als unter ihrer Botmäßigkeit fahrend anerkennt, dieselben ausgesetzt sind, als Piraten behandelt zu werden."

Die Antwort des Reichsverwesers, Erzherzogs Johann von Österreich, welche unter Anderem besagte: „die Reichsfarben flaggen am Belte und an der Nordsee", wurde aber von Lord Palmerston in keiner Weise gewürdigt; indem er für seine Nation das Weltmonopol der Seeschiffahrt beanspruchte, warnte er in einem Schreiben die Deutschen, keine Anschläge auf Schleswig-Holstein mit dem prachtvollen Hafen Kiel zu unternehmen und riet ihnen, sich den Luxus einer Kriegsflotte zu sparen: „die Deutschen mögen den Boden pflügen, mit den Wolken segeln oder Luftschlösser bauen, aber nie seit dem Anfang der Zeiten hatten sie den Genius, das Weltmeer zu durchmessen oder die hohe See oder auch nur die schmalen Gewässer zu befahren."

Man ist im Zweifel, ob die gänzliche Geschichts-Unkunde oder der Mangel jeglichen Scharfblicks oder die unglaubliche Anmaßung am meisten hierbei ins Staunen setzen soll, mag man die besondere und eigentümliche Stellung der neuen deutschen Zentralgewalt auch noch so sehr berücksichtigen; letztere war immerhin in Verbindung mit den beiden deutschen Großmächten. Die Geschichte hat in seltener Weise über diese Worte gerichtet.

Der Flottengedanke war jetzt nicht nur bei den Fürsten und Regierungen, sondern auch im Herzen des Volkes groß gezogen und starb von jetzt ab in Preußen-Deutschland nicht wieder aus. Eine neue See- und Weltmacht entstand nach und nach, die Rolle der kleinen Seestaaten begann bedenklich auf die Neige zu gehen und neben Rußland kam jetzt in der Ostsee eine neue Achtung gebietende Flotte auf, wenn ihre endgültige Fertigstellung auch mehr als ein halbes Jahrhundert erforderte.

Aber diese ruhige Zeit langsamer stetiger Entwicklung hat doch auch zum Teil ihr Gutes gehabt. Das Wort des Generals von Radowitz, welches er als Gesandter Preußens am Bunde gesprochen, sei hier angeführt: „Ein Volk, das sich vorsetzt, eine Seemacht zu schaffen, tritt damit in eine der größten Unternehmungen ein, die es sich überhaupt vorzusetzen imstande ist".

Der Streit um das dominium maris baltici wird in Zukunft zwischen anderen Mächten zu entscheiden sein, als denjenigen, welche sich früher um die Vormacht-Stellung daselbst stritten.

VI

Die Westmächte in der Ostsee während des Krimkrieges 1854—55.

Das erste Kriegsjahr 1854.

Allgemeines. Die während des Krimkrieges in der Ostsee statt=
gefundenen Feindseligkeiten zur See, bei denen Rußland zum ersten Mal
England und besonders Frankreich auf dem Wasser als Gegner gegen=
überstand und Rußland hierbei als einzige Ostseemacht beteiligt war,
bieten für die Seekriegsgeschichte aus dem Grunde ein besonderes Inter=
esse, weil sich hier zum ersten Mal klar zeigte, daß die bisherigen Kampf=
mittel zur See nicht mehr überall ihren Zweck zu erfüllen im Stande
waren.

Seit mehr denn 60 Jahren hatte die Ostsee keine so großen
Flotten, seit 40 Jahren überhaupt keine fremden Flotten auf ihren Fluten
getragen und bei allen bisherigen Kriegen in der Ostsee waren stets
zwei Ostseemächte als Gegner beteiligt gewesen, deren Flotten sich im
baltischen Meere mit einander maßen, wenn auch gelegentlich durch
andere Seemächte, selbst solche außerhalb der Ostsee, unterstützt.

Politische Lage Europas im Jahr 1854. Der fortschreitende
Zerfall des türkischen Reichs hatte Kaiser Nikolaus I. von Rußland
den Gedanken nahe gelegt, die Eroberungszüge Katharina's II. zu
erneuern. Beide benachbarten Großmächte schienen ihm günstig gestimmt
zu sein und würden vermutlich neutral bleiben, da der Einfluß des
Zaren auf die benachbarten Länder und Fürsten ein sehr großer war.

Anders stand es mit den Westmächten; das neue Kaisertum
Napoleon's III. in Frankreich war zwar nach des Zaren Meinung
im Innern vollauf beschäftigt, aber nicht sicher; Englands Bemühen
ging vor allem immer darauf hinaus, das „europäische Gleichgewicht"
zu erhalten und würde dieser Staat daher den Besitzstand der Türkei
voraussichtlich ungern schmälern lassen. Man glaubte aber dennoch nicht

in Rußland, daß England mit seinen Streitkräften zur See vorgehen und eine feindliche Stellung einnehmen würde.

Die politischen Verhältnisse zwischen Rußland und der Türkei hatten sich bereits zu Anfang der 50er Jahre sehr zugespitzt, da der Zar jede Gelegenheit ausnutzte, um auf den Sultan einen Druck auszuüben; hierzu gab ihm stets wieder neue Veranlassung, daß er sich als den Schutzherrn der durch die Türkei auf der Balkan-Halbinsel immerwährend bedrückten Christen hinstellte.

Als nun am 2. März 1853 Admiral Fürst Menzikoff als außerordentlicher Gesandter des russischen Kaisers vom Sultan persönlich das „Protektorat über alle griechischen Christen in der Türkei" für seinen Gebieter bestimmt forderte und sofort ein Ultimatum stellte, war der Ausbruch des Krieges, den England immer noch zu verhindern verstanden hatte, nicht mehr zu vermeiden.

Der Krimkrieg. Rußland besetzte einstweilen sofort die Donau-fürstentümer Moldau und Wallachei als ein „materielles Unterpfand", worauf die Türkei am 4. Oktober offiziell den Krieg erklärte.

Als nun im Schwarzen Meer Admiral Nachimoff bei Sinope am 30. November 1853 ein türkisches Geschwader vernichtete, während die schon lange Zeit vorher entsandte englisch-französische Beobachtungs-flotte im nahen Bosporus lag, wurde es Lord Palmerston leicht, die drei anderen Großmächte zu bewegen, von Rußland die Räumung der Donau-Fürstentümer zu verlangen.

Kaiser Nikolaus verwarf jedoch dieses Ansinnen und nun erfolgte am 28. März 1854 die Kriegserklärung von England und Frankreich an Rußland; Österreich blieb im allgemeinen und Preußen ganz und gar neutral.

Die englisch-französische Flotte führte gemeinsam ein größeres Heer nach dem Orient, das erst in den Dardanellen, dann bei Varna landete; erst nach dem Rückzug der Russen von der Donau wurde das verbündete Heer nach der Krim übergesetzt und begann nach mehreren Erfolgen mit der Belagerung der starken Seefestung Sebastopol, woran türkische und auch sardinische Truppen Anteil nahmen.

Wie Preußen, so blieb in der Ostsee auch Schweden neutral, obwohl es sehr nach der Seite der Verbündeten hinneigte.

Englische Vorbereitungen für die Ostsee-Expedition. Dahin-gegen schien Dänemark sehr zu einem Bündnis mit Rußland geneigt und wurde von letzterem schon eingehend erwogen, sofort beim Eisfrei-werden der Häfen eine Flotte nach Kopenhagen zu schicken, um Dänemarks Flotte sowie die Zugänge zur Ostsee ganz in russische Gewalt zu bringen.

Hiervon wurden die Westmächte jedoch bei Zeiten unterrichtet und galt es für sie nun, Rußland zuvorzukommen; die englische Flotte wurde zuerst fertig und ging sofort nach der Ostsee ab, um dort einstweilen eine beobachtende Stellung einzunehmen.

Zum Oberbefehlshaber dieser Expeditionsflotte war der 68jährige Admiral Sir Charles Napier ernannt worden, auf den man wegen seines früheren tatkräftigen Auftretens große Hoffnungen setzte, ohne daß er je besonders gute Führer-Eigenschaften gezeigt hätte.

Die Schiffe waren mit einem großen Teil von Nicht-Seeleuten bemannt und ging die Flotte am 11. März 1854, von der Königin auf ihrer Yacht geleitet, unter dem Jubel der Menge von Portsmouth in See; sie bestand aus:

    8 Schrauben-Linienschiffen,
    4 Schrauben-Fregatten sowie
    4 Rad-Dampfern.

Flaggschiff war der Dreidecker „Duke of Wellington", von 131 Kanonen und 1100 Mann Besatzung; Unterführer der Kontre-Admiral Chads, 66 Jahre alt. Es war dies die erste größere Streitmacht Englands, die nur aus Dampfschiffen zusammengesetzt war.

Napiers erste Maßnahmen. Am 18. März traf Napier bei Binga vor Gothenburg ein und erhielt bald durch 6 fernere Schiffe eine große Verstärkung. Seine Instruktionen lauteten sehr gemessen: nahe der Ostsee Befehle abzuwarten; bis zur Beantwortung des gestellten Ultimatums Feindseligkeiten zu vermeiden; kein russisches Schiff aus der Ostsee heraus zu lassen; letzteres selbst mit Waffengewalt oder Blockade fremder Häfen zu verhindern; das Gebiet Dänemarks und Schwedens sowie deren Schiffe zu schützen, falls die betreffenden Regierungen darum ersuchen würden.

Da ein Aufenthalt vor Gothenburg für obige Zwecke ungünstig und nicht sonderlich zweckmäßig war, ging Napier bald durch den Großen Belt weiter und ankerte bereits Anfang April in der Kjöge Bucht, nachdem er vorher mit seiner Flotte Kiel angelaufen hatte. (S. Karte: A.)

Eine Dampfkorvette war bereits am 19. Februar vorausgeschickt worden und am 12. März in den Downs am Eingang des Kanals wieder zur Flotte gestoßen, welcher sie die von jedem Linienschiffe abgegebenen Offiziere zurück überwies, mit denen das Kattegatt und der Große Belt nautisch rekognosziert worden waren; die schwierigsten

Stellen der Fahrwasser waren dabei ausgelothet worden und wurden zeitweise bezeichnet.

Napier wiederholte seine bereits zu Anfang des Jahres ausgesprochenen Bitten und Forderungen, ihm die für eine kräftige Kriegsführung in der Ostsee seiner Ansicht nach unbedingt erforderlichen Kanonenboote zur Verfügung zu stellen, noch zu wiederholten Malen.

Die russische Ostsee-Flotte und der Küstenschutz. Die sich in Kronstadt und Sveaborg rüstende Flotte gab nunmehr ihren ursprünglichen Plan, nach dem Freiwerden vom Eise südwärts zu gehen, um dort die dänische Flotte zum Anschluß zu bewegen und die Zugänge zur Ostsee zu sperren, engültig auf.

Sie bestand aus:

31 Linienschiffen,
12 Fregatten,
10 Korvetten,
21 Rad-Dampfern,
 6 Schrauben-Dampfern sowie
80 Ruder-Kanonenbooten;

ihre Besatzung machte rund 30000 Mann aus.

Hiervon lagen in Kronstadt 22 Linienschiffe sowie die Hälfte der Fregatten und Korvetten, ferner 7 Rad-Dampfer und 2 Dutzend Kanonenboote; in Aabo waren etwa 10 Dampfschiffe und 3 Dutzend Kanonenboote stationiert, bei Wiborg 2 Dutzend der letzteren, so daß für Sveaborg nur 9 Linienschiffe und einzelne Fahrzeuge übrig blieben.

Außer den beiden Kriegshäfen war nur noch auf den Aalands eine Seefestung vorhanden, Bomarsund; einzelne kleinere Werke lagen schließlich bei Wiborg, Fredrikshamn, Hangö, Aabo, Reval, Baltischport und Riga. Die russische Armee war im Norden überall auf die Küsten-Provinzen verteilt und stellte etwaigen Landungs-Versuchen gegenüber immer noch eine beträchtliche Stärke dar, trotz der vielen Truppen-Sendungen nach dem Süden (s. Karte: A, C).

Weiteres Vorgehen der englischen Flotte; Napier's Instruktionen. Napier's baldige Einsegelung in die Ostsee wurde sofort von der Admiralität getadelt; er wurde jedoch alsbald besonders belobt, nachdem bekannt geworden war, welchen Eindruck sein Vorgehen überall in Rußland und in ganz Europa gemacht hatte und nachdem er schließlich noch auf die besonderen Instruktionen des Auswärtigen Amtes hingewiesen hatte, die sich nicht unwesentlich von den Befehlen der Admiralität unterschieden. Es begann hiermit die Reihe oft fast wirrer Anordnungen von der Heimat her, die sich gelegentlich sogar widersprachen.

In der Kjöge-Bucht war Admiral Napier fast ohne Erfolg bemüht, seine gänzlich ungeübten Mannschaften besser auszubilden, weil das besonders schlechte April-Wetter keine genügende Gelegenheit bot. Die schlechte Ausbildung der Mannschaften war eine Folge des seit 1815 nach der großen Abrüstung eingetretenen Sparsamkeits-Systems. Während die englische Flotte zählte:

1813 rund 100 Linienschiffe und 500 Kreuzer mit 140000 Mann, waren 1817 nur 13 „   „ 90 „   „ 19000 „ Besatzung im Dienst.

Die ausgebildeten großen Reserven von 120000 Mann waren aber bis 1854 gänzlich aufgebraucht und das continuous service system vom Jahre 1853 war noch nicht in Wirksamkeit.

Während dieser Zeit erhielt er neue Anweisungen vom Auswärtigen Amt: er solle die Aalands-Inseln nehmen, um dadurch einen starken Druck auf Schweden auszuüben, ferner seine Besatzungen durch schwedische Seeleute ergänzen und die ihm fehlenden Kanonenboote wenn irgend möglich sich durch die schwedische Marine stellen lassen. Nachdem er dann von der Admiralität die Mitteilung erhalten hatte, daß es sehr schwer halten würde, seine bei den Schießübungen in der Kjöge-Bucht verbrauchte Munition zu ergänzen und fernere Nachrichten eingetroffen waren, daß die Russen sich überall sehr verstärkten, ging er, da auch die Nachricht von der erfolgten Kriegserklärung inzwischen bei ihm eingetroffen war, am 12. April weiter noch Nordosten.

In verschiedenen vom Auswärtigen Amt und auch von der Admiralität erlassenen Anweisungen und Befehlen war angeordnet worden, daß er Berichte über seine Absichten einzusenden habe, bevor er weiter vorrücke; dabei waren Stärke und Lage der feindlichen Flotte sowie der Befestigungen ihm teilweise garnicht oder nur sehr ungenau bekannt gegeben worden. Ferner war sein Karten-Material ungenügend und teilweise sogar schlecht, Lootsen zu nehmen war ihm aber nicht gestattet worden.

Die dem Admiral von seinen beiden heimischen Behörden gestellten Aufgaben waren so vielseitig, daß er schrieb, er wisse nicht, ob die ihm zur Verfügung stehenden Schiffe zur Lösung seiner Aufgaben ausreichend wären.

Napier hatte schon vorher unter dem zu ihm gestoßenen Kontre-Admiral Plumridge eine Anzahl der Fregatten und Rad-Dampfer zum Aufklären vorausgesandt, er ließ Riga und Libau sowie einzelne andere Häfen blockieren, wobei gelegentlich Schiffe weggenommen und Vorräte an Land zerstört wurden.

Ein Versuch, in den finnischen Meerbusen einzulaufen, wurde aus nautischen Gründen — Fehlen von Lootsen, Mangel an guten Seekarten, Erlöschen der Leuchtfeuer — sowie wegen stürmischen Wetters und starken Nebels bald aufgegeben und ankerte Napier darauf vor Elgsnabben am Eingang der Stockholm-Schären, wo auch am 1. Mai das französische Schrauben-Linienschiff „Austerlitz" als erstes der französischen Schiffe zu ihm stieß.

Von allen möglichen Seiten erhielt der Oberbefehlshaber jetzt Vorschläge mit den eingehendsten Plänen, wie er am Besten weiter zu handeln habe, darunter auch von Napoleon III. selbst und schließlich sogar von Privaten.

Stellung Schwedens. Die mit der schwedischen Regierung gepflogenen Verhandlungen behufs Abgabe von Seeleuten und kleineren Fahrzeugen sowie Landungstruppen, waren inzwischen ergebnislos verlaufen. Schweden besaß gerade das Material an Streitmitteln zur See, dessen Napier in erster Linie bedurfte, wenn auch die Zahl der kleinen Dampfschiffe ein Dutzend nicht überstieg; aber der übrige Bestand der schwedischen Flotte wies an kleineren Fahrzeugen, welche besonders für ein Vorgehen in den verschiedenen Schären-Gewässern vorzüglich geeignet waren, etwa folgende Zahlen auf:

24 gedeckte Kanonen-Schaluppen,
40 Bomben-   „   „
12 Landungs-   „   „
20 ältere   „   „   sowie
 6 Mörser-Fahrzeuge und
10 Chef-Fahrzeuge, zusammen 110 Fahrzeuge.

Drittes Vorrücken Napier's. Erst nach einem Aufenthalt von 2 Wochen ging die englische Flotte am 5. Mai wieder von Neuem vor und hatte Napier diesmal 8 Linienschiffe sowie 2 Fregatten und 2 Rad-Dampfer bei sich; alle übrigen Schiffe und Fahrzeuge waren schon vorher entsandt worden, um die russischen Küsten im Norden und Süden zu rekognoszieren und dabei die Häfen zu blockieren sowie dem Feinde allen möglichen Schaden zuzufügen. Ein Reserve-Geschwader unter Kontre-Admiral Corry blieb bei Gottska Sandö nördlich von Gothland liegen.

Die englische Flotte war inzwischen erheblich verstärkt worden, konnte aber solch vielerlei Aufgaben nicht zur gleichen Zeit erfüllen und reichte die Zahl der Schiffe vor allen Dingen in keiner Weise aus, um die eingeleitete Blockade wirksam durchzuführen.

Die Aufklärungs=Fahrten der im bottnischen Meerbusen und in den Gewässern der Aalands=Inseln operierenden Fahrzeuge blieben eben= falls fast ohne jeden wesentlichen Erfolg, wenn auch hier und da kleinere Gefechte stattfanden, da sie mit außerordentlichen seemännisch=nautischen Schwierigkeiten andauernd zu kämpfen hatten und ihre Aufgaben ganz oberflächlich erfüllten.

Da nun die russische Flotte nach wie vor ruhig in ihren Häfen liegen blieb, ging Napier am 20. Mai nach Hangöudde; östlich von ihm blieben einige Fregatten zum Aufklären im finnischen Meerbusen zurück. Es fand alsdann eine Beschießung der bei Hangö errichteten Werke statt; der förmliche Angriff wurde aber aufgegeben, nachdem es den Russen gelungen war, durch einige Treffer ihren Gegner zu schädigen und in Unruhe zu versetzen.

Ergebnis der Aufklärungen. Es war bei den Fahrten der verschiedenen Schiffe und Fahrzeuge nach und nach jedoch ziemlich sicher festgestellt worden, daß Kronstadt, Wiborg und Sveaborg durch eine große Anzahl von Minen geschützt seien, welcher Umstand Napier so stark beeinflußte, daß er erst am 2. Juni weiter nach Osten ging.

Er kam aber nicht weiter als bis zum Barösund und beschloß hier, erst das Eintreffen der französischen Flotte abzuwarten sowie dann, bei gleichzeitiger Beobachtung von Sveaborg, mit den beiden Haupt= flotten gegen Kronstadt vorzugehen. Für einen Angriff gegen die auf den Aalands liegende kleine Feste Bomarsund hielt er nach wie vor Kanonenboote für ganz unentbehrlich (s. Karte: D.).

Nach Verlauf einer Woche trafen endlich genauere Meldungen und Berichte über die Verhältnisse in der Umgebung von Bomarsund ein; letzteres sei nur von 2500 Mann besetzt, es könnten höchstens 3 Schiffe davor ankern, Landungstruppen seien gut zu verwenden. Napier erbat sich infolgedessen sofort eine Verstärkung von 10000 Mann Landungs=Truppen.

Die Außenrhede von Sveaborg wurde unter dem Schutz des Gros vom 12. Juni an durch einzelne Fahrzeuge ausgelotet, ohne daß dies Vorgehen von den Russen gehindert wurde; als Napier Nachricht von der Annäherung der französischen Flotte erhielt, brach er un= verständlicher Weise diese Arbeiten ab und ging ihr nach dem nahen Barösund entgegen.

Dort erhielt er auch die ersten Nachrichten von den in den bottnischen Meerbusen entsandten Schiffen; letztere hatten anfangs längere

Zeit im Eise festgesessen, dann einzelne offene Städte beschossen und teilweise zerstört, ein zweckloses, aber ihnen besonders befohlenes Verfahren. Schließlich war Bomarsund von 3 Fahrzeugen so lange beschossen worden, bis diesen ihre Munition ausgegangen war; der Führer dieser Abteilung meldete auch den dadurch erlangten Erfolg, woran aber Napier und seine Unterführer durchaus nicht glauben wollten und die ganze Beschießung für eine unnütze Munitions-Verschwendung ansahen. Kapitän Hall meldete aber ganz bestimmt, entgegen früher abgestatteten Meldungen anderer Rekognoszierungs-Abteilungen, daß Bomarsund bei einer Wiederholung des Angriffs sicher fallen würde, da Erfolge schon nach dem Beschießen durch die wenigen weittragenden Kanonen eingetreten waren.

Vereinigung der englischen und französischen Flotte. Mitte Juni ankerten die verbündeten Flotten im Barösund neben einander; die englische Flotte zählte hier:

13 Schrauben-Linienschiffe,
6 Segel-Linienschiffe,
4 Schrauben-Fregatten,
10 Rad-Dampfer und
3 Spezialschiffe (2 Vermessungs-Schiffe, 1 Hospital-Schiff),

mit 2200 Kanonen und einer Besatzung von 22000 Mann.

Unter Befehl des Vize-Admirals Parseval-Deschénes war die französische Flotte zur Stelle mit:

1 Schrauben-Linienschiff,
8 Segel-Linienschiffen,
6 Segel-Fregatten,
1 Dampf-Fregatte sowie
4 Rad-Dampfern;

Kontre-Admiral Penaud war Zweiter im Kommando. Die Stärke der Franzosen machte mithin ein Drittel derjenigen der Verbündeten aus.

Vorgehen der Verbündeten. Es war kein gemeinsamer Oberbefehlshaber vorgesehen worden und blieben beide Ober-Admirale selbständig; sie sollten ihre Operationen nach gemeinsamer Übereinkunft vornehmen.

Auf Vorschlag von Admiral Parseval wurde zuerst eine Rekognoszierung von Kronstadt unternommen, wo Napier selber auch noch nicht gewesen war; dort wurde am 26. Juni geankert und festgestellt, daß 17 russische Linienschiffe in der Weise vertäut lägen, daß ihre Geschütze einer Seite sämtlich die Einfahrt zum Hafen bestreichen könnten. Eine genauere Rekognoszierung ergab alsdann, daß die nördliche Seite von Kronstadt die schwächere und ein Angriff auf die Festung durch die tiefgehenden großen Schiffe als ausgeschlossen zu betrachten sei; mit etwa 50 Kanonenbooten hätte ein Vorgehen jedoch Aussicht auf Erfolg. Gleichzeitig wurde festgelegt, daß für ein ergebnisvolles Bombardement die Munition der Flotten durchaus nicht hinreichend groß sei.

Ein dem entsprechender Bericht fand bei beiden heimischen Regierungen Billigung; es wurde auf die Fortsetzung der strengeren Blockade hingewiesen und mitgeteilt, daß in Folge von Napier's früheren Berichten die Absendung von Landungstruppen in die Wege geleitet sei.

Die bereits auf dieser Fahrt nach Kronstadt an Bord des englischen Flaggschiffes ausgebrochene Cholera griff bald so sehr um sich, daß die Admirale sich möglichst schnell wieder nach Westen zurückbegaben; in Kronstadt und Petersburg hatte man dagegen ganz bestimmt mit einem baldigen kräftigen Angriff des Feindes gerechnet.

Es wurde nun im Barösund weiter auf die Anweisungen wegen eines Angriffes auf Bomarsund gewartet, die auch bald mit der Mitteilung eintrafen, daß die von Napier verlangten 10000 Mann Landungstruppen von Frankreich gestellt werden würden, nachdem Schweden endgültig eine Anteilnahme mit erbetenen 50000 Mann und 200 Kanonenbooten verweigert hätte. Ein Angriff auf Bomarsund müßte aber unbedingt unternommen werden, weil die öffentliche Meinung in England und Frankreich dies dringend verlange.

Während dieser Fahrt nach Kronstadt hatte Admiral Corry mit 9 Linienschiffen Sveaborg dauernd beobachtet und eingeschlossen gehalten.

Annäherung der Flotten an Bomarsund. Da die Schiffe und Fahrzeuge in den Aalands-Schären bei dem weiteren Vormarsch vielfach auf Untiefen festkamen, so ging es nur langsam in der Richtung auf Bomarsund weiter; die Inseln wurden blockiert und eine genaue Aufnahme der nächsten Fahrwasser bei Bomarsund ward dabei vorgenommen.

Als Sicherung des vor Sveaborg zur Beobachtung liegenden Geschwaders ließ Napier seine größeren Schiffe im Süden der Aalands bereit liegen, die russischen Schiffe machten jedoch keinerlei Anstalten, aus dem sicheren Hafen herauszugehen.

Am 22. Juli trafen die Verbündeten vor Bomarsund ein. Die Erkundigungen hatten ergeben, daß das dort neu erbaute und mit einem eisernen Dach versehene gemauerte Hauptwerk Geschütze in 2 Kasematt-Reihen über einander führte, deren Bestreichungswinkel aber nur ein geringer wäre; der östliche Teil hatte keine Geschütze. Im Norden und

Osten des Hauptwerks befanden sich 2 fernere gemauerte Türme mit mehreren Geschützreihen, ein dritter auf der nahe gegenüber liegenden Insel; die Armierung dieser Türme war aber nicht vollzählig.

Angriff und Einnahme von Bomarsund. Die auf englischen Linienschiffen im Schlepp von Dampfern übergeführten 10000 Mann französischer Truppen trafen unter Befehl des Generals Baraguay d'Hilliers am 30. Juli bei den Flotten ein.

Das Fahrwasser war inzwischen bis auf 600 m an die Werke heran ausgebojt worden, die Landung der Truppen unterblieb aber einstweilen noch, weil der französische General erst alles Kriegsmaterial zur Stelle haben wollte, was bis zum 6. August währte. Die zwei Tage später ausgeführte Landung fand keinen Widerstand von russischer Seite.

Die gelandeten Truppen errichteten sofort Batterieen, aus denen dann am 13. August das Bombardement seinen Angriff nahm; nach Wegnahme der beiden nächsten Türme, welche kräftigen Widerstand geleistet hatten, wurde dann im Verein mit den Schiffen das Feuer gegen das Hauptwerk gerichtet, welches sich am Morgen des 16. August mit seinen 2000 Mann ergab. Bei allen diesen Erfolgen hatten gelandete Mannschaften und Geschütze der Flotten ebenfalls großen Anteil.

Die Verluste der Angreifer waren gering; bei den verschiedentlichen Beschießungen hatten einzelne der englischen Dampfschiffe gelegentlich Beschädigungen erlitten.

Bomarsund wurde darauf von Grund auf zerstört, da Schweden die Übernahme der Aalands-Inseln verweigerte, worum es ersucht worden war.

Weitere Vornahmen der Verbündeten. Admiral Napier schritt dann zu einer genaueren Erkundung von Aabo, welche ergab, daß man in den dortigen engen Fahrwassern nichts ohne gleichzeitige Landung größerer Truppenmassen ausrichten könne. Wegen der vorgerückten Jahreszeit verweigerte aber General Baraguay d'Hilliers seine Mitwirkung, da ferner bei seinen Truppen ebenfalls die Cholera ausgebrochen war.

Die französischen Führer unternahmen darauf noch eine genauere Rekognoszierung von Sveaborg und kamen hierbei ebenfalls zu der Überzeugung, daß man wegen der vorgerückten Jahreszeit auch hier einstweilen nichts unternehmen könne.

Sowohl der englische General Jones als der französische General Niel hielten die Seeseite für die schwächste und Sveaborg überhaupt nicht für uneinnehmbar; sie fanden bei den auf mehreren Inseln verteilt liegenden Werken manche schwache Stellen, vermeinten aber auch, daß gleichzeitiges Landen und Beschießen von Batterieen aus, welche in der östlichen Flanke zu errichten wären, unbedingt geboten sei.

Da aber die Admirale und Generale beider Mächte wie stets bisher in wesentlichen Punkten mehrfach verschiedener Ansicht waren, so kam es auch hier wiederum nicht zu einer Einigung wegen eines etwaigen Vorgehens.

Rückzug der Franzosen. Am 3. September erhielt General Baraguay den Befehl zur Rückkehr und ließ Admiral Napier dann die englischen Transport-Linienschiffe durch seine Raddampfer bis in die Nordsee zurückschleppen, was von der Admiralität sehr gerügt wurde, da man von seinen Fahrzeugen andere Taten erwartet hatte.

Bald erhielt auch Admiral Parseval Befehl zur Rückkehr; bis zu dieser Zeit trafen bei beiden Führern beständig Anordnungen über Anordnungen aus der Heimat ein, die mehr oder minder gemessene Befehle oder Pläne zu weiterem Vorgehen enthielten. Kriegsräte wurden vielfach abgehalten und ständig Berichte an die beiden Regierungen abgesandt.

Schließlich verwarf noch ein besonderer auf Befehl der englischen Admiralität. abgehaltener Kriegsrat, welcher den Bericht des Generals Niel über die Ausführbarkeit eines Angriffes auf Sveaborg von der Seeseite her zum Gegenstand hatte, die Möglichkeit der Ausführung dieses Vorschlags.

Am 19. September verließ Admiral Parseval die nordischen Gewässer und blieben nur noch einzelne französische Dampfer einstweilen in der Ostsee zurück.

Weitere Maßnahmen der englischen Flotte. Mit seiner noch aus 16 Linienschiffen, 3 Fregatten und 7 Dampfern bestehenden Flotte ankerte Napier darauf am 21. September vor Reval und entsandte dann seine Schiffe von dort teils zur Beobachtung der Russen in Sveaborg, teils zur Blockade einzelner Häfen; das Gros seiner Flotte blieb aber bei Nargen liegen.

War man zu Beginn der Kampagne nicht gegen Reval vorgegangen, weil es eine offene Stadt war, so unterließ man dies jetzt aus dem Grunde, daß die Befestigungen dafür zu stark seien; ein seltsam anmutender Wechsel der Ansicht in 3—4 Monaten.

Da die rauhe Jahreszeit sich bald mit Macht einstellte, so schickte Napier am 26. September einen Teil seiner Schiffe nach Kiel; von der Admiralität erhielt er deshalb sofort ein geharnischtes Schreiben

über seine fortgesetzte Untätigkeit und seine verschiedenen sich oft widersprechenden Berichte. Ihm wurde dringend nahe gelegt, jetzt Sveaborg
anzugreifen, ohne vorher noch Kanonenboote oder besseres Wetter abzuwarten; falls es ihm nötig erschiene, solle er damit nur so lange
warten, bis die Kronstädter Flotte vom Eise eingeschlossen wäre; das
Fehlen oder Vorhandensein einiger Kanonenboote könne nicht den „Unterschied zwischen einem unmöglichen und möglichen Angriff" ausmachen.
Dieser am 4. Oktober abgegangene Befehl war eine Folge des falschen
Gerüchts, daß Sebastopol sich nach einem Angriff durch die Flotte ergeben habe; er wurde sofort widerrufen, als die Unrichtigkeit des Be-
richtes erkannt war.

Napier's Antwort lautete dahin, daß er vor einem Angriff
seiner Schiffe auf Sveaborg erst von einzelnen vorliegenden Inseln und
Kanonenbooten aus die Werke 1—2 Tage bombardieren müsse; das
Wetter sei so schlecht, daß es bisher nicht einmal möglich gewesen wäre,
das Fahrwasser auszuloten und auszubojen.

Da die englische Regierung nicht die Rückkehr der französischen
Flotte durchsetzen konnte, so erhielt Napier am 9. Oktober ebenfalls
Befehl zur Heimkehr; er traf dann am 26. mit seiner Flotte in Kiel
ein. Die letzten englischen Schiffe verließen den finnischen Meerbusen
Mitte November und die Ostsee einen Monat später.

Am 22. Dezember holte Napier seine Flagge vor Spithead
nieder; er versuchte vergeblich eine öffentliche Untersuchung seines Verhaltens in der Ostsee zu erlangen und schlug die Verleihung der höchsten
Klasse des Bath-Ordens für sich aus.

Allgemeine Betrachtungen über den Seefeldzug 1854. Die
Kampagne in der Ostsee war für die Verbündeten also so gut wie erfolglos verlaufen und wenn man die Aufwendung der großen Streitmittel beider Verbündeten in Betracht zieht, so läßt sich ohne Über-
treibung behaupten, daß das Gesamt-Ergebnis mehr als kläglich war.

Abgesehen von der Zerstörung einzelner offener Städte sowie der
Wegnahme von Schiffen hatte das Vorgehen von England und Frankreich höchstens den einzigen Nutzen mit sich geführt, daß dadurch Teile
der Landstreitkräfte Rußlands im Norden festgehalten wurden, welche
allenfalls im Süden gut hätten verwendet werden können. Aber bei
den großen Massen, welche Rußland immerhin zu Gebote standen und
bei der großen Ausdehnung dieses Reichs sowie seinen schlechten Wege-
Verbindungen, kam dieser Umstand im ersten Kriegsjahre nicht sonderlich
in Betracht.

Kaum dürfte je ein zweites Unternehmen zur See derartig vom grünen Tische in der Heimat aus dauernd beeinflußt und teilweise auch geleitet worden sein, wie diese Oftsee-Expedition beider Westmächte.

Liegt die Kritik der Maßnahmen und Vorgänge auch überall klar und läßt sich überall unmittelbar aus der Reihenfolge der Tatsachen, oder richtiger gesagt Nicht-Handlungen folgern, so soll hier doch noch einmal zusammenfassend und gleichzeitig zergliedernd an eine solche herangegangen werden.

Erörterung der Vorbereitungen zum Kriege in der Oftsee. In beiden Ländern, sowohl in England als in Frankreich, sind schwere Versäumnisse zu verzeichnen in der Art, wie man sich dort auf einen solchen Krieg vorbereitet hatte.

Besonders tritt das Fehlen fast jeglicher intellektuellen Vorbereitung in die Erscheinung; man kannte nirgends die Kräfte des Gegners auch nur einigermaßen genau; man hatte besonders in England die Stärke der russischen Flotte ganz bedeutend überschätzt; umgekehrt war die Bedeutung der russischen See-Festungen und ihre Stärke sehr unterschätzt worden, weil man die Verhältnisse und Einrichtungen nicht genau genug kannte; an die Aufstellung eines Operationsplans war auf keiner Seite vorher gedacht worden; im Gefühl großer Überlegenheit zur See glaubte man der Expedition als einzige Aufgabe die Vernichtung der russischen Seestreitkräfte anzugeben zu brauchen; das vorhandene Seekarten-Material war für die betreffenden Verhältnisse durchaus ungenügend; die kurz vor dem Kriege stattgehabten Erkundungen und Erkundigungen waren gänzlich unzureichend; ferner waren die Eis-Verhältnisse nicht genügend bekannt und hatte man anfänglich selbst den Dampfern zu viel zugemutet.

Ebenso schwerwiegende Fehler lagen aber auch mit Bezug auf die Bereitstellung der materiellen Mittel vor; die lange Friedenszeit nach der vollständig erlangten Welt-Seeherrschaft hatte in der englischen Flotte einen großen Schlendrian emporkommen lassen und das leidige andauernde Sparsystem der die Leitung der Regierung innehabenden Partei hatte hier sehr schwer gesündigt. Die Parole war stets die gewesen: möglichste Sparsamkeit auf allen Gebieten.

Somit fehlte es vor Allem an neuen modernen Fahrzeugen, welche für eine Kriegführung in derartigen besonderen Gewässern, wie die finnischen Schärenhöfe, unbedingt erforderlich waren, an Kanonenbooten und Dampf-Fahrzeugen jeglicher Art; es fehlte an guten weittragenden Geschützen und solchen, welche auf weitere Entfernung den russischen großen Steinforts gegenüber genügende Durchschlagskraft besaßen; es fehlte an Sonder-Geschützen für Bombardements und für das Einschießen stärkerer eingedeckter Werke; gänzlich unverzeihlich war aber, daß man im Frieden nicht für genügend Munitions-Vorräte für die nun einmal vorhandenen Geschütze gesorgt hatte, welcher Mangel sogar so weit ging, daß man dem Oberbefehlshaber das Abbrechen seiner so notwendigen Schießübungen anraten mußte.

Schließlich war auch das Personal, wenigstens in der englischen Flotte, durchaus nicht seinen Aufgaben gewachsen; die Besatzung der Ostsee-Schiffe bestand zur größeren Hälfte aus ganz ungeübten Mann=schaften, welche weder mit der Takelage noch mit der Artillerie vertraut waren. Auch hieran hatte das Sparsystem im Frieden die Hauptschuld, mit anderen Worten die Versäumnis, im Frieden für den Krieg zu rüsten.

Sehr anerkennenswert bleibt bei diesen besonderen Umständen, daß man trotzdem in England, nach Entsendung der größeren Streitmittel in's Mittelmeer, verhältnismäßig schnell mit der Bereitstellung fernerer Streitkräfte vorging und dies Vorhaben auch tatkräftig durchführte; Frankreich konnte nur langsam nachfolgen.

Kritik der Maßnahmen Napier's. Einen vorzüglich klaren Blick zeigte die Flotten-Leitung vor dem Abgang der Expeditions-Flotte; denn nur die Maßnahme, ein Schiff mit den Master's, den Navigations-Offizieren der Flotte, zum Erkunden des Kattegatts und Großen Belts vorauszusenden, hat es Napier bald nach seinem Erscheinen im Osten ermöglicht, schnell und ohne die geringste Einbuße an Schiffen in die Ostsee einzulaufen.

Dies in England vielfach erörterte Einlaufen in die Ostsee war von Napier entschieden sachlich erwogen und geschickt durchgeführt; es war auch unbedingt geboten, sobald wie möglich in dieser Weise vorzugehen. Wie Nelson die Absicht hatte und den Vorschlag machte, sich sofort mit der Flotte zwischen Dänemark und seine Verbündeten einzuschieben, so konnte auch Napier nur durch ein derartiges Vorrücken mit seiner Flotte seiner Aufgabe sich sicher entledigen: Dänemark von einer Anteilnahme am Kriege abzuhalten und Rußland zu verhindern, sich dieses Staates und seiner Mittel sowie der Zugänge zur Ostsee zu Beginn des Krieges zu versichern.

Napier hat hier klaren strategischen Blick gezeigt. Weshalb ging er aber nicht gleich oder wenigstens nach kürzerer Frist, etwa nur nach einigen Tagen Aufenthalts in der Kjöge-Bucht, weiter nach Osten vor?

Da die russische Flotte zu der Zeit noch im Eise eingeschlossen lag, war an ein Auftreten der neu in Dienst gestellten Schiffe mit ihren ebenfalls ungeübten Mannschaften nicht im Entferntesten zu denken.

Napier hätte seine Besatzungen weiter nördlich in schwedischen Häfen auch üben und ausbilden können, ohne vom Gegner irgendwie oder von der Witterung mehr als im Süden behelligt worden zu sein.

Durch ein schnelleres Vorgehen nach dem Norden wäre fernerhin Schweden in ganz anderer Weise bedrängt worden, der Koalition in irgend einer Form beizutreten und die Verbündeten zu unterstützen; auch hätte der Druck der näher herangezogenen Flotte in Rußland Beunruhigungen größerer Art hervorgerufen.

Der große moralische Erfolg, welchen Napier's erstes Einlaufen in die Ostsee erzielte, ging durch das Zögern der nächsten Wochen und Monate wieder verloren und der Gegner fand immer weiter Zeit und Ruhe, sich gebührend auf einen Angriff zu rüsten.

Napier's Erkennen der Bedeutung moderner Streitmittel ist sehr bedeutsam für seine Einsicht in die Schwierigkeit und besondere Art der bevorstehenden Kriegsführung; unablässig hat er von Anbeginn an wiederholt dringend solche Mittel gefordert und sich nur dann für fähig erachtet, seine Aufgabe zu erfüllen, wenn er derartige Streitkräfte zur Hand hätte. Selbst die Mitgabe größerer Landungstruppen-Abteilungen ist von ihm bei der Übernahme des Kommandos sogleich als unbedingt erforderlich hingestellt worden.

Aber die Regierungen gingen auf derartige Wünsche und Vorschläge in keiner Weise ein; hiergegen wurde stets als Hauptgrund angeführt, daß die Kosten zu große wären und der Krieg ein billiger sein müsse, wie dies überall verlangt würde, d. h. wohl mit anderen Worten, wie das Partei-Sonder-Interesse dies fordere. Ein selten klarer Fall des verwerflichen und nur schädigenden Einflusses einer Volksvertretung auf die Art der Kriegsführung selbst.

Auffallend ist das späte Ansetzen von Rekognoszierungen der Haupthäfen; man findet hierfür wohl die einzige Erklärung in dem Umstande, daß Napier ohne die erbetenen besonderen Fahrzeuge doch auf keinen Fall vorgehen wollte.

Daß die Blockade ungenügend durchgeführt wurde, lag nicht nur an der hierfür allzu geringen Zahl von Schiffen und Fahrzeugen, sondern auch an der Erkenntnis und Einsicht Napier's, daß eine solche Blockade zwecklos sei, so lange Rußland über die nahe liegenden neutralen preußischen Seehäfen hinweg mit allem Nötigen versehen würde, wie dies tatsächlich im vollsten Umfang stattfand.

Napier's Instruktionen und seine persönliche Stellung. Von vorn herein hatte sich der Oberbefehlshaber mit seinen heimischen Behörden und zwar besonders mit der Admiralität überworfen; seine

allzu scharfe Kritik beim Antritt seines Kommandos, der Eifer, mit dem
er sich in seinen Berichten über die Ungenügenbheit der Ausrüstung aus-
gelassen hatte, sein stetes Drängen wegen der nötigen Kriegsmittel sowie
seine scharfen Antworten auf ungezählte von Haus aus gestellte An-
fragen, hatten ihn förmlich in einen ernsten Zwist mit den Behörden
der Heimat verwickelt.

Die ständig von dort einlaufenden Instruktionen und Forderungen,
deren eine der anderen gelegentlich widersprach sowie das stete Drängen
nach Taten und kraftvollem Vorgehen, hatten nachgerade seinen Widerstand gegen Alles hervorgerufen, was vom grünen Tische ausging.
Dazwischen kamen immerwährend Ermahnungen zur Vorsicht und die
Aufforderung, seinen Kopf nicht vorzeitig an den Steinwällen des Gegners
einzurennen.

**Betrachtungen über die Maßnahmen beider verbündeten
Streitkräfte.** Mit dem Eintreffen der französischen Flotte blieben die
Verhältnisse im Allgemeinen wie sie waren; da die großen französischen
Schiffe mit einer einzigen Ausnahme nur aus Segelschiffen bestanden,
so war jegliches gemeinsame Operieren dadurch erschwert, daß diese stets
ins Schlepp genommen werden mußten, was Manöver und Fahrt stark
beeinflußte.

Ohne die Franzosen aber alleine irgendwie vorzugehen, verbot
das gute Verhältnis beider Mächte zu einander, so daß die verschiedene
Manövrierfähigkeit und geringere Kampfkraft der Franzosen ein
dauernder Hemmschuh für jedes weitere tatkräftige Vorgehen blieb.

Ebenfalls war die Tatsache von Bedeutung und übte stets einen
hemmenden Einfluß, daß es keinen bestimmten gemeinsamen Oberbefehlshaber für die Flotten und die Landtruppen gab, wenn Napier
immerhin auch eine gewisse Art Oberleitung ausüben konnte; langwierige
Kriegsräte brachten oft ebenso wenig eine geeignete Entscheidung,
Rücksichtnahmen waren an allen Enden und Orten zu beobachten. Es
herrschten stets Meinungsverschiedenheiten in hohem Maße vor, sowohl
unter den Admiralen und Generalen derselben Nation, als auch zwischen
denen der beiden Mächte. Eine Autorität war unter ihnen nicht vorhanden, ein reger Eifer ebenso wenig; nur in Dem war man sich einig,
was man nicht ausführen könne und wolle.

So wurde die ganze Kriegführung auch an Ort und Stelle durch
Mißtrauen und Uneinigkeit sowie durch eine fast unablässig auf einander
folgende Reihe von Zufälligkeiten gehemmt, von Beeinflussungen
mannigfachster Art, welche sich kaum aufzählen, sondern nur im
Allgemeinen andeuten lassen. Wie weit hierbei schließlich auch noch

eine gewisse Eifersucht mitgespielt hat, entzieht sich einer genaueren
Untersuchung. Daß besonders der 68jährige Napier fernerhin sehr
nervös wurde, wird Niemand Wunder nehmen; einer seiner Kapitäne
schrieb über seinen „armen, schwächlichen, alten" Chef: „Er hat keine
Pläne und kein System; nur die Eingabe des Augenblicks leitet ihn."

Kritik des Vorgehens gegen Bomarsund. Was die Einnahme
Bomarsunds eigentlich für einen Zweck haben sollte, ist wohl Niemand
der Beteiligten je unklar gewesen. Gerade herausgesagt nur den, die
beiderseitigen Volks-Vertretungen zu beruhigen, weiter keinen.

Der Besitz dieses unbedeutenden festen Ortes war bei der Seeherrschaft der Verbündeten über die Ostsee für Freund und Feind so
gut wie bedeutungslos und seine Wegnahme konnte nicht einmal einen
moralischen Erfolg im feindlichen Lande ausüben. Um Bomarsund
allein zu nehmen, war eine Entsendung von 10 000 Mann Landungstruppen ein allzu kostspieliges Unternehmen; hierfür würde die Hälfte
des Kontingents mit dem erforderlichen Belagerungs-Material vollauf
genügt haben, falls man mit den großen Flotten allein nicht zum Ziele
zu gelangen glaubte.

Bei der Tatenlosigkeit der Flotten sahen sich aber den heimischen
öffentlichen Meinungen und Stimmungen gegenüber sowohl Napoleon
als auch die englischen politischen Machthaber veranlaßt, zu einer
derartigen und für den Krieg selbst an und für sich gänzlich bedeutungs-
losen Maßnahme zu schreiten.

Die Art des Vorgehens an Ort und Stelle gibt zu besonderen
Bemerkungen keinerlei Anlaß; es zeigte sich hierbei reger Wetteifer
zwischen den Angehörigen der beiden Nationen, wie er sonst in der
Art nirgends hervortrat; Armee und Marine beider Mächte lagen im
Wettstreit mit einander.

Kritik der letzten Maßnahmen Napier's. Das Fehlen eines
gemeinsamen Oberbefehlshabers und einer allgemeinen festen Leitung,
die Mangelhaftigkeit des inneren Wesens eines Koalitions-Seekrieges
zeigte sich auch darin, daß die Franzosen ihre Streitkräfte eigenmächtig
und allzu frühzeitig zurückzogen, obwohl die englische Regierung eifrig
für deren Verbleiben auf dem Kriegsschauplatz bemüht war.

Die nun an Napier abgesandten bestimmten Befehle zum Vorgehen gegen Sveaborg zeugen von einem militärischen Unverstand, der
nur durch die nervöse Stimmung Aller daheim, als Folge der langsamen und geringen Erfolge in Nord und Süd erklärlich ist.

Hier hat Napier, der jetzt an Zahl der Streitmittel schwächer
sowie durch das schlechte Wetter sehr behindert und durch die vorgerückte

Jahreszeit mit dem bald einbrechenden Winter wesentlich gehemmt war, sich ein großes Verdienst erworben, daß er dem bestimmt gestellten Ansinnen in keiner Weise nachgab und dadurch England seinen Kriegsruhm sowie eine große Flotte·erhielt.

Eigentümlich berührt Napier's dauernde Hoffnung und sein fast bestimmter Glaube, daß die Russen die „ihnen wiederholt angebotene Seeschlacht" annehmen und aus ihren Häfen herauskommen würden, obwohl deren Schiffs-Anzahl, selbst nach Vereinigung beider Geschwader von Kronstadt und Sveaborg, unbedingt der gesamten Macht der Verbündeten, ja mit Rücksicht auf die Ausbildung wohl schon der englischen Flotte allein gegenüber unterlegen gewesen wäre.

Schluß-Betrachtungen über das Kriegsjahr 1854. Napier hat sich wiederholt und seiner Meinung nach in listiger Weise bemüht, den Gegner in See zu locken und sein ganzes Dichten und Trachten nur daraufhin erstreckt, die Flotte seines Feindes allein in See zu bekämpfen, wie wir sehen aber immer ohne Erfolg, wie dies auch förmlich vorauszusehen war.

Daß er sich nicht an den Angriff der beiden Haupt-Seefestungen herangemacht hat, versteht man bei der Minderwertigkeit seiner Streitkräfte den starken Befestigungen gegenüber leicht, hatte doch Eckernförde erst 5 Jahre zuvor das abschreckende Beispiel gegeben.

Den Hauptzweck, die russische Flotte an einem Vorgehen zu hindern, erreichte er durch deren Lahmlegung vollauf; seltsamer Weise hat er sogar fernere Verstärkungen aus dem Grunde zurückgewiesen, daß alsdann seine Gegner ganz bestimmt im sicheren Hafen zurückbleiben und ihm nicht entgegen gehen würden, während er stets bemüht sei, sie zum Herauskommen zu bewegen. Es dürfte dies ein in der Kriegs-Geschichte selten dastehender Fall der Ansichten eines Führers sein.

Mit der Zeit verwickelte Napier sich dann bei seinen verschiedenen Berichten in Widersprüche, halbe Maßregeln folgten anderen eben so wenig ernst durchdachten und wurde Napier schließlich wohl auch noch von seinem Alter und der zunehmenden Nervosität, welch letztere er selbst lebhaft beklagt hat sowie von seinem starrköpfigen Sinn beeinflußt, an seinem ursprünglichen Plan, sich nur in See zu schlagen, andauernd festzuhalten.

Die geringe Unterstützung seitens seines Verbündeten und der vielfache Zwist mit Parseval und Baraguay hat dann endlich zur Folge gehabt, daß in dem ganzen Seefeldzuge nichts Erwähnenswertes und Wichtiges erfolgte. Auf französischer Seite hat nur General Riel größeren Unternehmungsgeist gezeigt.

Man vermißt aber auch auf der gegnerischen Seite jedes offensive
Vorgehen; ein' Mangel an Tatkraft war überall bei den russischen
Führern zu verzeichnen, der selbst darin nicht etwa seine Erklärung
finden dürfte, daß Englands Flotte als unbesiegbares Kriegs-Instrument
seit einem halben Jahrhundert die See beherrschte und überall gefürchtet
war. Nicht zu verkennen ist hierbei aber, daß durch die stete Bereitschaft die Gegner schließlich doch mürbe gemacht wurden, wenn auch
durch gelegentliches Handeln hierin noch mehr hätte erreicht werden
können.

Lehren des ersten Kriegsjahres in der Ostsee. Mannigfach
und vielseitig waren die Erfahrungen, welche das Jahr 1854 den Beteiligten gebracht hatte; die bei dem vollständigen Mißerfolg sich ergeben-
den Lehren erstreckten sich nicht nur auf rein taktische sowie maritim-
militärische und technische Gebiete, sondern waren auch politisch-strategi-
scher Art. Sie lassen sich in folgende Hauptpunkte zusammenfassen:

Für einen Krieg im Großen waren die Flotten von England und
Frankreich nicht genügend groß und stark genug;

die Verhältnisse des Kriegsschauplatzes waren nicht genau genug
bekannt und die besonderen Schwierigkeiten demnach nicht genügend erwogen;

die intellektuelle Vorbereitung ließ bei beiden Mächten für ihre
Flotten bei einem plötzlich entstehenden Kriege sehr Vieles zu wünschen
übrig und bedurfte es bereits im Frieden einer weit genaueren Kunde
des Gegners;

für einen Angriff auf die neuen Steinwerke mit besonderen
Deckungen waren weder die vorhandenen Schiffe und Fahrzeuge noch
ihre Armierungen geeignet, eine gesunde und praktisch ausschauende
militärische Schiffbau-Politik war vollkommen versäumt worden;

es bedurfte eingehender Maßnahmen, um für die Zukunft bessere
Ergebnisse bei Erkundungen und Aufnahmen feindlicher Stellungen zu erlangen; die Bericht-Erstattungen waren in allen Punkten mäßig und
ungenau;

eine größere Klarheit der Instruktionen der heimischen Behörden
hatte sich in mehr als einem Fall als durchaus notwendig erwiesen;
die Technik der Befehlserteilung war ganz besonders zu vervoll-
kommnen;

wieder einmal war die alte Lehre von der Unzulänglichkeit von
Koalitionen und Bündnissen zur See klar erwiesen und deren heikle
Natur und Art gekennzeichnet worden;

die Notwendigkeit, in solchen Fällen immer einen allgemeinen Oberbefehlshaber festzusetzen, hatte sich deutlich herausgestellt;

ferner war die Tatsache uud zugleich ihre Gefährlichkeit bloß-
gelegt worden, daß andauernde halb-dienstliche Privat-Korrespondenzen
der Führer und Unterführer unter einander sowie mit den höheren Behörden nur ungünstig auf ein tatkräftiges gemeinsames Handeln und
Vorgehen einzuwirken im Stande sind;

es hatte sich wieder einmal deutlich gezeigt, daß es unbedingt erforderlich ist, einen erlangten moralischen großen Erfolg sofort tatkräftig
weiter in seinen Konsequenzen zu verfolgen, soll er nicht in das Gegenteil umschlagen;

schließlich war die Lehre klar und deutlich erkennbar gewesen, daß
jedes unkluge und weitgehende Sparen im Frieden mit Bezug auf die
Vorbereitungen zu einem etwaigen Krieg immer die teuerste Kriegführung
nach sich zieht;

ferner daß Männer von dem Alter Napier's sowie einige
andere Führer und die meisten Kapitäne die Anstrengungen eines längeren
See-Feldzuges in unwirtlicher Gegend nicht ertragen können, ohne an
ihrer Tatkraft und Frische wesentliche Einbuße zu erleiden.

Erst im Jahre 1841 war eine Neu-Regelung der Pensions- und
Beförderungs-Verhältnisse eingetreten; hatte es doch bis dahin über 1600
commanders und lieutenants gegeben, welche mehr als 26 Jahre keine
Beförderung erhalten hatten, während die älteren post-captains schon seit
Trafalgar in der Charge gewesen waren und es aktive Admirale an
Land und an Bord mit einem Alter zwischen 70—80 Jahren zu
Dutzenden gab.

Beginn des zweiten Kriegsjahres 1855.

Beschaffung neuer Streitmittel in England. Bereits im
Sommer 1854 hatte man in England an die Beschaffung geeigneter
Streitmittel für eine Fortsetzung des Krieges im nächsten Jahre gedacht
und war dem entsprechend bald vorgegangen; ein infolgedessen armiertes
und als Kanonenboot ausgerüstetes Dampfschiff wurde sogar schon im
Herbst nach der Ostsee gesandt, hatte dort aber bei Napier und seinen
Offizieren keine günstige Beurteilung gefunden.

Von Preußen wurden dann 2 ganz neue, nach besonderen preußischen Plänen in England erbaute Rad-Dampf-Avisos, „Nix" und
„Salamander", erworben, welche an ihren beiden, sich gleichen

spitzen Schiffsenden (sogenannte Doppelender), Steuer-Einrichtungen hatten und nur sehr geringen Tiefgang besaßen.

Während des Winters wurde eifrig an dem Bau neu konstruierter Schrauben-Kanonenboote gearbeitet; aber ihre Anzahl war für die im nächsten Jahr in der Ostsee beabsichtigten Maßnahmen noch gänzlich ungenügend.

An ein Befolgen des französischen Beispiels und der Schiffbau-Politik Frankreichs, welcher aller Welt später im Schwarzen Meer durch das Auftreten der französischen neuen Panzer-Schiffe und Batterieen gegeben worden war, dachte man in England erst später, so daß die im Bau begriffenen 5 schwimmenden Batterieen nicht vor dem Herbst 1855 bereit wurden.

Diplomatische und Parlaments-Verhandlungen. Um den 1854 über die preußischen Seehäfen lebhaft betriebenen Handel mit Kriegsmaterial nach Rußland einzudämmen, wurden mit Preußen besondere Verhandlungen gepflogen und ward von Seiten der Westmächte versucht, diesem Handel den Charakter eines Neutralitätsbruches aufzudrücken, aber ohne ein Ergebnis zu erlangen.

In der öffentlichen Presse beider Länder und in den Volks-Vertretungen, besonders im englischen Parlament, herrschte über die zu verdammende Tatenlosigkeit der Ostsee-Flotten fast nur eine Meinung; ein großer Streit entstand aber in England wegen der Wahl eines neuen Oberbefehlshabers für die Ostsee, da mit N a p i e r so gut wie Niemand zufrieden gewesen war. Ebenfalls sprachen sich einzelne Mitglieder im Parlament sehr mißliebig über die ungenügenden Vorbereitungen zum Kriege sowie über die geringe vom Gegner vorher beschaffte Kunde und die vielen Mißstände in Heer und Flotte aus.

Diese Verhandlungen lieferten ein ziemlich untrügliches Bild von dem schädlichen inner-politischen Partei-Streit des Landes und dem fast verrottet zu nennenden Regierungs-System, das besonders in der britischen Admiralität sehr eingerissen war; P a l m e r s t o n , der nun an die Spitze der Regierung trat, schaffte bald Wandel.

Besser stand es hiermit in dem verbündeten Frankreich, wo eine einheitlichere und straffere Regierungsgewalt vorherrschte.

Stärke der verbündeten Flotten. Die englische Ostseeflotte war zu Ende des Jahres 1854 zusammengesetzt gewesen aus:

1	Schrauben-Linienschiff	zu	131	Kanonen,
12	Schrauben-Linienschiffen	„	60—120	„
6	Segel-Linienschiffen	„	70—120	„
3	Segel-Fregatten	„	50	„

10 Segel-Fahrzeugen   zu 14—34 Kanonen
14 Rad-Dampfern   „   4—8   „

zusammen 46 Schiffen und Fahrzeugen mit 2100 Kanonen und 22000 Mann.

Zur Überführung der französischen Truppen waren zeitweise zu dieser Streitmacht noch hinzu getreten:

    2 Schrauben-Linienschiffe und
    2 Segel-Linienschiffe, von denen man aber die Geschütze der untersten Batterien entfernt hatte.

Im Jahre 1855 war die englische Ostseeflotte wesentlich stärker und zählte:

  1 Schrauben-Linienschiff   zu 131   Kanonen,
  9 Schrauben-Linienschiffe „ 80—100   „
  9 Schrauben-Linienschiffe „   60   „
  1 Segel-Linienschiff   „   80   „
  3 Segel-Fregatten   „   50   „
11 Segel-Fahrzeuge   „ 14—34   „
12 Rad-Dampfer   „   4—8   „
21 Schrauben-Kanonenboote „   3   „
15 eiserne Mörser-Fahrzeuge „   3   „

zusammen 82 Schiffe und Fahrzeuge mit 2100 Kanonen, nebst einem Troß von etwa 3 Dutzend Fahrzeugen, unter denen sich eine schwimmende Maschinen-Werkstätte befand.

Während die französische Flotte 1854 bestanden hatte aus:

  1 Schrauben-Linienschiff zu 100   Kanonen,
  9 Segel-Linienschiffen   „ 60—100   „
  1 Schrauben-Fregatte   „   50   „
  2 Segel-Fregatten   „   50   „

zusammen aus 13 Schiffen, zählte sie im Jahr 1855 nur:

  1 Schrauben-Linienschiff zu 100   Kanonen,
  2 Segel-Linienschiffe   „   90   „
  3 Segel-Fahrzeuge   „ 16—36   „
  3 Rad-Dampfer   „   5—8   „
  7 Schrauben-Kanonenboote „   3   „

sowie etwa ein Dutzend an Troß-Fahrzeugen; war die Zahl der Schiffe eine größere, so waren aber 10 größere Schiffe weniger vorhanden als im Vorjahr und statt ihrer 10 Dampfschiffe vertreten, deren Verwendung im Norden allerdings eine geeignetere war.

Zum Oberbefehlshaber der englischen Flotte wurde nach langem Hin- und Her-Beraten der Kontre-Admiral Dunbas ernannt; die französische Flotte befehligte der Kontre-Admiral Penaud.

Russische Vorbereitungen. In Rußland war während des Winters äußerst emsig an dem Weiterbau kleinerer Fahrzeuge gearbeitet worden, so daß die Anzahl der Ruder-Kanonenboote von 250 im Jahre 1854 auf fast 400 im nächsten Jahre gestiegen war; die Armierung dieser Fahrzeuge bestand meist aus einem 68 Pfünder und 4 32 Pfündern.

Etwa 30 Linienschiffe sowie doppelt so viele Fregatten und kleine Fahrzeuge waren bereit, dahingegen hatte man bis zum Sommer 1855 nur 10 Dampfer fertig stellen können. Die Russen hatten es aber verstanden, etwa außerdem noch 2 Dutzend besonderer sogenannter Schrauben-Kanonenboote herzustellen, mit je 3 großen Geschützen armiert; es waren dies größere Segel-Fahrzeuge, denen man eine Auxiliar-Maschine eingebaut hatte, welch letztere von den Lokomotiv-Werkstätten der Eisenbahn geliefert worden waren.

Für die allgemeine Verteidigung der Küsten war überall ganz außerordentlich viel geschehen; an manchen Stellen waren Beobachtungs- und Signal-Stellen errichtet sowie mit einander in telegraphische Verbindung gebracht worden.

Die Häfen wurden durch besondere Minen-Sperren und anderweitige Sperr-Vorrichtungen eingehend geschützt. Die in den Küsten-Provinzen verfügbare Truppenzahl stellte die ansehnliche Macht von 170 000 Mann dar, wobei überall ganz besonders für zahlreiche Kavallerie gesorgt worden war.

An vielen Stellen waren neue Küsten-Werke errichtet und vor Allem die schwächeren Verteidigungs-Punkte von Kronstadt und Helsingfors-Sveaborg verstärkt worden; in letzterer Seefestung hatte der General-Gouverneur Finnlands auch 1 Dutzend 12-zöllige Mörser aufstellen lassen, welche Geschosse von der Schwere eines Zentners warfen.

Kronstadt hatte an der Nordseite 4, an der Südseite 2 neue Werke erhalten; einzelne der ältern, z. B. die Forts Alexander und Menschikoff, welche man als steinerne Vierdecker bezeichnete, waren stärker armiert worden und hatten mancherlei neue Schutzbauten erhalten. Im Norden war eine zweite starke Reihe von Sperrpfählen auf den dortigen Untiefen hergestellt worden, sodaß hier selbst mit kleineren Fahrzeugen ein Angriff ungemein schwierig und langwierig werden mußte. Der im März seinem Vater folgende Kaiser Alexander II. rüstete dann wieder energischer für den Krieg.

Vorgehen der englischen Flotte. Die ersten Divisionen der englischen Ostseeflotte gingen bereits am 20. März nach dem Osten ab und hatten im Großen Belt sowie im Sund noch mit Eis und Strom zu kämpfen; Admiral Dundas verließ die Downs mit dem Gros Anfang April und traf Mitte April in Kiel ein, wo er bis Ende des Monats liegen blieb.

Ähnlich wie im Vorjahr war Kiel auch in diesem Jahr der Hauptstützpunkt der Verbündeten in der westlichen Ostsee und war hierzu bei seiner Nähe zum Großen Belt sowie zu Hamburg ganz besonders günstig gelegen, da die Bahn Kiel—Altona schon vor einem Jahrzehnt eröffnet worden war.

. Dundas ging am 3. Mai mit 13 Linienschiffen und 5 Fregatten weiter nach Osten, vereinigte sich mit den voraus gegangenen Schiffen bei Gothland und schickte von dort aus Abteilungen zum Aufklären nach Riga, Hangöudde sowie nach den Aalands-Inseln; mit dem Gros begab er sich nach Reval, dessen Befestigungen bei der ersten Aufklärung für sehr stark befunden wurden.

Die Insel Nargen im Westen der Bucht von Reval wurde jetzt zur Operationsbasis erwählt und unternahm Dundas während des Monats Mai Aufklärungsfahrten nach Sveaborg und Kronstadt, wobei wieder die außerordentliche Stärke des letzteren festgestellt wurde.

Maßnahmen der Verbündeten. Während einer dieser Rekognoszierungs-Fahrten, welche Dundas bis dicht vor Kronstadt unternahm, hatte die französische Flotte unter Penaud in der Nähe geankert; diese hatte von Brest aus denselben Weg genommen und war nach kurzem Aufenthalt vor Kiel am 1. Juni im Osten des finnischen Meerbusens eingetroffen. Beide Befehlshaber landeten mit ihren Stäben beim Tolbukin-Leuchtturm im Westen der Insel, auf welcher Kronstadt liegt, um sich von da aus einen guten Überblick der Lage zu verschaffen.

Weitere Beobachtungs-Fahrten ergaben nochmals die außerordentliche Stärke des Platzes mit seinen großen Granit-Forts und neueren Erdwerken, mit den Pfahl- und Minen-Sperren sowie den gut verankerten Linienschiffen und den vielen beweglichen kleineren Fahrzeugen, deren Zahl man auf etwa 200 schätzte. 5 Segel-Linienschiffe schienen seeklar und bereit zu Ausfällen zu sein.

Diese persönlichen Untersuchungen der Führer und die danach abgehaltenen Kriegsräte — bei ersteren waren 2 der englischen Admirale nur mit Mühe der Gefangennahme entgangen — ergaben endgültig, daß ein Angriff hier gleichbedeutend mit Selbst-Opferung sei und die

Zahl der vorhandenen kleinen Fahrzeuge zu einem Erfolg mit sich führenden Bombardement gänzlich unzureichend wäre. Die Versuche zum Wegräumen der Minen-Sperren hatten zwar teilweise Erfolg, wurden aber als zu gefahrvoll aufgegeben, da hier der Zufall eine gar zu große Rolle mitspielte.

Die im Laufe des Juni und in der ersten Juli-Hälfte überall an den Küsten Rußlands stattfindenden Fahrten der kleineren Fahrzeuge führten kleinere unbedeutende Gefechte an manchen Orten mit sich; es gelang besonders den Engländern, manche Vorräte des Gegners an Land zu zerstören und kleinere Werke zu nehmen. Die Blockade selbst wurde nur sehr schwächlich durchgeführt. Da die Russen bei Hangö angeblich auf einen Parlamentär geschossen hatten, wurden nun zwischen den Gegnern 7 Hauptpunkte der Küste bestimmt, an denen allein eine Annäherung unter Parlamentärsflagge gegebenen Falls gestattet sei.

Am 17. Juli unternahmen die Admirale Dundas und Penaud eine Rekognoszierung von Sveaborg, wobei das französische Fahrzeug fast einer explodierenden Mine zum Opfer gefallen wäre; als Ergebnis wurde von Neuem festgestellt, daß Sveaborg nur von Kanonenbooten aus wirksam anzugreifen sei.

Eine Tags darauf vor Reval stattfindende eingehende Besichtigung stellte dann fest, daß diese Stadt durch viele Werke und mit mehr als 400 Geschützen verteidigt wurde.

Die Verbündeten entschlossen sich nun endgültig, einen Angriff größeren Stiles nur gegen Sveaborg auszuführen, nachdem von Hause aus immer wieder erneut in dieser Richtung gedrängt worden war.

Angriff auf Sveaborg, 9.—11. August.

Die Lage von Sveaborg-Helsingfors. Die frühere Hauptseefestung Schwedens an der finnischen Küste, Sveaborg, ist südöstlich von Helsingfors, der auf einer Halbinsel liegenden Hauptstadt Finnlands, auf mehreren kleinen Inseln angelegt; zwischen diesen 5 Inseln und zwei östlich von ihnen liegenden größeren Inseln Sandhamnö und Degerö sowie mehreren kleineren, befinden sich die Zugänge zur Innen-Rhede und dem Haupthafen von Helsingfors, welche beide zu schützen die Werke von Sveaborg bestimmt sind (s. Plan: i).

Eingeengt zwischen den meist granitnen Befestigungswerken und dem Arsenal sowie anderen militär-maritimen Anlagen liegt die kleine Stadt Sveaborg mit ihren Arsenalen auf 3 dieser Inseln.

14*

Nach See zu liegen vor diesen Werken, besonders in südwestlicher Richtung, mehrfache Gruppen kleinerer Inseln und Holme und bilden mit den eigentlichen Sveaborg-Inseln die Außen-Rhede, an welche sich die Rhede von Mjölö im Osten anschließt; in der ganzen Gegend sind Klippen und Untiefen fernerhin wie fast überall in den Schärenhöfen in ungezählten Mengen vorhanden. Helsingfors liegt von der Mitte der Werke etwa 3500 Yards (3100 m) entfernt.

In 7 neuen Erdwerken waren 60 Geschütze neu montiert und einzelne der Durchfahrten waren versperrt worden.

Vorbereitungen zum Angriff. Nach längeren Beratungen und Verhandlungen war Admiral Dundas schließlich bewogen worden, auch seinerseits die Zustimmung zu einem Angriff gegen Sveaborg zu geben; er war hierzu aber nur bereit, falls die Mörser-Fahrzeuge auf eine Entfernung von 3300 Yards von den nächsten russischen Geschützen verankert würden, statt der ursprünglich geplanten 3000 Yards.

Inzwischen waren diese nötigen Fahrzeuge bei der Flotte vor Nargen mit anderweitig erforderlichem Kriegsmaterial eingetroffen und ankerten dann die verbündeten Geschwader am 6. August vor Sveaborg, mit der Absicht, dies am nächsten Tag anzugreifen.

Admiral Penaud verlangte aber noch die Errichtung einer Mörser-Batterie auf der Insel Abrahams-Holm im Südwesten von Sveaborg, weshalb der Angriff noch verschoben wurde. Den Franzosen gelang es dann bis zum 9. August früh morgens, dort 4 der besten englischen 13-zölligen Mörser hinter Sandsackwällen in Stellung zu bringen.

Die zur Außenrhede und zu den für die beschießenden Fahrzeuge vorgesehenen Ankerplätzen führenden Fahrwasser waren Anfang August genau ausgelotet und ausgebojt worden, ohne daß diese Arbeiten irgend-wie von den Russen gestört worden wären.

Beschießung von Sveaborg. Am 9. August begann dann das Bombardement von Sveaborg und der allgemeine artilleristische Angriff auf die Werke von der neu errichteten Holm-Batterie aus sowie von:

16 englischen Kanonenbooten,
16 englischen Mörser-Fahrzeugen (zu je einem Mörser),
5 französischen Mörser-Fahrzeugen (zu je zwei Mörsern), sowie
5 französischen Kanonenbooten.

Die Absicht und der Hauptzweck dieser Beschießung war der, die Festungswerke und das Arsenal soweit als möglich zu zerstören.

Die Mörser-Fahrzeuge nahmen auf die festgelegte Entfernung von 3300 Yards, (etwa 3000 m) ihre Stellung zu beiden Seiten des kleinen

Eilands Ofterhall ein, die franzöfifchen Fahrzeuge im Zentrum diefer Stellung (f. Plan: i).

Die Batterie auf Abrahamsholm lag fomit näher zur Feftung und nur 2200 m davon entfernt; die Länge der Linie betrug rund 1¹/₂ sm. Mehrere Raddampfer lagen hinter der Linie etwa ¹/₂ sm weiter nach außen bereit, um befchädigte Mörferboote aus der Linie herausfchleppen zu können. Bei Tagesanbruch verwarpten fich die Bombarden auf ihre Stellungen.

Die Befchießung begann bald nach 7 Uhr aus allen 30 großen Mörfern der Batterie und der Fahrzeuge. Die Kanonenboote, welche einzelne fchwere Gefchütze von den Schiffen erhalten hatten, nahmen gleichzeitig ihre vorgefchriebenen Stellungen zum Schutze der Mörferboote etwa ¹/₂ sm näher zum Gegner ein und befchoffen die nächften Ufer- Batterien fowie einen im öftlichen Eingang zur Innenrhede weftlich von Bolholmen vertäuten Dreidecker.

Als eine Art Hauptftützpunkt dienten mehrere weiter nach außen verankerte Linienfchiffe und wurden ferner beide Flügel der Stellung durch je 3 Schiffe gefichert, um die hinter einigen Infeln im Often bereit liegenden ruffifchen Fahrzeuge an einem Vorftoß zu hindern fowie die im Weften befindlichen Truppen dort feftzuhalten.

Die gefchickten und beftändigen Bewegungen der an 4 Punkten verteilten Kanonenboote, welche meift im Kreife dampften und die Auf- merkfamkeit des Gegners von den Bombarden ablenkten, ferner die große Entfernung der letzteren von den feindlichen Batterieen und ihr mit Hülfe der ausgebrachten Kabel gelegentlich ftattfindender Entfernungs- wechfel waren die Veranlaffung, daß die Fahrzeuge der Verbündeten nur wenige Treffer erhielten und die Ruffen fomit ihre vielen großen Gefchütze faft ohne Erfolg verwandten, obwohl fie lange Zeit ein heftiges Feuer unterhielten.

Dahingegen entftand fchon nach einigen Stunden in einzelnen Landwerken Feuer; um 10 Uhr und 11 Uhr fanden größere Explofionen auf Bargöe ftatt fowie gegen Mittag eine noch ftärkere auf Guftafsvärd.

Gegen Abend wurden die Kanonenboote zurückgezogen, da auch bei ihren Kreisfahrten wiederholt Grund-Berührungen ftattgefunden hatten. Statt ihrer wurden 30 große Boote der Linienfchiffe auf diefe Vorpoften-Stellung gefchickt, die während der drei folgenden Stunden Stadt und Werke erfolgreich mit Raketen bewarfen.

Am nächften Morgen wurde das bei Dunkelwerden abgebrochene Mörfer-Feuer wieder aufgenommen und wurden dazu einzelne der im Zentrum befindlichen Mörferboote noch um etwa 200—300 m weiter vorgeschoben. Die Gegner hatten ihren Dreidecker hingegen weiter nach innen verlegt. Die mit Lancaster-Geschützen versehenen englischen Fahr= zeuge wechselten ihren Platz von Osten nach Westen.

Es entstanden wiederum große Brände auf den Haupt=Inseln, so daß nunmehr die Beschießung auch während der folgenden Nacht weiter fortgesetzt wurde und die Raketen=Boote sich nach Dunkelwerden von Neuem daran beteiligten, obwohl sie infolge des starken Feuerscheins dem Gegner sehr sichtbar wurden.

Da aber keine weiteren Erfolge zu erwarten waren und sich sonst beim Gegner, dessen Feuer sehr schwach war, nichts rührte, wurde das Feuer am 11. August bald nach Tagesanbruch abgebrochen; die Verluste der Angreifer waren kaum erwähnenswert, es wurde z. B. nur ein einziger Engländer getötet.

Kapitän Sulivan vom Rad=Dampfer „Merlin", der bei allen Erkundungen und Vermessungen sich stets besonders rührig gezeigt hatte, war auch hier bei der Leitung des Auslegens der Linie in hervorragender Weise beteiligt gewesen; der am Abend des 10. mit den rekognoszierenden Admiralen festgekommene „Merlin" konnte bald wieder abgebracht werden.

Von den Mörsern waren die meisten durch die Beschießung inzwischen unbrauchbar geworden und drei von ihnen gesprungen; meistens waren die neuesten Geschütze die schlechteren, welche nicht mehr als 200—250 Schuß aushielten, wohingegen aus älteren Mörsern bis zu 350 Schüsse gefeuert waren.

Erfolge der Beschießung. Das Gewicht der von den Engländern gefeuerten Geschosse betrug über 1000 Tons; die Zahl der von den Franzosen verfeuerten Geschosse überstieg 4000.

Der Verlust und Schaden, den die Russen hierdurch erlitten hatten, war ein recht erheblicher; die Werft mit ihren Magazinen sowie alle übrigen Vorrats=Gebäude waren zerstört, die meisten Pulver=Magazine in die Luft geflogen, 2 Dutzend Schiffe verbrannt, 18 Schiffe schwer beschädigt und 2000 Menschen getötet oder verwundet worden.

Dahingegen hatten die russischen Werke selbst mit ihren Geschützen fast keinerlei Abbruch an ihrem kriegsmäßigen Gebrauch erlitten und waren nach wie vor gefechtsbereit; die gut konstruierten und fest erbauten Forts waren fast ganz unbeschädigt.

Die Bevölkerung und die Truppen waren durch das Bombardement, das größte, das wohl je von See aus auf eine Festung unternommen worden sowie durch die verschiedenen Bewegungen der feindlichen

Schiffe dauernd in Atem gehalten worden und teilweise sehr erschöpft und beunruhigt.

Kritik des Angriffs auf Sveaborg. Besonders in England ist die Frage oft erörtert worden, weshalb man denn nicht Helsingfors statt Sveaborg zum Angriffs-Objekt gewählt hätte; ersterem wäre, als einer weniger stark befestigten Stadt, bei seiner größeren Wohlhabenheit ein stärkerer Schaden zugefügt worden und würde dieser Umstand einen Druck auf Volk und Regierung ausgeübt haben. Eine Zerstörung von Sveaborg wäre aber von geringerer Bedeutung, da selbst den Fall gesetzt, daß die Werke sich ergeben hätten, eine Besetzung dieser letzteren sich wegen Mangels an Truppen doch nicht hätte durchführen lassen.

Da ferner ein Angriff auf Sveaborg durchaus nicht gleichbedeutend war mit einer großen Niederlage der russischen Flotte, so war ein Vorgehen der Verbündeten gegen diese starke Seefestung, selbst mit den herbeigeschafften mehr zweckentsprechenden und zeitgemäßen Mitteln, immerhin ein ziemlich zweckloses, ja sogar gefahrvolles Unternehmen.

Hier in solcher Weise vorzugehen, wäre nur dann zweckmäßig und gerechtfertigt gewesen, falls man nach Wegnahme der Werke etwa gegen Helsingfors und von dort weiter gegen Wiborg und Petersburg-Kronstadt vorgehen wollte.

Nur die öffentliche Meinung und der durch diese auf die Regierungen ausgeübte Druck, daß irgend etwas Besonderes und Augenfälliges bei dem großen Aufwand von Streitmitteln endlich einmal auch in der Ostsee geschehen müsse, war die Veranlassung, Sveaborg's Werke in einem unter möglichstem Gelärm und Aufsehen erregenden Scheiben-schießen anzugreifen. Nur das Gebot, der Bevölkerung daheim etwas darzubieten, hat die Regierungen beider Westmächte veranlaßt, ihre Flotten für diese an und für sich gänzlich zwecklose, ja geradezu zweck-widrige Tat einzusetzen.

Jedenfalls haben militärische, sei es strategische oder taktische Er-wägungen bei dem auf Sveaborg vorzunehmenden Angriff so gut wie gar nicht mitgesprochen; höchstens nur insofern, als die zum Angriff gezwungenen Seebefehlshaber sich denjenigen Ort zum Angriff erwählten, wo sie erstlich am wenigsten Einbuße erleiden und dann vielleicht einigen Erfolg erlangen würden.

Der rein maritime Angriff, welcher in nichts anderem als einer Beschießung von See her bestand, war sonst gut vorbereitet und in seinen Einzelheiten wohl bedacht worden; er wurde mit Ausdauer und Kraft durchgeführt und hatte man auch an die erforderliche Sicherung der beschießenden Fahrzeuge gedacht.

Aber ein wichtiges Versäumnis lag doch vor; es war weder eine gewisse Zahl von Reserve=Mörsern vorhanden, um die bei der Be= schießung unbrauchbar werdenden zu ersetzen, — und dieser Umstand mußte nach den bekannten Verhältnissen vorausgesetzt werden, — noch war die Munition für eine länger andauernde Beschießung in aus= reichender Menge vorhanden; sie war bei dem Abbruch der Beschießung fast ganz zu Ende, eine Tatsache die unbedingt hätte vermieden werden müssen.

Somit war es ausgeschlossen, die Beschießung weiter auszudehnen, um dann, nach etwa eingetretenem Niederkämpfen der Hauptwerke durch die kleineren Fahrzeuge, mit der Flotte weiter gegen Stadt und Schiffe vorzugehen, wie dies sonst ganz allgemein beabsichtigt und richtig geplant worden war.

Als gewissermaßen einziger moralischer Erfolg war die Erkenntnis in Rußland zu verzeichnen, daß seine Seefestungen denn doch nicht un= angreifbar und unbezwingbar seien; war diesmal der eigentliche Haupt= angriff des Gegners auch abgewiesen, so lag doch für eine Wiederholung die Möglichkeit des Gelingens in nicht allzu weiter Ferne und war jedenfalls nicht ganz ausgeschlossen.

Da auf diesen Angriff aber nichts Weiteres erfolgte, die Ver= bündeten sich vielmehr von Sveaborg ganz zurückzogen, so schrieben sich die Russen schließlich und zwar nicht mit Unrecht, den Sieg zu; der moralische Eindruck der Beschießung war ein um so geringerer, als die Beschädigungen der Werke und Magazine sich in kürzester Frist wieder ausbessern ließen.

Ende des Krimkrieges.

Weitere Maßnahmen der Verbündeten. Nach 2 Tagen zogen die Verbündeten sich bereits nach der Bucht von Reval zurück; von dort wurden die Mörser=Fahrzeuge bald heimgesandt, da die Mörser unbrauch= bar waren. Vergeblich versuchte die englische Admiralität, welche fast zur selben Stunde neue Mörser nach der Ostsee verschifft hatte, wovon Dundas aber nicht unterrichtet worden war, diese Fahrzeuge wieder zurückzuschicken. Bevor ihre Neu=Armierung nun beendet wurde, war die Jahreszeit zu deren weiterer Verwendung gar zu weit vorgeschritten.

Kronstadt wurde weit in den August hinein von größeren Schiffen blockiert und die Blockade fast überall, wenn auch lässig, aufrecht erhalten; immerhin zerstörten die Gegner aber bis zu 80 000 Tons an russischen

Schiffen und Fahrzeugen. Bei der Vernichtung mancher in den Küstenorten angesammelten Vorräte fanden hier und da kleinere, oft zwecklose
Gefechte statt. So wurde unter Anderm bei Björkö und auch bei
Dagö eine größere Anzahl von Schiffen zerstört, aber bald machte das
schlechte Wetter allen diesen Vorgängen ein Ende, so daß bereits am
8. Oktober die Kanonenboote und kleineren Fahrzeuge der Verbündeten
in 5 Divisionen heimgeschickt wurden.

Bei Bomarsund wurden aus den Ruinen noch 80 Geschütze aus-
gegraben, deren Wegnahme vor der Zerstörung der Werke im vorigen
Herbst verabsäumt worden war.

Der eigentliche Winter setzte aber erst spät ein, so daß die Schiffe
und Dampfer die Blockade und Beunruhigung der Küsten noch eine
geraume Zeit fortzusetzen im Stande waren.

Erst Mitte November trafen Dundas und Penaud mit dem
Gros ihrer Schiffe in Kiel ein; die zurückbleibenden Schiffe blockierten
den Eingang des finnischen Meerbusens eine Weile weiter und zeigten
sich noch Mitte Dezember vor Kronstadt. Ende November fuhren dann
beide Oberbefehlshaber heim.

Erörterungen über die Vorgänge 1855. In beiden verbündeten Ländern war man wiederum mit dem Auftreten der beiderseitigen Flotten in der Ostsee sowie mit ihren äußerst geringen Erfolgen
sehr unzufrieden und dies um so mehr, da ja der eigentliche Krimkrieg
im Süden schließlich günstig verlaufen war.

Preußen wurde vorgeworfen, unter dem Deckmantel der Neutralität eine selbsüchtige und ungerechte Politik getrieben zu haben und
besonders durch sein fast an Bruch der Neutralität grenzendes Verhalten
die so wie so schon ziemlich erfolglose Blockade der russischen Häfen
nahezu wesenlos gemacht zu haben. Der russische eigene Aktiv-Handel
sowie die unbedeutende russische Schiffahrt waren zwar vollkommen
gehemmt und teilweise ganz vernichtet worden, um so mehr hatte aber
während des ganzen Jahres der Handel der Neutralen geblüht und war
Rußland fast mit allen seinen Erfordernissen über die preußische Grenze
hin versorgt worden.

Der Druck der gegnerischen Flotten war trotz Allem im Norden
doch sehr bemerkbar gewesen und hatten diese durch ihre Operationen
oder richtiger gesagt durch ihr bloßes Vorhandensein, immerhin 170 000
Mann Truppen, welche in dieser großen Stärke allerdings nicht nötig
gewesen wären, an den baltischen Küsten zurückgehalten, die Rußland
in diesem Jahre sehr gut hätte im Süden verwenden können.

In der Krim war nach langwieriger Belagerung endlich am
8. September der Fall von Sebastopol eingetreten und hatte die russische
Flotte dort unter Admiral Korniloff während der Verteidigung der
Festung mit ihren Mannschaften und Geschützen wesentliche Beihülfe
geleistet.

Das Verhalten der russischen Flotte in der Ostsee läßt sich aber
durchaus nicht anerkennen; wenn sich die Führer auch noch so sehr
durch die feindliche große und starke Überzahl bedroht und sich ihr
stellenweise gegenüber fast ohnmächtig fühlten, so hatten sie jedoch, ebenso
wie im Vorjahr, sich nicht ein einziges Mal zu einem kräftigen Vor-
stoßen bewogen gefunden. Nie ist der Versuch gemacht worden, den
Gegner, und wenn er sich auch mit weit schwächeren Steitkräften in der
Nähe zeigte, anzugreifen oder auch nur ernstlich zu beunruhigen, wozu
sich gelegentliche Male günstige Lagen einstellten. Erstreckt sich dieser
Vorwurf auch weniger oder kaum auf die Verwendung der größeren
Segelschiffe, so trifft er um so mehr bei den vielen kleineren Fahrzeugen zu.

Da die Küsten durch die zahlreichen Truppen mehr als ausreichend
geschützt wurden, konnte das Einsetzen und der etwaige Verlust der
Flottillen keinen Schaden mit sich führen.

Vorbereitungen für das Jahr 1856; Friedensschluß. Man
hatte bei den Verbündeten vor Allem das gelernt, daß es eines tat-
kräftigeren und rücksichtsloseren Vorgehens bedürfe, um Rußland ernstlich
zu bedrängen und niederzuringen. Hierzu war während des ganzen
Jahres 1855 weiter gerüstet worden und hatte man für das dritte
Kriegsjahr die umfassendsten Vorbereitungen getroffen.

Es waren in England über 60 Schrauben-Kanonenboote, mit
meistens je 2 Geschützen und von 60 Pferdestärken, in Bau gegeben
worden; mit diesen sollten Sveaborg und Kronstadt energisch angegriffen
werden, um darauf die russischen Schiffe überall zerstören zu können.

Alle durch diese Maßnahmen und Rüstungen bereit gestellten
Streitmittel fanden aber keinerlei Verwendung, da die während des
Winters eingeleiteten Friedens-Verhandlungen zum Abschluß des Pariser
Friedens am 30. März 1856 führten, welcher dem im Süden geführten
und bedeutungsvolleren ernsten Krimkrieg ein Ende machte, dem gegen-
über die Ereignisse und der Feldzug in der Ostsee gänzlich zurücktraten.

In Rußland war ein vom Ingenieur Bauer, der zuerst 1849
im Kieler Hafen einen ähnlichen Versuch gemacht hatte, neu konstruierter
Brandertaucher Ende Oktober fertig geworden, der auch einige Jahre
später tatsächliche Erfolge erzielte.

Betrachtungen über den Krimkrieg und die Ostsee-Kampagne.

Als wichtigste Lehre hatte der Krieg ergeben, daß selbst die größten Seemächte ihre Streitkräfte bereits im Frieden für die besonderen Kriegstheater und die eigenartigen gegnerischen Streitkräfte herrichten müssen, wollen sie im Kriege ihren Gegnern möglichst bald ihren Willen aufzwingen.

Hierin hatte man in England ganz besonders gesündigt und sich erst allmählich während des Kriegs selbst zu einem Wandel entschlossen; die zeitigere Beschaffung kleiner Mörserboote und Schrauben-Kanonenboote hätte die Kriegführung gleich zu Beginn wesentlich geändert und gestärkt. Die Kosten einiger Hunderte solcher Fahrzeuge wären kaum denjenigen eines Zehnts großer Linienschiffe gleich gekommen.

Ungenügendes Vorbedenken und falsche Schiffbau-Politik sowie unbedachtsames Sparen am falschen Orte hatten dahin geführt, eine Flotte mit einem täglichen Kosten-Aufwand von mehr denn einer halben Million Mark lange Monate in der Ferne unterhalten zu müssen, ohne dafür irgendwie entsprechende Erfolge einzuernten.

Wäre der Erfolg im Süden ebenfalls ausgeblieben, hätten hier nicht die verbündeten Heere sowie zuletzt noch die neuen französischen Kriegs-Maschinen zur See Wandel zu schaffen verstanden, — und sehr schwer ist der Erfolg dort nach langem Mühen schließlich errungen worden —, so wäre der Weltenruf der Groß-Seemacht England außerordentlich erschüttert worden und sein Ansehen hätte sich nur durch gewaltige Anstrengungen, durch große Opfer an Menschen und Geld wieder herstellen lassen.

Der Pariser Frieden, welcher unter Anderm festsetzte, daß Bomarsund nicht wieder hergestellt werden dürfe und daß die Aalands ohne militärische Besatzung zu lassen wären, führte auch zu der wichtigen „Pariser Deklaration", welche die Frage der Kaperei sowie die des neutralen Handels im Kriege regelte und sich über den Wert sowie die Art der Ausführung wirksamer Blockaden äußerte. Bezogen sich die Artikel des Pariser Friedens nur auf die besonderen politischen und militärischen Verhältnisse im fernen Südosten Europas, so waren die Bestimmungen der Pariser Deklaration in Zukunft auch für jede Kriegführung in der Ostsee gültig und von großer Bedeutung.

Schließlich führten die Erfahrungen dieses Krieges zu der Herstellung von Panzerschiffen in allen Ländern, — der Kampf zwischen Kanone und Panzer begann —, sowie in England schließlich zur Einführung des Systems des continuous service. Man hatte dort eingesehen, daß schließlich doch der Mensch und Seemann-Soldat die Hauptrolle im

Kriege führt, daß es besonders vorgebildeter Mannschaften in allen und jeden Chargen und insbesondere für die Zukunft auch jüngerer, energischerer Führer bedürfe, um im Kriege schnell Erfolg zu erringen.

Stellung der Seemacht im Krimkriege. Von einem unmittelbaren Einfluß der Seemacht im Krimkriege kann nicht gesprochen werden; die Bedeutung der Seemacht war diesmal eine ganz eigenartige.

Im Süden war die Durchführung des Krieges und die Niederzwingung Rußlands zwar nur dadurch möglich gewesen, daß die Flotten der Verbündeten die See vollkommen beherrschten, — es wäre somit eine Bezwingung Rußlands ohne die Mitwirkung von Flotten unmöglich gewesen, da auch nach dem Ansetzen der Heere nur durch die Flotten allein die dauernd nötigen rückwärtigen Verbindungen zu sichern und überhaupt zu schaffen waren, — aber sonst trat die Seemacht gar nicht in die Erscheinung, da die gegnerische Flotte sich vollständig in den Häfen einschloß. Die verbündeten Flotten sicherten somit das Ansetzen ihrer Armeen fast ohne jegliche Kriegstat zur See und ging die Aufgabe der Flotten auch für das nächste Jahr hierüber kaum hinaus. Die Seemacht der Westmächte hatte zuletzt mit ihren neuen gepanzerten Fahrzeugen nur die Verteidigungswerke am Lande zu bekämpfen; dies gab aber in keiner Weise den Ausschlag, der Sieg wurde von den Heeren errungen. Wie das im Stillen wirkende Auftreten der Seemacht aber von höchster Bedeutung war, ergibt vor Allem ein Vergleich mit Napoleon's Krieg gegen Rußland im Jahr 1812; sein dreifach stärkeres Heer war schließlich wegen des Fehlens gesicherter rückwärtiger Verbindungen dem Untergang geweiht gewesen.

Anders in der Ostsee; hier gab es für die verbündeten Flotten, welche ebenfalls die See vollkommen beherrschten, abgesehen von der unbedeutenden Expedition gegen Bomarsund, keine durch sie zu schützenden Heeresteile. Es war der reine Kampf der Seemacht gegen die Landmacht, der naturgemäß kein Ergebnis herbeizuführen imstande war. Die feindliche Seemacht, welche sich hier ebenfalls ganz in die sicheren Häfen zurückgezogen hatte, sprach in keiner Weise mit und an den starken Werken der russischen Landmacht prallten die Angriffe von der See her vollständig ab.

Da die Blockade bei den eigenartigen Verhältnissen ebenfalls kein großes Ergebnis mit sich brachte und fast bedeutungslos war, so ist der Einfluß der Seemacht in der Ostsee während des Krimkrieges einer der geringsten gewesen, welchen die Seekriegsgeschichte länger andauernder Kriege überhaupt zu verzeichnen hat. Die Gründe hierfür sind bereits vorher eingehender erörtert worden.

Diese geringe Bedeutung der Seemacht der Verbündeten in der Ostsee trat aber um so mehr zu Tage, weil die öffentliche Meinung, selbst in England, so ganz Anderes von ihren Flotten erwartete und die Regierungen sowie die Admiralitäten sich ebenso wenig über das Erreichbare oder zu erreichen Notwendige klar waren und daher auch nicht zeitig auf die Klärung der Meinungen einzuwirken vermochten. Es fehlte in England und auch bei Napier selbst gänzlich die Einsicht, daß ein zur See minderstarker Gegner eine ganz andere Strategie und auch Taktik zu befolgen habe als der starke Angreifer, daß eine beobachtende Stellung für ersteren das Gebotene sei.

Es fehlte die Einsicht, daß man an den Kampf mit Befestigungen nicht allzuviel Kampfkraft anwenden soll, daß man sie liegen läßt, wenn man seinen Zweck ohnedem erreicht. Und dieser zu erlangende Zweck war denn doch vor Allem der, die russische Flotte an irgend welchem feindlichen Auftreten zu hindern, wofür ein solch vollständiges Lahmlegen wie in diesen beiden Kriegsjahren denn doch vollkommen ausreichend war und dies um so mehr, da alle Nebenzwecke, als z. B. Schädigung des feindlichen Handels, Festhalten von Armee-Teilen usw. ebenfalls dadurch vollauf erfüllt wurden.

Die Bedeutung der beiden West-Großseemächte zeigte sich schließlich dadurch, daß sie mit Schweden-Norwegen im November 1855 einen Traktat geschlossen hatten, demzufolge erstere ihre Hülfe der Union für den Fall versprachen, daß Rußland sich etwa eines nordischen Hafens bemächtigen sollte.

Rußlands Bemühungen um Christiansö. Da die Entwicklung und der weitere Ausbau der russischen Südflotte im Schwarzen Meer für die nächste Zukunft in Folge der besonderen Bestimmungen des Pariser Friedens eingestellt werden mußte, so warf man sich in Rußland nunmehr ganz auf die Herstellung einer stärkeren Flotte im Norden, d. i. in der Ostsee; schon 3 Jahre später zählte die russische Flotte dort 75 Dampfer.

Ein wichtiger seestrategischer Friedensplan kam aber nicht zur Ausführung. Die diesbezügliche bereits in den 30er Jahren, dann 1848 und nun bald nach dem Krimkrieg mit Dänemark gepflogenen Verhandlungen, welche man auch kurz vor Beginn des Krimkrieges wieder aufgenommen hatte, gingen darauf hinaus, die kleine Inselgruppe der Ertholme, mit der Hauptinsel Christiansö, nahe im Nordosten von Bornholm, von Dänemark durch Ankauf zu erwerben; man wollte hierdurch einen eisfreien Hafen erhalten und dort eine Art Ostsee-Gibraltar herstellen.

Die eifersüchtige Wachsamkeit Englands und dessen lebhafte Einsprache hinderte aber den Abschluß des bereits eingeleiteten Handels.

Da die kleinen Eilande in ihrem unbedeutenden Hafen aber nur ganz kleine Fahrzeuge zu bergen vermögen, so wäre eine Besitznahme von Christiansö durch Rußland wohl nur für die Ostseestaaten von einiger Bedeutung gewesen; im Winter ein verlorener Außenposten der russischen Flotte, hätte sich diese auch während der besseren Jahreszeit kaum auf eine solch unbedeutende Basis stützen können, wenn deren Lage immerhin auch für das aufstrebende Preußen-Deutschland von Bedeutung gewesen wäre und eine Kriegführung in der Ostsee zu Anfang eines Krieges wohl damit hätte rechnen müssen.

In früheren Kriegen hatte Dänemark, besonders im großen nordischen Kriege, hier gelegentlich während der Wintermonate einzelne kleine Fregatten und Fahrzeuge zeitweise stationiert gehalten, als eine Art Vorpostenstellung gegenüber Karlskrona.

Rußlands fernere maritime Entwicklung in der Ostsee. Außer der Schaffung eines ziemlich eisfreien Hafens an der Murman-Küste der Halbinsel Kola am nördlichen Eismeer, nahe der norwegischen Grenze, um Archangel stets schützen zu können, ferner dem zu Ende des Jahrhunderts aufgetauchten Projekt einer Seekanal-Verbindung zwischen dem Schwarzen Meer und der Ostsee bei Riga-Dünamünde, ist vor Allem die seestrategische Bedeutung des nahe der ostpreußischen Grenze in Kurland erbauten Kriegshafens von Libau von großer Bedeutung für die Zukunft. Diese Bedeutung liegt nicht nur in dem Umstande, daß Rußland jetzt in der Ostsee im Kriege einen eisfreien Hafen besitzt, sondern besonders auch darin, daß nunmehr seine Schiffe im Frieden hier ständig in Dienst bleiben sowie seine Geschwader dauernd üben können, mithin ihre Kriegsbereitschaft für jede Jahreszeit gesichert ist.

Nur 140 sm von Danzig, 300 sm vom Sund und 400 sm von Kiel entfernt, ist Libau, das um volle 400 sm von Petersburg weiter nach Südosten vorgeschoben liegt, für die Zukunft als Sicherung der Hauptstadt und Erschwerung künftiger Blockaden von größter Bedeutung für ein Kämpfen um das dominium maris baltici. Ein Auftreten von Rußland feindlichen und nicht den Ostseemächten angehörenden Flotten ist in Zukunft in der Ostsee bedeutend schwieriger geworden und erfordert für jeden Fall eingehendes Vorbedenken bezüglich des Trosses und der Reserven sowie eine besonders starke Streitmacht, woran Rußlands augenblickliche Niederlagen im fernen Ostasien und der damit verbundene Niedergang der Flotte nur kurze Zeit etwas werden ändern können.

Auch für die Bedeutung der Kriegshäfen der Ostseemächte ist diese Lage Libau's von Einfluß.

VII

Der deutsch-dänische Krieg 1864.

Einleitung des Krieges.

Politische Verhältnisse. Gegen Ende des Jahres 1863 starb der letzte in den Herzogtümern Schleswig-Holstein erbberechtigte dänische König Friedrich VII. am 15. November.

Die Ausmachungen des Londoner Traktates von 1852, welche die weitere Erbfolge festgesetzt hatten, dienten jetzt dem Deutschen Bund zur Richtschnur für sein Handeln und waren besonders für die beiden Vor= macht=Staaten, die Großmächte Preußen und Österreich maßgebend. In= zwischen war man in Dänemark mit der Erlassung von Gesetzen in willkürlichster Weise vorgegangen.

Nach dem Jahre 1851 hatten die Bestrebungen der dänischen Eider=Dänen=Partei, Schleswig fester mit dem Gesamtstaat Dänemark zu verbinden, wiederum von Neuem mit Kraft eingesetzt und hatten diese schließlich sogar dahin geführt, daß der Deutsche Bundestag nach längeren Verhandlungen sich im Herbst 1863 zu einer Exekution entschlossen hatte.

Als nun auf die Weigerung Dänemarks, das am 18. November neu erlassene Staatsgrundgesetz, — mit Bezug auf die Einverleibung des Herzogtums Schleswig in den dänischen Staat, d. i. also dessen Trennung von Holstein, — aufzuheben, der Deutsche Bund sofort Ende Dezember letzteres besetzt hatte, entschlossen sich beide deutschen Großmächte schon zu Anfang 1864, zur Regelung der Erbfolge=Frage auch in Schleswig einzurücken; bereits am 1. Februar begannen die Feindselig= keiten und mit ihnen der Anfang zu Deutschlands politischer Wieder= geburt und Erstarkung.

Der Landkrieg in Schleswig. Die Dänen konnten der Über= macht ihrer Gegner nicht widerstehen; nach der Räumung des Danne= werks bei Schleswig war bald Jütland, als Unterpfand für weg= genommene Handelsschiffe, bis zum Limfjord in den Händen der Ver= bündeten und spielte sich der Krieg in großen Zügen wie derjenige des

Jahres 1658 ab, wie dies dort eingehender erörtert worden ist. (s. Band I. S. 53). Die Besetzung von Jütland war von den Großmächten gegen den Einspruch der deutschen Mittel- und Klein-Staaten sowie gegen die Stimmen des Auslands erfolgt und wurde später noch bis Skagen ausgedehnt.

Die Dänen hielten sich auf dem Festlande nur noch im Sundewitt, der Halbinsel vor der Insel Alsen, in der festen Stellung von Düppel-Sonderburg sowie in der jütischen Festung Fredericia. Es handelte sich jetzt vornämlich darum, den letzten Besitz deutschen Landes den dänischen Händen zu entreißen, da inzwischen auch Fehmarn nach erfolgter Überrumpelung — trotz 3 dort stationierter Kanonenboote, — am 15. März mit starken Kräften besetzt worden war.

Die Wegnahme Fehmarn's, an sich eine äußerst kecke und schneidige Leistung, welche Kaiser Wilhelm I. einen „Husarenstreich" nannte, war lediglich auch wegen des gänzlich mangelhaften Wacht-Systems der dänischen Besatzung sowie der drei am Fehmarn-Sund liegenden Kanonenboote so glänzend und verlustlos geglückt.

Für das weitere Vorgehen trat aber nun die dänische Flotte mehr in den Vordergrund und war sehr mit dieser zu rechnen.

Die beiden deutschen auf einander sehr eifersüchtigen Großmächte hatten das Operationsgebiet unter sich geteilt, Preußen fiel allein die Belagerung und Eroberung von Düppel-Sonderburg zu; nach der Beiseitesetzung des bisherigen Oberbefehlshabers, des preußischen General-Feldmarschalls Frhr. von Wrangel, unterstanden die preußischen Truppen jetzt dem Prinzen Friedrich Karl von Preußen, während Österreich sich vor Fredericia betätigte.

Die Kriegführung litt im Übrigen, obwohl auf deutscher Seite diesmal nur von den beiden Großmächten geführt, dennoch wie diejenige der Jahre 1848/49, immerhin noch unter den Einflüssen, welche die allgemeine politische Lage den Kriegführenden auferlegte, unter dem Neid und der Eifersucht der übrigen Großmächte, besonders derjenigen der beiden Westmächte.

Aber diesmal galt es nach Moltke's Ausspruch nicht „den Krieg zu führen", sondern „ihn zu beenden" und wurde darnach auch kraftvoller von Österreich-Preußen verfahren, deren diplomatischen Vertretern es unter Bismarck's Leitung gelang, allzu sehr schädigende fremde politische Einflüsse abzuwehren. Betrachten wir nunmehr die beiderseitigen Streitkräfte zur See.

Weitere Entwickelung der preußischen Marine von 1850 bis 1864. Preußen hatte 1852 aus dem Nachlaß der deutschen

Bundesflotte bei dem Verkauf der Schiffe die Fregatte „Gefion" sowie den Rad-Dampfer „Barbarossa" erworben und von der See-handlung späterhin das Segelschiff „Merkur" gekauft. Auf der Werft zu Danzig wurde die Rad-Korvette „Danzig" erbaut und in England waren die schon 1849 bestellten beiden Rad-Aviso's „Nix" und „Sala-mander" auch bald fertig geworden.

Unter dem 14. November 1853 wurde für die Marine eine be-sondere Ober-Behörde mit dem Namen „Admiralität" geschaffen und bald darauf der Prinz Adalbert von Preußen, welcher General-Inspekteur der Artillerie war, zum „Admiral der preußischen Küsten und Oberbefehlshaber der Marine" ernannt, eine eigenartige Bezeichnung, welche richtiger umgekehrt hätte lauten müssen.

Außer der Werft in Danzig wurde noch auf dem Dänholm bei Stralsund ein Marine-Depot geschaffen, zu welchem fast alle Ruder-Fahrzeuge und die neuen Dampf-Schrauben-Kanonenboote gehörten.

Im Dezember 1854 wurde in der Admiralität eine Denkschrift des Prinzen Adalbert niedergelegt, in welcher als Stärke für die zu schaffende Flotte gefordert wurden:

9 Schrauben-Linienschiffe. zu 90 Kanonen
3 Schrauben-Fregatten „ 40 „
6 Schrauben-Korvetten „ 24 „
3 Dampf-Aviso's
36 Ruder-Kanonen-Schaluppen und
6 Ruder-Kanonen-Jollen. Hierbei blieb es aber.

Die Organisation der Ober-Behörde und der einzelnen Marine-Behörden in Stettin, Swinemünde, Stralsund und Danzig hatte in den letzten 1¹/₂ Jahrzehnten mancherlei Wechsel erlitten, ein Ober-Kommando war unter dem zum Admiral ernannten Prinz Adalbert errichtet und ein Marine-Ministerium mit dem Kriegsminister General von Roon an der Spitze ebenfalls geschaffen worden.

Zu Anfang waren schwedische Seeoffiziere mehrfach in den Dienst übernommen und viele Offiziere der Kauffahrtei-Marine entnommen sowie öfters Offiziere im Dienst der englischen Marine ausgebildet worden; die Auflösung der deutschen Bundesflotte hatte eine neue Anzahl Offiziere zugeführt, die teils in dänischen, belgischen, holländischen und amerikanischen Diensten gestanden hatten, so daß jetzt etwa 80 Offi-ziere und 40 Kadetten vorhanden waren. Nach 1866 traten dann noch mehrere Norddeutsche aus der österreichischen Marine zur nord-deutschen Bundes-Marine über.

Preußische Seestrategie im Frieden. Als ein besonders hoher Akt weitester Voraussicht und ein Beweis seestrategischen klaren Blicks muß aber Preußens Vorgehen in Hinsicht der Gründung eines Kriegs-Hafens an der Nordsee bezeichnet werden, trotzdem Deutschlands Vormacht im Norden an der Nordsee selbst nicht die geringste Küsten-Strecke ihr eigen nannte und noch über die Mitte des Jahrhunderts hinaus die Ostsee-Rhederei derjenigen der Nordsee nicht unwesentlich überlegen war — 1850 rund 58 % gegen 42 % —. Es ist wesentlich das große Verdienst des Prinzen Adalbert, den Plan der Erwerbung einer geeigneten Küsten-Strecke zur Schaffung eines Kriegshafens so zeitig in Preußen durchgesetzt und dies wichtige Werk tatkräftig weiter betrieben zu haben; dieser Plan für ein solches Vorgehen war schon im Jahre 1849 von ihm behandelt worden. Es erfolgten dann 1853/54 die Verhandlungen sowie der Abschluß und die Übernahme der kleinen Küstenecke an dem westlichen Jadeufer bei Heppens in Oldenburg, wo alsbald die Bauten für den neuen großen Kriegshafen Wilhelmshaven begannen. Hannover, das die Anwartschaft auf die Admiralschaft Deutschlands an der Nordsee zu beanspruchen für sein Recht hielt, hemmte die Entwickelung noch lange Jahre durch verschiedene Maßnahmen.

Man bedenke, daß zur Zeit der Gründung des neuen Kriegshafens an der Nordsee die preußische Flotte noch in den ersten Anfängen war, eine anderweitige Einigung Deutschlands oder gar der Bau eines Nord-Ostsee-Kanals noch in ungeahnter Ferne lag, mithin ein Kriegshafen Preußens an der Nordsee fast als ein verlorener Außenposten dieses Staates anzusehen war, daß Seestrategie im Frieden für Gesamt-Deutschland zu treiben, noch als eine Ungeheuerlichkeit bezeichnet werden konnte. Und doch vermochte sich der Militär-Staat Preußen zu einer solchen Tat aufzuraffen, die Zeugnis von einem weiten Blick in die Zukunft abzulegen im Stande ist. Klaren Blickes schufen König und Prinz, Regierung und Volk die Grundlagen für eine neue Flotte.

Stärke der preußischen Flotte 1864. Es zählte Anfang 1864 die preußische Flotte an fertigen Schiffen:

    3 Gedeckte Korvetten zu 28 Kanonen (davon 1 im Ausland und 1 in der Vollendung)

    1 Glattdecks-Korvette zu 17 Kanonen

    6 Schrauben-Kanonenboote zu 3 Kanonen (davon 2 im Ausland)

    15 Schrauben-Kanonenboote zu 2 Kanonen (davon 1 in Reparatur)

    1 Schrauben-Aviso zu 2 Kanonen (Kgl. Yacht „Grille")

```
 2 Rad-Aviso's zu 2—4 Kanonen (davon 1 im Ausland)
 3 Segel-Fregatten        zu 26—48 Kanonen
 3 Segel-Briggs            „  6—16    „
32 Ruder-Kanonen-Schaluppen „   2     „
 4 Ruder-Kanonen-Jollen    „   1     „
```

Die Korvetten waren nach und nach von 1858 ab in Danzig vom Stapel gelaufen, die Schrauben- und Ruder-Kanonenboote meist auf anderen deutschen Werften erbaut, die Segelschiffe in England durch Tausch (gegen „Nix" und „Salamander") oder durch Kauf erworben worden.

Ende des Jahres 1863 erfolgte die Dislozierung der bei Danzig liegenden Schiffe nach Swinemünde und Stralsund, um sich zu konzentrieren und näher an den Kriegsschauplatz heranzukommen.

Die dänische Flotte 1864. Beim Beginn des Krieges zählte die nach dem letzten Kriege weiter vergrößerte Flotte Dänemarks:

```
 1 Panzer-Fregatte zu 14 Kanonen (rasiertes Linienschiff),
 1 Panzer-Batterie  „   4    „   (Kuppelschiff „Rolf Krake"),
 2 Panzer-Schooner  zu  3  Kanonen,
 1 Schrauben-Linienschiff „ 64    „
 4 Schrauben-Fregatten    „ 34—44 „
 3 Schrauben-Korvetten    „ 12—16 „
 3 Schrauben-Schooner     „  3    „   (davon 1 im Aus-
   land und 1 in Reparatur),
 7 Schrauben-Kanonenboote „  2    „
 8 Rad-Avisos             „  2—8  „
 2 Segel-Linienschiffe    „ 84    „
 2 Segel-Fregatten        „ 48    „
 2 Segel-Korvetten        „ 14—20 „
 2 Segel-Briggs           „ 16    „   sowie schließlich
30 Transport-Fahrzeuge und
50 Ruder-Kanonen-Schaluppen und -Jollen mit zusammen 80
```

Geschützen, von denen 25 Dampfer zur Verfügung waren.

Das Offizierkorps, 140 Offiziere und 30 Kadetten stark, war in dem letzten Jahrzehnt wieder verjüngt und gut für den Borddienst ausgebildet, dem ein großer Teil der festen Besatzungen in Stärke von 1800 Mann ebenfalls vollauf genügte.

Nach der Aufhebung des Sundzolls im Jahre 1857, aus dem Dänemark zuletzt eine jährliche Einnahme von 135 Millionen Mark gehabt hatte, war die finanzielle Lage augenblicklich sehr gestärkt worden, — was man in Preußen ungern gesehen hatte; — man war bald

daran gegangen, Kopenhagen auf der Seeseite mit neueren Festungs-
Werken zu versehen; so erhielt z. B. Trekroner kasemattierte Wälle,
Lynetten wurde erweitert, Prövesteen bekam Kasematten und wurde
schließlich zwischen den letzten beiden Werken ein neues Fort, das Mellem-
Fort auf der Untiefe Revshalen erbaut, da die Entfernung beider ersteren
zu groß war und die Umwallung auf Amager gar zu weit zurückgezogen lag.

Mit der Indienststellung der Schiffe wurde schon im Spätherbst
1863 begonnen.

Moltke und die preußische Flotte.

**Bedeutung von Moltke's Schriften für das Studium des
Seekrieges.** Von besonderer Bedeutung für das Studium der See-
kriegsgeschichte des Krieges 1864, ja vielleicht von größerer Bedeutung
als das Studium dieses Krieges selber, ist die Kenntnis und das nähere
Eingehen auf die Pläne Moltke's in Betreff der Verwendung der
preußischen Flotten-Streitkräfte zur Eroberung von Düppel-Alsen und
Fünen sowie schließlich zur gänzlichen Niederwerfung Dänemarks durch
Landung auf Seeland.

Seine Denkschrift vom Jahr 1862 und die gesamte „Militärische
Korrespondenz 1864" sowie die „Kurze Übersicht des Feldzuges 1864
gegen Dänemark", legen seine Absichten und Pläne genau dar, an denen
er als an seinen Lieblingsgedanken bis zum letzten Augenblick festhielt;
das Generalstabswerk 1864 läßt dies naturgemäß weniger in die Erscheinung treten.

„Bei dem damaligen Zustand unserer Flotte war der Sitz der
dänischen Regierung unerreichbar", schreibt Moltke in seiner „Kurzen
Übersicht", die er im Januar 1875 dem Kriegs-Archiv des Großen
Generalstabes als „Anhalt für die amtliche Geschichtschreibung" überweisen ließ und in der ersten Hälfte des Jahres 1881 nochmals durchsah.

Vorher seien noch seine allgemeineren Bestrebungen bezüglich
deutsch-preußischer Seegeltung hier angeführt.

**Moltke's Ansichten über Küstenschutz und die Bedeutung
einer Flotte.** Bald nach seiner im Herbst 1857 erfolgten Berufung
an die Spitze des Generalstabes fand Moltke Veranlassung, dienstlich
zu einer Flottenverwendung im Kriege Stellung zu nehmen; er ersah
keine Gefahr für Landungen an den preußischen Küsten, äußerte sich
aber auch schon bei den Plänen zur Schaffung eines Kriegshafens auf
Rügen dahin, daß die Flotte sich nicht nur defensiv zu verhalten habe.

1859 verlangte er bei den drohenden Kriegsaussichten die Um-
wandlung der Ruderkanonenboote in Dampffahrzeuge mit weittragenden
Geschützen, da diese außer zur örtlichen Verteidigung der Küsten auch
bei Truppen-Transporten mitzuwirken hätten, weil die „wahrscheinlichste
Offensiv-Operation eine Landung auf Seeland" sein würde.

Anfang November wurden dann in einer Kommission — darunter
der Vize-Admiral S ch r ö d e r, — welche vom Prinz-Regenten zur Beratung
der Verteidigung der norddeutschen Küsten unter Vorsitz von M o l t k e
berufen worden war, seine Vorschläge und Niederlegungen anerkannt:
die Küsten-Befestigung solle auf das Notwendigste beschränkt werden;
wenige starke Werke seien das Beste; die Seeplätze seien durch eine leichte
Umwallung, die Fahrwasser zu ihnen durch starke Außenwerke zu schützen;
Küsten-Flottillen seien sehr wesentlich, davon 2 Kanonenboots-Flottillen
für die Ostsee, 1 für die Nordsee nötig; das Bahnnetz sei auszubauen;
artilleristische Beschaffungen wären unerläßlich; die Küstenflottille allein
habe nur eine defensive Bedeutung, erst in Verbindung mit der Schlacht-
flotte würde auch sie offensiv; Preußen habe nicht allein für letztere die
Kosten zu tragen, hier habe ganz Deutschland sich zu beteiligen, da auch
die Binnenländer Vorteil vom Schutz des Handels hätten u. s. w.

Mitte Januar 1860 traten in Berlin Vertreter der Küstenstaaten
mit Ausschluß von Hannover zusammen, denen M o l t k e zuerst dar-
legte: „daß es Preußen nicht nur darauf ankomme „wie", sondern „daß"
die nichtpreußische Küste verteidigt werde; die Küsten-Frage ist eine ganz
Deutschland berührende", äußerte er sich.

Trotz weiterer Denkschriften über die Bedeutung einer deutsch-
preußischen Flotte und Bereisung der Küsten von Memel bis Emden
erfolgte nichts weiter durch den Deutschen Bund, Preußen blieb allein
bei seinem Wirken, eine Marine zu gründen. Auf Veranlassung von
Moltke trat die preußische Küsten-Kommission im Februar des nächsten
Jahres nochmals zusammen und schlug vor: für die erforderlichen
Kanonenboot-Flottillen 110 Fahrzeuge sowie 18 Werke an der deutschen
Ostsee- und 10 an der Nordsee-Küste zu erbauen; Werke und Schiffe
könnten aber nur preußische sein, letztere sollten 2 Millionen Taler kosten,
die nötigenfalls Preußen allein bezahlen müsse.

Eine im Jahre 1862 nun erfolgende Küsten-Besichtigung von
Vertretern der Küsten-Staaten mit folgenden Beratungen in Hamburg
ergab ebenfalls keinen Erfolg; alle anderen Kommissare stimmten gegen
alle und jede preußischen Vorschläge, besonders gegen eine gemeinsame
Flotte unter Führung von Preußen. Die militärischen Fragen traten,
besonders wegen der Eifersucht von Hannover, ganz hinter die politischen

zurück, so daß endgültig beschlossen wurde, die militärisch wichtige und seit Jahren verschleppte Küsten-Verteidigungs-Frage dem Bund zu übertragen.

Moltke hatte auch mit Bezug auf den Bau der Kanonenboote besondere Forderungen gestellt: diese müßten vor allen Dingen „seefähig" sein; sie müßten größere Schnelligkeit erhalten, um den größeren Schiffen folgen oder sich ihnen in offener See entziehen zu können; sie müßten offensive Stärke besitzen, sei es mit ihrem Bug oder mit ihren Geschützen; sie müßten befähigt sein, feindliche Blockaden zu sprengen und nicht nur zur Sperrung von Einläufen sich eignen.

Der baldige Ausbruch des dänischen Krieges verhinderte einstweilen das weitere Verfolgen dieser Ziele, wie sie Moltke für Preußen und den Deutschen Bund im Auge hatte.

Alle diese Vorgänge zeigen in hervorragendem Maße den klaren Blick unseres Moltke und seinen Überblick selbst über mehr technischmaritime Fragen; es ist aber noch zu bemerken, daß auch Moltke insofern nicht ganz auf dem richtigen Wege war, als er das Heil der Küste noch in, zwar offensiv vorgehenden, Flottillen von Fahrzeugen ersah und nicht in der Schaffung einer starken Hochsee-Flotte. Vielleicht wird die Aussichtslosigkeit zur Schaffung der Mittel für letztere damals der Beweggrund für ihn gewesen sein, seine Vorschläge nur auf billigere Fahrzeuge und Küstenwerke zu erstrecken.

Moltke's Denkschrift 1862; Kriegsplan gegen Dänemark. In dieser wichtigen Arbeit des großen Heerführers ist von ihm zum ersten Mal am 6. Dezember die Frage eines Krieges gegen Dänemark besonders eingehend behandelt worden; er findet es nicht leicht, das eigentliche Kriegsobjekt bestimmt zu bezeichnen und besonders schwierig, die Sache einer definitiven Entscheidung zuzuführen.

„Solange unsere Marine nicht eine Landung auf Seeland ermöglicht, um den Frieden in Kopenhagen selbst zu diktieren, bleibt nur die Okkupation der jütischen Halbinsel"; diese müßte aber dann länger andauern, was fremde Intervention, ja sogar Einschreiten dritter Mächte hervorrufen könne.

Die dann folgenden Erörterungen über das Vorgehen zu Lande führen aus, daß die Armee des Gegners von der Ostgrenze abzudrängen und im Westen zu vernichten das Vorteilhafteste sei, wo die Unterstützung durch die Flotte fast ganz ausgeschlossen wäre.

Nachdem Moltke dann die Kriegführung in Schleswig und Jütland erörtert, fährt er fort:

„Wenn unſererſeits eine Anzahl Schiffe in Stralſund und Swinemünde verſammelt und die Abſicht einer Landung verbreitet wird, ſo
kann die däniſche Regierung den Schutz der Hauptſtadt nicht den dort
dislozierten ſchleswig-holſteiniſchen Bataillonen anvertrauen. Sie wird
vielmehr noch andere Truppen dort zurückhalten müſſen, um jene zu
überwachen; keinenfalls darf ſie ſelbige den preußiſchen gegenüberſtellen.“

In dem zu dieſer Denkſchrift gehörenden Operations-Entwurf geht
Moltke dann darauf ein, wie es in erſter Linie darauf ankomme, das
däniſche Landheer als „eigentliches Kriegsobjekt“ in kürzeſter Friſt zu
vernichten.

**Blumenthal's und Moltke's Pläne zu einer Landung
auf Alſen.** Unter dem 21. Februar 1864 meinte der Chef des General-
ſtabes in einem Schreiben, daß bei einem Angriff auf Düppel auf die
Marine nicht zu rechnen ſei, dieſe könne nur Diverſionen machen u. ſ. w.

Es zeigte ſich dann bald nach der erfolgten Einſchließung der
däniſchen Düppel-Stellung, daß letztere eine große Feſtigkeit beſäße und
nur durch eine förmliche Belagerung zu bezwingen ſein werde; ſo reifte
mehr und mehr der Gedanke heran, ſich erſt durch eine Landung der
Inſel Alſen ſelbſt zu bemächtigen, welchen Plan der Chef des General-
ſtabes des Prinzen Friedrich Karl, der Oberſt von Blumenthal
ſchon Anfang März vertraulich an Moltke mitteilte. Hierfür war als
Abfahrtſtelle Ballegaard am Nordoſtufer des Sundewitt, etwa in der
Mitte der Alſener Föhrde, welche dort 1900 m breit iſt, in Ausſicht
genommen; fernerhin ſollte, wenn möglich die Flotte bei dem Übergang
mitwirken und wurden für letztere Schutzhäfen in der Kieler Bucht und
bei Heiligenhafen vorbereitet.

Moltke trat ſehr für dieſen letzteren Plan ein, während Blumenthal und von Goeben das Unternehmen auch ohne die Flotte für
ausführbar hielten, welchen beiden ſich dann ſpäter noch Prinz Friedrich
Karl anſchloß.

In ſeiner Antwort auf den Vorſchlag Blumenthal's, nach Alſen
überzugehen, läßt Moltke ſich am 8. März eingehend aus über die von
ihm ſelber für notwendig erachtete Mitwirkung der Flotte bei der Landung auf Alſen von Ballegaard her; dies ſei für Pontons unmöglich,
das Turmſchiff „Rolf Krake“ würde allein ſchon genügen den Transport zu unterbrechen, ehe letzterer nur halb durchgeführt ſei (ſ. Karte: F).

Die Flotte gibt er an als beſtehend aus: 3 Korvetten, 3 großen
und 14 kleinen Kanonenbooten, jedes der letzteren Fahrzeuge könne rund
eine Kompagnie aufnehmen. In einem Gutachten vom 15. März
ſagt er:

„Wenn diese Flotte heute früh Stralsund (Posthaus) verläßt, so kann sie, tempo permittendolo und wenn sie nicht auf den Feind stößt, morgen vor Tagesanbruch vor Ballegaard erscheinen."

„Die Korvetten und die großen Kanonenboote legen sich zwischen Schnabeckhage und Arnekiels-Oere, 50—60 Feldgeschütze in Batterieen am westlichen Ufer, südlich Schnabeckhage."

„Vierzehn Kanonenboote fassen 3000 Mann . . . . Nun ist aber auf unsere Flotte, welche die Hauptrolle spielt, durchaus mit keiner Sicherheit zu rechnen. Sie ist nicht in der Lage, der dänischen auf offener See zu begegnen und da dies gerade in der Richtung nach Alsen wahrscheinlich der Fall sein würde, so kann ich die Realisierung des sonst sehr ansprechenden Gedankens dieser Landung kaum für ausführbar halten."

Wie sehr Moltke sich irrte, hat später die Erfahrung erwiesen, wenn auch die Landung an einer südlicheren und weit engeren Stelle des Sundes stattfand.

Es wurde nun am 14. März der Angriff auf Düppel ohne die Flotte befohlen; aller Welt sollte dadurch auch klar gezeigt werden, was die preußische Armee zu leisten im Stande sei.

Prinz Adalbert hielt die Mitwirkung der Flotte bei Alsen auch nicht für ausführbar, dahingegen in einer anderen Richtung für möglich. König Wilhelm I. hatte obiges Gutachten von Moltke dem Prinzen Friedrich Karl mitgeteilt und hinzugefügt:

„Die Mitwirkung unserer Flotte halte ich für so wenig in Anschlag bringend, daß ich sie von Haus aus als ausgeschlossen von der Berechnung betrachte. Denn wenn die dänische Flotte ihre Schuldigkeit tut, so wird sie unsere Flottille nicht vor der Rhede von Stralsund und Swinemünde auftauchen lassen, und wenn es uns durch glückliche Umstände dennoch gelingen sollte, bis Alsen zu kommen, um die dänische Flotte von der Verteidigung abzuziehen, so hindert sie dann wiederum die unsrige, um Alsen herum nach Deinem Übergangspunkt zu gelangen."

Moltke beharrte noch am 17. März bei seiner Ansicht, daß die Mitwirkung der Flotte für die Ausführung des Ballegaard-Projektes nötig sei; die Kanonenboote wären aber nur bei ruhiger See mit ihren trefflichen weit tragenden Geschützen für große Kriegsschiffe sehr zu fürchtende Gegner; „bei bewegtem Wasser aber rollen sie so, daß alle Treffähigkeit verloren geht."

Gleichzeitig erwähnt er ganz vertraulich und als tiefes Geheimnis, daß die Österreicher nach Ablauf der Aequinoctial-Stürme nicht abgeneigt wären, mit ihren Panzerschiffen in die Ostsee zu gehen, was der ganzen Sache möglicherweise den Ausschlag geben könne.

Moltke's Plan einer Landung auf Fünen. Aus den Denkschriften und der Militärischen Korrespondenz ersieht man fernerhin, wie sehr Moltke der Gedanke unabläßig beschäftigte, Dänemark durch ein neues und besonderes Vorgehen niederzukämpfen.

Die Geschichte dieses Lieblingsgedankens des großen Strategen, nämlich auf Fünen zu landen, gibt das preußische Generalstabswerk über den Krieg 1864. Ursprünglich scheint jedoch Prinz Adalbert den Plan einer Landung auf Fünen unter Mitwirkung der Flotte angeregt, Moltke ihn dann lebhaft aufgegriffen und mehrfach mit dem Prinzen besprochen zu haben, bevor er diesen dem Kriegsminister und am 14. März dem König vortrug: „als wirksame Diversion für den Angriff auf Alsen und stärkste Zwangsmaßregel gegen Dänemark." Seine besondere Denkschrift hierüber folgte 2 Tage später, in welcher er sich über den Vorschlag des Prinz-Admirals unter Anderm wie folgt äußert:

„Hierzu wäre indeß die Mitwirkung unserer Flotte unerläßlich. Dieselbe kann der Entfernung nach in 30 Stunden den Kleinen Belt erreichen, indem die Kanonenboote den Grönsund, (zwischen Falster und Möen), die Korvetten den Großen Belt passieren" (s. Karte: B u. E).

„Die völlige Überraschung, auf welche bei strengster Geheimhaltung zu rechnen ist, macht es wahrscheinlich, daß unsere Schiffe (ev. bei Nacht), an den jetzt nicht armierten Schanzen bei Striib und Middelfart (auf Fünen), wie an der jedenfalls nur schwach besetzten Kehle von Fredericia vorbei, ohne allen Verlust in den eine Meile langen Kolding-Fjord einlaufen werden."

Es sollten dann Batterieen bei Lyngsodde im Norden sowie bei Stenderuphage im Süden auf dem Festland die Einfahrten schließen; die Ladestellen wurden für beide Ufer genau angegeben und ferner angeführt, daß die Flotte für die sofort zu errichtenden Artillerie-Emplacements eine Anzahl von Schiffskanonen mitführen müsse, für deren Bedienung die erforderlichen Marine-Artillerie-Mannschaften etwa mit der Eisenbahn herangezogen werden könnten.

Weiter fährt Moltke dann fort:

„Ich glaube, daß die Okkupation von Fünen leichter ausführbar und zugleich wirksamer ist, als die Eroberung von Alsen, vorausgesetzt die Mitwirkung unserer Flotte. Kann diese die Blockade nicht durchbrechen, oder begegnet sie der überlegenen dänischen im Großen Belt, so

unterbleibt einfach die ganze Unternehmung für die Landarmee." (Randbemerkung König Wilhelm's I.: „N. B. Richtig.")

„Gelingt es hingegen, den Kleinen Belt unentdeckt zu erreichen,
so wird, wenn irgendwo, dort unsere Flotte sich gegen den voraussichtlichen Angriff der dänischen behaupten können, wo sie an beiden Ufern
durch Landbatterieen auf wirksame Schußweite unterstützt wird." (Randbemerkung Wilhelm's I.: „Aber hinaus kommt unsere Flotte nicht vor
dem Friedensschluß.")

„Vermöchte alledem ungeachtet die feindliche Flotte die Eingänge
zu forcieren, so widerführe damit dem gelandeten Korps unmittelbar
noch kein wirklicher Nachteil, da dieselbe reich genug ist, dasselbe auf
längere Zeit zu ernähren, und selbst sein Rückzug kann nur dann als
abgeschnitten betrachtet werden, wenn man annehmen will, die dänischen
Schiffe könnten sich mitten zwischen unseren Landbatterieen dauernd
behaupten."

(Randbemerkung des Königs: „Da das ganze Projekt auf die
Mitwirkung unserer Flotte berechnet ist, dieselbe aber trotz ihres Helden-
mutes — (das Gefecht bei Jasmund war soeben gewesen) — doch ihre
numerische Schwäche gegen die dänische constatiren müßte, so scheint
mir wenig Chance vorhanden, das Projekt auch nur anbahnen zu
können." Wilhelm, 19. 3. 64.)

Immer besorgter wird Moltke, daß der Sturm auf Düppel trotz
artilleristischer Vorwirkung zweifelhaft im Erfolg bleiben könne und
dessen Mißlingen dem ganzen Feldzuge den Stempel eines verfehlten
aufdrücken würde; er schreibt deshalb am 21. März an den Prinzen
Adalbert:

„Es tritt daher der von Ew. Kgl. Hoheit zuerst angeregte Gedanke
einer Landung unter Mitwirkung der Flotte in seiner ganzen Bedeutung
in den Vordergrund." . . . . .

Aber immer zieht er noch Fünen vor, da das Unternehmen dort
an und für sich leichter sei als die Landung auf Alsen, dann aber wegen
der starken Diversion für den Angriff auf Düppel, der „nun einmal
gewissermaßen eine Ehrensache geworden," den Vorzug verdiene.

Wieder-Aufnahme des Plans einer Landung auf Alsen.
Moltke geht dann weiter auf die Überfahrt der Flotte, ihre vorherige
Zusammenziehung sowie ihre Mitwirkung ein, will sich aber aller weiteren
Schritte enthalten, bis der Prinz „den Zeitpunkt bezeichnen werde, wo
die Flotte zum Handeln bereit sein wird."

Ein an den Kriegs- und Marine-Minister Generalleutnant von
Roon am 24. März erstattetes Gutachten stellt dann die Mitwirkung

der Flotte eingehend dar; am selben Tage fand ein mündlicher Vortrag beim Prinz-Admiral statt, in welchem Moltke sagte, daß man sich immer mehr dem Gedanken einer Landung zuwende, da der artilleristische Angriff auf Düppel nicht mit Sicherheit auf den Erfolg eines Sturmes rechnen ließe. Dabei würde die Unternehmung gegen Alsen wegen der damit verbundenen Vernichtung des dänischen Heeres augenblicklich eine größere Bedeutung haben.

Moltke schlägt alsdann vor, ob nicht die in Swinemünde liegenden Korvetten „Arkona" und „Nymphe" gegen die im Osten bei Danzig und Hela liegenden 4 dänischen Schiffe demonstrieren könnten, um so die dänische Ostsee-Flotte nach sich zu ziehen und der Kanonenboots-Flottille dadurch zu gestatten, unangefochten nördlich um Alsen nach Ballegaard zu gelangen, welche später in der Kolbinger Bucht eine gesicherte Unterkunft finden würde.

Wenn die Flotte eine solche Aufgabe unternehmen könnte, so schiene der Zeitpunkt des Handelns jetzt gekommen, denn vor Düppel drängten die Dinge zur Entscheidung; ließe sich wegen des zufälligen Standes der dänischen Schiffe die Richtung auf Alsen nicht einschlagen, so würde auch jetzt die Okkupation von Fünen eine mächtige Diversion zu Gunsten des Angriffs auf Alsen bilden.

Moltke's Drängen, die Flotte bei Düppel-Alsen zu verwenden. Moltke's schwere Besorgnis wegen eines Mißerfolges bei Düppel und der damit verbundenen ungünstigen moralischen Eindrücke auf das Heer sowie der möglichen politischen Folgen geht fast aus jedem seiner Worte hervor; er erwähnt bezüglich dieses Vortrages, es sei abzuwarten, ob die Flotte das Geforderte zu leisten vermöge, der Prinz und sein Stab hofften es und würden es, was sie anbeträfe, an nichts fehlen lassen; es wären ferner einige Marine-Offiziere als Berater in das Hauptquartier kommandiert worden.

Das Gefecht bei Jasmund hatte inzwischen am 17. März stattgehabt und erhielt der Prinz-Admiral am 25. vom König Befehl zur Mitwirkung.

Stets die Freiheit des Handelns für den Prinzen Friedrich Karl betonend, schrieb Moltke dann unter dem 27. März wieder an Blumenthal, den Stabschef des Prinzen:

„Ob in diesem Augenblick unsere Flotte nicht schon ausgelaufen ist (und ob man mir eine Mitteilung darüber machen wird), — man beachte diesen letzten Ausdruck ganz besonders, — weiß ich nicht. Das schöne ruhige Wetter, dessen unsere Kanonenboote auf hoher See bedürfen, ist vorhanden. Möglich, daß die beiden Korvetten heute in nordöstlicher Richtung demonstrieren, um die feindlichen Schiffe auf sich zu ziehen und daß die Flottille kurz vor Dunkelwerden über die Untiefe beim Wittower Posthaus geht. Sie kann dann schon morgen früh vor Ballegaard anlangen. Zeit ist wahrlich nicht zu verlieren, auch fällt das Barometer fortwährend. Ein starker Westwind würde der Sache äußerst hinderlich werden. Fertig muß ja Alles sein. (Freilich wollte der Prinz Adalbert gern noch die Geschütze gegen andere mit Keilverschluß auswechseln.) Se. Kgl. Hoheit sind gestern nach Stettin gegangen, wohin auch Kapitän Kuhn beschieden war, der hoffentlich keine Schwierigkeiten machen wird. Ich bin froh, daß die Sache wenigstens in Gang gebracht und der Prinz-Admiral ermächtigt ist, nach Ermessen zu handeln. Der Himmel schenke uns ein wenig Glück."

Und am 31. März schreibt er:

„Bis zu diesem Augenblick, mittags 12 Uhr, hat der PrinzAdmiral sein Auslaufen nicht gemeldet. Frühere Telegramme sagten nur, daß Westwind und hohe See hinderten. Heute ist der letzte Tag der Frist, die ihm als dringend wünschenswert bezeichnet wurde, einzuhalten. Heute früh war Nordost, jetzt freilich wieder West, aber doch schwacher Wind. Das Barometer im Steigen. Noch hoffe ich auf heute Abend. Die Dänen haben einen Teil ihrer Schiffe in die Nordsee geschickt, dagegen soll am 7. l. Mts. das eine Linienschiff „Frederic" nach Alsen. Der Moment ist also da. Der Prinz, der den besten Willen hat, wird sich selbst an die Spitze der Unternehmung setzen. Wenn man ihm nur nicht zu viel Schwierigkeiten macht. Gelingt es, die Überfahrt nach Alsen zu bewirken, so mag das ganze unbrauchbare Material der Kanonenboote zugrunde gehen und wir haben doch gewonnen. Aber freilich, auf unbestimmte Zeit können Sie nicht warten . . . . . . Wenn ich bis heute abend um 11 Uhr noch etwas über die Flotte erfahre, schreibe ich noch, doch erfahren Sie es wohl früher dort als ich hier."

Die kurzen Sätze, die ganze Form dieser Schreiben zeigen auch äußerlich Moltke's fast nervös zu nennende Erregung; sein ganzes Sinnen ist auf das Vorgehen der Flotte gerichtet; auf die Vernichtung des dänischen Heeres, nicht auf einen Sieg allein kommt es ihm an; der Gewinn der Düppelstellung, dieses „materielle Objekt, das gewonnen wird, ist allerdings gleich Null", äußerte er sich.

Eben zu der Zeit, wo der Übergang nach Alsen stattfinden sollte, machte ein heftiger Sturm aus Nordwest ein erneutes Auslaufen geradezu unmöglich. Das Unternehmen mußte daher auch ohne die Hülfe der Flotte versucht werden.

Am 3. April Morgens war jedoch auch an Ort und Stelle der Nordweststurm so heftig, daß auch dies Unternehmen ohne Mitwirkung der Flotte ebenfalls vertagt werden mußte und da es nun nicht mehr geheim zu halten war, vorerst aufgegeben wurde. Man war genötigt, nunmehr zur förmlichen Belagerung von Düppel zu schreiten; aber noch am 6. April schrieb Moltke an Blumenthal: daß er nach wie vor in diesem Landungs-Unternehmen eine „wirkliche Erledigung des ganzen Krieges" sähe, man solle es daher nicht endgültig aufgeben: „da es zur Vernichtung des feindlichen Heeres führe".

Am 6. April schreibt er über die augenblickliche Kriegslage ferner unter Anderm an Blumenthal:

„Ist überhaupt auf unsere Flottille zu rechnen? Wenn doch endlich dies schreckliche Wetter mit Westwind aufhörte . . .".

· „Mit welcher Teilnahme und unruhiger Spannung ich in den letzten Tagen und Nächten Ihren Schicksalen gefolgt bin, können Sie sich denken. Gestern hatten wir Regen und fast keinen Wind, aber von der Flotte bekam man nichts zu hören; heute freilich ist bei heftigem Westwind und Schneegestöber auf ein Auslaufen nicht zu rechnen. Eines so abscheulichen Frühjahrs erinnere ich mich nicht. Morgen ist Neumond, nnd der Wind wird doch endlich mal nach Osten umsetzen. Bei westlicher Richtung und hoher See stampfen unsere unglücklichen Kanonenboote dergestalt, daß sie kaum halbe Fahrt machen. Die telegraphisch gewiß sogleich avertierte dänische Flotte mit Schiffen, die 11 Knoten laufen, würde sie wahrscheinlich bald einholen."

Nach diesem verunglückten Versuch bei Ballegaard in der Alsener Föhrde am 3. April — selbst nicht einmal einzelne Pontons oder Fahrzeuge hatte man zu Wasser zu bringen vermocht —, trat Moltke weiter dringend für die Verwendung der Flotte ein; es bliebe außerdem aber nichts anderes übrig, als die kräftige Jnangriffnahme der Belagerung; träfe die Flotte inzwischen ein, so würde dann allerdings die Landung bei Hardeshoi auf Alsen augenblicklich zur Hauptsache. Die Überraschung sei jetzt vorbei, daher die Unternehmung vollends auf der Mitwirkung der Flotte beruhe. Die Unterstützung der letzteren durch Batterieen könne nach dem stattgehabten Auslaufen der Flotte immerhin noch zeitig durch Telegramm befohlen werden.

Plan des Unternehmens gegen Fünen. Am 18. April fand inzwischen der von glänzendem Erfolg gekrönte Sturm auf Düppel statt; unablässig trat Moltke jetzt wiederum für eine Landung auf Fünen ein, die auch von der Armee allein übernommen werden könne, aber unter steter Bedrohung von Alsen; unbedingt ist er gegen einen Angriff auf das von den Österreichern eingeschlossene Fredericia, welcher Punkt keinen positiven Wert habe und bei jedem Frieden wieder herausgegeben werden müsse. Über die Flotte sagt er jetzt:

„Unsere Marine zeigt, was sie bei besserem Material leisten würde, durch ihr zwar erfolgloses, aber leckes Auftreten. Die „Grille" ist eine Nußschale, die kaum einen Flintenschuß verträgt, dabei Radbampfer, — Moltke irrte sich hier, — und kaum überhaupt für Geschütz erbaut. Der Prinz-Admiral exponiert sich fast mehr als recht."

Durch von Bernhardi angeregt, war Blumenthal früher auch auf denselben Gedanken mit Fünen gekommen und hatte ihn an Moltke mitgeteilt, verschiedene Korrespondenzen betrieben diesen Gedanken dann weiter, so daß Feldmarschall Wrangel am 27. April mit der Ausführung des Unternehmens beauftragt und dessen baldige Ausführung als wünschenswert bezeichnet wurde.

Auch General von Manteuffel äußerte sich dahin: „so schnell als möglich nach Alsen und Fünen"; hielt es für richtig: „daß Generalleutnant Moltke sogleich abreist" und schrieb hierzu: „die Situation ist militärisch und politisch so wichtig, daß die Hinsendung des Chefs des Generalstabes gerechtfertigt ist".

Hierfür hat als Erklärung zu dienen, daß bis zum Jahre 1866 der Große Generalstab noch dem Kriegsminister unterstellt war und dieser letztere allein den Vortrag beim König hatte, was Moltke wiederholt sehr tief empfand, da er sich meistens durch Privat-Briefe über die beabsichtigten Operationen der Führer im Felde auf dem Laufenden halten mußte; seine verschiedentlichen bereits angeführten besonderen Bemerkungen und Klagen werden nunmehr verständlicher und klarer.

Das geplante Unternehmen gegen die äußerst schwach mit Truppen besetzte Insel Fünen war zum mindesten nicht schwieriger als eine Landung auf Alsen, woselbst der Gegner seine Hauptmacht versammelt hatte.

Der österreichische General von Gablenz, dessen Korps nach dem plötzlichen Abzug der Dänen aus Fredericia für den Augenblick allein sofort verfügbar war, ging mit großer Lebhaftigkeit auf das Unternehmen ein, welches seinem kühnen Charakter zusagte und dessen Leitung ihm angeboten wurde; die Örtlichkeit wurde sogleich eingehend untersucht und für sehr vorteilhaft befunden.

Der bald eintretende Waffenstillstand verhinderte jedoch die Ausführung der bereits eingehend getroffenen Vorbereitungen; bei Snoghoi hatte Artillerie die etwa eindringenden dänischen Panzer-Fahrzeuge vertreiben und im übrigen die völlige Überraſchung des Gegners das Meiſte tun ſollen.

Moltke erklärte die am 28. April unvermutet erfolgte Räumung von Fredericia wie folgt: „daß die Dänen die Hoffnung, ſich auf dem Kontinent zu erhalten, völlig aufgegeben haben, daß ſie dagegen unter dem Schutz von Meer und Flotte ihre Inſeln behaupten, den Seekrieg ausdauernd fortſetzen wollen . . . . .“

Ende des Krieges.

Wegnahme von Alſen. Während der Waffenruhe, welche, durch engliſchen Einfluß betrieben, am 12. Mai begann, arbeitete Moltke an ſeiner Denkſchrift für die Landung der Verbündeten auf Alſen und Fünen und bemerkte jetzt darin: „auf eine Unterſtützung durch die Flotten iſt dabei nicht zu rechnen.“ Das Landen auf Fünen verboten alsdann politiſche Gründe und diplomatiſche Umtriebe, mithin blieb nur Alſen übrig, nachdem die Verhandlungen der Londoner Konferenz ergebnislos geblieben waren.

Inzwiſchen war Mitte Mai ſtatt Wrangel der Prinz Friedrich Karl zum Oberbefehlshaber ernannt worden ſowie zum Chef des Stabes bei letzterem Moltke. Der Anregung Bismarck's, Jütland gegen Alſen einzutauſchen, wurde vom Oberkommando ſofort zugeſtimmt.

Alſen wurde dann planmäßig mit dem Ablauf des Waffenſtillſtandes in der Frühe des 29. Juni überrumpelt und ſofort der Angriff auf Fünen vorbereitet; Prinz Friedrich Karl meldete dem König Wilhelm hierüber am 14. Juli:

„Andrerſeits iſt die Wegnahme von Fünen der einzig wirklich tödliche Stoß, der, ſolange wir nicht das Meer beherrſchen, gegen Dänemark geführt werden kann.“

Die Ereigniſſe zur See. Die däniſche Flotte war im erſten Beginn des Krieges ſtark zu Truppen-Transporten ſowie ſpäter zur Beunruhigung der feindlichen Küſte verwandt und dann zu größeren Unternehmungen in ein Nordſee- ſowie in 2 Oſtſee-Geſchwader geteilt worden.

In der Oſtſee beſtand das öſtliche Geſchwader an der Küſte Rügens ſowie vor Danzig unter Befehl des Kontre-Admirals van Dockum ſeit Mitte März aus den größeren Schrauben-Kriegsſchiffen, während die meiſten der kleineren Fahrzeuge ſowie die Panzer-Fahrzeuge unter Befehl des Orlog-Kapitäns Muxoll an der ſchleswig-holſteiniſchen Oſtküſte ſtationiert waren.

Die letzteren Seestreitkräfte hatten gelegentlich Gefechte mit den preußischen Feld-Batterien sowie einzelnen der Belagerungs-Geschütze vor Düppel zu bestehen, welche oft mit dem schleunigen Rückzug der dänischen Schiffe endeten. Selbst das anfänglich gefürchtete Panzer-Turmschiff, der kleine Monitor „Rolf Krake", zeigte sich durchaus nicht als unverletzbar; zwar hatten die preußischen 12 cm-Feldgeschütze den 4½ " starken Panzer nicht zu durchschlagen vermocht, aber die vielen Treffer hatten mannigfache Havarien verursacht, welche das Panzer-Fahrzeug zwangen, umzukehren.

Bei dem Übergang nach Alsen kam dieses am 29. Juni etwas zu spät aus der Augustenburger Föhrde heraus, um dem Übersetzen der Truppen noch hinderlich sein zu können und wurde dann bald durch die bereiten Geschütze am Westufer des Alsensundes zurückgetrieben.

Das östliche Ostsee-Geschwader fand dagegen auf beiden Seiten Rügens mehrfach Gelegenheit zu kleinen Gefechten gegen die „Grille" sowie einzelne der größeren Kanonenboote, durch welche die Blockade den Dänen wiederholt erschwert wurde; die beiden preußischen Ruder-Kanonenboot-Divisionen kamen nirgends zur Aktion.

Während einige Rekognoszierungsfahrten der im April bei Danzig kriegsbereit gewordenen neuen gedeckten Korvette „Vineta" kein Ergebnis und nur am 30. April ein kurzes Gefecht gegen 2 dänische Schiffe mit sich führten, hatten die bei Swinemünde und in den Rügenschen Gewässern stationierten preußischen Seestreitkräfte Gelegenheit, sich in einem größeren Gefecht ruhmvoll mit ihrem stärkeren Gegner zu messen.

Seegefecht bei Jasmund, den 17. März 1864. Die am 15. März beginnende Blockade von Stettin-Swinemünde wurde von den hierzu bestimmten dänischen Schiffen in sehr lässiger Weise durchgeführt und war bei der großen Entfernung, auf welche die Dänen vom Hafen entfernt blieben, durchaus in keiner Weise effektiv zu nennen, da es Dampfern wiederholt gelang, unbehelligt ein- oder auszulaufen.

Um hierfür einen klaren Beweis zu liefern und zu zeigen, daß die Blockade nicht den internationalen Neutralitäts-Regeln entspräche und eine ungenügende sei, hatte Kapitän zur See Jachmann, der Kommandant der Korvette „Arkona", welcher bereits am 16. März bis zur Höhe von Rügen gedampft war, eine weitere Rekognoszierungsfahrt in See mit dieser und der „Nymphe" geplant und sich für den Fall eines Vorgehens der dänischen Schiffe mit dem Chef der Kanonenboots-Flottille, Kapitän zur See Kuhn in's Einvernehmen gesetzt, um durch die Flottille eine etwaige Unterstützung zu erhalten.

Letzterer hatte zu diesem Zweck den Raddampfer Aviso „Loreley" nebst einer Dampfkanonenboots-Division, aus einem Kanonenboot I. Klasse und 5 Kanonenbooten II. Klasse bestehend, am 17. März Morgens vom Greifswalder Bodden aus in See gehen lassen, welche Fahrzeuge dann irrtümlicherweise in das Prorer Wiek hineingingen, statt nördlich und südlich von der Greifswalder Oie zur Deckung des Rückzugs Stellung zu nehmen.

Kapitän Jachmann verließ mit seinen beiden Schiffen Swinemünde ebenfalls am 17. März bei Sonnen-Aufgang, steuerte erst östlich bis Cammin, um sich zu überzeugen, daß dort kein feindliches Schiff läge und dampfte dann nach Nordwesten. Bei der Greifswalder Oie schloß sich die „Loreley" den beiden Schiffen an, indeß die I. Kanonenboots-Division den Befehl erhielt, sich näher unter Land zu halten, den sie, wie eben erwähnt, falsch ausführte.

Gegen Mittag wurde im Norden, also etwa 50 sm vom Hafen entfernt, der Rauch der dänischen Schiffe gesehen und sofort unter Voll-Dampf auf diese zugehalten; um 1 Uhr wurden 6 Schiffe ausgemacht, die sich nachher herausstellten als:

Fregatte	„Sjaelland"	von	42	Kanonen, (Flaggschiff),
Linienschiff	„Skjold"	„	64	„
Fregatte	„Tordenskjold"	„	44	„
Korvette	„Heimdal"	„	16	„
„	„Thor"	„	12	„

sowie ein Kohlen-Dampfer.

Der „Tordenskjold" war zu Beginn weiter zurück im Norden. Mit diesem Schiff standen 180 dänische Geschütze 43 preußischen gegen-über; die dänischen Schiffe folgten ihrem Flaggschiff in ungeordneter Dwars-Linie, ihre Gegner fuhren in einem Dreieck: „Arkona" östlich, „Nymphe" westlich dwars daneben und „Loreley" hinter ihnen auf der Lücke.

Um 2½ Uhr begann die „Arkona" das Feuer auf 4000 m und näherten sich dann die Gegner schnell, „Sjaelland" und „Skjold" drehten zur Abgabe ihrer Breitseiten mehrmals auf; bei dem schwachen Wind war die See ganz ruhig. Auf etwa 1500 m Entfernung drehte Jachmann dann mit seinen Schiffen etwa 8 sm östlich von Stubben-kammer, auf der Halbinsel Jasmund, unter Abgabe der Breitseiten nach Süden ab, da die Übermacht selbst der beiden vordersten dänischen Schiffe mit ihren 106 Geschützen allein schon eine gar zu große war. „Sjaelland" lief an dem Tage kaum 9,5 sm, „Skjold" kaum 9 sm Fahrt.

Die „Nymphe" wurde am Schornstein und Dampfrohr ernstlich
beschädigt und mußte ihre Fahrt verlangsamen; die beiden größeren
preußischen Schiffe feuerten von nun ab nur noch mit den Heckgeschützen
und dampften nach Süden, während die „Lorelen" nach einer Stunde
vor der Die wieder unter Land hielt. Am meisten hatte die „Nymphe"
von den Breitseiten der mehrmals aufdrehenden Dänen zu leiden, sie zählte
19 Schüsse in ihrem Rumpf, 4 durch die Aufbauten und mehrere
Dutzend durch die Takelage.

Es glückte den Preußen dann, der „Sjaelland" einige schwere
Beschädigungen zuzufügen, so daß auch diese ihre Fahrt verlangsamen
mußte; allmählich vergrößerte sich die Entfernung von den Verfolgern
und konnte Jachmann um 7 Uhr bei Dunkelheit sicher in Swinemünde
einlaufen.

Die Kanonenboote hatten mit einigen Schüssen zu Beginn in das
Gefecht eingegriffen, aber nur wenige Erfolge dabei erzielt; sie zogen
sich dann mit der „Lorelen" zurück.

Die Dänen hatten 1200, die Preußen rund 300 Schüsse abgegeben;
der Verlust der ersteren betrug 3 Tote und 19 Verwundete an Bord
des ziemlich stark zerschossenen Flaggschiffs, derjenige ihrer Gegner 5 Gefallene und 8 Verwundete. Nach anderen Angaben sollen einzelne
Enfilier-Schüsse den Dänen einen weit größeren Verlust zugefügt haben.

Jedenfalls waren die preußischen Treff-Ergebnisse angesichts des
Umstands, daß die Schiffe und Fahrzeuge noch keine Schießübungen
abgehalten hatten und die meisten Mannschaften, ja selbst Offiziere,
zum ersten Mal mit gezogenen Geschützen zu tun hatten, als recht be-
friedigende zu bezeichnen.

Durch das Klemmen des Wahrendorf'schen Boden-Verschlusses
wurden besonders die 24-Pfünder bald gefechtsunbrauchbar.

Jachmann lief am nächsten Tag wieder aus, traf aber auf
keinen Gegner; der Beweis war somit glänzend geliefert, daß die
Blockade nicht wirksam und ganz ineffektiv sei, was von den Dänen
aber unter allen nur erdenkbaren Vorwänden stets bestritten worden ist,
obwohl sie sich in Zukunft auch ferner zu weit von der Küste, ja bis
zu 30 sm vom Hafen entfernt hielten. Militärisch behielten sie aber
nach wie vor die Seeherrschaft.

Jachmann wurde am nächsten Tage wegen seiner Umsicht, Ent-
schlossenheit und Kühnheit zum Kontre-Admiral befördert und telegraphierte
ihm der Prinz-Admiral unter Anderm: „durch Ihre kühne Tat ist erst
die preußische Marine fest begründet." —

Letzte Ereignisse und Friedensschluß. Prinz Abalbert übernahm zu Ende des Monats an Bord der „Grille" persönlich den Oberbefehl über die Flottille, welche damals bei Stralsund und in den Binnen-Gewässern versammelt war und die nach Armierung von 7 Handels-Dampfern aus 29 verschiedenen Fahrzeugen bestand.

In dem nächsten Monat sowie Anfang Juli hatten einzelne der letzteren noch kleine Gefechte an der Küste gegen dänische Schiffe zu bestehen, im Übrigen beschränkte sich aber die Tätigkeit der dänischen Schiffe auf eine nur sehr lässige allgemeine Blockade einzelner Hafenplätze.

In der Nordsee fand am 9. Mai bei Helgoland zwischen zwei dänischen Fregatten und einer Korvette unter Orlogs-Kapitän Suenson gegen zwei österreichische Schiffe unter Kapitän von Tegetthoff, welch letztere durch den preußischen Aviso „Preußischer Adler" nebst 2 Dampfkanonenbooten, die aus dem Mittelmeer langsam heimgekehrt waren, unterstützt wurden, ein mehrstündiges Gefecht statt, nach dem sich die Verbündeten in die Elbe, die Dänen auf Grund eines Nachts eingetroffenen Befehls in's Skagerad zurückzogen.

Immerhin hat aber, vor Allem in der Ostsee, die dänische Flotte dauernd die Seeherrschaft behalten und verhindert, daß die Operationen ihrer Armee je durch feindliche Seestreitkräfte gestört wurden.

Zu Lande hörten die Feindseligkeiten schon am 20. Juli auf und schlossen beide Großmächte am 30. Oktober zu Wien den Frieden mit Dänemark ab, welcher Schleswig-Holstein und Lauenburg den Verbündeten zusprach und näheres über die Kriegskosten u. s. w. festlegte, so daß Dänemark darnach nur noch 2 Millionen Einwohner zählte.

Pläne zu etwaigem weiteren Vorgehen. Es bleibt nunmehr noch übrig, die Pläne Moltke's wiederzugeben, welche sich auf die endgültige Niederwerfung Dänemarks am Schluß des zweiten Kriegs-Abschnittes beziehen.

Die Mitte Juli einstweilen vereinbarte zweite Waffenruhe zeitigte bei dem Prinzen Friedrich Karl sowie bei Moltke einen neuen Plan, der bisher nur gelegentlich schwach und in großen Umrissen angedeutet worden war; unter dem 19. Juli wurde an den König berichtet: „Ist nach allen errungenen Erfolgen eine Verständigung mit dem Kopenhagener Kabinet auch jetzt nicht zu erreichen, so würde die Übertragung des Krieges nach Seeland unstreitig am kürzesten und unfehlbarsten zu einer endlichen Entscheidung führen."

„Rücksichten auf England stehen dieser Unternehmung wohl kaum in höherem Grade entgegen, als dies auch bei einer Landung auf Fünen der Fall sein würde."

Es wurde dann weiter ausgeführt, daß Kopenhagen jetzt schon
sehr erregt sei und sich dort alles unsicher fühle, weiter heißt es nun in
diesem Bericht:

„Unter solchen Umständen würden schon die Vorbereitungen zu
einer Landung, das Zusammenbringen von Transportschiffen in Stettin
und Stralsund, event. die Verstärkung der Truppen auf Rügen einen
fühlbaren Druck auf die Verhältnisse der dänischen Hauptstadt ausüben,
und vielleicht nicht ohne Rückwirkung auf die diplomatischen Verhandlungen bleiben.“

„Um aus dieser Drohung wirklichen Ernst zu machen, bedarf es
allerdings zuvoriger Verständigung mit der Kaiserlich Österreichischen
Regierung über das Einlaufen des verbündeten Geschwaders aus der
Nordsee in die Ostsee und eines Sieges über die feindliche Seemacht.“

Es hatten sich nämlich nach dem Treffen bei Helgoland die ferner
nach dem Norden entsandten österreichischen Schiffe bei Kuxhaven gesammelt, wo jetzt 8 österreichische Schiffe und Fahrzeuge mit 3 preußischen Fahrzeugen, — statt des „Preußischer Adler“ die neue
Glattdecks-Korvette „Augusta“, — zu weiterem Vorgehen bereit lagen,
nachdem durch einzelne der verbündeten Fahrzeuge die in den ostfriesi-
schen Wattenmeeren befindlichen dänischen Seestreitkräfte vernichtet und
die Inseln sämtlich besetzt worden waren. Ihnen gegenüber war die
dänische Abteilung der Nordsee nicht verstärkt worden. Der Bericht fährt
dann weiter fort:

„Die dänische Flotte kreuzt gegenwärtig mit dem bei Weitem
größten Teil ihrer Stärke zwischen Anholt und Fünen im Kattegatt und
wird bei Ablauf der Waffenruhe voraussichtlich diese selbe Position einnehmen, um für Fünen bei der Hand zu sein, Kopenhagen von der
Seeseite zu schützen und um sich bei der Bedrohung eines Angriffs in
kürzester Zeit auch noch durch die Schiffe verstärken zu können, welche
zur Zeit unsere Küste blockieren.“

„In diesem Fall dürfte es angänglich erscheinen, daß Ew. Majestät
Kriegsschiffe von Swinemünde, Stralsund und Danzig nach einem der
von uns besetzten Punkte, Heiligenhafen, Kiel, Eckernförde, Flensburg
oder Alsen-Sund ausliefen, wo sie den Schutz der Land-Batterieen finden.
Ganz besonders ist dies in der letztgenannten Meeresenge der Fall, von
wo aus auch am Leichtesten diese Schiffe entweder die Vereinigung mit
dem Nordsee-Geschwader bewirken, oder die Operationen der Armee
unterstützen würden.“

„Wird die dänische Flotte geschlagen oder genötigt den Hafen von
Kopenhagen aufzusuchen, so kann eine Überführung von Truppen sowohl

von Rügen wie von Aarhuus aus erfolgen, an welchem letzteren Punkt die erforderliche Streitmacht konzentriert sein würde."

Die Operation gegen Fünen wurde dann als eine nicht mehr mit Überraschung durchführbare hingestellt, es müsse jetzt auch der Übergang über den Kleinen Belt vollkommen erzwungen werden. Ende Juli schrieb Moltke an Blumenthal:

„Daß ein Erfolg gegen Dänemark ungleich sicherer, größer und leichter jetzt durch die vereinigte Flotte zu erreichen sein dürfte, ist wiederholt bei Sr. Majestät diesseits zur Sprache gebracht worden. Es scheint aber, daß man in Wien auf Schwierigkeiten stößt und England zu sehr zu reizen fürchtet. Die Unternehmung gegen Fünen wird aber ebenso übel genommen, der Erfolg kann mit Sicherheit nicht verbürgt werden und kostet jedenfalls viel Opfer . . .." „Seeland scheint dagegen zur Zeit von Truppen gänzlich entblößt zu sein, jede Bedrohung dieser Insel und der Hauptstadt würde daher unzweifelhaft von großer Wirkung sein, ... der Natur der Dinge nach fallen jedoch die ferneren Offensiv-Operationen gegen Dänemark mehr in den Bereich der Tätigkeit der Flotte, als des Landheeres."

Wie schon wiederholt vorher, so tritt auch jetzt die Parallele und große Ähnlichkeit mit dem Feldzug 1659 gegen Karl X. wieder sehr in die Erscheinung; wie jetzt England das Einlaufen der österreichischen Flotte in die Ostsee nicht dulden wollte, so hinderte damals die englische Flotte die verbündete dänisch-holländische daran, den Großen Kurfürsten bei seinen Landungsplänen auf Fünen und Seeland wirksam zu unterstützen.

Schon bei der Annäherung Tegetthoffs mit der ersten Schiffs-Abteilung und seinem Eintreffen in Brest war wegen der Erregung der öffentlichen Meinung in England das Übungs-Geschwader von 8 Schiffen (darunter 5 Panzer), von der Küste Portugals zur Demonstration nach Falmouth geholt worden; Tegetthoff selbst mußte sich vom Eingang des Kanals nach London begeben, um dort zu erklären, daß er nicht nach der Ostsee segeln wolle, wie dies das österreichische Operations-Journal besonders anführt.

Als Tegetthoff dann am 1. Mai von Helder in die Nordsee ging, hatte die öffentliche Meinung gefordert, daß Admiral Sir Sidney Dacres die Österreicher am aktiven Auftreten dort verhindere, wo England allein als Herr berechtigt sei. Da die österreichische Regierung am selben Tage erklärte, daß die Escadre nicht in die Ostsee einlaufen werde, sondern nur die Deckung der nächsten norddeutschen Küsten im Auge habe, so erfolgte nichts Weiteres von England, als daß die Beurlaubten einberufen und 2 Kriegsschiffe zur Beobachtung in die Nordsee nach dem englischen Helgoland gesandt wurden.

Die offizielle Bekanntgabe im Unterhause: „Die Dänen gewinnen das Treffen", erregte anhaltende Beifallsstürme.

Moltke's Plan für die Landung auf Seeland. Moltke legt schließlich in eingehendster Weise seine Gedanken über das weitere Vorgehen in einem Schreiben vom 12. Oktober nieder, welches an den Prinzen Friedrich Karl gerichtet war, der „etwas Eklatantes" beginnen wollte. Dies ist der genaue Operationsplan für eine Landung auf Seeland, womit er sich in großen Zügen schon im Jahre 1834 beschäftigt hatte.

„Wenn der Waffenstillstand nach 14 Tagen gekündigt wird, so würde die Expedition gegen Seeland in die erste Hälfte des Dezember fallen. Ich halte die Jahreszeit nicht für ungünstig. Die Äquinoctial-Stürme sind vorüber, die See ist noch eisfrei und die langen Nächte begünstigen das Unternehmen."

„Zur Zeit stehen auf Seeland kaum mehr als 5000 Mann. . . . . . Die maritimen Mittel Dänemarks, insbesondere die sehr zahlreiche Transportflotte, sichern die schnelle Überführung von Nyborg nach Korsör, die Eisenbahn den Weiter-Transport nach Kopenhagen. . . . ." (s. Karte: B.)

„Man darf annehmen, daß 25 000 Mann den Kampf mit der dänischen Armee aufnehmen können. . . . Die Einschiffung einer so bedeutenden Truppenmacht kann nur in einem Hafen bewirkt werden. Fehmarn ist dazu nicht geeignet. Die Fahrzeuge müssen erst von auswärts, die Truppen per Fußmarsch dort versammelt werden, ersteres ist nicht ohne Gefahr, den dänischen Kreuzern in die Hände zu fallen, letzteres nicht ohne Zeitverlust und Aufsehen möglich."

„Mehr, aber nicht genügende Mittel bietet Kiel. Dort indeß wäre man sicher, beim Auslaufen dänischen Kriegsschiffen zu begegnen. . . . . . Ihre Flotte ist noch heute vollständig bemannt und seefähig. Nachdem leider Österreich seine Schiffe bis auf 2 aus der Nordsee fortgezogen hat, wird unzweifelhaft der größte Teil der dänischen Flotte Kiel blockieren, wenn die unserige bei Ausbruch des Krieges noch dort liegt."

Am 15. August waren nämlich die 3 preußischen Korvetten mit den 4 Kanonenbooten I. Kl. sowie der „Grille" von Swinemünde zu einer Übungsfahrt nach Travemünde, Kiel, Eckernförde, Flensburg sowie Apenrade gegangen und am 21. September wieder vor Kiel eingetroffen, wo überwintert wurde.

„Weit vorteilhafter würde es sein, die Expedition von Stralsund abgehen zu lassen. Die zahlreichen Handelsschiffe, welche im Dezember dort und in Stettin zurückgekehrt sind und die auf dem Dänholm stationierten Kanonenboote bieten die Mittel, eine sehr große, von Dampfern zu schleppende Transportflotte zusammenzubringen. Das rückwärtige Eisenbahnnetz sichert die überraschend schnelle Heranführung von Truppen, und endlich sind alle Vorbereitungen im eigenen Lande sicherer und verborgener zu treffen als im Auslande."

„Die Ausschiffung müßte, meiner Meinung nach, gleich Anfangs an der Seeländischen Küste, sei es bei Vordingborg oder Praestö, erfolgen. Man würde sich zwar der Inseln Falster und Möen als event. Rückzugspunkte bemächtigen, aber eine nochmalige Einschiffung von dort aus und ein zweiter Übergang über die ca. eine Meile breite Meerenge, welche sie von Seeland trennt, würde zu vermeiden sein."

„Die Überfahrt von Fehmarn nach Laaland ist zwar bei Weitem die kürzere, tritt aber nicht in Betracht, weil eine größere Expedition von jener Insel nicht ausgehen kann. Die Entfernung Stralsund— Vordingborg ist kürzer als die von Kiel und kann füglich in einer Nacht zurückgelegt werden. Am Grönsund würde man schwerlich auf Verteidigungsmittel stoßen, doch erscheint es vorteilhafter, bei Praestö zu landen, wenn ruhige See die Fahrt dorthin begünstigt."

„Alle Erwägungen sprechen sonach dafür, die Landung von Pommern aus zu unternehmen . . . . . Das Expeditionskorps muß in ganzer Stärke und in einer Nacht übergeführt werden."

„„Ferner läßt sich übersehen, daß unsere jetzt in Kiel liegenden Kriegsschiffe zum eigentlichen Truppen-Transport nicht benutzt werden können. Bei ihrer Kriegs-Armierung und Besatzung würden sie überhaupt nur eine geringe Zahl von Mannschaften an Bord zu nehmen vermögen, dann aber gefechtsunfähig sein. Da unsere vier Korvetten die dänische Flotte in offener See nicht allein angreifen können, so würde der größte Dienst, welchen sie der Unternehmung zu leisten vermögen, der sein, daß sie durch aktives Verhalten von Kiel aus die feindliche Seemacht aus den Rügen'schen Gewässern fort und auf sich zögen."

Moltke spricht darauf weiter davon, daß für eine Expedition gegen Seeland früher viel günstigere Gelegenheit gewesen sei sowie daß eine Intervention Englands bisher wenig auf sich gehabt hätte und fährt dann fort:

„Die Wahrscheinlichkeit des Auftretens einer englischen Flotte in der Ostsee gewinnt aber eine ganz andere Bedeutung, wenn ein preußisches Armee-Korps auf Seeland steht, welches nur über See mit der Heimat kommuniziert und auf die Dauer vielleicht ernährt werden müßte."

„Selbst eine in Stralsund vorbereitete Expedition kann auf die Dauer nicht verborgen bleiben. Es kommt nur darauf an, daß das Geheimnis so lange bewahrt bleibe und dann so schnell gehandelt werde wie möglich . . . . . . Die wirkliche Landung auf Seeland betrachte ich als ein kühnes, im Erfolg nicht gesichertes, aber nicht unausführbares letztes Mittel, wenn der Friede anders nicht erreicht werden kann. Für uns, die wir eigentlich eine Flotte noch nicht besitzen, ist der Krieg gegen einen Inselstaat so schwer zum Abschluß zu bringen, daß es neben der Vortrefflichkeit des Heeres und der Kühnheit seiner Führer, wohl auch des Glückes bedurft hat, um ein Resultat zu erreichen . . . . . ."

Soweit diese wichtige Denkschrift von Moltke, welche seinen Plan, dies kühne Unternehmen selbst jetzt noch, im Dezember, auszuführen und nur mit Hülfe der kleinen preußischen Flotte allein ein Armee-Korps auf Seeland zu landen, eingehend darlegt.

Entfernungs-Tabellen. Die Entfernungen, um welche es sich bei allen diesen Landungen handelte, betragen:

Kiel—Laaland 40 sm,

Kiel—Korsör 65 sm,

Fehmarn—Laaland 25 sm (der Fehmarn-Belt selbst ist nur 10 sm breit),

Rügen—Seeland 50 sm (Hiddensee bis Praestö),

Stralsund—Vordingborg 60 sm (bis Kopenhagen noch 12 geogr. Meilen),

Swinemünde—Praestö 110 sm (bis Kopenhagen noch 9 geogr. Meilen),

Rügen—Möen 30 sm,

Aarhuus—Kallundborg 40 sm.

Für das Unternehmen gegen Alsen und Fünen kommen folgende Entfernungen in Betracht:

Stralsund—Düppel 130 sm,

Swinemünde—Düppel 200 sm,

Stralsund—Grönsund—Kolding 160 sm,

Swinemünde—Großer Belt—Fredericia 250 sm,

Koldingsund—Alsensund 40 sm.

Betrachtungen zu Moltke's Plänen. Im Vorhergehenden ist die gesamte auf den Krieg 1864 bezügliche Korrespondenz Moltke's nebst seinen mehrfachen sich auch darauf beziehenden Denkschriften so eingehend wiedergegeben worden, weil Nichts so klar die ganze strategische und auch taktische Lage darzulegen im Stande sein dürfte, auch sofern sie sich nur auf den Seekrieg allein bezieht. Nur eine einzige Ähnlichkeit in der Geschichte dürfte nachzuweisen sein, daß ein leitender General derartig klar die Bedeutung der Seemacht erkannt hat; es ist dies Washington in seinen vielfachen Äußerungen 1780 und 1781 über den Kriegsplan an der Küste Neu-Englands.

Sämtliche Schriftstücke legen in selten klarer und anschaulicher Weise den Einfluß der Seemacht in einem Kriege eines Festland-Staates ohne genügend starke Flotte mit einer derartigen Insel-Macht wie Dänemark dar, welche man zwar mit dem Landheer bis zur nahen Erschöpfung bringen, aber kaum je gänzlich niederringen kann.

Wäre Preußen's Flotte im Stande gewesen, unter Begünstigung von Wind und Wetter den Absichten unseres großen Strategen gemäß zu handeln, so wäre voraussichtlich der Feldzug in Kürze und mit weit geringeren Opfern zu Ende geführt worden und die Rolle der Diplomaten sowie die Intervention des Auslandes nicht derartig in die Erscheinung getreten.

Da ähnliche Lagen für Deutschland nicht ganz ausgeschlossen sind, so ist ein Eingehen auf die Pläne unseres Moltke immerhin von ganz besonderer Bedeutung. Von diesen hätte wohl die Überführung einer Transportflotte von Stralsund—Rügen aus nach Vordingborg auf Seeland, durch den Grönsund, am meisten Aussicht auf Erfolg gehabt, da die in diesem Fall zu durchfahrende Seestrecke, auf welcher dänische Schiffe die Überfahrt hätten hindern können, nur rund 35 sm beträgt. Diese Entfernung hätte mithin bequem während einer Nacht in nordwestlicher Richtung, also in den meisten Fällen mit Wind und Seegang quer ein, mit nur 5—6 sm Fahrt in etwa 6—7 Stunden zurückgelegt werden können. An ein solches Einfahren in den Grönsund wird auf dänischer Seite wohl kaum Jemand gedacht haben, vorausgesandte Fahrzeuge hätten in einigen Stunden diese Einfahrt gut ausloten und erforderlichen Falls nautisch näher bezeichnen können. Es würde die ganze Überführung von rund 20000 Mann über See kaum länger als eine Winter-Nacht, d. i. 15 Stunden, beansprucht haben und hätte sich, nebst den letzten Vorbereitungen dazu, wohl 30—36 Stunden verheimlichen lassen.

Etwa noch erforderliche Ablenkungen des Gegners, vor Allem seiner nahe liegenden Kriegsschiffe, hätten von Swinemünde sowie vor Allem von Kiel und den mecklenburgischen Häfen aus erfolgen müssen.

Der Grönsund bietet nur bei seiner Einsegelung an beiden Ufern von Falster und Möen, auf der zwei Seemeilen von diesen Inseln entfernt liegenden Barre während einer ganz kurzen Strecke nautische Schwierigkeiten für Fahrzeuge über 3 m Tiefgang, dagegen im Innenlauf geschützte Anker- und Lande-Plätze zur Genüge; die nächsten im Süden von Seeland liegenden größeren Inseln hätten den Truppen für einige Zeit auch genügenden Lebens-Unterhalt gewährt.

Die gleichzeitige Bedrohung durch eine beabsichtigte Landung auf Fünen würde das ihrige getan haben, feindliche Land- und auch See-Streitkräfte in erheblicher Zahl von diesem Punkt im Südosten abzulenken und somit wesentlich zu einem günstigen Erfolg beizutragen im Stande gewesen sein. Das Werk des Großen Generalstabes über den Krieg 1864 sagt hierzu: „Die getroffenen Vorbereitungen lassen erkennen, daß es bei kräftigem Wollen nicht schwer sein kann, auch einem Insel-staate gegenüber die letzten Folgerungen des Krieges zu ziehen." Ist diese Bemerkung auch nur von ganz allgemeiner Gültigkeit, da denn doch die Breite der trennenden Meeresteile den Ausschlag gibt, so hat sie für ähnliche Lagen immerhin Bedeutung.

Moltke's Anleitungen für die Verteidigung der Ostsee-Küsten. Es bleibt noch übrig, in Kürze Einiges über die Stellung-nahme Moltke's bezüglich des Schutzes der Küste zu äußern und dies um so mehr, weil sein Vorgehen 1864 mit die Grundlagen für den Küstenschutz 1870 und die weitere Entwicklung dieses Teils der Küsten-Verteidigung gegeben hat.

Bereits zu Anfang März erließ er einzelne Direktiven in dieser Beziehung, worin er vor Allem betonte, daß es „weniger darauf an-kommt, solche partielle Landungen an allen Punkten der Küste zu verhindern, als vielmehr darauf, die Gelandeten mit überlegenen Kräften anzugreifen und zu vernichten".

Hierzu müsse die Infanterie landeinwärts in einigem Abstand stets in größeren Abteilungen versammelt bleiben und sich durch Posten in der nächsten Umgebung sichern; Hafenstädte und wichtigere Ver-bindungsstraßen hätten davon natürlich eine Ausnahme zu machen.

Moltke empfiehlt ferner ein häufiges Wechseln der Strandwachen und Wachtlokale, besonders dann, falls die Bevölkerung feindlich gesonnen sei.

Bei dem weiteren Vorrücken nach Jütland betont er nochmals den vorher angeführten Hauptgrundsatz und warnt vor einer Zersplitterung, um etwa die rückwärtigen Verbindungen überall ängstlich sichern zu wollen; solche „Neckereien" könnten meistens doch nur von schwachen Streifpartien ausgeführt werden.

Die Ausnutzung der Kavallerie sowie von berittenen Landwirten, die gesicherte Bereitstellung von Wagen für die Infanterie, eine geregelte Küsten-Signal- und Telegraphen-Einrichtung, genaue Beobachtung des

Seeverkehrs durch kundige Leute, ein geordnetes Meldewesen der von
See kommenden Schiffe, Fahrzeuge und Boote, Verbote des Brennens
von Lichtern nach der Seeküste hin u. dgl. m. sowie Teilung der Küste
in Abschnitte, alle derartige Anordnungen sind teilweise schon in diesem
Kriege grundlegend festgesetzt und erprobt worden.

Wiederholte größere und kleinere Landungsversuche der Dänen,
so z. B. im Beile Fjord und in der Gjenner-Bucht u. a. haben mehrfach
einzelne dieser Maßnahmen auf die Probe zu stellen vermocht und ihre
Weiter-Ausbildung gefördert.

Alle gemachten Erfahrungen und demgemäß getroffenen Einrichtungen hätten eine besonders ernste Probe zu bestehen gehabt, wenn
nicht die Wegnahme Alsen's die dänischen Absichten zerstört hätte; es
war nämlich bei Nyborg eine besondere Landungs-Brigade nebst einem
Transport-Geschwader (in Stärke von 4 Bataillonen, 2 Schwadronen
und 1 Feldbatterie) gebildet worden, um sofort mit Beendigung des
Waffenstillstandes Fehmarn wieder zu nehmen; dort hatte man erkannt,
daß jeder Angriff zurückgeschlagen werden „müsse", da ein Rückzug auf
das Festland eigentlich nicht ausführbar sei.

Den vom Generalmajor von Schlegell auf der Insel befehligten
2 Bataillonen, 1 Schwadron und 1½ Batterieen war ihr Verhalten
bei Landungsversuchen in mustergültiger Form vorgeschrieben worden;
seine Anleitungen können ebenfalls als vorzügliches Beispiel für ähnliche
Lagen dienen, für den Klein-Krieg gegen die Küste von See her, der
auf Seiten des Verteidigers stets größere Streitkräfte in Atem zu halten
und zu beschäftigen imstande ist.

Stellung der Seemacht in diesem Kriege. War auch von
Anbeginn an, nachdem die beiden deutschen Großmächte mit dem festen
Vorhaben in den Krieg gegangen waren, etwas Sicheres zu erreichen,
eine Möglichkeit zu deren endgültiger Zurückweisung durch das kleine
Dänemark ausgeschlossen, so ermöglichte es dem letzteren seine zu Anfang
den Verbündeten überlegene Seemacht immerhin, sich so lange zu halten,
bis neutrale Mächte sich politisch in den Krieg hineinmischten.

Besonders hat Dänemark auch nach dem Erscheinen der österreichischen Flotte im Norden sich nur deshalb weiter auf eine Fortsetzung
des Krieges eingelassen, weil es fest auf eine Unterstützung durch England hoffte, dessen Regierung und Volk ausgesprochene dänische
Sympathieen hegten; erst nachdem diese Hoffnung hatte aufgegeben
werden müssen, bequemte es sich zum Einlenken, nachdem es überall
vom Festland verdrängt war.

Fünen war auch ohne die Hülfe der österreichischen Flotte dauernd ernstlich bedroht und schließlich hat dann neben allem Andern auch die Einsicht in Dänemark Boden gefunden, daß man letzten Endes nicht Alles auf die eine Karte Seeland-Kopenhagen allein setzen dürfe. Selbst der durch die Haltung Englands auf Österreich gelegte Druck, seine Flotte nicht in die Ostsee zu schicken, ließ endgültig kein anderes Ergebnis erwarten, so sehr sich auch hierbei der Einfluß der englischen Seemacht zeigte.

Wie Moltke Recht hatte mit seiner früheren Forderung, „seefähige" Dampfkanonenboote zu erbauen, hat der Krieg vollauf erwiesen, da hauptsächlich wegen des Fehlens solcher seine Pläne mit Düppel-Alsen und Fünen nicht verwirklicht werden konnten. Die sämtlichen, noch in diesem Kriege im Dienst gewesenen preußischen vielen Ruder-Kanonenboote waren gänzlich wertlos und sind auch nicht ein einziges Mal zur Aktion gekommen.

Die Ungenügendheit der dänischen Flotte zur Durchführung einer völkerrechtlichen Blockade weist Moltke selber in den Anmerkungen zu der von ihm übersetzten kleinen dänischen Schrift über diesen Seekrieg nach. Für das kleine Dänemark war die Erfüllung aller der seiner Seewehr gestellten Aufgaben nicht durchführbar.

Es bleibt durchaus anzuerkennen, daß die dänische Flotte es erreichte, sowohl Landungen von den Inseln fern zu halten als auch ihre Schiffahrt und den Seehandel während des ganzen Krieges dauernd zu sichern. Durch das Auftreten gegnerischer Seestreitkräfte war sie aber — zum großen Nachteil der Kriegführung am Lande, — gezwungen, sich zu zersplittern und konnte daher nicht so wirken, wie dies 1848/50 möglich gewesen war.

Die kleine preußische Flotte hatte aber auch überall ihrer Stärke und Kampfkraft gemäß dementsprechende Leistungen aufzuweisen, was König Wilhelm in seinem Armee-Befehl vom 7. 12. 64 mit folgenden Worten anerkannte:

„Meine neu begründete Flotte hat sich den Landtruppen würdigst angeschlossen und zählte in ihrem Erstkampfe nicht die Zahl der feindlichen Schiffe."

Es ist hier aber nochmals der Druck der Groß-Seemacht Großbritannien zu erwähnen, da lediglich infolgedessen Österreich gehindert wurde, seine Schiffe in die Ostsee zu senden, wodurch schon im Laufe des Mai die Kriegslage für Dänemark eine weit ungünstigere geworden wäre.

VIII.
Deutsch-französischer Krieg 1870.

Weiterer Ausbau der preußischen Flotte. Bereits ein Jahr nach dem dänischen Kriege forderte die Regierung 1865 von dem Abgeordnetenhause die Bewilligung von Geldern für eine Flotten-Stärke von:

10 größeren Panzer-Fregatten,
10 Panzer-Fahrzeugen zur Küsten-Verteidigung,
8 Gedeckten Korvetten ⎱
8 Glattdecks-Korvetten ⎰ für das Ausland,
6 Aviso's sowie den nötigen Spezial- und Schulschiffen.

Für diesen Zweck und für die Erbauung eines neuen Kriegshafens in der Ostsee wurden 35 Millionen Taler und fernere 5 Millionen Taler jährlich gefordert. Das Abgeordnetenhaus bewilligte aber in der Konfliktszeit, selbst nach den Erfolgen und Lehren des dänischen Krieges, dem Ministerium Bismarck nur ein Geringes der gestellten Forderungen, so daß die Regierung nunmehr selbständig auch den neuen Marine-Etat interimistisch festsetzte.

Durch den Gasteiner Vertrag hatten sich ferner beide Großmächte über einen Antrag beim Bunde, betreffend Schaffung einer deutschen Flotte, mit Kiel als Bundeshafen u. s. w., geeinigt.

Der deutsche Krieg 1866 stellte der preußischen Flotte nur kleinere Neben-Aufgaben, aber auch nur an den Nordsee-Küsten, wo einzelne Fahrzeuge sich bei der Besitznahme der hannover'schen Festungen und Städte bei Stade, Geestemünde und Emden erfolgreich beteiligten.

Die norddeutsche Bundes-Marine. In Folge der Gründung des Norddeutschen Bundes ging die preußische Marine in die Norddeutsche Bundes-Marine über und wurde die Flagge am 1. Oktober 1867 gewechselt; sie war der englischen Kriegsflagge nachgebildet, zeigte die neuen deutschen Farben schwarz-weiß-rot sowie den Preußischen Adler in der Mitte.

Nach der in Folge des großen Sieges über Österreich 1866 erbetenen und gegebenen Indemnität der Regierung wurden die im nächsten

Jahr geforderten Mittel auch sofort von der Volks-Vertretung bewilligt; der neue Flotten-Gründungsplan für den Norddeutschen Bund verlangte nunmehr die Mittel für:

16 Panzerschiffe,
22 Kanonenboote,
20 Korvetten für das Ausland,
8 Aviso's u. s. w.

Moltke war stets bei allen Vorlagen und Sitzungen in dem Sinne tätig, erst schnell eine Flotte zu schaffen und dann an die Gründung eines festen Kriegshafens zu gehen; aus diesem Grund schlug er für letzteren auch einstweilen Sonderburg-Alsensund vor; es wurde aber schließlich Kiel fest zum Haupthafen bestimmt, unter Beibehaltung von Danzig, das nach Aufgabe des Plans, bei Rügen-Stralsund die Hauptbasis festzulegen, nun eine größere Bedeutung gewann. Danzig hat sowohl als Vorposten nach Osten, besonders nach der Gründung von Libau, eine wichtige Vorposten-Lage, als auch dient es mit zur Sicherung der rückwärtigen Verbindungen nach dem Hauptkriegshafen.

Bis zum Sommer 1870 war in Folge dessen der norddeutschen Bundes-Marine mancher Zuwachs erstanden und zählte die Flotte zu dieser Zeit:

3 Panzer-Fregatten von 16—23 Kanonen
2 Panzer-Fahrzeuge „ 3—4 „
1 Schrauben-Linienschiff (unarmiert)
5 Gedeckte Korvetten von 22—28 Kanonen (davon 2 im Ausland)
4 Glattdecks-Korvetten von 14—17 Kanonen (davon 1 im Ausland)
2 Rad-Aviso's von 2—4 Kanonen
1 Schrauben-Aviso von 2 Kanonen (Kgl. Yacht)
8 Dampf-Kanonenboote I. Klasse von 3 Kanonen (davon 2 im Ausland)
14 Dampf-Kanonenboote II. Klasse von 2 Kanonen sowie je
3 Segel-Fregatten und Briggs; die alten Ruder-Kanonenboote der preußischen Marine, welche 1864 noch in Dienst gestellt wurden, waren erst im April aus der Liste der Kriegs-Fahrzeuge gestrichen worden, so lange hatte man noch an diesen festhalten zu müssen geglaubt.

Die Ostseeküste war ebenso wie die Nordseeküste den Angriffen einer größeren Seemacht gegenüber fast wehrlos zu nennen; es waren nur die Einfahrten nach Swinemünde, Neufahrwasser und Pillau durch einzelne Werke geschützt. Ferner zählte die Festung Kolberg einige

Geschütze auf den Seefronten und waren die Befestigungen von Düppel-Sonderburg in guter Verfassung; die Verteidigungs-Werke Kiel's waren noch im ersten Werden, trotz der bereits erfolgten Anlage der neuen Marine-Depots daselbst.

Die französische Flotte. Beim Ausbruch des Krieges war die französische Flotte, wie der Marine-Minister Admiral Rigault de Genouilly selbst erklärt hatte, nicht kriegsbereit und vollkommen von den Verhältnissen überrascht worden.

Aber ihre Übermacht war dennoch eine ganz außerordentliche, weit über das zehnfache, sie zählte im Sommer 1870:

      34 Panzerschiffe,
      25 Panzer-Fahrzeuge,
      24 Linienschiffe,
   130 Fregatten, Korvetten, Avisos,
      68 Kanonenboote sowie
      60 Transportschiffe,

außer vielen Spezial-Schiffen und Segel-Schulschiffen.

An der Ausrüstung der Schiffe sowie an den Verteidigungswerken der nördlichen Kriegshäfen Dünkirchen, Cherbourg und Brest wurde in größter Hast gearbeitet, wozu die Nähe einer preußischen Panzerschiffs-Division gegründeten und besonders dringenden Anlaß gab.

Vorgeschichte des Krieges. Die großen Erfolge Preußens, welche nach der Auflösung des alten Deutschen Bundes sich zeigten, — der mehr unter dem Panier des nun aus dem neuen politischen Deutschland ausgeschiedenen Kaisertums Österreich gestanden hatte — sowie die mit der Gründung des Norddeutschen Bundes unter Preußens Hegemonie in der Mitte Europas entstandene starke und Ehren über Ehren einheimsende neue Macht, hatten Frankreichs Vormacht-Stellung wesentlich erschüttert. Neid und Furcht wuchsen mit jedem Jahre und bedrohten die Stellung Napoleon's III. sogar im eigenen Reiche.

Als nun infolge der spanischen Thronfolge-Änderung ein Prinz von Hohenzollern für den spanischen Thron in Aussicht genommen war, entschied sich die französische öffentliche Meinung und mit ihr die Regierung sowie der Kaiser für den Krieg, der am 15. Juli in der Kammer beschlossen und am 19. offiziell erklärt wurde.

Am 16. Juli erfolgte die Mobilmachung Preußens und der Truppen des Norddeutschen Bundes, denen sich die süddeutschen Staaten sofort anschlossen; König Wilhelm's I. mannhaftes und nationales Auftreten in Ems führte ihm die Herzen aller Deutschen zu und

Bismarck's Staatskunst erlangte es, daß die übrigen Mächte sich neutral verhielten.

Der französische Kriegsplan. In Frankreich wurde beabsichtigt, die Operationen an der deutschen Grenze durch eine Diversion der Armee im Norden zu unterstützen. Hierzu sollte ein Geschwader von 14 Panzer-Fregatten nebst vielen Avisos unter dem Oberbefehl des erst am 22. Juli hierzu kommandierten Vize-Admirals Graf Bouet-Willaumez in die Ostsee geschickt werden und diesem bald eine große Transportflotte unter Leitung des Vize-Admirals La Roncière le Noury folgen, welch letztere außer den Transportern noch aus schwimmenden Batterieen und Kanonenbooten bestehen sollte. Die überzuführenden Truppen wurden in einer Stärke von 30 000 Mann vorgesehen; als ihr Befehlshaber wurde zuerst der General Trochu, später der General Bourbaki ausersehen.

Schon im Jahr 1867 war durch Bouet-Willaumez, gemäß seinen Erfahrungen im Krimkriege, ein Plan für die Ausschiffung von 40 000 Mann an der Ostseeküste ausgearbeitet worden.

Marsch und Operationsplan der französischen Flotte. Bouet-Willaumez konnte erst am 24. Juli abends, d. h. neun Tage nachdem der Krieg beschlossen war und etwa 2—3 Wochen nach Eintreten der ersten Kriegsunruhen, von Cherbourg in See gehen. Man hatte aber nicht mehr als die Hälfte der geplanten Stärke, also nur 7 Panzerschiffe und ferner nur einen einzigen Aviso bis zu diesem Zeitpunkt fertig stellen können. Die anderen Schiffe und Fahrzeuge sollten alsbaldigst nachfolgen; die Werft von Cherbourg war in keiner Weise für eine große allgemeine und plötzliche Indienststellung von Schiffen eingerichtet, es fehlte dort sogar an der erforderlichen Anzahl der durchaus nötigen Seekarten der dänisch-deutschen Gewässer.

Bouet-Willaumez erhielt den Befehl, nach dem Sund zu gehen und dort die Fregatte „Thetis" nach Kopenhagen zu schicken; alsdann sollte er nach Ausführung dieser Demonstration nach der Nordsee zurückgehen, eine seiner Divisionen vor der Jade-Mündung zurücklassen und mit seinen übrigen Streitkräften sich darauf in die Ostsee begeben.

Ferner wurde ihm die Instruktion erteilt, daß er offene Städte nicht angreifen solle und auf die Panzer-Division des Prinzen Adalbert sehr zu achten habe.

Bouet-Willaumez traf am 28. Juli vor dem Sund ein und setzte sich sofort mit dem französischen Gesandten in Kopenhagen in Verbindung.

Kritik der französischen Maßnahmen. Abgesehen von dem gänzlichen Versagen der französischen Werften, vor Allem derjenigen von Cherbourg, welche weder die Schiffe, selbst nicht die schon im Dienst befindlichen, für die kriegerische Verwendung in der Ostsee schnell bereit stellen konnten und die auch mit der Indienststellung und dem Zusammenbringen der Transportschiffe nicht zeitig fertig wurden, war für die intellektuelle Vorbereitung der französischen Marine für den Krieg so gut wie Nichts geschehen.

Noch immer fehlte es an dem nötigen Admiralstab, der Behörde, welche im Wesentlichen für künftige Kriege die nötigen Grundlagen zu bearbeiten hat, trotz der schlimmen Erfahrungen, welche man erst etwa 1½ Jahrzehnte zuvor beim Krimkriege gemacht hatte.

Nicht nur daß Seekarten fehlten und erst im Buchhandel beschafft werden mußten, — da auch der Vorrat im Marine-Ministerium zu Paris nicht ausreichte, — hatte man sich mit Operationsplänen für einen Seekrieg gegen Deutschland auch in keiner Weise beschäftigt.

In den verschiedenen unter Vorsitz Napoleon's III. abgehaltenen Kriegs- und Minister-Räten wurden alle denkbaren Vorschläge gemacht und traten schließlich persönliche Wünsche, Verstimmungen und Eifersüchteleien stets wieder von Neuem hervor. Sowohl im Marine-Ministerium als in dem des Krieges herrschte zeitweilig förmliche Kopf- und Ratlosigkeit, wie die Landungs-Armee zusammenzustellen, zu versammeln und überzuführen sei.

Trotzdem hierbei darauf aufmerksam gemacht wurde, daß man sich auf diplomatischem Wege schnell der Beihülfe Dänemarks versichern müsse, geschah in dieser Beziehung in der ersten Woche fast garnichts.

Da man sich in Paris fernerhin der Stellungnahme Rußlands nicht sicher war, so erhielt Bouet-Willaumez noch den besonderen Befehl, auch nach dieser Richtung hin auf seiner Hut zu sein; der Sicherheit halber wurde das Mittelmeer-Geschwader nach Brest herangezogen.

Was dann den Operationsbefehl für die entsendete Flotte insbesondere betrifft, so bleibt hier Einzelnes schwer verständlich.

Das erste norddeutsche Panzer-Übungs-Geschwader unter Befehl des Admirals Prinz Adalbert von Preußen, bestehend aus den Panzer-Fregatten „König Wilhelm", „Kronprinz" und „Friedrich Karl" sowie dem Panzer-Fahrzeug „Prinz Adalbert", war im Augenblick der Kriegs-Entscheidung auf einer Übungsfahrt nach dem Atlantik im Kanal befindlich; aber diese 4 Schiffe waren dann sofort nach der Jade zurückgekehrt, wo der Prinz mit seinem Geschwader bereits am 16. Juli Abends eingetroffen war. Hiervon hätte man in Paris nach Verlauf einer Woche nachgerade sicher Kunde erlangt haben müssen, obwohl noch am 18. aus Brest telegraphiert war, daß das preußische Geschwader in der Torbay wäre. Dieser Umstände wegen hätte alsdann maßgebend sein müssen, in erster Linie diese deutschen Seestreitkräfte in der Südostecke der deutschen Bucht der Nordsee zu beobachten und einzuschließen, wo diese sich nach einem Gerücht befinden sollten; mit andern Worten hätte man die eine der Divisionen von Bouet-Willaumez, wenn nicht beide, dort sofort ansetzen, mit ihnen energisch vorgehen und alsbald für deren Verstärkung sorgen müssen. Man hätte mit einem solchen Vorgehen auch eine stärkere Beunruhigung der deutschen Küste vereinigt und die Sicherung der Transporte nach der Ostsee von vornherein erreichte.

Ein Staat von der geringen Größe Dänemarks hätte wohl ohne Zeigen einer größeren Streitmacht seine Stellungnahme bald klar ausgesprochen; diplomatischer starker Druck dürfte hier wohl genügt haben.

Jedenfalls konnte ein Hin- und Herziehen der französischen Seestreitkräfte durchaus nicht dazu beitragen, den Eindruck der Stärke zu machen und die dänische Regierung besonders stark zu beeinflussen. Hierfür wäre es auf eine Panzer-Division mehr oder weniger jedenfalls nicht angekommen. In der Zeit des Dampfes und Telegraphen sind einer Kultur-Nation gegenüber nicht unbedingt materielle Mittel allein erforderlich und befähigt, den Wünschen einer stärkeren Macht den nötigen Nachdruck zu verleihen und sie zu einer baldigen Stellungnahme zu veranlassen.

Vorgehen der französischen Flotte. Sowohl dies erste Auftreten der französischen Schiffe als auch deren nachheriges Verhalten erinnert unwillkürlich an die planlosen ersten Maßnahmen der englischen und französischen Flotte in der Ostsee zur Zeit des Krimkrieges während des Jahres 1854; jegliches ernste Vorbedenken hatte auch hier gefehlt.

Die Wünsche des französischen Gesandten in Kopenhagen widersprachen sich mit den neuesten Befehlen des Marine-Ministers an den Admiral; ersterer wollte, daß die Flotte in den Sund einlaufe, um Dänemark dadurch zu einem sofortigen Anschluß zu bewegen, in der sicheren Voraussetzung, daß das Landungskorps unmittelbar folgen würde. Der Marine-Minister hatte dagegen angeordnet, daß der Admiral mit einer Flotte eine solche Stellung einnehmen solle, von der aus er bei strenger Beachtung der Neutralität Dänemarks die deutschen Ostsee- und Nordsee-Küsten beobachten sowie seine Schiffe sicher mit Kohlen und

Vorräten ausrüsten könne; eine Aufgabe, die mit solch schwachen Kräften geradezu unmöglich zu erfüllen war.

Da die Kohlen schon sehr auf die Neige gingen, hatte der nach Kopenhagen heimlich voraus gesandte höhere Seeoffizier bereits für einen in der Kjöge-Bucht zu nehmenden Aufenthalt zur Auffüllung der Vorräte die nötigen Vorkehrungen getroffen, auch schon Lootsen angeworben und eine geheime Signal-Verbindung hergestellt.

Die gänzlich unklaren und nur allgemein gehaltenen verschiedenen Befehle veranlaßten Bouet-Willaumez jetzt, um neue Instruktionen einzukommen. Am 1. August traf der zu den Verhandlungen mit der dänischen Regierung abgesandte außerordentliche französische Gesandte de Cadore bei ihm ein und ersuchte ihn sofort von Neuem, in den Sund einzulaufen, so daß der Admiral ihm versprach, mit seiner Abfahrt noch 48 Stunden zu warten, ehe er, seinen ursprünglichen Befehlen gemäß, wiederum nach der Nordsee und der Jade zurückginge.

Am nächsten Tage traf dann auf dem Flaggschiff, der „Surveillante", ein neuer Befehl des Ministers ein, welcher jetzt das Einlaufen in die Ostsee bestimmt befahl, worauf Bouet-Willaumez sich sofort durch den Großen Belt dorthin begab, mithin nicht den Anweisungen und dem Ersuchen des Gesandten Gehör gab.

Dieser Befehl war wohl eine Folge des Umstandes, daß inzwischen das zweite französische Geschwader zum Auslaufen fertig geworden war; letzteres traf denn auch am 9. August unter Befehl des Vize-Admirals Fourichon in Stärke von 8 Panzerschiffen und 4 Fahrzeugen vor der Jade ein.

Verhalten der deutschen Seestreitkräfte. Durch geschickte Maßnahmen des Prinz-Admirals war die Panzer-Übungs-Division ohne Behelligung durch den Gegner nach der Jade gelangt und hatte dort auf der Außenrhede von Wilhelmshaven geankert; die Schiffe sind nicht voll kriegsbereit gewesen, sei es aus Mangel an der ganz neuen Munition, sei es wegen einzelner Maschinen-Havarieen. Es wurde sofort beschlossen, zum Schutz des neuen Kriegshafens sowie der Mündungen von Weser und Elbe die 3 Panzerfregatten und das Panzerfahrzeug hier dauernd zu stationieren.

Für die Verteidigung des Kieler Hafens mit seinen Anlagen wurden außerhalb von Friedrichsort verschiedene Tau-, Balken-, Ketten- und Schiffs-Sperren hergestellt sowie bei der engsten Stelle das schleunigst armierte neue Linienschiff „Renown" vertäut; gleichzeitig wurden an verschiedenen Stellen Werke errichtet und armiert sowie Minen ausgelegt.

Die Rhede von Neufahrwasser und die Weichselmündung schützte die kleine Glattdecks-Korvette „N y m p h e", während die Gewässer um Rügen und die Swine-Mündung von dem Aviso, der königlichen Yacht „G r i l l e", nebst einigen Schrauben-Kanonenbooten besetzt wurden.

Ein Teil der sofort in Dienst gestellten Kanonenboote war durch den Eiderkanal nach der Elbe und Jade gesandt worden, um hier Vorpostendienste zu verrichten; diesen sollte das Panzerfahrzeug „A r m i n i u s" folgen und bei der Fahrt um Skagen die gedeckte Korvette „E l i s a b e t h" hierbei als Aufklärungsschiff dessen Überfahrt sichern. Während nun letztere angesichts des französischen Geschwaders schon im Kattegatt südlich von Skagen schleunigst umkehren mußte, gelang es dem „A r m i n i u s" durch geschicktes Vorgehen, zuerst an der jütischen und dann an der schwedisch-norwegischen Küste entlang, sicher durch die französischen Schiffe hindurch nach der Elbe zu kommen, was als eine militärisch und seemännisch-nautisch vorzügliche Leistung bezeichnet werden muß.

Die übrigen Schiffe und Fahrzeuge der norddeutschen Bundes-Marine waren der Sicherheit halber von Kiel nach Swinemünde übergeführt und außerhalb Schußweite von See in der Swine vertäut worden.

Diese sämtlichen Maßnahmen waren gut durchdacht und haben sich auch während des Kriegslaufes als richtig erwiesen; sowohl die See-Befestigungen und die verschiedentlichen neuen Marine-Anlagen, als auch der deutsche Seehandel waren dadurch bei den zu Gebote stehenden äußerst geringen Mitteln auf das Wirksamste geschützt worden.

Zur Abwehr gegen Landungen wurden unter General V o g e l v o n F a l c k e n s t e i n, als General-Gouverneur der Küstenlande, bis Mitte August das 1. und 2. Armeekorps und in Schleswig-Holstein gegen Dänemark eine Infanterie-Division nebst einer Kavallerie-Brigade bis zum September zurückgehalten und diese Truppen von da ab nur durch Landwehren u. s. w. ersetzt.

Die französische Flotte in der Ostsee. Die Fahrt durch den Großen Belt war von dem französischen Geschwader erst am 7. August mit Hülfe dänischer Lootsen und soeben eingetroffener dänischer Seekarten glücklich durchgeführt worden; zuerst wurden nunmehr Kiel, Neustadt, Wismar und Warnemünde rekognosziert. Nachdem alsdann in der Kjöge-Bucht die Kohlen und Vorräte ergänzt worden waren, erschien B o u e t - W i l l a u m e z mit seiner Flotte vor Swinemünde und Kolberg, um auch hier die Verteidigungs-Einrichtungen des Gegners zu rekognoszieren und dann bald die Blockade auszuüben. (s. Karte: B.)

Für eine etwa später im Schleswig'schen vorzunehmende Landung waren ebenfalls Aufklärungsfahrten nach Alsen und der dänischen Insel Arrö, östlich von Alsen, ausgeführt worden.

Der französische Admiral erhielt jetzt eine vom 7. August datierte Depesche, welche ihm die ersten und schwerwiegenden Ereignisse an der deutsch-französischen Grenze mitteilte; hier waren inzwischen am 4. August die Schlachten bei Spichern und Weißenburg, am 6. August die bei Wörth geschlagen und die Franzosen überall zurückgedrängt sowie alle verfügbaren französischen Landstreitkräfte für die Grenze bestimmt worden.

Bouet-Willaumez erhielt den Befehl, jede Gelegenheit der Schädigung des Gegners zu benutzen, die Blockade schärfer durchzuführen, aber offene Städte keinenfalls zu beschießen; von einer etwaigen Verstärkung seines Geschwaders oder von dem nachfolgenden Landungskorps war schon keinerlei Rede mehr. Später eingehende Depeschen widersprachen sich vollständig bezüglich der Rückkehr nach Frankreich oder des ferneren Verbleibens seiner Flotte in der Ostsee.

Er ernannte nunmehr eine Kommission, welche ihm Vorschläge über das fernere Vorgehen unterbreiten sollte; diese lauteten dann dahin, daß in der Ostsee nur Danzig und Kolberg angegriffen werden könnten, welche Vorschläge von der Kommission eingehend begründet wurden.

Als Bouet-Willaumez am 13. August im Begriff war, nach Kolberg zu dampfen, erhielt er eine Nachricht, daß die deutsche Panzerschiffs-Division die Jade verlassen habe und auf dem Wege nach der Ostsee begriffen sei, worauf er sich sofort nach dem Großen Belt begab. Hier erfuhr der Admiral, daß die letzte Nachricht falsch sei, ließ dann nach einigen Tagen den Kontre-Admiral Dieudonné mit einer Division von Panzerschiffen zur Blockade der Küstenstrecke von Kiel bis Arkona zurück und ging selbst weiter nach Osten.

Die bereits mehrere Tage vordem in den verschiedenen Häfen angekündigte Blockade war bei den geringen zur Verfügung stehenden Kräften natürlich in keiner Weise effektiv; hierfür reichten 7 Panzerschiffe und 1 Aviso bei weitem nicht aus.

Der große Landkrieg beider Heere im östlichen Frankreich beeinflußte den Seekrieg, zu welchem die französische Flotte immer noch bedeutende Streitmittel zur Verfügung hatte, in ganz außerordentlicher Weise, mehr wie dies wohl je zuvor der Fall gewesen ist. Die deutschen Erfolge lähmten die Tatkraft der Flotte dauernd, der es aber auch an einer zielbewußten einheitlichen Leitung fehlte.

Gefechte in der Ostsee. Der kleine aber schnelle Aviso „Grille" sowie einzelne der Kanonenboote bei Rügen hatten gelegentlich kleine

Gefechte gegen einzelne der die Blockade ausübenden französischen Schiffe zu bestehen; diese verliefen natürlich erfolglos, führten aber immerhin das allgemeine Ergebnis mit sich, die an und für sich schon ganz in= effektive Blockade sowie die Störung des deutschen Ostseehandels noch bedeutungsloser zu machen.

Die feindlichen Schiffe konnten sich sogar in den Zeiten des Auf= füllens der Kohlen nie ganz sicher fühlen und mußten sich währenddes gegenseitig unterstützen, wobei dann längere Küstenstrecken von ihnen ganz unbeachtet gelassen werden mußten. Die „Grille" unternahm am 17. August einmal einen besonders kühnen Vorstoß.

Die großen vielfachen Siege der deutschen Armeen in den Schlachten um Metz zu Mitte August hatten die Absendung eines Landungskorps nunmehr endgültig ausgeschlossen; aber auch zur Unterstützung einer wirksamen Blockade, durch einige dem Admiral zuzuteilende und durchaus erforderliche kleinere sowie schnellere Fahrzeuge, erfolgte Nichts; es schien, als ob die Ostseeflotte daheim förmlich vergessen worden wäre.

Am 30. August lag Bouet=Willaumez mit einigen Schiffen nahe bei Neufahrwasser zu Anker, um die dortige Uferstrecke genauer zu erkunden; im Dunkel der Nacht gelang es hier dann der Glattdecks= Korvette „Nymphe", unbemerkt an die französischen Schiffe heran= zukommen, in größter Nähe ihre Breitseiten abzufeuern und vor den die Verfolgung sofort aufnehmenden Schiffen wieder sicher in den Hafen zu entkommen.

Weiteres Verhalten von Bouet-Willaumez. Als der französische Admiral am 5. September, nachdem inzwischen zwei seiner Panzerschiffe durch andere ersetzt worden waren, bei Langeland die Nach= richt über die Schlacht bei Sedan sowie deren wichtige Folgen, Kapitu= lation des Heeres, Napoleon's Gefangennahme, erhielt, zog er sofort alle seine Schiffe dort zusammen: aber schon nach 4 Tagen erhielt er von der Regierung der am 4. September neu gegründeten französischen Republik erneuten Befehl, die Blockade weiter fortzusetzen und alles zu tun, um dem Feinde zu schaden.

Er beschloß nun, zum zweiten Male nach Kolberg zu gehen und diese Festung jetzt anzugreifen, konnte aber wegen schweren Ostwindes erst 5 Tage später nach Osten abdampfen; im Westen hatte er wiederum Dieudonné zum Blockieren zurückgelassen.

Am 13. September hatten seine Schiffe bei Arkona einen schweren Nordoststurm vor Anker abzureiten, wobei 2 französische Schiffe nur mit Mühe einer Strandung entgingen; von diesen war das erst kürzlich von

Frankreich eingetroffene neue Panzer-Turmschiff, der große Monitor „Rochambeau" in ganz besonderer Gefahr gewesen.

Vor Kolberg erfuhr Bouet-Willaumez dann, daß die französische Nordseeflotte heimgekehrt sei und die preußische Panzer-Division der Jade ihn jetzt voraussichtlich in der Ostsee überraschen würde. Das beabsichtigte Bombardement Kolberg's wurde jetzt auch aufgegeben und erhielt er dann bald südlich von Kopenhagen den Befehl, mit seinen Schiffen ebenfalls heimzukehren; man gebrauchte unter Anderm seine Mannschaften auch zur Verteidigung der Werke bei Paris.

Nachdem die französische Flotte darauf in der Kjöge-Bucht ihre Vorräte aufgefüllt hatte, verließ sie am 22. September die dänischen Gewässer. Hiermit waren die Feindseligkeiten in der Ostsee beendet, da vor Eröffnung der Schiffahrt im nächsten Frühjahr bereits Ende Januar die Friedens-Präliminarien begannen und der Friede zu Frankfurt am 10. Mai 1871 zwischen der französischen Republik einerseits und dem am 18. Januar zu Versailles proklamierten neuen Deutschen Reich mit König Wilhelm von Preußen als Deutschem Kaiser andererseits abgeschlossen wurde.

Expedition der „Augusta". Im Spätherbst hatte die norddeutsche Bundes-Marine nach dem Abgang der französischen Flotten von den deutschen Küsten es noch zu Wege gebracht, die schnelle Glattdecks-Korvette „Augusta" nach der Westküste von Frankreich zu entsenden; diese sollte den besonders von England und Amerika aus lebhaft betriebenen Waffenhandel unterbinden und hatte auch einzelne Erfolge durch Fortnahme von Schiffen unmittelbar vor der Mündung der Gironde aufzuweisen, wurde schließlich aber von französischen Schiffen im spanischen Hafen von Vigo eingeschlossen.

Der hierdurch ferner bewiesene Geist der Initiative in der jungen deutschen Flotte fand schließlich noch in dem Gefecht des „Meteor" unter Kapitänleutnant Knorr gegen den Aviso „Bouvet" bei Havanna eine fernere Bestätigung.

Erörterung des französischen Landungsplans. Das Auftreten der nach der Ostsee entsandten französischen Flotte fand gänzlich anders statt als beabsichtigt, da ja Alles auf ein unmittelbares Folgen des Landungskorps berechnet gewesen war; dem letzteren würden sich aller Wahrscheinlichkeit nach bei einem schnellen Vorgehen auch bald die dänische Armee und Flotte angeschlossen haben. Ein gemeinsames Vorrücken der verbündeten Landstreitkräfte auf der cimbrischen Halbinsel — rund 30 000 Franzosen und ebensoviel Dänen stark — würde in Verbindung mit Operationen und Landungen der Flotten (etwa auf

Rügen), wohl unbedingt größere Kräfte der deutschen Feldarmee zu Beginn des Krieges länger an den Küsten festgehalten haben. Da die Rückzugslinie und die rückwärtigen Verbindungen dieser Invasions-Armee stets genügend und ohne besondere Schwierigkeiten gesichert werden konnten, so wäre ein derartiges Unternehmen durchaus sachlich und Erfolg versprechend gewesen.

Eine Diversion in dieser geplanten Weise, welche aber immerhin fernere Kräfte weckt, die bis dahin schlummern, z. B. Territorial-Kampf-kräfte zu bewältigen nötig hat, hätte aber nur dann bei einer vorher-gehenden Vereinbarung mit der dänischen Regierung größere Erfolge zeitigen können, wenn sie schnell und tatkräftig ausgeführt worden wäre und zwar womöglich vor Beginn der großen an der Grenze zu erwartenden Entscheidungs-Schlachten; Schnelligkeit wäre um so mehr geboten gewesen, da anderweitige politische Kombinationen, z. B. ein Mittun Österreichs dann durchaus nicht ganz fern lagen.

Ein derartiges kriegerisches Vorgehen an den westlichen deutschen Ostseeküsten wäre, falls genügend vorbereitet, bereits zu Ende Juli ausführbar und möglich gewesen, wenigstens noch in den ersten Tagen des August.

Aber auch nichts war in dieser Beziehung im voraus eingehend bedacht, geschweige denn vorbereitet worden; für die Zusammenstellung, Einschiffung, Überführung und Landung einer Armee war nichts sonderlich überlegt und vorher genau geplant worden, weder bei der Armee noch bei der Marine. Es fehlte hierfür an jeglicher Organisation, trotz der Arbeit von Bouet-Willaumez.

Die ersten und entscheidenden Schlachten der Heere an der Grenze sowie mutmaßlich auch der fernere Verlauf des gesamten Feldzuges wären hierdurch zwar wohl kaum wesentlich beeinflußt worden; aber dies ließ sich denn doch durchaus nicht, wenigstens auf französischer Seite nicht, damals klar voraussehen. Die Mangelhaftigkeit der französischen Kriegs-Vorbereitungen zu Lande und zu Wasser veranlaßte überall zuerst das langsame Vorgehen, dann das Zögern an allen Enden und Orten und schließlich nach den großen deutschen Anfangs-Erfolgen das endgültige Aufgeben einer Diversion an den deutschen Küsten, die nun wesenlos geworden war.

Moltke's Äußerungen. Moltke hat sich in seiner Denk-schrift vom Winter 1868/69 über ein etwaiges Vorgehen der französi-schen Flotte wie folgt geäußert:

„Dahingegen wird eine französische Landung, wenn sie überhaupt beabsichtigt ist, voraussichtlich im allerersten Stadium des Krieges bewirkt werden. Sobald wir erst auf französischem Boden eingerückt sind, verbieten sich solche weitgreifenden Unternehmungen von selbst."

„Ferner wird die französische Flotte sich kaum auf eine Expedition in die Ostsee einlassen. Die Fahrt um Skagen könnte kaum unbemerkt bleiben und würde uns volle Zeit gewähren, mit unseren Streitkräften auf den Eisenbahnen zu folgen."

„Ungleich näher liegt eine Ausschiffung an der Nordseeküste oder vielmehr in einem jütländischen Hafen, um für ein so unsicheres Unternehmen eine Landbasis zu gewinnen, eventuell sich mit einer dänischen Hülfe zu verbinden."

Moltke legt dann ferner dar, daß gleich zu Beginn des Krieges etwa noch 40 000 Mann Feld=Truppen gegen ein solches Vorgehen des Feindes von Norden her zur Verfügung sein würden. In einer Denk= schrift über Küsten=Verteidigung 1867 schrieb er schon bezüglich einer französischen Landung von 100 000 Mann: „ich glaube nicht, daß wir das zu fürchten oder vielmehr zu hoffen haben," und weiter: „Der größte Fehler wäre jedenfalls, wenn wir uns verleiten ließen, einen be= deutenden Teil unserer Armee zum Küstenschutz zurückzulassen und uns bei der Hauptentscheidung zu schwächen."

Kritik des Verhaltens von Bouet=Willaumez. Es ist nicht leicht zu verstehen, daß man der nach der Ostsee entsandten Flotte nicht bald kleinere und zum Schutz von Landungen sowie für eine Blockade geeignetere Fahrzeuge nachsandte, zu welchen Zwecken die Panzerschiffe in keiner Weise geeignet waren, besonders nicht in den engen Gewässern der westlichen Ostsee.

Es herrschte aber in Paris von Anbeginn an Unentschlossenheit und eine gewisse Ratlosigkeit vor; das Herumtasten war an der Tages= ordnung und blieb lange Zeit so.

Man hatte dann, besonders in Frankreich, über die Untätigkeit des Admirals Bouet=Willaumez in der Ostsee oft scharfe Kritik geübt und ihn wegen seiner geringen Erfolge ernst getadelt.

Was sollte dieser dort aber tun, wie dort handeln? Ein Bom= bardement und Angriff auf die befestigten Küstenplätze Düppel=Alsen, Kiel, Swinemünde, Kolberg, Neufahrwasser und Pillau wäre doch gänz= lich zwecklos gewesen und dies um so mehr, da dort keinerlei feindliche Seestreitkräfte von irgend welcher Bedeutung zu vernichten waren.

Ein zu Beginn des Krieges unternommenes und am Ende ohne große Verluste zu ermöglichendes Forcieren der Einfahrt des Kieler Hafens hätte ebenso wenig Erfolg gehabt, da es auch dort Nichts zu holen, Nichts zu vernichten gab.

Jedes Vernichten und Zerstören deutschen Eigentums an den
Küsten wäre aber sofort durch ähnliche Maßnahmen auf französischem
Boden beantwortet worden und zu einer fühlbaren Störung des
deutschen Handels sowie der Schiffahrt waren seine Mittel gänzlich ungenügend. Man sah daher bald ein, daß die aufgewandten Leistungen
in keinerlei Verhältnis zu dem Aufwand von Kraft und Geld standen
und zog die Schiffe daher zeitig zurück.

Das schnelle Vorgehen der deutschen Heere verdammte Frankreichs
Seemacht nahezu zur Tatenlosigkeit.

Einfluß der Seemacht auf den Krieg. Der direkte Einfluß,
welchen die Flotten beider Gegner auf das End-Ergebnis des großen
Krieges ausübten, war somit Null; die französische, gewaltig überlegene
Flotte, konnte bei dem Fehlen jeglicher Vorbereitungen nichts ihrem
Gegner antun und nicht einmal seinem Handel fühlbaren Schaden zufügen, da die schnellen deutschen Siege zu Lande die französische Flotte
bald zur Untätigkeit verbannten; umgekehrt hat aber ihr indirekter Einfluß bei dem Mangel genügend starker deutscher Seestreitkräfte es der
französischen Republik nach dem Zusammenbruch des kaiserlichen Feld-
heeres während des langen Ausharrens im Herbst und Winter ermöglicht, sich vom Ausland her dauernd mit allen erforderlichen Kriegsvorräten versehen zu können, um den sonst aussichtslosen Krieg noch
eine längere Zeit fortzuführen. Das einzig positive Ergebnis des Vor-
handenseins einer starken französischen Flotte, welche die See beherrschte,
war mithin die hierdurch ermöglichte längere starke Gegenwehr der Republik; anderweitige politische Folgen blieben diesmal aus.

Folgen des Krieges; die deutsche Flotte. Die mit der Ent-
stehung des neuen Deutschen Reiches begründete kaiserlich deutsche
Marine, welche sich in den nächsten Jahrzehnten ihren großen Nachbar-
Marinen ebenbürtig zu werden bemühte, läßt eine Wiederholung der
Ereignisse der letzten 3 Feldzüge, — 1848/51, 1864, 1870, — für die
nächste und fernere Zukunft ausgeschlossen erscheinen.

Als eine Handlung einsichtsvoller Seestrategie im Frieden ist die
in den Jahren 1886—1895 erfolgte Herstellung des die Nord- und
Ostsee verbindenden Kaiser Wilhelm-Kanals zu bezeichnen, welcher in
Verbindung mit dem in gleicher Beziehung äußerst wertvollen Erwerb
von Helgoland die deutsche Seemacht-Stellung in beiden Meeren sehr zu
heben im Stande ist.

Auch hierdurch ist das Deutsche Reich mit seiner neuen Flotte in
die Stelle der ersten Seemacht der Ostsee eingerückt, welcher Stellung

selbst die russische Marine mit ihrem neuen Kriegshafen Libau nach-
stehen dürfte.

Die Meerengen-Frage, die Frage der Beherrschung der Zugänge
der Ostsee — die Frage eines mare clausum, — ist nebensächlicher
geworden oder vielmehr durch die Erbauung des Nord-Ostsee-Kanals
sowie durch die Gründung des Kriegshafens von Kiel und die Erweiterung desjenigen von Danzig in einem Deutschland günstigen Sinne
gelöst worden.

Damit ist die Bedeutung des dominium maris baltici eine andere
geworden und wird in all und jeder überblickbaren Zukunft kaum je
wieder sich zu einem casus belli gestalten, abgesehen von dem wichtigen
Umstand, daß auch die Interessen sämtlicher Neutralen hierbei ein großes
Wort mitreden, wie dies in dem Abschnitt über „die Ostsee als Kriegstheater" eingehend behandelt worden ist.

Die Seekriegsgeschichte der Ostsee scheint somit, da jetzt auch der
östliche Nachbar schwere Einbuße jeglicher Art erlitten hat, seit der Gründung des machtvollen aber friedfertigen Deutschen Kaiserreichs einstweilen
zu einem Abschluß gekommen zu sein. Versuche, die Ostsee als ein mare
clausum zu behandeln, haben wohl ein für alle Mal ihr Ende erlebt,
sie sind wesenlos, ja zwecklos und unzeitgemäß. Im Kriege würde sich
gegebenen Falls der Stärkere nicht an Verträge, welche darauf hinaus-
gingen, kehren und ob Neutrale sich alsdann zu bewaffnetem Einschreiten veranlaßt sehen würden, bliebe jedesmal ebenfalls eine Frage
des augenblicklichen eigenen Interesses dieser.

Setzte die Seekriegsgeschichte der Ostsee im Wesentlichen mit dem
Entstehen der deutschen Hanse-Seemacht ein, so schließt sie in der Neuzeit
mit dem Wiederentstehen einer deutschen Seemacht, der des neuen Deutschen
Reiches; den früheren Verhältnissen gegenüber gestärkt durch eine große
Kriegsflotte und eine Welt-Handelsflotte, durch einen die beiden deutschen
Meere verbindenden Kanal sowie durch das Übergewicht und den Druck
auf den nach wie vor an den Meerengen sitzenden Nachbarstaat, ist die
Stellung dieser Seemacht jetzt eine weit festere und machtvollere.

Anhang.

Allgemeine Vorgeschichte der Ostsee, im Abriß.

Allgemeine Vorgänge bis 1250.

Zeit des Vorherrschens der Wikinger und Dänen. Bereits mehrere Jahrhunderte vor Christus wurde die Ostsee vom Mittelmeer aus befahren, um von dorther Bernstein zu holen. Die nordischen Sagen überliefern uns auch Kunde von frühzeitig stattgehabten See= kämpfen. Eigentliches kriegerisches Seeleben entwickelte sich aber in der Ostsee weit später als in der Nordsee.

Die Normannen, welche um 1000 auf dem Wege Island=Grönland zuerst Amerika entdeckten, traten dann auch in der Ostsee auf. Als nordische Kriegsscharen, Wikinger (Wikinge), zeigten sich schon 1—2 Jahrhunderte früher die am Kattegatt und Skagerrak sowie der west= lichen Ostsee wohnenden skandinavischen Stämme der Nordmannen; ihr Name wird auf das Wort viken = Bucht zurückgeführt, da sie meistens die in den Enden der einzelnen tiefen Buchten liegenden Schiffe und Ortschaften überfielen oder von diesen Innen=Buchten aus auf Seeraub auszogen; hierbei waren die zweiten Söhne ihrer Herrscher als sogenannte „Meerkönige" oder „Seekönige" ihre Anführer.

Die Art der Seefahrt war noch wenig entwickelt und noch ganz an die Küsten gekettet, Nachts wurde fast immer am Lande festgemacht. Die auch mit Segeln versehenen Fahrzeuge waren gewöhnlich nur 50', selten bis zu 150' lang; sie hatten höchstens 60—70 Ruderer und eine Besatzung von 100—200 Mann, die sich in späterer Zeit gelegentlich bis zu 500 Menschen vergrößerte.

Die Seekämpfe waren viele Jahrhunderte hindurch nichts Anderes als eine Art von Landschlachten, welche in offenen Fahrzeugen auf dem

Waſſer geliefert wurden; die im Gefolge der vielfachen Raubzüge und Seezüge ſtattfindenden Seeſchlachten hatten aber öfter einen recht großen Umfang. Sie fanden nur an den Küſten der däniſchen Inſeln und im Kattegatt, ſpäter um Rügen herum ſtatt. Erſt mit dem Auftreten der ſlaviſchen Wenden im Weſten der Oſtſee kommt kriegeriſches Leben auch in der Oſtſee ſelber vor, die ſonſt erſt ſpät in die Kriegsgeſchichte eintritt; die große Seeſchlacht bei Svolb fand um das Jahr 1000 in der Nähe von Rügen ſtatt; die Dänen beanſpruchten dann allmählich eine Art politiſcher Vorherrſchaft auf und an der See, das erſte Auftreten eines Verſuches, das dominium maris baltici zu erringen.

Unter Kaiſer Otto III. wird allerdings in der Liſte der Hofämter kurz vor dem Jahre 1000 auch ein „Oberſter Admiral" angeführt, der aber nur für die Nordſee beſtimmt war.

Auch der Handel und mit ihm die allgemeine Schiffahrt kamen erſt ſpät in der Oſtſee auf und zwar ohne jede Anteilnahme Deutſchlands, das vom Welt=Handel ganz umgangen wurde. Deutſchland war zu der Zeit noch gleichmäßig auf beiden Seiten des Rheins verteilt und grenzte nur mit einem ganz kleinen Teil an die Oſtſee und zwar nur mit der innerſten Bucht des Kieler Hafens; von der Mündung der Levensau bei Holtenau ab war das Land nördlich däniſches Gebiet, von der Mündung der Swentine an das Land im Nordoſten wendiſcher Boden. Allmählich zeigten ſich dann die Deutſchen auch auf den Gewäſſern der Oſtſee.

Waldemar der Große, der König der geeinten Dänen, Esbern Snare und ſein Bruder Biſchof Abſalon kämpften dann gemeinſam gegen die Wenden; letzterer ſiegte 1184 bei Greifswald gegen Herzog Bogislav von Pommern, welcher 500 Schiffe zur Stelle hatte und war Dänemark nun faſt die einzige Macht auf der Oſtſee, der ſich die übrigen Völker nicht mehr entgegen ſtellen konnten.

Eroberung von Eſthland. Der Seezug Waldemar's II. Seier, des Siegers, nach dem Norden, um im Jahre 1219 das heidniſche Eſthland, das wie Kurland und Livland zur Zeit Chriſti Geburt Stammſitz reiner Germanen geweſen, zu erobern, iſt ganz beſonders erwähnenswert.

Auf rund 500 Langſchiffen und 500 Jagten wurde ein Heer von mehr als 60 000 Mann mit Pferden und allem Kriegsmaterial von Dänemark nach Eſthland in einem gemeinſamen Seezuge übergeführt, was als eine ganz beſonders große Leiſtung anzuſehen iſt, mag die

Zahl der Mannschaften auch immerhin stark übertrieben und gar zu hoch angegeben sein.

Es war ein derartiges, gemeinsam ausgeführtes großes Unternehmen auch wohl nur im Sommer und zwar von Westen nach Osten aus-führbar, wegen der alsdann meistens durchweg von Westen her wehenden Winde.

In der Vollmerschlacht besiegte Waldemar Mitte Juni die Esthen, wobei ihm der vom Himmel niederfallende Danebrog als Krieges- und Sieges-Zeichen den Sieg verschaffte.

Beginn von Dänemarks Niedergang. Bis zum Jahre 1227 blieb alsdann Dänemark in dem Besitz der seit 1202 an der südlichen Ostsee eroberten Küstenländer, deren Gebiet sich nach Osten bis in die Gegend des jetzigen Kolberg erstreckte; die Schlacht bei Bornhöved in Holstein war der Wendepunkt dänischer Oberherrschaft. Rügen fiel aber erst 1325 an Pommern und Gothland wurde 1346 an den Deutschen Orden abgetreten.

Seit einem Jahrhundert hatte von Westen, von Alt-Deutschland her, die Eroberung der slavischen Lande im Osten der Elbe begonnen und die deutsche Kolonisation hier eingesetzt. Sofort reihte sich die Gründung deutscher Städte hieran an, als eine der ersten entstand 1143 Lübeck und damit kam das Deutschtum auch auf dem Gebiet der Ostsee allmählich zur Geltung. Lübecks Emporblühen begünstigte die Zerstörung von Schleswig, Julin (jetzt Wollin) und Barbewik (1160—1190).

Lübeck, das 1234 Waldemar's Angriffe durch seine mit Bürgern der Stadt besetzten „Wehrschiffe", später „Koggen" benannt, kräftig abgewehrt hatte, wurde alsbald eine freie Reichsstadt mit großen Privilegien und begann nach kurzer Zeit im Verein mit dem Städtebund der „Deutschen Hanse" die Ostseeherrschaft von den Dänen an sich zu reißen. Schon 1248 verbrannte der lübsche Bürgermeister Soltwedel die Burg von Kopenhagen, weil lübsche Schiffe wiederholt von dänischen beschlagnahmt worden waren.

Dänemark verlor aber die Oberherrschaft in der Ostsee erst ganz, nachdem es an deren Küsten überall zu Lande niedergeworfen worden war, worauf es in dieser seiner geringeren Machtstellung dann allerdings fast nur durch die Seemacht der Hanse niedergehalten wurde.

Polens Stellung. Das inzwischen durch die zeitweilige Erwerbung Pommerns, dann Livlands und noch später Litthauens und Kurlands zu einer baltischen Macht gewordene Polen nutzte aber selbst die großartige Lage von Danzig sowie die Beherrschung der Düna, Weichsel und Oder nicht zum Gewinnen einer herrschenden Stellung in der Ostsee aus, sondern wurde weit ernster zu Lande im Osten gefesselt und im Inland beschäftigt. Dem durch seinen großen Besitz an der Ostsee kurzweilig zur ersten Macht im Norden gewordenen Polen fehlte es an einer Flotte, deren Schaffung zwar von den Wahlkönigen gefordert wurde, wozu aber die eigensüchtige Schlachta nie die nötigen Geldmittel durch Steuern aufbringen wollte.

Auf die Entwicklung des Landes und Staates nach dieser andern Richtung hin waren von nun ab alle Kräfte gerichtet; auf der Ostsee selbst hat Polen nie die geringste Bedeutung gehabt, auch nicht mit seinem Handel oder einer Schiffahrt.

Ein fernerer schwächlicher Versuch Polens, auf der Ostsee Stellung zu gewinnen, der nach etwa 4 Jahrhunderten unternommen wurde, ward sofort durch die anderen Mächte im Keim erstickt.

Die Hanse-Zeit, 1250—1550.

Gründung und Beginn der Seegeltung der Hanse. Erst jetzt, mit dem Auftreten deutscher Seestreitmächte, beginnt die eigentliche Seekriegsgeschichte der Ostsee einzusetzen; den außer der eigentlichen Hanse noch auftretenden größeren deutschen Bestrebungen zum Gewinnen von Seegeltung soll ein späterer besonderer Abschnitt gewidmet werden. Die Hauptzeit der Hanse fällt in die Zeit vom allgemeinen politischen bis zum wirtschaftlichen Rückgang Deutschlands.

Aus einem reinen Bund von Kaufleuten, welche Handel nach dem Ausland und zwar fast nur über See betrieben; welche sich dann zur Erlangung von Privilegien zu Korporationen in gemeinsamen Kontoren zusammengefunden hatten; die darauf sich und ihre Privilegien mitsamt ihren Gütern und Waren durch den seitens der Fürsten und Herren zu gewährenden Schutz sichern mußten; entstand nach und nach der größere allgemeinere Bund der Hansestädte.

Der Name „Hanse" kommt schon seit 1160 in England als Bezeichnung für die dortigen Köllner Kaufleute vor und bedeutet: Gilde, Genossenschaft, Gesellschaft, wird aber erst um 1350 allgemeiner.

In der Ostsee hatten besonders die in Wisby in großer Anzahl befindlichen Westphalen sowie übrigen Mittel- und West-Deutschen um 1150 eine kaufmännische Genossenschaft gebildet und leitete diese von hier aus alle Interessen des die Ostsee schon zu der damaligen Zeit fast gänzlich beherrschenden deutschen Seehandels.

Da die Hanse-Kaufleute ihre Waren stets selbst begleiteten, so waren in Wisby Bürger aller bedeutenden nieder- und mittel-deutschen

Städte dauernd vertreten, so daß deren Wille für Alle zum förmlichen Gebot wurde; ihres Beschützers, Heinrichs des Löwen, Tod veranlaßte 1229 den Abschluß des ersten erweiterten Bundes- und Handels-Vertrages.

Als Vororte wurden bereits 1250 erwähnt: Köln, Lübeck, Wisby; später gab es 4 Kreise, an der Ostsee den preußisch-livländischen mit Danzig und den pommersch-wendischen mit Lübeck als Vororten. Riga wurde 1198 durch Bremer Kaufleute gegründet, Wisby bereits früher. Die 5 wendischen Städte: Lübeck, Wismar, Rostock, Stralsund und Greifswald bildeten während der längsten Zeit des Bestehens der Hanse den Kern aller Städte-Bündnisse.

Um ein Gegenstück anzuführen, befuhren die Russen bis zum Jahr 1300 die Ostsee noch bis nach Schleswig hin, verschwanden dann zeitweilig aber ganz von der Ostsee.

Lübecks Stellung. Das lübsche Recht, der westphälischen Stadt Soest entnommen, galt dauernd in sämtlichen Ostseeländern, sogar stellenweise bis Ende des 19. Jahrhunderts. Lübecks geographische Lage im Westen der Ostsee, als erste deutsche Städte-Gründung an dieser sowie als nächste Ostseestadt an Deutschlands damaliger Ostgrenze, verschaffte und erhielt dieser Stadt die Vormacht-Stellung im Bunde. Die weitere Ausgestaltung ihres Stadtrechts sowie der besonders kräftig entwickelte politische Sinn ihrer Bürger hatten hieran ferner einen wesentlichen Anteil. Hier wurde zuerst an der Ostsee erkannt, daß Politik Macht sei; die freiere Verfassung und die Ungebundenheit des Rates von der Bürgerschaft ließen größere Ziele erkennen und sachlich sowie tatkräftig durchführen.

Der bereits 1241 zwischen Lübeck und Hamburg abgeschlossene Sonder-Vertrag, welcher noch in die neueste Zeit hinein öfter fälschlich als Gründung des Hansebundes bezeichnet wurde, diente nur zur Sicherung der Verbindungsstraßen und Kanäle zwischen beiden Städten sowie der Elbe als gemeinsamer Schiffahrtsstraße nach der Nordsee. Die Hanse bildete für alle anderen niederdeutschen Städte-Bündnisse älterer Gründung die gemeinsame und höhere Einheit, ohne jene irgendwie aufzuheben oder unnütz zu machen. Ein Versuch Lübecks, im Jahre 1283 wegen der allgemeinen Unsicherheit zur See zusammen mit 9 anderen Städten und 3 Fürsten eine baltische Reichsflotte zu gründen, mißlang vollständig.

Ausdehnung des Bundes der Hanse an der Ostsee. Im Lauf von 4 Jahrhunderten gehörten von den insgesamt 72 Städten des Hansebundes folgende 25 Städte zum nahen Bereich der Ostsee: Kiel, Lübeck, Wismar, Rostock, Stralsund, Greifswald, Anklam, Stettin,

Cammin, Demmin, Treptow, Kolberg, Rügenwalde, Stolp, Danzig, Neu-Stargard, Elbing, Braunsberg, Königsberg, Riga, Pernau, Windau, Reval, Narwa, Wisby.

Ferner gab es noch in folgenden 10 Ostsee-Städten besondere Hanse-Faktoreien: Flensburg, Svendborg, Kopenhagen, Helsingör, Helsingborg, Malmö, Falsterbo, Kalmar, Stockholm. In der Nordsee erstreckte sich der Bund bis zu den Städten an der Mündung der Schelde.

In der Ostsee kam bald nach Lübeck etwa um 1300 Danzig sehr empor und zwar zumeist durch seinen unmittelbaren Verkehr mit England; Hamburg wurde zwar um 1350 eine der Hauptstädte des Bundes, zeigte aber seinen Einfluß in der Ostsee nicht oft und auch dann nur in geringem Maße.

Organisation des Hansebundes. Als eine Art Staat im Staate herrschte dieser eigentümliche und lediglich nur auf Handels-Interessen gegründete Bund zeitweilig fast allmächtig an den Küsten der Ostsee, auf deren Gewässern er die unbedingte Alleinherrschaft ausübte, sowohl die handels-politische als auch die maritim-militärische.

War die Organisation nach innen und außen stets auch nur eine sehr lockere, so bekam Lübeck doch alsbald den dauernden Vorsitz, wozu ebenfalls seine zentrale Lage zur Ostsee und Nordsee nicht unwesentlich beitrug; es führte den Briefwechsel, bewahrte das Archiv und berief die sogenannten „Tagesfahrten", deren Bestimmungen und Sitzungs-Protokolle den Namen „Recesse" hatten. Somit waren in der Leitung der gemeinsamen Interessen des Bundes, bei der freien ungebundenen Verfassung Lübecks selber, dessen Rat sich stets aus den tüchtigsten Geschlechtern ergänzte, keinerlei Sprünge zu verzeichnen, sondern es herrschte hier eine bedeutsame Tradition vor.

Wen die Ausschließung aus diesem Bund traf, die sogenannte „Verhansung", der war förmlich geächtet und konnte das betreffende städtische Gemeinwesen diese Ächtung nie lange ertragen, ohne wirtschaftlich zugrunde zu gehen. Dies Verfahren einer förmlichen Handelssperre wurde aber nur infolge handelspolitischer Verfehlungen und Ausbeutung wirtschaftlicher Sonder-Interessen angewandt. In einem Kriege strenge Gefolgschaft zu leisten, dafür gab es keine bindenden Verpflichtungen; jede Stadt war in dieser Beziehung politisch vollkommen frei und richtete sich dabei stets nach ihren besonderen Verhältnissen, wobei die politische Lage zu den nächsten Staaten und Fürsten eine Hauptrolle spielte.

Viele Binnenstädte hatten in den Küstenorten eigene Kontore und Lagerhäuser, ihre Schiffe führten deren besondere Flaggen am Topp des Hauptmastes, die „Flüger". Bedingung der Zugehörigkeit war nur: Teilnahme am Handel mit dem Ausland und hier in erster Linie an dem Seehandel.

Es gab eine Menge von Unterverbänden jeglicher Art, die alle strenge Satzungen hatten. Auch auf der See wurde eine strenge Justiz geübt; so wurden z. B. einmal 100 englische Fischer, welche auf Hanse-Gründen bei Falsterbo fischten, ohne Weiteres ersäuft.

Nicht die Hanse als solche übte im Allgemeinen die Seepolizei aus, sondern jede einzelne Seestadt hatte durch ihre stets bereiten „Fredekoggen" — besonders erbaute und armierte Schiffe — in ihrer näheren Umgebung eine Art Seepolizei auszuüben und die See frei zu halten.

Im Heringslager auf Schonen, den sogenannten Bitten bei Falsterbo-Skanör, durfte sich von Ende Juli bis Oktober kein Fremder aufhalten; hier versammelten sich alljährlich 30—40 000 Fischer, Kaufleute und Schiffer, bis seit dem Jahre 1425 der Hering nach und nach seinen Zug nach der Nordsee nahm und somit auch zum Aufblühen der Niederlande wesentlich beitrug, da er als Fastenspeise noch überall gefordert wurde.

Mehr als ein volles Jahrhundert währte diese Blütezeit der Hanse, trotz aller schwierigsten Verhältnisse ringsum, sowohl politischer als handelspolitischer.

Die Hanse als Kriegsmacht zur See. Die folgenden Darstellungen sollen in einem kurzen Abriß nur die Haupt-Kriegshandlungen berücksichtigen, welche sich auf der Ostsee und an deren Ufern abgespielt haben.

Etwa um 1300 kam in der Ostsee die reine Segel-Schiffahrt auf, der Kompaß kam in Gebrauch und das Steuer wurde von der Seite in den Achtersteven verlegt, so daß die Küsten-Schiffe jetzt See-Schiffe wurden. Dies wirkte allmählich in der Richtung auf die Kriegführung zur See ein, daß die Ruderflotten verschwanden und die mit vielen Handelsschiffen versehenen Hansestädte nunmehr letztere immer zu einem Kriege bereit hatten, eine Art von Miliz-Flotte gegenüber den stets zuerst ad hoc zu schaffenden Flotten der Ostsee-Staaten.

Graf Gerhard von Holstein, aus dem Hause Plön-Rendsburg, hatte, mit Hülfe der Städte, Dänemarks erneutes Vordringen wieder gehemmt; da aber die auf seiner Seite stehenden und Dänemark besetzt haltenden Ritter sich im Laufe der Zeit auch auf das Wasser begaben und den hanseschen Handel überall schädigten, so hielten die Hansestädte wieder zu Dänemark, so daß Waldemar III. mit ihrer Hülfe die Herrschaft zurück gewann. Letzterer hielt aber seine Versprechungen nicht, sondern drangsalierte den Handel im Sund ganz außerordentlich, so daß sich nun im Hinblick auf diese wichtige Meerengen-Frage die Hansestädte 1361 von Neuem gegen ihn einten. Nach einer 30jährigen Ruhezeit zeigte sich der Bund zum ersten Mal wieder in seiner ganzen Stärke; Waldemar's III. Atterdag's Vorgehen gegen Wisby im Jahr zuvor war denn doch gar zu schwerwiegend gewesen. Der Bund siegte unter Führung von Lübecks Bürgermeister Johann Wittenberg mit Hülfe der Fürsten von Schweden und Mecklenburg, schloß aber ohne diese einen Separat-Frieden 1362 mit Dänemark ab.

Da aber Waldemar III. fortfuhr, den Handel zu belästigen, Sundzölle zu erheben und die Wittenlager in Schonen zu zerstören, wurde der allgemeine Unwille gegen die dänischen Bedrückungen so stark, daß im Jahr 1367 zu Köln eine große „Konföderation" von 77 Städten gegen ihn abgeschlossen wurde und diese Städte dem König ihren Fehdebrief übersandten. Von Zierikzee in den Niederlanden bis Narwa am finnischen Meerbusen sammelten sich die gestellten Schiffe unter Führung von Lübecks Bürgermeister Warendorp, zerstörten die dänischen Küstenorte, eroberten Kopenhagen und vernichteten Waldemar's Macht vollständig, so daß Dänemark in dem 1370 zu Stralsund abgeschlossenen Frieden sogar zugestehen mußte, daß die Wahlen der künftigen Könige von der Hanse zu bestätigen wären. Durch die Abtretung der 4 wichtigsten Sundschlösser Helsingborg, Malmö, Skanör und Falsterbo war die militärische Beherrschung des Sundes gesichert und die Ostsee zum mare clausum geworden, da die Belte noch nicht befahren wurden.

Blütezeit der Hanse. Die Hanse war jetzt unumschränkte Alleinherrscherin an und auf der Ostsee und auf der Höhe ihrer Macht; sie hielt sich noch lange auf dieser Höhe, wenn auch mit wechselnden Zwischenfällen, brauchte ihre Macht aber nur auf ihrem ureigensten Handels- und Wirtschafts- sowie See-Schiffahrts-Gebiet und nutzte diese sonst in keiner Weise politisch aus. Die Entreißung der Herrschaft, welche Dänemark über den Sund ausgeübt hatte, verschaffte ihr endgültig die Oberherrschaft der Ostsee; 1395 wurde schließlich auch noch Stockholm von ihr genommen.

Die drei nordischen Staaten begannen nun unter einander ihren langen Kampf, der schließlich im Jahr 1397 zur Kalmarischen Union führte; Königin der vereinten 3 Reiche Dänemark, Norwegen, Schweden wurde Margarethe von Dänemark, Gemahlin König Haakon's VI. von Norwegen. Ihr folgte, da der Tod ihres Sohnes Olaf früher erfolgte, ihr Adoptivsohn und Großneffe Erik von Pommern, der keinerlei Bedeutung gewann. Stockholm war inzwischen von der Hanse an Margarethe gegen Anerkennung der hansischen Privilegien abgetreten worden.

Unsicherheit auf der Ostsee. Während dieser langen Kämpfe waren in der Ostsee überall Freibeuter und Seeräuber in solchen Mengen und solcher Stärke erstanden, daß hiergegen etwas Ernstes geschehen mußte. Diese sogenannten „Vitalien-Brüder" waren zumeist deutsche, dann dänische und schwedische sowie späterhin auch friesische Edelleute, welche ursprünglich zum Entsatz des belagerten Stockholm aufgeboten worden waren, um dieses vor Allem mit Lebensmitteln (Viktualien) zu versehen. Fürsten wie Städte stellten ihnen „Kaper- oder Stehl-Briefe" aus.

Gegen diese Seeräuber gaben die Hansestädte dem Lübecker Wulflam Wulflam den Seekrieg gewissermaßen in Entreprise und stellten auch einige Schiffe, wogegen dieser die Besatzungen anwarb, eine Art Söldnerwesens zur See.

Die verschiedene Parteinahme, selbst der wendischen Städte, ließ dieses Kaperwesen sich zu einem förmlichen Seeräubertum entwickeln, so daß die Vitalien-Brüder bald noch eine neue Bezeichnung „Liekendeeler" erhielten, d. i. Gleichteiler der gewonnenen Beute.

War das Getriebe zur See seitens der ersten Vitalien-Brüder, welche auch als Freibeuter dem Gegner auf alle und jede Weise Abbruch zu tun bemüht waren, anfangs gewissermaßen eine Art Klein- und Guerilla-Krieges zur See und daher in keiner Weise unehrenhaft, so artete ihre Handlungsweise nach und nach jedoch in den ärgsten Seeraub aus. Am meisten hatte noch Danzig seine Auslieger (Kaper) in gewisser Zucht und Ordnung.

Nachdem die Liekendeeler mit Hülfe des Deutschen Ordens aus ihren Hauptsitzen in Gothland vertrieben waren und einer ihrer Hauptführer, der berüchtigte Claus Störtebeker dann in der Strander Bucht bei Kiel gänzlich geschlagen worden war, zogen sie sich nach der Nordsee hin, wo sich viele friesische Edelleute bald zu ihnen gesellten, darunter Edo Wiemblen, ein Cirksena u. a. m. Bei Helgoland wurden sie 1420 fast aufgerieben und ergab sich bald darauf ihre Stammburg, die Siebethsburg an der Jade bei Wilhelmshaven.

In der Ostsee traten sie aber nach kurzer Zeit wieder von Neuem auf und raubten bis nach Bergen hin; im Namen der Hanse sandte Hamburg 1471 gegen sie 10 Schiffe aus und wird noch 1488 über eine Hinrichtung von 74 Liekendeelern berichtet.

Beginn des Verfalls der Hanse. Bereits 1390 war der schon lange zwischen den Osterlingen, d. i. den Ostsee-Hansen sowie den Westerlingen, den Niederländern gährende Handels=Zwist zum offenen Ausbruch gekommen und ging im Jahre 1420 in ernste Tätlichkeiten über.

Dieser lediglich in Folge der verschiedenen Handels=Interessen ent= standene Zwist hatte zur Veranlassung, daß die wendischen Ostseestädte nicht den unmittelbaren direkten Seehandel durch den Sund zwischen Livland=Preußen und den Niederlanden dulden wollten, wodurch besonders Lübeck als Zwischen=Stapel=Platz großen Abbruch in ihren Handels= Beziehungen erlitt.

Infolgedessen sagten sich die Niederländer um 1450 ganz vom Bunde los; dieser mehr reinen Handels=Trennung deutscher Städte folgte alsdann die politische durch Karl V. ein Jahrhundert später und als die Niederlande dann bei ihrem großen Religionskriege gegen Spanien sich allein überlassen wurden, ward die Trennung vom Deutschen Reiche eine endgültige.

Dauernd rüttelten kleinliche innere Organisationsfragen und Be= stimmungen am Bunde; so wurde z. B. im Jahre 1412 bestimmt, daß zur Verminderung der Frachtkosten in Folge des erforderlichen Leichterns der Fahrzeuge, welches wegen der geringen Tiefe der meisten Häfen, vor allem Lübecks und Danzigs, erforderlich geworden war, die Schiffe nicht mehr als 100 Lasten, d. i. 250 Register=Tons groß sein und keinen größeren Tiefgang als 6 Ellen haben dürften. Nur Riga durfte für die Versendung von Getreide und Holz größere Schiffe bauen; in Lübeck trat 1451 zum ersten Male ein Bagger in Tätigkeit. Daß derlei ein= schränkende Verordnungen auf Handel und Schiffahrt schließlich nur schädlich einwirken mußten, liegt gar zu sehr auf der Hand.

Weitere Seekriege. In größerem Maßstabe erneuerte sich der sonst fast nie ganz ruhende Seekrieg in der Ostsee zuerst wieder im Jahre 1427, als nach Unterdrückung des Grafen von Schauenburg in Holstein der Unionskönig Erich unter anderm wieder den Sundzoll einführen wollte. In klarer Erkenntnis der Sachlage äußerte der schwedische Bischof von Westeraas: „auf Seemacht komme es jetzt an, denn wer zur See Herr bleibe, werde den Sieg davontragen." Jetzt wurden 250 Schiffe mit 12 000 Mann gegen die kapitalsarme Union, welche ohne die deutschen Kaufherren doch nicht leben konnte und gegen Kopenhagen insbesondere ausgesandt, nachdem ein Jahr zuvor die ver= einigten Lübecker und Hamburger im Sund vernichtet worden waren und die ahnungslos von Westen heransegelnde sogenannte hanse'sche Bayen=Flotte von fast 70 Seglern den Dänen in die Arme gelaufen war.

Kopenhagen wurde eingeschlossen und dann von 200 Kanonen beschossen, die auf großen, an Ort und Stelle besonders hergerichteten

Flößen aufgestellt waren; durch Ketten und 40 versenkte Schiffe sperrte man die Hafenzugänge. Heftig wurde auf dem Lande und Wasser zugleich gekämpft, Kopenhagen hielt sich aber und eine Lücke in der teilweise schlecht ausgelegten Schiffssperre erlaubte den Dänen ein baldiges Wieder-Auslaufen von sieben ihrer Schiffe mit 1400 Bewaffneten. Aber dennoch ward die Sundsperre weiter aufrecht erhalten, gegen sämtliche Nicht-Hansen insbesondere.

1429 wurde eine dänische Flotte von 70 Schiffen, deren Versuch, Stralsund und Greifswald zu überrumpeln, mißglückt war, auf der Rückfahrt vom Ruden im Osten des Greifswalder Boddens nach dem Gellen im Westen, beim Dänholm nahe Stralsund fast ganz aufgerieben. Erst 1435 wurde endgültig der Friede zu Vordingborg abgeschlossen.

Soviel Stoßkraft nach außen hin war aber bei den Hanse-Städten noch immer vorhanden, daß auch England sich ihnen im Jahre 1437 ganz willfährig zeigen mußte: Lübeck besaß zu der Zeit kaum 20000, Rostock 14000 und Hamburg etwa ebensoviele Einwohner wie Lübeck.

Auch gegen das weitere Ausland, gegen die holländisch-vlämischen Städte sowie selbst gegen England siegte die Hanse noch in einem energischen Kaperkrieg in der Nordsee im Jahre 1468. Aus den bisher fast nur gegen die Küsten der Gegner geführten Kriegen wurden jetzt Handels- und See-Kriege, in denen die Auslieger der verschiedenen Städte dauernd die See unsicher machten.

Der dauernde Ansturm der Fürsten führte zu dem mehr rein politisch-militärischen Bund der „Tohopesate", welcher auch zeitweilig Erfolge mit sich führte.

Hansische Kriegsschiffe. Die hochbordigen und ziemlich plumpen hansischen Kriegs-Koggen waren zu der Zeit bei Weitem die größten Schiffe in der Ostsee; bis zu 800 Tonnen groß, 120' lang, 30' breit und 14' tief, hatten sie 3 Masten mit Raaen und eine Besatzung von 250 Mann, wovon die Hälfte aus Seeleuten bestand. Später führten diese Koggen eine Armierung von 15—20 Kanonen, deren Hälfte aus größeren Kalibern bestand, d. i. 9- bis 12-Pfünder.

Die „Frede-Koggen", die Friedensschiffe der einzelnen Städte, wurden öfter zu einer Friedensflotte zusammengezogen, um die Küsten und die hohe See von den Seeräubern zu reinigen. Wollten die Handelsschiffe sicher fahren, so durften sie sich nicht von diesen entfernen. Alle Städte trugen zum Unterhalt dieser Friedensschiffe gemeinsam bei und der Pfundzoll wurde hierfür zumeist angewandt, wie überhaupt für all und jede Schiffs-Zurüstungen.

Deutsche Seehelden der Ostsee. Der große Sieg des Danziger Freibeuters Bokelmann bei Bornholm fällt in das Jahr 1455; er kämpfte dort mit nur 6 Schiffen gegen 16 dänische Schiffe, welche er nach und nach getrennt angriff, 6 von ihnen zerstörte und 6 als Prisen aufbrachte. Es war dies eine kühne, glorreiche Tat, welche sein Besen-Abzeichen im Topp des Großmastes, als Plan der Säuberung der Ostsee von Feinden, — worin er also Vorgänger des holländischen Admirals Martin van Tromp, des Älteren war, — vollauf rechtfertigte. Sein Vorgehen bei Bornholm zeigt schon taktisches Verständnis in höherem Maße.

Noch ein fernerer Danziger Führer zur See ist zu nennen, der sich auch hohen Kriegsruhm erwarb und dessen Taten erst in der neuesten Zeit durch Auffindung alter Chroniken wieder frisch ans Licht gezogen sind. Es ist dies Paul Beneke, der 1473 sogar englische Schiffe vor der Weichsel eroberte. An der flandrischen Küste kämpfte er dann wiederholt mit großem Erfolg gegen Frankreich-Burgund infolge eines mit England abgeschlossenen Traktats; die Danziger Schiffe „Peter von Danzig" und „Mariendrache" waren bei allen Seefahrern äußerst gefürchtet. Das Altarbild des Jüngsten Gerichts in der Marien-kirche zu Danzig, von Hans Memling gefertigt, ist eine der vielen Trophäen Beneke's.

Noch um 1500 beherrschte die Hanse die Ostsee vollkommen, sowohl handelspolitisch als auch militär-politisch, da die fast nur in dänischem Geiste geleitete Union nie ganz in sich geeint war und der alte Haß der Schweden gegen die Dänen von Neuem wieder aufflammte; in der entfernteren und weiteren Nordsee dagegen konnte sich um diese Zeit die Hanse gegen England und Burgund nur auf handelspolitischem Gebiet auf der früheren Höhe halten.

So treffen wir fast überall in den heimischen Gewässern eine Entfaltung höchster deutscher hansischer See-Kriegstüchtigkeit; die Namen der führenden Männer verdienen ebenbürtig mit solchen wie Jean Bart und denen der Heerführer zu Lande, wie Georg Frundsberg und Anderer aufgeführt zu werden; jedenfalls war es ein Verdienst, daß sie vor Kurzem der Vergessenheit entrissen worden sind.

Aber solche einzelne Großtaten zur See fanden fast nur bei den kleinen Sonder-Bündnis-Kriegen einzelner Städte statt, selten war eine allgemeinere Gesamt-Leistung und Leitung vorhanden, obwohl Lübeck nach wie vor die Geschäfte des Bundes weiter führte und noch im Jahre 1524 sein Bürgermeister Thomas von Wickede gewissermaßen die

ſchwediſche Krone an Guſtav Waſa ſowie die däniſche Krone an
Friedrich von Holſtein austeilte.

Während aber 1510 und 1511 die wendiſchen Hanſeſtädte den
Dänen gegenüber größere kriegeriſche Erfolge zur See aufzuweiſen hatten,
und der „Eiſerne Heinrich“ vor Travemünde den Feind erfolgreich
abwies, beſchloß voller Kurzſichtigkeit ein Jahr darauf der deutſche
Reichstag, daß kein Deutſcher ſich am Handel mit den neu entdeckten
Ländern jenſeits des Ozeans beteiligen dürfe; die Niederländer
hingegen nahmen umgekehrt von dieſer Zeit an auch wiederum leb-
haften Anteil am Handel in der Oſtſee, trotzdem ihre Blicke ſie ſchon
damals auf den Ozean hinführten und noch 1511 die hanſiſche Flotte
bei Hela eine ſtarke niederländiſche Flotte von 250 Seglern faſt ganz
aufgerieben hatte.

Im Frieden zu Malmö 1512 war die Hanſe wiederum die ge-
winnende Partei und blieb nun einſtweilen die Herrſcherin in der Oſtſee,
nachdem in Folge des Stockholmer Blutbades 1520 die nordiſche Union
wieder ganz zerfiel.

Der letzte größere See-Feldzug der Hanſe, 1534. Nach den
Kriegen gegen Chriſtian II. von Dänemark, in denen Guſtav Waſa
von der Hanſe unterſtützt wurde, iſt noch ein beſonders ſtarkes Auf-
flackern der Hanſe und zwar diesmal nur bei ihrem Vorort allein zu
verzeichnen, in der im Jahr 1534 beginnenden ſogenannten Grafen-Fehde.

Die Uneinigkeiten bei der däniſchen Königswahl hatten Lübeck
veranlaßt, durch ſeinen Kandidaten, den Grafen Chriſtoph von Oldenburg, Kopenhagen mit den Inſeln in Beſitz zu nehmen. Lübeck fand
aber keine Gefolgſchaft von irgend einer anderen Stadt, ſein kraftvoller
Bürgermeiſter Johann Wullenweber, welcher durch die nach Einführung der Reformation ans Ruder gekommene demokratiſche Partei
an die Spitze gelangt war, war allein die Seele des ganzen Unternehmens; Lübecks Kraft war aber, trotzdem es allein handeln und vorgehen mußte, immer noch groß. Im Weſentlichen drehte ſich der Streit
wieder um die Zulaſſung der Holländer am Oſtſeehandel, was von
Lübeck nicht geduldet werden konnte, ohne den Handel der Stadt gar
zu ſehr zu ſchädigen, obwohl Dänemark, Schweden und Preußen (das
herzogliche) dafür eingetreten waren.

Wullenweber hatte klar erkannt, daß es darauf ankomme, einmal wieder mit maritim-politiſcher Macht aufzutreten, wolle man den
Handel auf der Höhe halten, der von allen Seiten ſchwer bedrängt
wurde. Er verlangte auch von Heinrich VIII. von England Sub-
ſidien-Zahlungen.

Dänemarks Admiral Peder Skram; seine Siege. Unter
dem dänischen Admiral Peder Skram sammelten sich nun bei Gothland 18 dänische, 11 schwedische und 10 preußische Schiffe, letztere unter
Befehl des herzoglichen Admirals Johann Peine oder Preen;
Skram, der den Namen „Dänemarks Wagehals" bereits durch seine
vielen kühnen Kriegstaten zu Lande erlangt hatte, war in Jütland als
Sprößling eines alten Adelsgeschlechts geboren und hatte sich den Namen
eines tüchtigen Führers erworben.

Sein schwedisches Flaggschiff, als das größte Schiff „Store
Kravel" genannt, hatte 320 Seeleute und etwa 1000 Soldaten an
Bord; die unter ihm stehende Flotte war die erste in der Ostsee, deren
Schiffe schon durchgängig mit Geschützen armiert waren.

Während der neue König Christian III. von Dänemark durch
seinen Feldherrn Johann Ranzau Jütland und Fünen nahm,
siegte Peder Skram am 9. Mai bei Bornholm in schwerem Seegang, konnte aber keines der feindlichen Schiffe entern. Er verfolgte
dann seinen 12 Schiffe starken lüb'schen Gegner bis nach Kopenhagen,
welches ja bereits vom Feinde, den Oldenburgern und Lübeckern, besetzt
worden war. Im nächsten Jahr eroberte er die Inseln, nahm die
letzten Schiffe Lübecks bei Svendborg fort und belagerte dann Kopenhagen, wohin Wullenweber jetzt 18 Schiffe unter Claus Warnow
zum Entsatz sandte.

Ende des Krieges 1535. Für den verwundeten Skram übernahm der preußische Admiral Preen den Oberbefehl über die verbündete Flotte, ließ aber die Gegner aus dem Hafen entkommen; erst
nach Skram's Wiederherstellung fiel Kopenhagen in die Gewalt
Christians III.

All dies Mißgeschick führte schließlich, da auch Lübeck von Ranzau
bedroht wurde, zur Anklage, Vertreibung und nachherigen Enthauptung
Wullenweber's. Dänemark erstarkte wieder und erklärte schon im
nächsten Jahr das mit ihm seit 1360 in Personal-Union verbundene
Norwegen zur Provinz.

Während Dänemark sich mehr und mehr als Staat consolidierte
und in der folgenden Friedenszeit langsam an der Herstellung einer
Flotte arbeitete, eine Werft anlegte, festes Schiffs-Personal anstellte und
gleichzeitig Schweden durch die Kraft-Anstrengungen seiner Herrscher
mehr erstarkte, wurde die Hanse mit jedem Jahre ohnmächtiger. Die
nächsten Fürsten bemächtigten sich nach und nach der im Binnenlande
liegenden Hanse-Städte, während es an den Küsten selber bei dem alten
Hader verblieb. Die innere Schwäche des lockern Bundes war klar

hervorgetreten, man hatte von nun an kaum noch irgendwo Respekt, geschweige denn Furcht vor der Hanse. Alle hansischen Bitten und Beschwerden beim Deutschen Reichstag blieben erfolglos.

Gründe des Niederganges der Hanse. Es hat gar vielerlei Einflüsse bedurft um die Hanse endgültig ihrer Macht ganz zu berauben; hierhin gehört letzten Endes: die falsche und engherzige Politik, welche das noch immer leitende und führende Lübeck einschlug; die Kurzsichtigkeit seiner Bürger, welche nicht über das Althergebrachte wie früher frei hinweg zu schauen vermochten und den neuen Seehandels-Verhältnissen mit ihren neuen Verbindungen nicht mehr Rechnung tragen konnten; der Mangel an Unternehmungsgeist bei den Kaufleuten, welche die neuen mit der Entdeckung von Ostindien und Amerika eintretenden Änderungen nicht voll zu verwerten wußten und sich nicht an weiteren Entdeckungen beteiligten; der Wegzug des Herings von der Ostsee; die in Folge politischer Zentralisierung auch wirtschaftlich erstarkenden fremden Völker; die sich überall an den Küsten Bahn brechende neue Fürstenmacht; das Emporkommen der von den baltischen Mächten in der Ostsee wirksam unterstützten Holländer; schließlich die schwache Organisation des Bundes, der keinerlei inneres Leben mehr zeigte. Als nun auch noch durch die Aufhebung des Haupt-Stapelplatzes in der Nordsee, Brügge, die Hanse im Westen schwer in ihrem Handel geschädigt wurde und weder durch die Macht ihrer Flotte, noch durch Handels-Sperren mehr zu wirken vermochte, war ihr Schicksal endgültig entschieden.

So zerfiel der sonderartige und lockere Bund der Handelsstädte allmählich; nur einzelne Ruhmestaten fanden noch hie- und da statt, selten haftet aber die Aufzählung der Tatsachen an Namen und Personen. Die politische Herrschaft in der Ostsee ging ganz auf die Dänen und Schweden, die Handelsherrschaft auf die Niederländer und Engländer über.

Nachdem bereits 1630 Lübeck, Hamburg und Bremen ein neues Sonderbündnis eingegangen waren, fand im Jahr 1669 noch ein letzter Hansetag statt, als Regelung der Erbschaft das letzte äußere Zeichen des großen Städtebundes.

Bedeutung der Hanse. Man denke sich nur das Bild der Macht dieses Bundes, wie es bei einem festen politischen Zusammenhalten durch eine starke Zentralgewalt hätte werden können, durch ein starkes Kaisertum. Nur einmal hat ein deutscher Kaiser, Karl IV., bei einem Besuch Lübecks im Jahr 1375, also zur Zeit der höchsten Blüte des Bundes, ein festeres Bündnis zwischen der Hanse und dem Deutschen Reich zu schließen versucht; die Furcht der Bürger vor einer voraussichtlichen späteren Vergewaltigung durch Kaiser und Reich ließ diesen Versuch aber nicht zur Tat werden.

Fragt man kurz nach dem Wert und der allgemeinen Bedeutung der Hanse für Deutschland, so ist in erster Linie zu antworten, daß in der dunkeln Zeit des Verfalls der Lehns-Monarchie sowie der Entartung der Kirche im Mittelalter, die Geschichte dieses Städte-Bündnisses im Allgemeinen doch den einzigen wahren Lichtpunkt bildet.

Die Städte vertraten fast einzig und allein den Gedanken an eine Weiter-Entwickelung des nationalen Volkstums und machten ihn teilweise zur Tat; sie allein stellten der Gewalt des Raubrittertums die Notwendigkeit der Pflege und des Schutzes des Rechtes gegenüber, sie ließen allgemeine Ziele der Ausnutzung des krassensten Eigennutzes vorangehen; sie vertraten in der Hauptsache fast allein noch deutsches Wesen und deutsche Art tapfer allem Fremden und Ausländischen gegenüber; Engherzigkeit und selbstsüchtiges Stammes-Bewußtsein fanden bei ihnen lange Zeiten hindurch keinerlei Aufkommen; deutsche Kraft und Macht zeigten sie dem nahen und ferneren Ausland gegenüber zeitweilig nur ganz allein.

Bei diesem eigenartigen Handels- und Interessen-Bunde deutscher Kaufleute fand am Ende des Mittelalters das Deutschtum seine beste Pflege und seinen Haupthort. Deutsch und hansisch waren lange Zeiten hindurch so gut wie identisch, gehörten eng zusammen; während Ganz-Deutschland sich befehdete, gab es hier gelegentlich ein kräftiges gemeinsames Zusammenwirken, um höhere und bedeutsame Ziele zu erreichen, die Wogen der Reformations-Kämpfe verloren hier ziemlich ganz ihre zerstörende Kraft.

Die vielen Sonderwerke über hansische Geschichte geben eingehende Auslassungen dieser Art an manchen Stellen wieder.

Schwedische Epoche, 1550—1620.

Schiffbau- und Artillerie-Entwickelung. Zu Beginn des 16. Jahrhunderts war die Takelage sehr vervollkommnet worden, indem statt der mit 2—4 Schützen besetzten Mastkörbe am Topp der niedrigen Pfahlmasten, jetzt die zur weiteren Abstützung der neu eingeführten oberen Stängen dienenden Marsen eingeführt wurden. Es gab auch schon Bramstängen, also eine zweite Fortsetzung des Untermastes und das Bugspriet wurde gleichfalls angebracht, um von vorne her die Stängen und Bramstängen stützen zu können sowie um den Schiffen eine größere Manövrier-Fähigkeit zu verschaffen. Stagsegel kamen aber erst später auf.

Die Größe der Schiffe, welche früher selten 200 Tonnen erreichte, verdoppelte sich und wären die Hanse-Schiffe für die Ozean-Fahrt die am Besten geeigneten gewesen. Die meisten Schiffe der nordischen Marinen bestanden zu dieser Zeit aus „Kravelen", 3—4mastigen Schiffen ohne Stängen und mit lateinischen Segeln; breit, über Wasser einfallend, mit einem Schiffsschnabel vorn, auf Deck Hütten, eine Art Übergang von den älteren „Galeonen".

Kanonen kamen in der Ostsee an Bord der Schiffe erst um 1450 in allgemeinen Gebrauch, obwohl sie vereinzelt schon vordem zu finden und auf Schiffen anderswo schon seit dem Jahr 1335 eingeführt worden waren. In der Ostsee kamen die ersten sogenannten Schiffsdonnerbüchsen im Jahre 1385 vor; die ersten Geschosse waren noch Steinkugeln.

Die Kanonen wurden jetzt nicht mehr in besonderen erhöhten Kastellen vorne und hinten, sondern bald nach 1500 in der Breitseite der Schiffe aufgestellt und bald in Kanonenpforten postiert, deren Erfindung schnell überall Nachahmung fand; zu Anfang waren diese letzteren noch klein und rund, wurden dann erweitert und dienten zugleich als Seitenfenster der unteren Batterieen. Die Kartauen oder Notschlangen schossen bereits 18-pfündige Kugeln; die Haupt-Armierung bestand aus 8—10-Pfündern. Die Munition betrug im Allgemeinen 30—40 Schuß für jedes Geschütz.

Schwedens erstes größeres Auftreten zur See. Schon 1555 und in den folgenden Jahren hatte Schweden im finnischen Meerbusen größere Flotten im Dienst, welche bei Wiborg und auch bei Nöteborg am Ladoga-See öfter mit Erfolg kämpften, um Rußlands Einfälle in Finnland abzuweisen sowie Schweden den Besitz des eroberten Esthland mit Reval zu sichern.

Die Hanse trat als solche hier nicht mehr mit ihren Flotten auf, sondern nur noch ihr Vorort Lübeck, obwohl auch viele andere Städte noch mit starken Handels- und Schiffahrts-Beziehungen hier oben vertreten waren. Nach der Zerstörung des Hanse-Stapelplatzes in Nowgorod war Narwa als Zwischenplatz ausersehen worden, was aber von Schweden Revals halber immer zu umgehen versucht wurde. Das Vordrängen der livländischen Städte schadete dem Hansehandel hier fernerhin ganz außerordentlich.

Bei der Beurteilung und Betrachtung der bisherigen Kämpfe auf der Ostsee sowie derjenigen des nächsten halben Jahrhunderts überhaupt muß man sich vergegenwärtigen, daß zu der damaligen Zeit die Seekriegführung der Holländer und Engländer derjenigen in der Ostsee noch bei Weitem untergeordnet war; die spanische Armada kam erst

1588 nach dem Norden und vorher gab es dort am Kanal nur Küsten-
Seekriege. Heinrich's VIII. von England geschaffene stehende Flotte
bestand mehr aus Galeeren und einzelnen „Galeonen", einem neuen,
besser für die Ozeanfahrt geeigneten Schiffstyp. Bald nach Königin
Elisabeth's Tod verfiel die plötzlich gegen die spanische Flotte
geschaffene englische Seemacht wiederum fast gänzlich.

Schweden und Polen waren jetzt Rivalen Dänemarks und der
altersschwachen Hanse an den Ufern der Ostsee geworden und setzte
bald ein allgemeiner Kampf um die Herrschaft in der letzteren ein.
Der Sieben-Jahrs-Krieg, 1563—1570. Als Folge des von
Dänemark wieder beanspruchten Hoheits-Rechtes in der Ostsee entfachte
so zwischen den beiden baltischen Seemächten des Nordens im Jahr
1563 wiederum ein neuer längerer Seekrieg, da Schweden nach dem
Niedergang der Hanse auf das Äußerste bestrebt war, das dominium
maris baltici an sich zu reißen. Der diese beiden Völker für die
nächsten Jahrhunderte ständig schädigende Zwist setzte jetzt zum ersten
Mal in voller Schärfe ein.

Schwedische und dänische Geschwader, welche nur zum gegenseitigen
Beobachten ausgesandt worden waren, trafen sich bei Bornholm, wo
der dänische Admiral Brockenhus nach kurzem Gefecht seine drei
Schiffe einbüßte. Infolgedessen erklärte Dänemark an Schweden den
Krieg und fand an Lübeck eine Unterstützung, dessen Handel bei Narwa
von den Schweden sehr stark belästigt worden war; noch einige fernere
Städte traten später diesem Bündnis bei.

Der nunmehr bereits 71 Jahre alte Peder Skram bekämpfte
ohne wesentlichen Erfolg am 11. September, im Verein mit 6 lübschen
Schiffen unter Knebel, bei Öland den schwedischen Admiral Jakob
Bagge, der sich vordem als Feldobrist ausgezeichnet hatte.

„Admiral" war auch damals noch keine bestimmte Charge, sondern
bedeutete nur den Führer einer Flotte; es ist im 16. Jahrhundert in
den nordischen Marinen öfter vorgekommen, daß ein zum Admiral
während eines Krieges ernannter Seeoffizier bei Auflösung der Flotte
wieder als Kapitän usw. Dienst tat und auch so benannt wurde. Diese
Unsicherheit dauerte bis in den schonenschen Krieg hinein.

Leiter des einzelnen Schiffes war der oberste eingeschiffte Militär-
Befehlshaber, von denen oft bis zu 5 Hauptleuten an Bord waren,
wohingegen die seemännische Führung ein Schiffs-Hauptmann, Kapitän
oder Chef hatte, dem mehrere Schiffer zur Unterstützung beigegeben
waren, während besondere Steuerleute die nautische Führung hatten.

Im nächsten Frühjahr liefen beide Flotten wieder neu gerüstet aus, sie stießen dann am 30. und 31. Mai zwischen Öland und Gothland auf einander.

Die südlichen Provinzen der skandinavischen Halbinseln Schonen, Halland und Blekingen gehörten damals noch zur Krone Dänemark, so daß die Kämpfe der früheren und folgenden Jahre immer weiter östlich und nördlich von Bornholm stattfanden als diejenigen der späteren Zeit. Der Krieg war im Wesentlichen fast der reine Seekrieg, welcher aber nicht nach größeren Gesichtspunkten geführt wurde; auf keiner Seite wurden erlangte Vorteile ernstlich verfolgt und kam es den Flotten mehr auf das Zerstören des Handels allein an. Auch die Kämpfe zu Lande waren an den Grenzen nichts Anderes als reine Raub- und Plünderei-Züge.

Dänemark's Admiral Herluf Trolle. Führer der 28 dänischen und 10 lübschen Schiffe war Herluf Trolle; er siegte bei Öland über die 35 schwedischen Schiffe unter Bagge, dessen Flaggschiff „Makalös" zuletzt in die Luft sprang, nachdem es vorher von dem Dänen Otto Rud geentert worden war. Am Tage zuvor hatte Bagge durch ausgelegte Balken dreimal ein Entern seines Flaggschiffes verhindern können.

„Makalös" hatte bei einer Länge von 160' insgesamt 175 Geschütze (Notschlangen, Feldschlangen, Falkonette) sowie eine Besatzung von 800 Mann; das Gewicht einer Lage aller Geschütze betrug aber nicht ganz 150 kg. Vor dem Untergang des Schiffes war Bagge als Gefangener auf ein Lübecker Schiff übergestiegen.

Sowohl in dieser Schlacht wie in den ferneren Kämpfen bei Öland und Warnemünde waren die Verluste auf beiden Seiten sehr große; der Winter zwang dann bald beide Flotten, sich wieder zurückzuziehen.

Im nächsten Jahre, 1565, wurde Herluf Trolle, der seine Schiffe nicht zusammenhielt, am 4. Juni bei Buckow in der Nähe von Wismar von Clas Horn besiegt und verwundet; er mußte die See räumen und starb bald darauf an den Folgen seiner Verwundung.

Herluf Trolle als Taktiker zur See. Der erste Seebefehlshaber des Nordens, welcher den Versuch zu einer besonderen taktischen Flotten-Gliederung unternommen hat, ist Herluf Trolle gewesen (s. Plan: k).

Er teilte seine Schiffe in Gruppen zu dreien, indem je einem größeren Schiffe 2 kleinere zur Unterstützung dauernd beigesellt wurden. Diese Gruppen wurden alsdann in der Art formiert, daß das stärkere

Schiff in der Mitte segelte und etwa 4—6 Strich zu beiden Seiten achteraus die beiden anderen Schiffe fuhren. Die Gruppen segelten in Kiellinie hinter einander in der Art, daß die Führerschiffe der einzelnen Gruppen eine Kiellinie bildeten und deren Trabanten sich dadurch staffelförmig zu beiden Seiten dieser Kiellinie anschlossen, daß die kleinen Fahrzeuge jeder folgenden Gruppe immer weiter von ihrem Führer abstanden als die der vorhergehenden Gruppe.

Die ganze Flotte erhielt hierdurch die Form eines spitzen Keils von etwa 2—3 Strichen zu jeder Seite der mittleren Kiellinie und segelten die Schiffe mithin in 3 Kolonnen; die großen in der Mitte in Kiellinie, die kleinen zu den Seiten in einer steilen Staffel.

Wegen der allzu großen Verschiedenheit der Schiffe der Flotte, die zumeist nur aus eiligst zusammengestellten Kauffahrteischiffen bestanden, sowie wegen ihrer schlechten Manövrier-Fähigkeiten und der geringen Erfahrung, Ausbildung und Seemannschaft ihrer Besatzungen, von denen nur die kleinere Hälfte aus Seeleuten bestand, mißlang dieser Versuch einer Formal-Taktik vollständig.

Besonders löste sich sofort zu Beginn der Seeschlachten der Keil ganz und gar auf und entspannen sich lauter Einzelkämpfe, bei denen das Entern noch die Hauptsache war und währenddeß sich selbst die zu den einzelnen Gruppen gehörenden Schiffe nicht einmal genügend unterstützten.

Dieser nichts anderes als eine Sammlung bewaffneter Handelsfahrzeuge darstellenden Flotte dienten noch 6—8 kleinere Fahrzeuge überall ringsum zum Aufklären.

In der Geschichte der Seetaktik ist dies Vorgehen von Herluf Trolle ein ganz besonders erwähnenswertes Ereignis, da erst ein Jahrhundert später in den englisch-holländischen Kriegen zum ersten Mal in der englischen Flotte der Begriff einer gegliederten Schlachtordnung und einer geordneten Kiellinie als Gefechtsformation für eine Flotte aufkam.

Bis dahin sammelten sich die Schiffe der einzelnen Unter-Abteilungen einer Flotte immer um die verschiedenen Flaggschiffe in regellosen Haufen und fochten demgemäß ebenso ohne jegliche Ordnung in einer förmlichen Massenschlacht; eine Flotten-Einteilung gab es überhaupt erst seit dem Jahre 1625.

Schwedens Admiral Clas Horn. Der zum Oberbefehlshaber der schwedischen Flotte ernannte General Clas Horn, der sich wie sein Vorgänger ebenfalls zu Lande in vielen Gefechten ausgezeichnet hatte und später noch öfter in dem Oberbefehl zu Lande und zu Wasser wechselte, siegte am 7. Juli 1565 zwischen Rügen und Bornholm mit

46 Schiffen über Rud mit seinen 36 Schiffen, darunter 14 lübsche und nahm diesen gefangen; die vielen eng gedrängten und langen Einzelkämpfe der Schiffe brachten die beiderseitigen Verluste auf die gewaltige Höhe von fast 7000 Toten und Verwundeten.

Da Rud mit seinen sehr stark bemannten Schiffen fast ohne Artilleriekampf sofort zum Entern vorging, so bestand diese Schlacht fast nur aus Kämpfen Schiff an Schiff und Mann gegen Mann. Ruds Flaggschiff „Jaegermesther" zählte 1100 Mann gegen Horn's „St. Erik" mit 620 Mann. Die Zahl der Geschütze betrug bei beiden Schiffen 90 Kanonen und 5 Mörser.

Im Herbst nahmen die Sieger noch viele dänische, lübische und holländische Kauffahrer fort oder erhoben von ihnen hohen Zoll; einen Schutz des Eigentums von Privaten, selbst Neutralen, gab es zur See noch nicht. Wie in fast allen andern Kriegsjahren forderte auch hier die Pest wiederum viele Opfer.

1566 kämpfte Horn am 26. Juli wieder mit einer großen Flotte von 60 Schiffen an der Nordspitze von Oeland gegen 36 Schiffe der Dänen unter Lauritzen und der Lübecker unter Tinapel; es fand aber wegen des hohen Seegangs und des schweren Sturmes nur ein für die Verbündeten zwar verlustreiches, aber im Übrigen ergebnisloses laufendes Gefecht statt, nach welchem sich beide Flotten wieder trennten.

Lauritzen ging darauf vor Wisby zu Anker, um dort seine Gefallenen, in erster Linie einen abligen Kapitän, an Land zu bestatten. In einer der folgenden Nächte nahm der Sturm so sehr zu, daß 11 dänische und 6 lübische Schiffe strandeten, wobei rund 6000 Mann ums Leben kamen, darunter 3 Admirale und 12 Kapitäne und auch Lauritzen hierbei sein Leben verlor.

Dies war Lübecks Flotten-Ende; die alte Hansestadt war jetzt erschöpfter als beide nordischen Königreiche; die so außerordentlich hohen Verluste der beiden letzten Jahre konnte die Stadt nicht wieder voll ersetzen.

Clas Horn (nicht zu verwechseln mit Henrik Horn), der Sieger über 3 dänische Admirale, welcher seinem Vaterlande die Herrschaft in der Ostsee verschaffte und auch zu Lande siegreich war, Schwedens erster Führer zur See, starb noch im Jahre 1566 an der Pest.

Der Seekrieg lullte nun bald ganz ein und wurde 1570 der Friede zu Stettin abgeschlossen, der für Lübeck immer noch leiblich günstig ausfiel, an dessen Abmachungen sich Schweden aber schon nach 2 Jahren nicht mehr kehrte.

Im Jahre 1580 gab Dänemark ebenfalls sein bisheriges Anrecht auf, von den anderen Nationen durch Fieren der oberen Segel gegrüßt zu werden, welches Recht nunmehr Schweden für sich in der Ostsee beanspruchte.

Schweden's Vorherrschaft in der Ostsee. Während England unter seiner Königin Elisabeth selbst im Jahre 1603 nur 42 Kriegsschiffe besaß und sogar Hamburg sowie Lübeck und auch Danzig um Gestellung von Schiffen ersuchen mußte, zählte die Flotte des kleinen Schweden-Reiches unter Erich XIV. bereits vor dem Jahre 1570 mehr als 70 Schiffe. Erich hatte auch bereits eine Gefechts-Instruktion für seine Schiffe erlassen.

In der Friedenszeit zerfiel aber die schwedische Flotte wiederum mit als Folge der inneren Umwälzungen nach Einführung der seit 1598 allein in Schweden geduldeten evangelischen Glaubenslehre, so daß in dem 1610 beginnenden Kalmarkriege es den Dänen zwei Jahre später gelang, bis Waxholm und selbst nach Stockholm mit ihren Schiffen hinzukommen; auch wurden Kalmar und Gothenburg von den Dänen erobert.

Zum Schutze Lübecks schlossen die Niederlande mit diesem im Jahre 1613 ein Bündnis und im nächsten Jahr ein zweites mit Schweden, um den dänischen Übergriffen entgegen zu treten.

Zum ersten Mal begannen jetzt also auch fremde Seemächte außerhalb der Ostsee ihren Einfluß in dieser zu zeigen. Die Bemühungen der dänischen Könige aber, den Ostseehandel Hollands nach Schleswig und Flensburg zu ziehen, blieben ohne Schaden für die Hansestädte, obwohl die Fremden sonst überall in die ersten Stellungen eingerückt waren.

Glücklicher war Schweden gegenüber Rußland, das sich inzwischen schon ganz an der Ostsee festgesetzt hatte; in heftigen Gefechten auf den Gewässern des Ladoga-Sees, bei denen auch Gustav Adolf persönlich zugegen war, wurden die Russen vollständig besiegt und dann aus Finnland sowie aus Ingermannland wieder zurückgedrängt (s. Karte: A.)

In dem 1617 abgeschlossenen Frieden zu Stolbowa mußte Rußland alsdann das seit dem Jahr 1583 wieder in Besitz genommene baltische Küstenland, vor Allem Ingermannland im äußersten Osten des finnischen Meerbusens endgültig an Schweden abtreten und verschwand damit wieder fast ein volles Jahrhundert ganz aus der Reihe der Ostsee-Mächte.

Art der Befehls-Führung zur See. Wenn auch ein bestimmtes Reglement oder ein sogenannter Signal-Brief noch in keiner der damaligen

Flotten vorhanden war, so gab es doch für verschiedene Manöver, z. B. Anterlichten, Antern, Wenden u. dergl. bestimmte Signalzeichen.

In der Schlacht wurden Befehle durch kleinere Fahrzeuge oder auch Boote weitergegeben, ferner durch Anpreien und Zuruf von Schiff zu Schiff. Hauptsache war stets das Beispiel der Führer, der Admirale. Auch für die Meldung vom Erfolg einer geglückten Enterung sowie für das Bitten um Hülfe in der Not gab es bestimmte herkömmliche Signalzeichen. Die Übergabe eines Schiffes wurde dadurch kund getan, daß der Schiffs-Chef seinen Hut abnahm, welchem Beispiel dann die Besatzung folgte.

Das Streichen, d. i. Niederholen der Flagge oder Senken des Flaggstocks mit der Flagge als Zeichen der Übergabe kam ebenfalls erst in der Mitte des 16. Jahrhunderts auf, da die Nationalflaggen erst zu dieser Zeit eingeführt wurden und statt der Bezeichnung „Feldzeichen" jetzt diejenigen von „Seezeichen" führten. Bis dahin wehten diese nur an den Toppen der Masten und während des Gefechts ferner noch am Spiegel eine rote Flagge, die sogenannte „Blut-Flagge".

Deutsche Seegeltungs-Bestrebungen außer der Hanse.

Der Deutsche Orden. Aus der Geschichte des Deutschen Ordens ist hier kurz anzuführen, daß er im Jahre 1226 zuerst an der Ostsee auftrat und sich bald nach der Bewältigung der heidnischen Preußen in deren Stammland sehr ausbreitete; 1236 traten die Reste des Ordens der Schwertbrüder zu ihm über. Letzterer hatte sich bereits 1202 als Hülfe des bremischen Erzbischofs in Kurland gebildet, sich dann sehr schnell entwickelt und schon 1210 größere Länderstrecken in Livland sowie in Esthland erworben, trotzdem in diesen Ländern zu gleicher Zeit mehrere selbständige Bistümer entstanden. Alle diese Gründungen wurden von der See her ausgeführt.

Im Jahr 1250 begann der Seehandel des Ordens nach Nord-Deutschland, dann bald nach Flandern und England; 1309 wurde nach dem Fall von Akko in Syrien der Hauptsitz des Ordens nach Marienburg im Südosten von Danzig verlegt. Die höchste Entfaltung des Ordens fällt auf das Jahr 1400.

Nach Durchführung vieler meist erfolgloser Seezüge, welche die Städte und Fürsten gegen den Seeraub eingeleitet hatten, bemannte im Jahre 1396 der Hochmeister des Deutschen Ordens, Konrad von

Jungingen, mit Hülfe der preußischen Städte eine größere Anzahl von Schiffen und schlug die Seeräuber, die Bitalien-Brüder und Liekenbeeler derartig, daß die Ostsee nunmehr längere Zeit von ihnen gänzlich frei war. Unter diesen Seeräubern fanden sich Träger berühmter Namen, wie Barnekow, Manteuffel, Moltke.

Im Jahre 1398 nahm der Orden ihren Hauptsitz, die Insel Gothland in seine Gewalt; auf 80 Schiffen wurden 40 Ritter, 400 Reiter und 4000 Mann dorthin übergeführt. 10 Jahre später mußte der Orden die Insel aber an die Königin Margarethe abtreten.

Die aus 45 Schiffen bestehende Ordensflotte wurde 1463 schließlich durch eine Flotte der preußischen Städte auf dem Frischen Haff zerstört; nach einzelnen vorhergegangenen Gebietsabtretungen an Polen wurde dann 1525 das Hauptland des Ordens, das Herzogtum Preußen weltlich und im Jahre 1561 ging der letzte Rest seiner Besitzungen verloren. Kurland mit Semgallen wurde polnisches Lehen, Livland polnische Provinz, Esthland fiel an Schweden und an Rußland, die Insel Dagö und einige ihr zunächst liegende Festlandsstrecken kaufte der dänische Herzog Magnus.

Der Schwertorden wurde 1525 zeitweise wiederum selbständig, aber weltlich; die Reformation stürzte schließlich hier alle Verhältnisse um, bis dann der Bischof Kettler Livland ganz an Polen abtrat und dafür Kurland als herzogliches Lehen empfing.

Wie später die Hanse, so ging auch der Orden, der zeitweise eine nicht unbedeutende Seegeltung erlangt hatte, an den vielseitigen Interessen aller Beteiligten und der nächsten Nachbarn, an dem Neid der minder Begünstigten sowie an dem Mangel einer starken dauernden und einheitlichen Oberleitung zu Grunde. Auch hier hätte nur ein starkes, alle Kräfte zusammenhaltendes Kaisertum festen und endgültigen Wandel zu schaffen vermocht.

Nach 300jährigem langen Ringen war es Polen 1466 gelungen, den Orden niederzuzwingen; ersteres hatte sein Ziel erreicht und festen Fuß am baltischen Meer gefaßt. Kaum 50 Jahre später begann dann Polen seinen Frontwechsel nach Osten und setzte künftig hier allein alle seine Kräfte ein; die Ostsee wurde fast ganz aufgegeben, nachdem sie mit großer Mühe erreicht worden war.

Süd- und Reichs-Deutsches zur See. Auch im Reiche und besonders in Süddeutschland hatten die Handelsverhältnisse eine Verbindung mit der Seeschiffahrt des Nordens zu Wege gebracht; einzelne Tatsachen und Errungenschaften waren auch für die Ostsee von Bedeutung, deren

wichtigste hier angeführt werden sollen und zwar ganz kurz in chrono-
logischer Reihenfolge.

1473 wurden in Nürnberg die ersten, bis zum Jahre 1506 be-
rechneten Ephemeriden, astronomische Jahrbücher, in welchen die Stellungen der Himmelskörper von Regiomontanus (Müller) berechnet waren, für nautische Zwecke herausgegeben.

1490 fertigte Martin Behaim in Nürnberg den ersten Erdglobus
an, seinen „Erdapfel"; vorher hatte er bereits das Astrolabium zum
nautischen Quadranten verbessert.

1506 fuhren Schiffe der Welser und Fugger (in Augsburg)
bis nach Ostindien und den Molukken.

1510 entstand in dem weit im Binnenlande liegenden Nürnberg
sogar eine eigene Zunft von Kompaßmachern.

1528—1531 erlangten die Welser, Esinger und Fugger von
Karl V. wichtige Kolonial-Gerechtsame in Venezuela und rückten 1555
mit ihren Söldnern sogar bis an die Anden vor.

1569 entstand Gerhard Merkators „Weltkarte", die besonders
nautischen Zwecken sehr nützlich war.

1570—1576 wurden die ersten Flottenpläne auf dem Deutschen
Reichstag beraten, man wollte auf die hansischen Beschwerden eingehen.

1570 beriet man zu Speier ebenfalls das sogenannte „Admirals-
wert" in 2 Kommissionen; es handelte sich um die Schaffung einer
Reichsflotte mit Ober- und Unter-Admiral, allerdings in erster Linie nur
für die Nordsee.

1571 tagten zu Gröningen Herzog Alba und Herzog Adolf
von Holstein sowie je ein Oberst des sächsischen und westfälischen
Kreises: „außer den 13 burgundischen Orlogschiffen solle das Reich
noch 7 fernere beschaffen und feste Kommissare in den Haupt-Hafen-
Plätzen anstellen."

1576 wurde dieser Plan endgültig verworfen, weil die Reichsstände die Macht eines künftigen „Reichs-Admirals" fürchteten, welcher:
„bei auswärtigen Fürsten dem Reich allerhand Verlegenheiten zuziehen
könne und es in Deutschland nie üblich gewesen sei, einen Reichs-
Admiral zu haben; außerdem würden Flotte und Admiral zu viel kosten,
es sei etwas ganz Neues".

In der Nordsee und im Atlantik kam an den Küsten Europas
Hamburgs Konvoy-Schiffahrt auf, deren berühmtester Vertreter der
Kapitän Karpfanger geworden ist; die Handesschiffe der Ostsee-Städte
schlossen sich meist den Konvoy-Geschwadern anderer Staaten an.

Kurlands See-Bestrebungen. Der Herzog Jacob Kettler von Kurland hatte sich vom Jahr 1610 ab nach und nach eine Flotte von 44 Schiffen zu 30—80 Kanonen sowie ferner 15 Schiffe ohne Geschütze erbaut und besaß außerdem etwa noch 60 Last-Fahrzeuge und Handelsschiffe.

Im Schloß zu Goldingen, nordöstlich von Libau, sind diese Schiffe sämtlich in Wand-Gobelins verewigt worden; die herzogliche Flotte war bei Weitem stärker als die spätere kurbrandenburgische des Großen Kurfürsten. Der Herzog hatte Agenten in Danzig, Lübeck, Hamburg, London, Paris und in Nantes. Die Stadt Mitau sollte durch einen Kanal zur Seestadt gemacht werden.

1640 errichtete Kettler auf der Guinea-Küste ein Fort, also schon 43 Jahre vor dem Großen Kurfürsten und siedelte dort Kolonisten an; 1654 ward von ihm auf der Insel Tabago in Westindien, welche ihm schon 1610 von Jakob I. von England geschenkt war, eine Kolonie gegründet, die aber 4 Jahre später nach dem Absegeln der kurländischen Kriegsschiffe an die Holländer verloren ging. 1658 ward mit einem Schlag mitten im Frieden seine aufkommende junge Macht vernichtet.

Ein zweiter und dritter Besiedelungs-Versuch durch den Herzog Friedrich Casimir mißlangen ebenfalls; die kurländische Flagge, ein schwarzer Taschenkrebs auf rotem Grunde. verschwand 1681 vom Weltmeer und bald danach ebenfalls von der Ostsee.

Kaiserliche See-Geltungs-Bestrebungen. Als im Lauf des 30jährigen Krieges Wallenstein für Kaiser und Reich die Ostseeküste Mecklenburgs eroberte, erhielt er im Jahr 1628 ein Patent als: „General des Ozeanischen und Baltischen Meeres und General-Kapitän der zu errichtenden Armada", deren Stärke gleichzeitig auf 24 Orlogsschiffe festgesetzt ward.

Der Friedländer nahm sich dieses neuen Amtes sehr rührig an und erkannte die Bedeutung der Seemacht vollauf; in Wismar wurde sogleich eine Werft errichtet, eine zweite bald darauf in Rostock. Auch die Schaffung eines Binnenland-Wasserweges von Wismar zur Elbe ist zu seiner Zeit geplant worden. Wallenstein ließ ferner Schiffe ankaufen und ermieten; sein Admiralschiff wurde schließlich während einer Kreuzfahrt in Lübeck festgenommen, es hieß „König David" und führte 40 Kanonen. Das ganze Unternehmen war nicht ordentlich in Fluß gekommen und immer wieder von Neuem gestört worden.

Die kaiserlichen Pläne wurden hauptsächlich auch aus dem Grunde zu Wasser, weil eine deutsche Stadt, Stralsund, fest zu **Gustav Adolph** hielt, ein Bündnis mit ihm schloß und dadurch Schweden für dessen

Einfälle in Deutschland als fester Brückenkopf diente und für dessen Flotte gleichzeitig eine geeignete Basis abgab. Nur noch einmal, etwa ein Jahrhundert später, zeigten sich Schiffe mit Kaiserlicher Flagge auf der See und zwar diesmal auf dem Weltmeer. Die 1714 unter Kaiser Karls VI. Schutz gegründete Ostender Kompagnie sandte Schiffe nach Ostindien und Kanton, wo auch Faktoreien gegründet wurden. 1727 mußte der Kaiser jedoch wegen des Drängens der Seemächte die Rechte der Kompagnie wieder aufheben, nachdem manche ihrer Schiffe inzwischen aufgebracht worden waren. (Deutschlands Einigkeit und Stärke!)

Herzoglich-Preußisches an der Ostsee. Außer der unter Preen und Peder Skram tätigen Flotte hielten die Herzöge von Preußen öfter Kriegsschiffe im Pillauer Tief, um den Handel zu schützen; dies waren ermietete und dann armierte Kauffahrer. Kurfürst Joachim von Brandenburg hatte als Administrator Preußens 1605 mehrere besondere Kriegsschiffe zu eigener Verwendung erbauen wollen, ebenfalls später 1625 Georg Wilhelm; diese Pläne kamen aber nicht zur Ausführung.

Die auf Verlangen des Königs von Polen als Lehnsherrn von Preußen im Jahre 1626 wieder fertiggestellten und armierten Schiffe, welche eine mehrfach schwarz und weiß gestreifte Flagge führten und die zum Schutz des Hafens von Pillau bestimmt waren, mußten dann dem Einlaufen von Gustav Adolphs großer Flotte von 150 Schiffen sowie der Landung seines Heeres untätig zuschauen; letzterer nahm diese Schiffe dann für sich in Beschlag und schickte die Soldaten sowie die Geschütze dem Kurfürsten zurück.

Einmal hat sich auch ein königlich-polnisches Kriegsschiff 1637 im Haff und bei Pillau gezeigt, um dort Zölle zu erheben und hat dies Schiff dann noch ein kurzes Gefecht gegen das kurfürstliche Wachtschiff durchgeführt; letzteres blieb 1638 und im folgenden Jahre vor Elbing liegen.

Christian IV. von Dänemark hatte schon 1637 zwei polnische Schiffe aufbringen lassen, welche in See Zölle erhoben hatten; er gab diese erst wieder frei, nachdem Polen ihm sein Hoheitsrecht in der Ostsee in förmlichster Weise anerkannt hatte. —

Schlußbetrachtungen. Die Geschichte der Ostsee beginnt erst spät und noch weit später zeigen sich in dieser fremde Mächte mit ihren Streitkräften. Der vorstehende allgemeine Abriß über die Entwicklung der Seegeltung der einzelnen Länder der Ostsee hat auch allgemein die politische und wirtschaftliche Entwicklung der angrenzenden Völker beleuchtet sowie die Geschichte des Deutschtums zur See in Kürze gestreift.

Es dürfte für jeden Deutschen immerhin von Nutzen und Vorteil sein, sich kurz einmal klar zu machen, wie viele verschiedene Anläufe das Deutschtum früherer Jahrhunderte selbst nach der höchsten Blütezeit der Hanse noch gemacht hat, um sich nicht nur an den eigenen Küsten und in den heimischen Gewässern, sondern auch auf den Weltmeeren und in fernen Landen die ihm gebührende Geltung und Anerkennung zu verschaffen; ferner welche Umstände alle diese Bestrebungen wiederum haben zerfallen lassen, ohne irgend dauernde Erfolge aufzuweisen.

Was Deutschland früher so gut wie nie getrieben hat, das war: Seestrategie im Frieden.

Zu spät sind die Deutschen auf den Ozean hinausgezogen; der Wert der Ozeanfahrt, der zu Anfang weniger in dem materiellen Gewinn der Einzelnen und des ganzen Volkes als in seiner erziehenden Kraft lag, ist in Deutschland nicht frühzeitig genug von der Gesamtheit des Volkes erkannt worden. Diese Fahrt auf den Weltmeeren nah und fern war aber stets die vollkommenste Seite aller Leistungen jeglicher Seeschiffahrt und diejenigen Völker, welche sich ihr eingehend zuwandten, waren von vornherein bald im Stande, ihren Nebenbuhlern überall zuvorzukommen. Der weitere Besitz größerer Kolonien war alsdann für diese Völker eine neue und höchste Quelle zukünftig zu erlangender Reichtümer, eine Gelegenheit für das Ansetzen vielfacher Kräfte, welche diesen Nationen zur Verfügung standen.

An politischen Lehren sind diese Jahrhunderte für Deutschland sehr reich, besonders an solchen, welche sich auf das Wesen und die Bedeutung des Seehandels, der Seegeltung und Seemacht beziehen.

Dänemark dagegen spannte auf der anderen Seite den Bogen zu stark; hier fehlte eine Erkenntnis des politisch Möglichen und somit Erreichbaren.

Ähnliches läßt sich von Schweden sagen, das aber, weil es mit seinem Hauptland in größerer Sicherheit lag, durch die Größe seiner Herrscher sich mit Hülfe ihrer Heere noch längere Zeit auf der Höhe hielt. —

Das Fehlen einer starken Zentralgewalt; das einseitige Auftreten der deutschen Fürsten; das Erstarken der fremden Völker ringsum; das eintretende Vorwiegen jedes besonderen und zeitweiligen Handels-Interesses; sowie das Anknüpfen besonderer Handels-Beziehungen durch Einzelne; ferner die deutsche Parteisucht und das stete Bestreben innerhalb des Bundes, die nach und nach entstandene Oberherrlichkeit Lübecks zu brechen; alle diese vielfachen Umstände haben die große Zeit der Hanse, welche sich voller Stolz eine Beherrscherin der Meere nennen durfte,

bald in ein bedeutungsloses Kleingetriebe zerfallen lassen, wovon die
Holländer später eine Art Wiederholung brachten.

Es ward immer nur so viel zur Zeit an Macht aufgeboten, als
gerade zum Erreichen des kurz gesteckten Zieles durchaus erforderlich war,
nicht ein Deut mehr und an Reserven fehlte es vielfach; stets gaben die
kaufmännischen Handels-Interessen fast allein den Ausschlag, an höheren
politischen ja sogar oft auch handels-politischen Zielen fehlte es immerdar,
Mißgunst und kleinliche Sonderinteressen waren oft vorherrschend, so daß
der Rückgang bald eintreten mußte, wenn auch der endliche Niedergang
noch längere Zeit ausblieb.

Nur Lübecks Bürger allein haben wiederholt glänzende Beispiele
politischer Fähigkeiten sowie höheren politischen Einblicks gezeigt, für fast
alle anderen galt es nur, augenblickliche und rein wirtschaftliche Fragen
gemeinsam zu behandeln.

Vom Kanal bis zur Newa herrschte die eigenartige Macht der
Hanse zeitweilig fast ganz allein; darüber hinaus schaltete, ihr gegenüber
betrachtet, Willkür; ihre Macht hat den Begriff einer reinen Seeherrschaft
in besonders klarer Weise gezeigt. Noch lange Zeit später herrschte in
der Ostsee, selbst außerhalb der Zeiten von Kriegswirren, große Gesetzes-
losigkeit. Im Übrigen waren alle Vorbedingungen zum Einnehmen
einer Stellung als Groß-Seemacht vorhanden gewesen, welche in solchem
Maße für Deutschland nicht wiederkommen.

In Verbindung mit dem Abschnitt I. über die Ostsee als Kriegstheater dürfte dieser gedrängte geschichtliche Abriß im Allgemeinen den
Boden für die vorausgegangene eingehendere Darstellung der Seekriegsgeschichte der Ostsee weiterhin zu klären im Stande sein. Das Gebiet,
auf dem sich diese bereits kritisch betrachteten Seekriegs-Ereignisse abgespielt,
ist hierdurch den Lesern jetzt allgemeiner bekannt gemacht worden in
geographischer und nautisch-maritim-militärischer, in politischer und volks-
wirtschaftlicher sowie handels-politischer Richtung. Weshalb dieser Abriß
erst im Anhang zum Band II gegeben worden ist, darüber enthält das
Vorwort die erforderlichen Erklärungen.

Schlußwort.

Die Seekriegsgeschichte der Ostsee gehört noch ganz, wenigstens mit ihren wesentlichen Lehren, in die Zeit der Segelschiffe; sie bietet nämlich seit der Zeit der Verwendung des Dampfes, in der sich annähernd ebenbürtige Flotten nicht in ihr miteinander gemessen haben, nichts besonders Wichtiges, es sei denn die aus den letzten drei Kriegen 1854/55, 1864, 1870 zu ziehende Erfahrung der Wichtigkeit eingehendster Friedensvorbereitungen zum Seekriege.

1854 bestanden die Flotten der Verbündeten zum Teil noch aus Segelschiffen; der Krieg 1864 ließ wegen der technisch mangelhaften preußischen Kanonenboote Moltke's Pläne nicht zur Ausführung gelangen; schließlich fand 1870 der mit den neuesten Kriegsmitteln zur See ausgerüstete Gegner keine Gelegenheit zur Anwendung seiner Kampfstärke, da ihm nichts Gleichwertiges entgegenstand. —

Das vorliegende Werk soll ein Beitrag sein zur Klarstellung der Bedeutung und des Einflusses der Seemacht auf den Krieg und die Geschichte sowie gleichzeitig ein Bild geben über die Eigenart der Verhältnisse deutscher Seegeltung in der Ostsee im Besonderen, welche 600 Jahre lang nach der großen Zeit der Deutschen Hanse so sehr darniedergelegen hat.

Die Arbeit soll ferner die Wichtigkeit der Friedensvorbereitungen für den Seekrieg sowie die Bedeutung der Seestrategie im Frieden beleuchten und somit den Spruch: si vis pacem, para bellum von Neuem erhalten und klarlegen. Schließlich sei hier nochmals erwähnt, daß die Geschichte kaum eines anderen größeren und allgemeineren Kriegstheaters den Zusammenhang des dauernd erforderlichen gemeinsamen Wirkens von Heer und Flotte und das enge Zusammengehen von Landkrieg und Seekrieg so klarzulegen im Stande ist, wie die Kriegsgeschichte der Völker und Staaten der Ostsee. Hier ist die geographische, politische, wirtschaftliche und militärische sowie maritime Verbindung eine besonders enge.

Die Bestätigung mannigfacher wichtiger Lehren der Geschichte und der Seekriegslehre, welche die wichtigeren und größeren Seekriege Großbritanniens und seiner Gegner geben, hat sich auch hier in diesem engeren und begrenzteren Rahmen ziehen lassen und somit erwiesen, daß auch die Geschichte der Ostsee, abgesehen von den Verhältnissen und Lagen auf ihren eigenen Gebieten, Anhaltspunkte für die Kriege der Zukunft, selbst auf anderen und größeren Seekriegstheatern zu geben im Stande ist.

Es dürften die vorliegenden Blätter mithin den Beweis erbracht haben, daß man bei dem Bestreben, in den Geist und die besonderen Verhältnisse früherer Zeiten einzubringen sowie die dort enthaltenen viel= fachen wichtigen Lehren zu erfassen und in die augenblicklichen Lagen und Umgebungen zu übertragen, — mithin eine Uebersetzungskunst zu treiben, auf welche es besonders in diesem Falle für den Historiker sowie Politiker und den Seeoffizier ankommt, — auch aus dem Studium der Seekriegsgeschichte der abgeschlossenen Ostsee wesentlichen Vorteil schöpfen kann.

Ist die Absicht dieses Werkes erreicht, eine fernere Anregung zum Studium der Seekriegsgeschichte zu geben und die Bedeutung von dessen Wichtigkeit zu erhärten, so dürfte es seiner Aufgabe nahe gekommen sein.

Noch vieles ist auf diesem Gebiete überall nachzuholen, um auch die Wichtigkeit des Wortes Professor L a m p r e c h t 's teils eingehender zu beweisen, teils entsprechend klarzustellen: „im Bereiche der europäischen Völkerfamilie war die kontinentale Armee, das Landheer, die ultima ratio, heute ist dies die Flotte."

Stimmt dies Wort auch nicht auf den Seekrieg in der Ostsee, wo sich Seegewalt und Weltmacht nicht decken, so bietet deren Geschichte jedoch viele Fingerzeige, die zur Erklärung obigen Wortes beizutragen mit im Stande sind, wenn man sich bemüht, die erforderliche Ueber= setzungskunst zu treiben.

Register

Band I und II von „Seemacht in der Ostsee".

(Den Seitenzahlen des II. Bandes ist eine römische II vorgesetzt; folgen viele Zahlen des II. Bandes aufeinander, so ist dies nur die ersten Male geschehen.)

Abkürzungen:

brand	= brandenburgisch		Abm	= Admiral
dän	= dänisch		Gen	= General
engl	= englisch		Ges	= Gesandter
holl	= holländisch		Kpt	= Kapitän
franz	= französisch		Lt	= Leutnant
preuß	= preußisch		Maj	= Major
russ	= russisch		Mar	= Marine
schles-holst	= schleswig-holsteinisch		Min	= Minister
schwed	= schwedisch		Oberstlt	= Oberstleutnant
span	= spanisch		Off	= Offizier.

Buchdruckerei Friedr. Petersen, Husum.

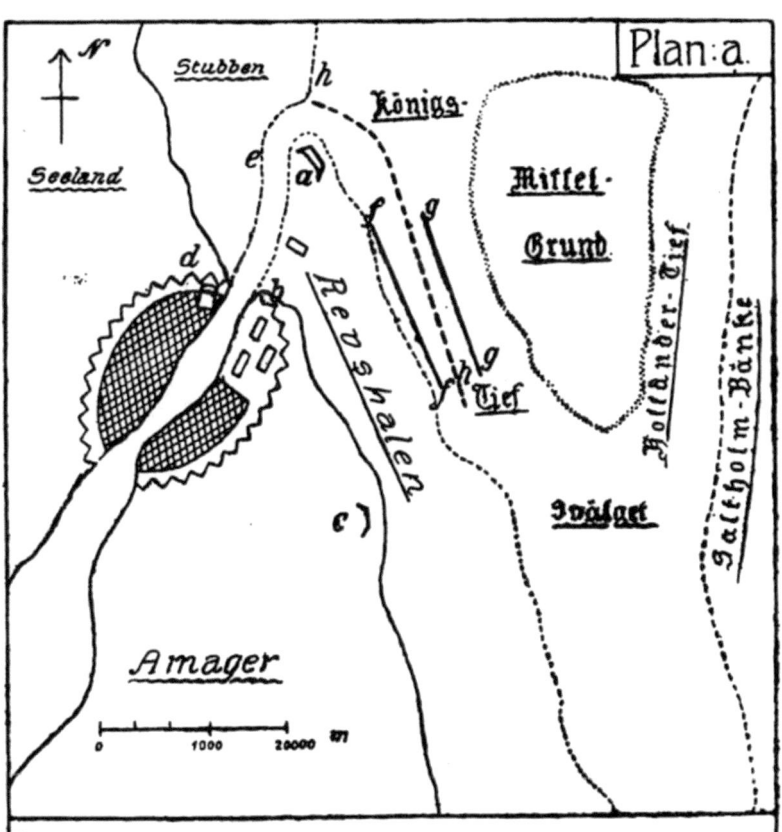

Plan: a.

Die Schlacht auf der Rhede von Kopenhagen.
am 2. 4. 1801.
(nach früheren unrichtigen Darstellungen).

a. Fort Trekroner
b. Batterieen Quintus und Sixtus, sowie Lynetten.
c. Batterie Stricker.
d. Zitadelle
e. Einlauf zur Innenrhede
ff. Falsche Lage der Defensionslinie
gg. " " " Schiffe Nelson's.
hh. Geplante " " " "

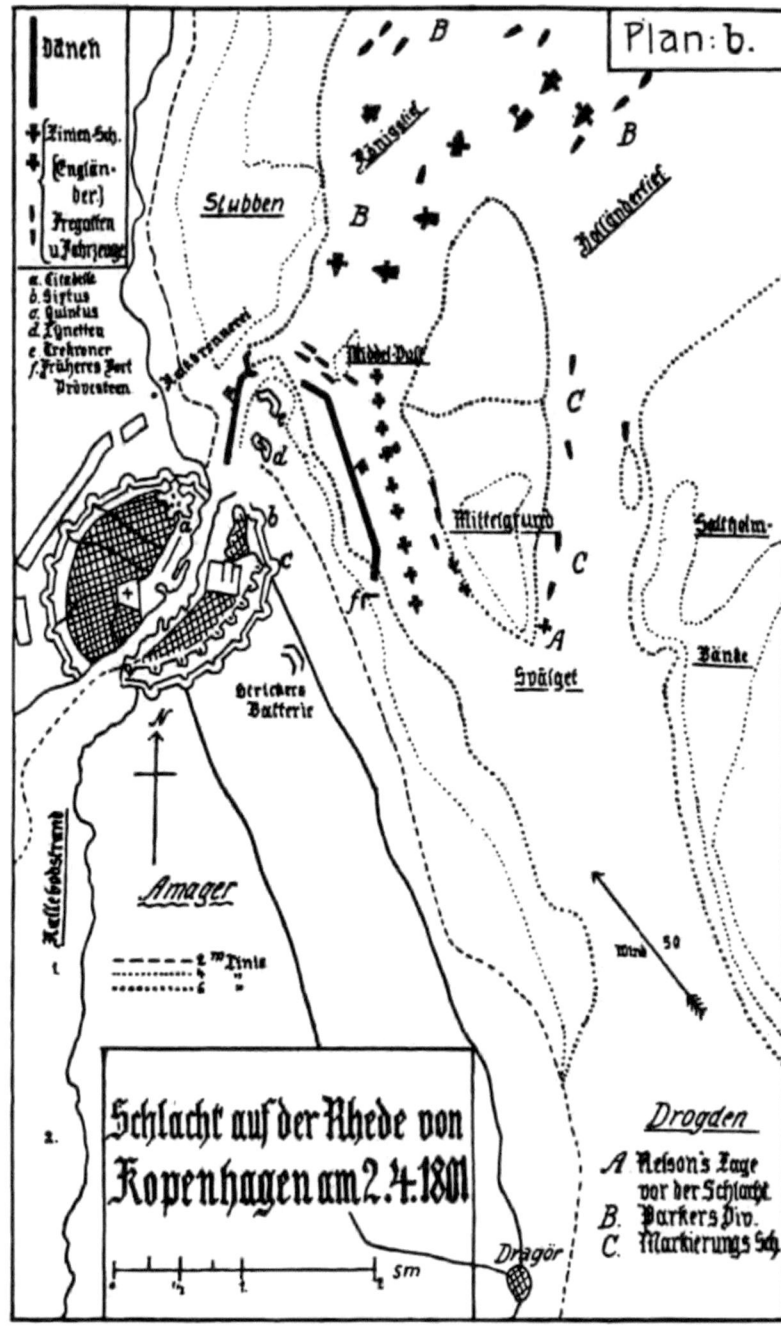

Plan: b.

Plan: C.

Stubben Königstief

[Tiefen in Metern]

Elephanten

Pl.

12

Middel-Pult

13

b

Hjälperen

Indfödsretten

11

Vef.

Defiance

b

Holsteen

Won.

Mon.

b

Trekraner

Söhesten

Monarch

Mittel-

Grund

Charl. Amalia

b

2

Hunetten c

Sälland

San.

Gan.

Ganges

b

Ele.

a. englische Fregatten
b. " Fahrzeuge
c. dänische
   Kanonenboote

Flaadebatt

Aggershuus

Dannebroge

Elven

Cronborg

Bel.

Bet.

Elefant

Olaf.

Olat.

Glatton

b

Revs-
halen c

Ard.

Ardent

Svärdfisken

Jylland

Chg.

Edgar

13

Nyborg

12

Jamaica

Rendsborg

Bellona

Sixtus c

2

Wagrien

Isis

Isis

Wind S.O.

Russel

Schlacht auf der Rhede
von Kopenhagen
2.4.1801.

Prövestecen

Aga.

8

Desireé
b

Amager

0 100 200 300 m

Polyphemus 14

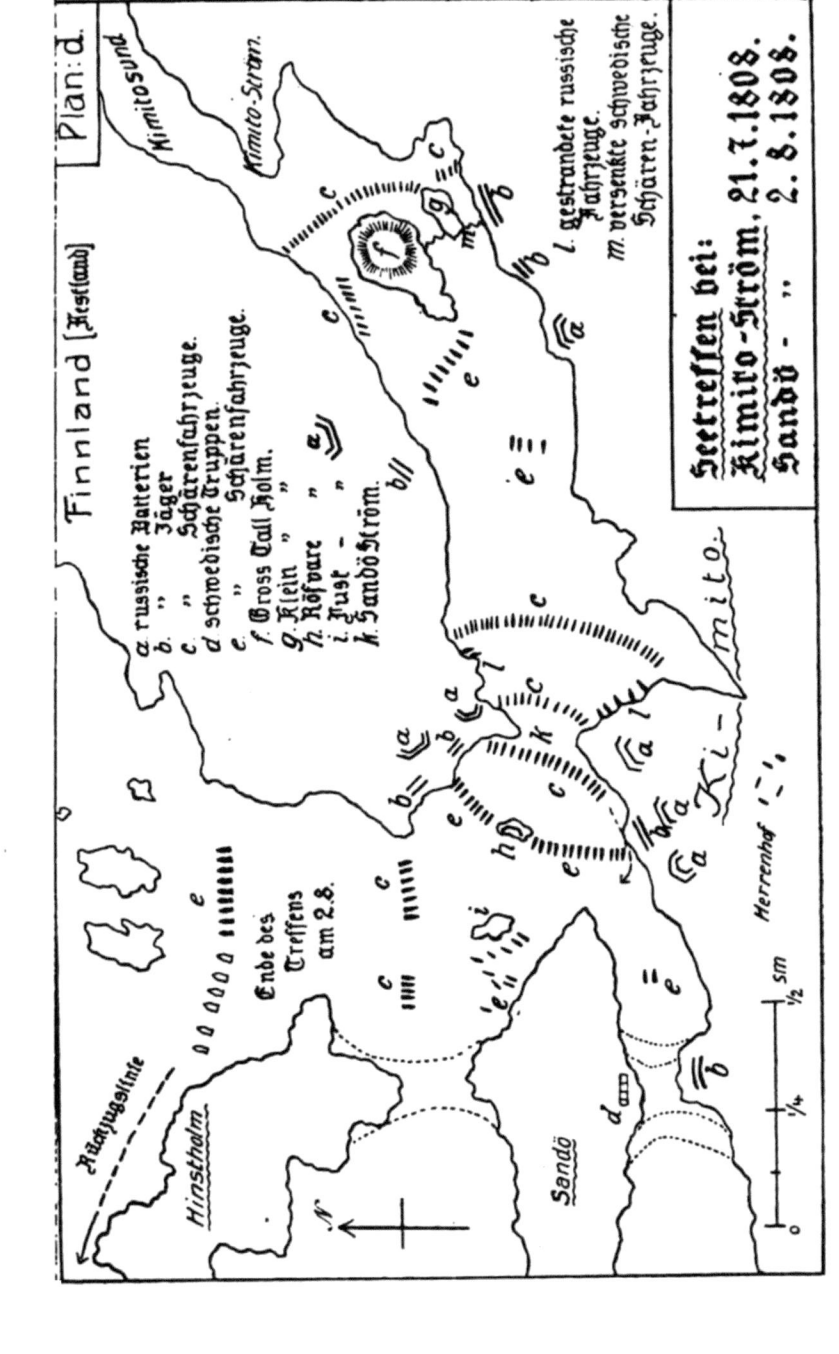

Plan d.

Finnland [Festland]

Kimitosund

Kimito-Ström.

Kimito-Ström.

a. russische Batterien
b. „ Jäger
c. „ Schärenfahrzeuge.
d. schwedische Truppen.
e. „ Schärenfahrzeuge.
f. Gross Tall Holm.
g. Klein „ „
h. Röspare „ „
i. Tust - „ „
k. Sandö Ström.

l. gestrandete russische Fahrzeuge.
m. versenkte schwedische Schären-Fahrzeuge.

Seetreffen bei:
Kimito-Ström, 21.7.1808.
Sandö - „ 2.8.1808.

Rückzugslinie

Hinschholm

Ende des Treffens am 2.8.

Sandö

Herrenhof

Kimito

½ sm

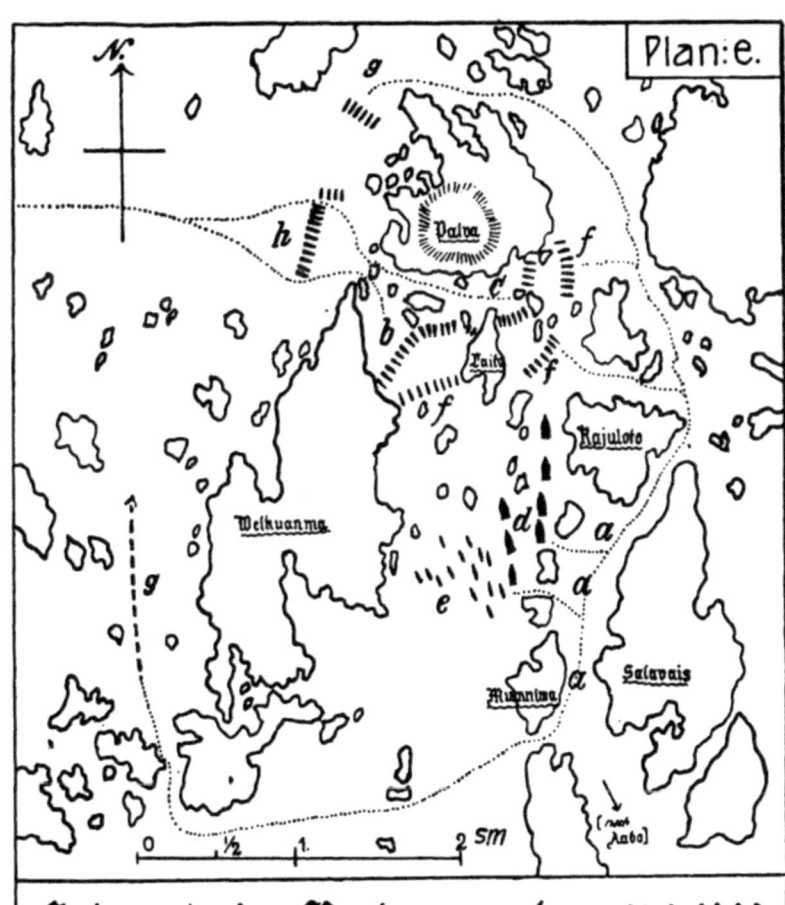

Plan: e.

Schlacht im Palvasund den 18.9.1808.

a. russische Ankerstellung vor der Schlacht.
b. schwedische   „   „   „   „   [Haupt-Abteilung].
c.   „   „   „   „   „   [Neben- „].
d. russische grosse Fahrzeuge während der Schlacht.
e.   „   erste regellose Stellung   „   „
f.   „   vorderste   „   „   „
g.   „   Umgehungs Abteilungen.
h. schwedische Rückzugslinie.

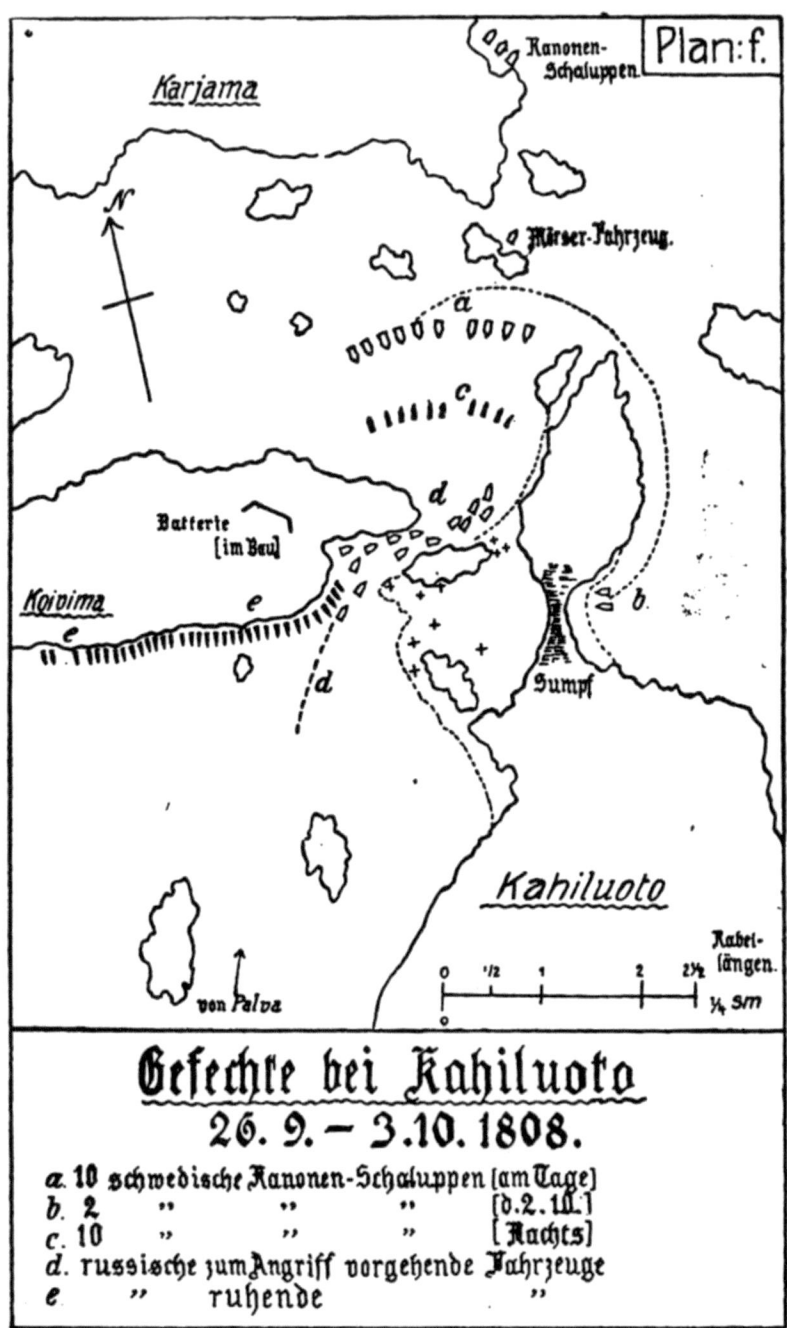

Plan: f.

Kanonen-Schaluppen

Karjama

N

a Mörser-Fahrzeug.

a

c

d

Batterie [im Bau]

Koivima

e

e

d

b

Sumpf

Kahiluoto

Kabel-längen.

0   ½   1   2   2½

¼ sm

von Palva

Gefechte bei Kahiluoto
26. 9. – 3. 10. 1808.

a. 10 schwedische Kanonen-Schaluppen [am Tage]
b. 2   „   „   „   [d. 2. 10.]
c. 10   „   „   „   [Nachts]
d. russische zum Angriff vorgehende Fahrzeuge
e   „   ruhende   „

a. russische Jäger am Strande.
b.   „   Haubitz-Batterie
c.   „   Truppen-Teile.
d. schwedische Schanze auf der
          Halbinsel.
e. „ Batterie auf der
          Insel Rata.

Plan: g.

f. 4 schwedische Kanon-
                    Schaluppen
g. 18. „   „   „
k. 4   „   „   „
h. 2   „   Mörser-Fahrzeu
i. 6   „   Galeeren- „ [ge
l. 1   „   gross.Fahrzeug.

Schlacht bei Ratan-20.8.1809.

m. etwa ¼ SM weiter in See ankerten:
          2 schwedische Linienschiffe,
                    3   „   Fregatten.
n. Weg nach Säföar.
o. freie See.

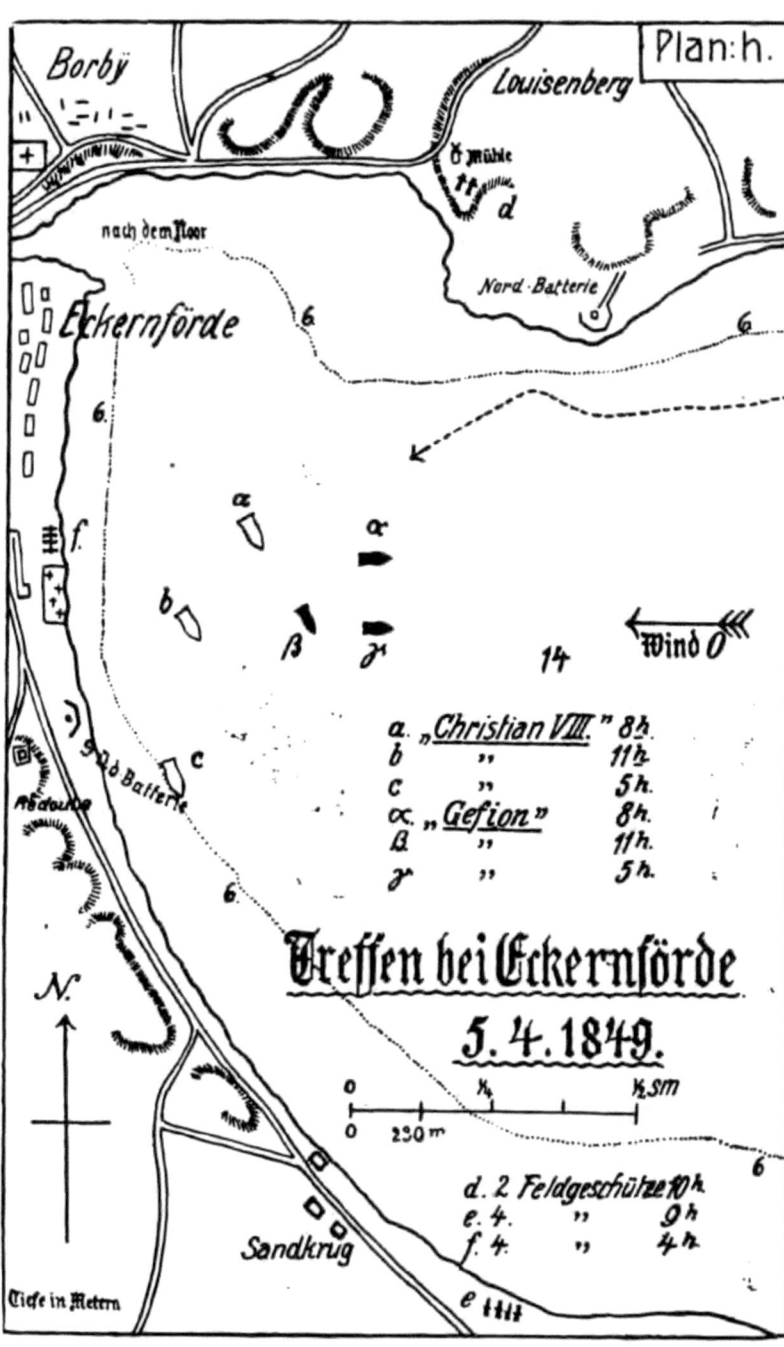

Plan: h.

Borby

Louisenberg

☉ Mühle
d

nach dem Moor

Eckernförde

Nord-Batterie

α

α

b

β γ

14

Wind O

Süd Batterie

Redoute

a. „Christian VIII." 8ʰ
b.   „   11ʰ
c.   „   5ʰ
α. „Gefion"   8ʰ
β.   „   11ʰ
γ.   „   5ʰ

N.

Treffen bei Eckernförde
5.4.1849.

0   ¼   ½ sm
0   230 m

d. 2 Feldgeschütze 10ʰ
e. 4.   „   9ʰ
f. 4.   „   4ʰ

Sandkrug

Tiefe in Metern

e

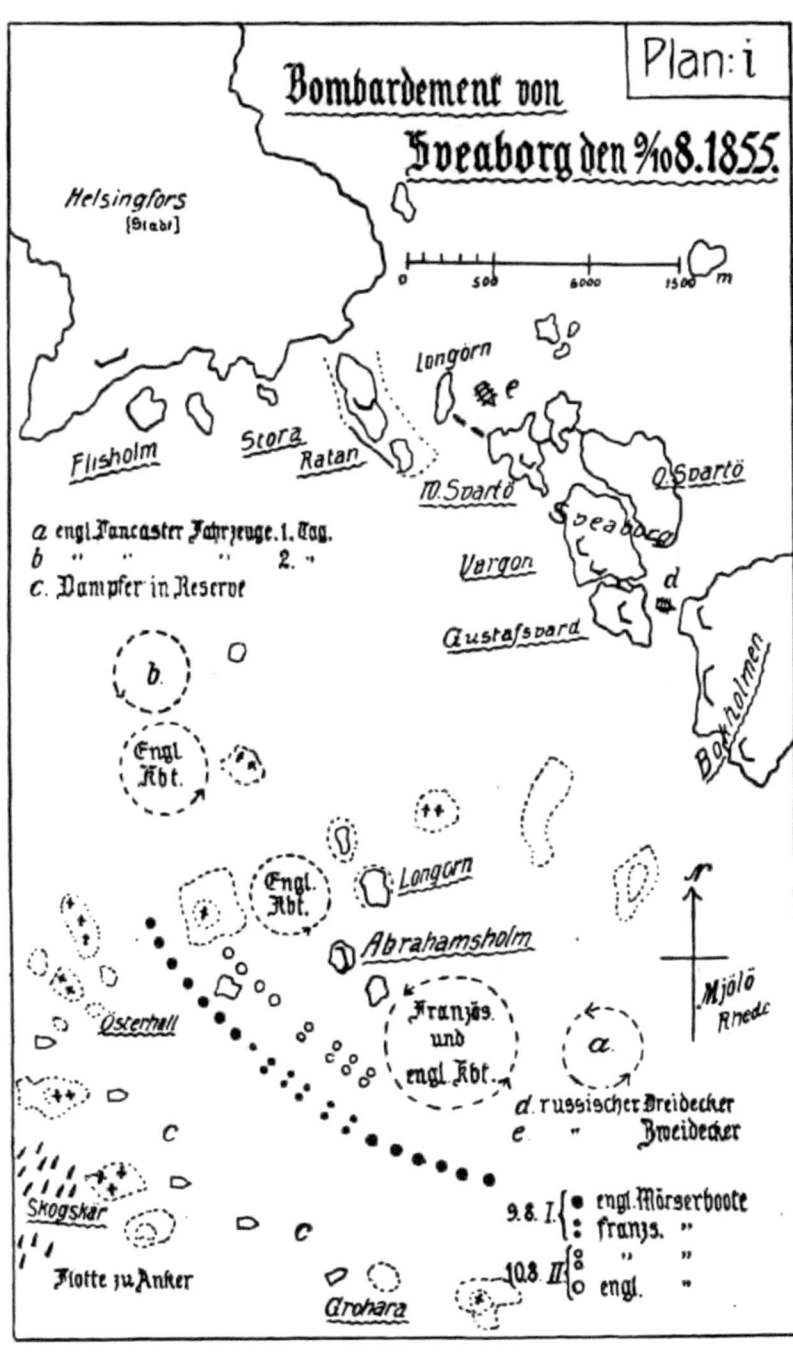

Bombardement von
Sveaborg den 9/10 8. 1855.

Plan: i

Helsingfors
[Stadt]

Longörn

Flisholm

Stora Ratan

N. Svartö

O. Svartö

Sveaborg

a engl. Lancaster Fahrzeuge. 1. Tag.
b "   "   "   2. "
c. Dampfer in Reserve

Vargon

Gustafsvard

Bockholmen

b.

Engl. Abt.

Engl. Abt.

Longörn

Abrahamsholm

Österhall

Franzos. und engl. Abt.

a.

Mjölö Rhede

d. russischer Dreidecker
e.   "   Zweidecker

c

Skogskär

Flotte zu Anker

Grohara

9.8. I. { • engl. Mörserboote
          { : franzs. "

10.8. II. { ⁰⁰ " "
           { ○ engl. "

Plan: k.

Herluf Trolle's taktische Flotten-Gliederung (1559)

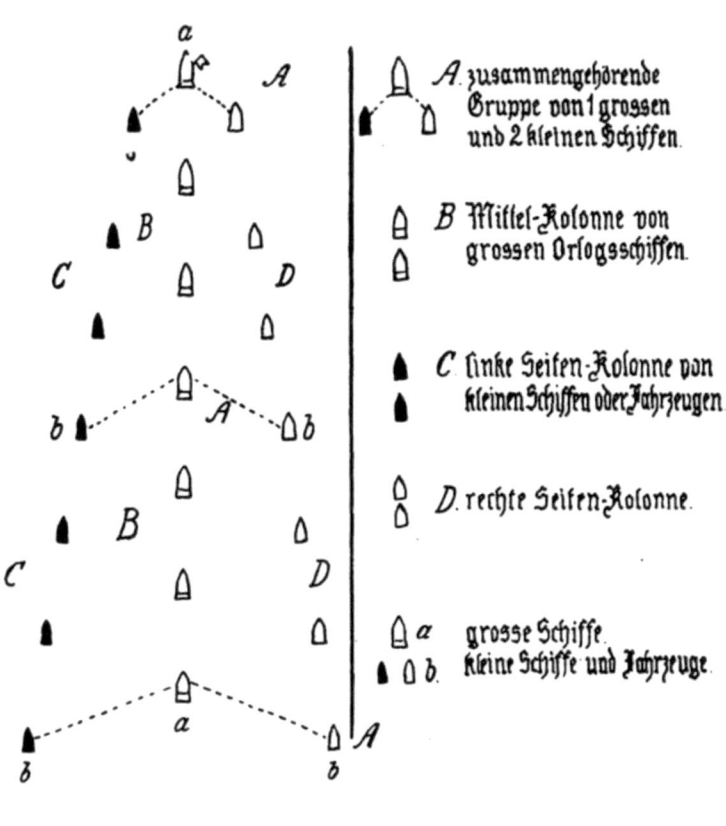

A. zusammengehörende Gruppe von 1 grossen und 2 kleinen Schiffen.

B Mittel-Kolonne von grossen Orlogsschiffen.

C linke Seiten-Kolonne von kleinen Schiffen oder Jahrzeugen.

D. rechte Seiten-Kolonne.

a grosse Schiffe.
b. kleine Schiffe und Jahrzeuge.